TEOLOGÍA DE LA MISIÓN TRANSFORMADORA

Carlos Van Engen

ii

"Además de amar a Dios, no hay nada más importante que amar a nuestro prójimo. Si hoy en día nuestros prójimos se encuentran alrededor del globo – como se ve en las tallas de la ropa que usamos, la comida que comemos y en los componentes de nuestros aparatos electrónicos – entonces no hay nada más importante que misiones. Es por medio de misiones que expresamos el amor de Dios por nuestros prójimos globales. Este libro es fruto de la sabiduría de toda una vida en misiones. Es bíblico, mostrando como Moisés, David, Isaías y Pablo entendieron el amor de Dios para las naciones. Es una obra teológica porque sin la teología la fe sería superficial y a menudo torcida. La misión personal y local es de pies empolvados y cuerpos sudorosos, de lágrimas, de abrazos y a veces de carcajadas de riza. Es misión elaborada con cuidado, que reconoce formas mejores y formas peores de hacer la obra y que critica las estrategias en busca de lo mejor. Este libro es la obra culminante de uno de los misiólogos preeminentes de nuestro tiempo. Lee y aprende."

Miriam Adeney, Ph.D.
Profesora asociada de misiología
Seattle Pacific University
Autora de *Kingdom Without Borders* y *Wealth, Women, and God*

"Por lo que sé, Charles Van Engen en la Escuela de Estudios Interculturales del Seminario Teológico Fuller fue el primer profesor de la Teología Bíblica de la Misión en Norteamérica y su influencia es mundial. En este volumen tenemos la cosecha del fruto de su carrera de enseñar y escribir acerca de la teología de la misión. Esta obra debe ser un libro de texto, requisito de cursos en misión global y misiología."

Gerald Anderson, Ph.D.
Director emérito del Overseas Ministry Study Center, New Haven, Connecticut
Pasado editor de *International Bulletin of Mission Research.*

"Este libro es el producto no solamente de muchos años de reflexión teológica acerca de la misión, sino también una vida de esfuerzo, dándole forma concreta en acción. Chuck Van Engen escribe con su acostumbrada pasión, creatividad y claridad. Estas páginas toman vida con su fe profunda y amplia sabiduría teológica. Leer este libro es sentarse a los pies de un maestro quien, él mismo, se ha sentado a los pies del Maestro y ha caminado largas trayectorias con él."

Stephen Bevans, SVD, Ph.D.
Profesor Louis J. Luzbetak, SVD Profesor emérito de Misión y Cultura
Catholic Theological Union, Chicago, Illinois

"*Teología de la misión transformadora* es el libro que por mucho tiempo he esperado: obra clásica de Van Engen. Este volumen integra mucho de lo que Chuck ha venido enseñando a través de muchos años, pero que aquí ofrece pensamiento más profundo. Hoy, la misión en el mundo nos confronta con muchas situaciones complicadas y desafiantes. La metodología desglosada aquí, utilizando cuatro esferas de la teología de la misión, nos ofrece una herramienta sumamente útil para una reflexión profunda en medio de las realidades confusas y complicadas del mundo en que vivimos."

Jude Tiersma Watson, Ph.D.
InnerChange, a Christian Order Among the Poor
Profesora asociada de la misión urbana, Seminario Teológico Fuller

"Fruto de más de cuarenta años de estudio, análisis y vida en la teología de la misión, Van Engen ha escrito lo que probablemente será una obra clásica de la misiología a la estatura de *Transforming Mission* de David Bosch. La profundidad histórica, extensión ecuménica, espíritu evangélico, apertura transcultural y profundo compromiso personal con la misión de Dios en el mundo hacen que este libro represente una contribución sobresaliente en la teología de la misión. Esta obra llegará a ser y seguirá siendo obra vital por muchos años."

Darrell Whiteman, Ph.D.
Antropólogo y misiólogo
Pasado editor de *International Bulletin of Missionary Research*
Pasado profesor de antropología y Decano de la E. Stanley Jones Escuela de Misión Mundial y Evangelismo del Seminario Teológico Asbury

TEOLOGÍA DE LA MISIÓN TRANSFORMADORA

TEOLOGÍA DE LA MISIÓN TRANSFORMADORA

Charles E. Van Engen

Traducido Por Pfra. Norma Deiros

WIPF & STOCK · Eugene, Oregon

TEOLOGIA DE LA MISION TRANSFORMADORA

Prodola Series

Copyright © 2020 Charles E. Van Engen. All rights reserved. Except for brief quotations in critical publications or reviews, no part of this book may be reproduced in any manner without prior written permission from the publisher. Write: Permissions, Wipf and Stock Publishers, 199 W. 8th Ave., Suite 3, Eugene, OR 97401.

Wipf & Stock
An Imprint of Wipf and Stock Publishers
199 W. 8th Ave., Suite 3
Eugene, OR 97401

www.wipfandstock.com

PAPERBACK ISBN: 978-1-7252-5743-6
HARDCOVER ISBN: 978-1-7252-5744-3
EBOOK ISBN: 978-1-7252-5745-0

Manufactured in the U.S.A.   01/23/20

TABLA DE CONTENIDO

LISTA DE FIGURAS..xi
PREFACIO... xiii
INTRODUCCIÓN...xv

PARTE I
Las Fuentes de la Teología de la Misión

Capítulo 1
    ¿Quién Hace Teología de la Misión?..3
Capítulo 2
    ¿Qué es la Teología de la Misión?... 21
Capítulo 3
    Haciendo Teología de la Misión en un Mundo en Proceso de
    Globalización……………………………………………………..45

PARTE II
El Significado de la Teología de la Misión

Capítulo 4
    La Misión Definida y Descripta…………………………..……..81
Capítulo 5
    Teologizar Crítico en la Teología de la Misión………………..….103
Capítulo 6
    Una Misiología de Transformación en la Teología de la Misión…...113

PARTE III
Los Métodos de la Teología de la Misión

Capítulo 7
    Cinco Perspectivas de una Teología de la Misión Apropiada……….139
Capítulo 8
    Una Teología de la Misión Contextualmente Apropiada……………163
Capítulo 9
    Especialización e Integración en la Teología de la Misión………….179

PARTE IV
Las Metas de la Teología de la Misión

Capítulo 10
    La Teología de la Misión con Respecto a los Resistentes.............205
Capítulo 11
    La Teología de la Misión de las Asociaciones Misioneras............249
Capítulo 12
    La Fe, la Esperanza, el Amor: Estos Tres en la Teología de la
    Misión..287

PARTE V
Ejemplos de Teología de la Misión

Capítulo 13
    La Ciudad: ¿Lugar no Apto para la Iglesia?............................301
Capítulo 14
    Teología de la Misión con Respecto a los Migrantes..................315
Capítulo 15
    ¿Por Qué Multiplicar Iglesias Saludables?.............................333

CONCLUSIÓN..363
APÉNDICE: Concordancia Temática de *Diakoneo, Diakonia*
    y Diakonos..365
OBRAS CITADAS...369

LISTA DE FIGURAS

Figura 1: La misiología vista como una rueda..........................xxv

Figura 2: Integración de los cuatro dominios de la teología de la misión……………………………………………..…..27

Figura 3: Una grilla de trabajo de la teología de la misión……....40, 169

Figura 4: La espiral hermenéutica………………………………....164

Figura 5: El círculo hermenéutico de Segundo………………..…..175

Figura 6: La espiral hermenéutica……………………………...…..177

Figura 7: Viendo a la misiología como una pirámide………..…..196

Figura 8: El eje de resistencia-receptividad……………………..214

Figura 9: Teología glocal de la misión…………………….………..282

Figura 10: La "tabla de naciones" en el Nuevo Testamento…….…..350

PREFACIO

Enseñar misiología es tanto un privilegio como un desafío. Como alguien que sirvió muchos años como misionero considero que tengo el deber de ayudar a la generación presente y futura de misioneros a conocer y obedecer la comisión de Cristo para con sus discípulos, de ser testigos hasta lo último de la tierra. También me doy cuenta de que las misiones son un campo dinámico de estudio, a medida que nos adaptamos a los cambios rápidos en la cultura y en los pueblos a nivel global. Responder a estas dos cosas ha sido una característica de la misiología en la Escuela de Estudios Interculturales del Seminario Teológico Fuller (anteriormente llamada Escuela de Misiones Mundiales), desde sus comienzos en 1965.

La disciplina fundacional de la misiología es la teología bíblica, que considera a toda la Escritura como la historia de la misión redentora de Dios hacia el mundo. Basamos nuestro trabajo sobre la Biblia, el Antiguo y el Nuevo Testamento, para comprender el mensaje, a los efectos de conocer la misión de Dios. Abracé esta maravillosa disciplina a los pies de Arthur Glasser, cuya base bíblica para la misión fue publicada como *Anunciando el reino: la historia de la misión de Dios en la Biblia*. Cuando le llegó el tiempo de retirarse, la facultad de la Escuela de Misiones Mundiales quería una persona cuya trayectoria como misionero y como teólogo pudiera seguir construyendo sobre los cimientos de Glasser, con la visión de adentrarse al próximo siglo. La elección recayó sobre Carlos Van Engen como digno sucesor.

Conocí a Carlos poco después de aceptar un cargo en misiología en Wheaton College. Caminar juntos por el campus fue como encontrar un amigo de años, cuya experiencia y visión complementaron las mías. Carlos estaba lleno de vida y de energía, inspirado por el evangelio y completamente dedicado a explorar la misión del reino de Dios a través de la iglesia y más allá, en este mundo de rápidos cambios. Me encantó ser su colega, incluso a la distancia, y aún más seguir sus apreciaciones, a medida que se desarrollaban a través de su trabajo en teología bíblica de la misión, un curso base en los programas sobre misiones en Fuller. Al terminar la década, fui contratado como miembro de la facultad en esa escuela y así afiancé mi relación con Carlos, y mi tremendo respeto por él.

A lo largo de los años, particularmente desde 1990 hasta 2010, Van Engen continuó refinando su conocimiento de la teología bíblica de la misión. Su influencia se ha expandido mediante sus escritos y su energía incontenible. Esto se hizo particularmente evidente en Corea y Latinoamérica. Pero, a medida que trabajó con otros teólogos de la misión, por ejemplo en el equipo de teología del Congreso de Lausana, que se reunió en Ciudad del Cabo en 2010, su pensamiento se hizo más refinado e influyente en las conversaciones globales. La contribución de Van Engen se deja ver en muchas publicaciones, así como también en sus notas de clase a lo largo de sus años de enseñanza.

Dado que uso los materiales de Van Engen en todas mis clases, con frecuencia he deseado que hubiera un solo volumen que sintetizara sus percepciones en conversación con la obra significativa de otros teólogos de la misión. Este volumen, *Teología de la misión transformadora* provee exactamente, en un solo tomo, lo que muchos queríamos. A la altura de las obras de David Bosch, Christopher Wright, Andrew Kirk y muchos otros, este volumen es el fruto de una erudición cuidadosa, que explota los ricos recursos de la misiología y la teología. En estas páginas se hacen evidentes las influencias de sus mentores, Johannes Verkuyl y Arthur Glasser. Van Engen es profundamente bíblico en su orientación y a la vez tiene las sensibilidades de un teólogo sistemático. Este volumen es un recurso tremendo para la comunidad de las misiones.

Teología de la misión transformadora es una exploración de la praxis (teoría y práctica) de la misión y del campo más amplio de la misiología como una disciplina integradora. Como profesor, Van Engen provee claras razones sobre lo que la misión es y no es, construyendo sobre la obra de muchos otros. El volumen trata sobre la tarea de hacer una teología de la misión en un mundo que se está globalizando. Cada una de sus cinco partes desarrolla un aspecto de la misiología, dividiendo los asuntos en capítulos que tratan cada elemento. Por ejemplo, en la segunda parte se refiere a la teología de la misión como parte de la contextualización y de la transformación, y en la quinta parte trata las respuestas más actuales a cuestiones contextuales en la teología de la misión.

Este libro representa el esfuerzo de uno de los teólogos de la misión más importantes de esta generación. Provee una integración accesible y bien documentada de la teología y la misiología, al entrecruzarse en la teología de la misión.

Doug Mc Connell
Provost, Fuller Theological Seminary

INTRODUCCIÓN

Hay numerosos supuestos con respecto a la misión y a la misiología, las cuales sostienen, circunscriben y ayudan a definir el foco y el propósito de la teología de la misión, dentro de la disciplina más amplia de la misiología. En este capítulo introductorio voy a resumir brevemente algunos de esos supuestos, a los efectos de presentar y clarificar las perspectivas desarrolladas en el resto del libro. A riesgo de simplificar demasiado, sugeriré una cantidad de supuestos en la praxis de la misión y en la misiología como disciplina, acerca de los cuales muchos otros han escrito. No hay suficiente espacio para explicar en detalle estos conceptos, que han sido fundacionales en la reflexión teológica de la iglesia de los pasados cien años, y sobre los cuales he escrito en otras obras. Pero es importante que los recordemos, porque influyen sobre el modo en que hacemos la teología de la misión. Al mencionarlos al comienzo de este libro, espero dejar en claro para el lector de dónde vengo y por qué desarrollo la teología de la misión como lo hago.

Este es un libro sobre cómo hacer teología de la misión.[1] Durante más de veinticinco años de enseñar teología bíblica de la misión en la Escuela de Misiones Mundiales (ahora Escuela de Estudios Interculturales) en el Seminario Teológico Fuller, procuré aprender cómo a hacer teología de la misión y cómo enseñar a otros.[2] Teología de la misión es lo que hacen los seguidores de Jesús el

---

[1] Ver, Van Engen 1996, 17-31; Van Engen 2000, 949-51; Van Engen 2008, 551-62; Van Engen 2011, 57-98; Van Engen 2012, xi-xvii. Como ya he mencionado en otra parte, la colección editada de Gerald H. Anderson en *The Theology of Christian Mission* (Gerald H. Anderson, ed., 1961) marcó el comienzo de esta subdisciplina en la misiología protestante. En el prefacio de esa obra, Lesslie Newbigin escribió: "Incluso la buena congregación cristiana que entrega fielmente su ofrenda anual para las misiones foráneas tiene que enfrentar, por primera vez, el interrogante de si es realmente cierto que no hay salvación en ningún otro nombre sino en el de Jesús. Vivimos en un mundo en el cual las creencias que compiten, ya no más separadas y aisladas por la distancia, se empujan unas a otras en todas las ciudades y en las mentes de los cristianos comunes. Hoy en día, la cuestión de la teología de la misión cristiana es un asunto que, se lo reconozca o no, golpea a la puerta de toda congregación" (Newbigin 1961, xiii).

[2] La relación entre teología y misiología en el pensamiento de Andrew Kirk se puede apreciar en la siguiente definición de "teología" que dio en 1997. "Mi tesis es que es imposible concebir a la teología aparte de la misión. Toda teología verdadera es, por definición, una teología misionera, dado que su objeto de estudio son los modos de actuar de un Dios quien, por naturaleza, es misionero y el texto fundacional escrito por y para misioneros. . . . La teología no debería ser estudiada como un conjunto de disciplinas aisladas. Presupone un modelo de comunicación transcultural, ya que su tema principal

Cristo.³ David Bosch lo dice de esta manera: "La teología auténtica . . . sólo se desarrolla donde la iglesia se mueve en una relación dialéctica con el mundo, en otras palabras, donde la iglesia se compromete con la misión, en el más amplio sentido de la expresión. La renovación interna de la iglesia y el despertar misionero van juntos" (Bosch 1980, 2006, 25)

Otra manera de decirlo, en las palabras de Andrew Kirk, sería la siguiente:

> La teología de la misión es un estudio disciplinado, el cual trata con cuestiones que surgen cuando la gente de fe busca entender y cumplir los propósitos de Dios en el mundo, tal como se demuestran en el ministerio de Jesucristo. Es una reflexión crítica sobre las actitudes y las acciones adoptadas por los cristianos, al procurar llevar a cabo el mandato misionero. Su tarea es validar, corregir y establecer sobre mejores fundamentos la práctica entera de la misión. (Kirk 1999, 21).⁴

Justice Anderson lo puso de este modo:

> El punto de partida de todo estudio misiológico debería ser una teología misionera. La relación dinámica entre la teología sistemática y la misiología académica, las supone como mutuamente interdependientes. La empresa misionera necesita su respaldo teológico; la teología sistemática necesita de la validación misionera. Las misiones son la teología sistemática en acción, en ropa de trabajo, adentrada en las

---

está contra la cultura así como también se relaciona estrechamente con ella. Por lo tanto, debe ser interdisciplinaria e interactiva" (Kirk 1997, 50-51).

³ El lector tendría que consultar a los siguientes autores: G. H. Anderson, *et al* 1970, 594; David J. Bosch, *Witness to the World: The Christian Mission in Theological Perspective* 1980, 2006, 21-27; David J. Bosch 1991, 489-98; A. Scott Moreau, Gary Corwin, Gary McGee 2004, 74-89; Christopher J. H. Wright 2006, 33-69 (centrado en la relación entre la hermenéutica bíblica y la misión); A. Camps, L. A. Hoedemaker, M. R. Spindler, edits 1995, 5-6; Stephen B. Bevans y Roger Schroeder 2004, 35-72; Francis Anekwe Oborji 2006, 52-56; H. Armstrong, M McClellan, D. Sills 2001, 11-32, 53-77; John Mark Terry, Ebbie Smith, y Justice Anderson, eds. 1995, 5-6; Stephen B. Bevans y Roger Schroeder 2004, 35-72; Francis Anekwe Oborji 2006, 52-56; H. Armstrong, M. McClellan, D. Sills 2011, 11-32, 53-77; John Mark Terry, Ebbie Smith y Justice Anderson, eds. 1998, 9-12; Jan A. B. Jongeneel 1997, 9-18; John Corrie, ed. 2007, 237-44, 380-84; Craig Ott, Stephen J. Strauss, con Timothy C. Tennent 2010, xi-xxx.

⁴ Cathy Ross cita esta definición con aprobación en la reseña de las obras misiológicas de Kirk en John Corrie y Cathy Ross, eds. 2012, 11-12. Scott W. Sunquist cita la definición de Kirk aparentemente con aprobación, en Sunquist 2013, 11.

culturas del mundo. El misionero es el pionero de la teología sistemática. (Anderson 1998, 9).

Ott, Strauss y Tennent lo afirmaron así en *Encountering Theology of Mission*:

> La teología misional procura delinear más claramente los aspectos misionales de la teología como un todo, ubicando la misión de Dios como un factor integrador central. En las palabras de [David] Bosch: "Necesitamos una agenda misiológica para la teología, más que simplemente una agenda teológica para la misión" (Bosch 1991, 494). Así es que la teología misional se ocupa de proveer un marco interpretativo de referencia, por medio del cual comprendemos el mensaje de la Escritura y la misión de la iglesia de manera completa. (Ott, *et al.* 2010, xviii).[5]

A lo largo de mis años en Fuller, con frecuencia me pidieron que enseñara un curso metodológico, a nivel doctoral, que entonces llamábamos "Theologizing in Mission" (Teologizando en la misión). A medida que enseñaba a otros y aprendía de ellos cómo llevar a cabo esta actividad, llegué a entender que no había una sola metodología que pudiera abarcar el hacer teología en la misión y el hacer misiología en la teología. En un sentido, "teologizando en la misión" no es para nada un método en sí mismo. Más bien, comencé a sospechar que la teología de la misión implica un estrecho entretejido de contenido y método (y cada uno afecta al otro). Dado que la misión es, primero y principal, la misión de Dios (comprendida en perspectivas trinitarias),[6] la reflexión teológica debe estar permeada de la comprensión misiológica, y nuestra misiología debe estar permeada de la reflexión teológica. Tal como lo dice Christopher J. H. Wright: "No debería haber ninguna teología que no se relacione con la misión de la iglesia, ya sea por estar generada fuera de la misión de la

---

[5] Ott, Strauss y Tennent agregan un llamado de atención. "La teología misional depende de las otras disciplinas teológicas, aprendiendo y construyendo sobre ellas, y luego relacionándolas con la misión de Dios en el mundo. La misiología, separada de una teología sana, es una tarea peligrosa y especulativa. La teología no sólo nos ayuda a interpretar correctamente las escrituras, sino que también provee de un marco más amplio de comprensión bíblica, con el cual la teología de la misión debe estar en armonía" (Ott, *et al.* 2010, xix).

[6] Uno de los mejores estudios concernientes a la comprensión trinitaria de la misión de Dios puede encontrarse en D. Bosch 1980, 2006, 239-42. Lesslie Newbigin articuló maravillosamente la forma de una teología trinitaria de la misión en *The Open Secret* (Newbigin 1978).

iglesia o por inspirarla y darle forma. Y no debería haber ninguna misión de la iglesia llevada a cabo sin profundas raíces teológicas en el suelo de la Biblia" (Wright 2010, 20).

Los dos esfuerzos necesitan recibir una realidad concreta (i.e., necesitan ser vividos) en la acción-reflexión de la misión (esto es, en la praxis), que participa en la misión de Dios, que opera primariamente, pero no exclusivamente, a través de la iglesia en el mundo de Dios. Como la espiral del ADN, la comprensión misiológica, la reflexión teológica y la acción misionera se entretejen unas alrededor de las otras, conectadas por una cantidad de cuestiones, ideas y aprendizajes, a los efectos de formar un todo integrado, que he aprendido a llamar "teología de la misión." Los capítulos de este libro constituyen múltiples y variados ejemplos de cómo hacer teología de la misión. Ninguno de ellos es la única manera de hacer teología de la misión. Ninguno de ellos representa el esfuerzo completo de hacer teología de la misión. Pero espero que algo en estos ejemplos estimule a los lectores para explorar maneras de crear y transformar su propia teología de la misión, al participar en la misión de Dios en su contexto y en su tiempo y espacio.

Afirmación acerca de la misión

Permítanme comenzar afirmando lo siguiente.

A. La misión no es algo que le compete al rey o a la reina, o a la nación-estado, o a la institución eclesiástica.

Aunque este tema ha diferido ampliamente de una nación a otra, hablando en general, desde el siglo quince hasta el dieciocho, en Europa occidental y en Norteamérica, se supuso de modo predominante que la misión era tarea del rey, de la reina y/o de la nación-estado. Donde sea que las naciones occidentales europeas extendieron su poder militar, político y económico en Latinoamérica, África y Asia, también "plantaron" (o podríamos decir impusieron) su estilo de fe cristiana y de iglesia. El principio de *cuius regio eius religio* (cuyo reino, su religión), que había dominado a las naciones europeas por siglos, se consideró como algo a seguir también en la conquista y colonización de partes de otros continentes. En los Estados Unidos, la idea del "destino manifiesto" fue usada para respaldar un concepto de misión similar. Entonces estaban los que sabían, como sabemos ahora, que esta idea de misión es inaceptable, que no es bíblica y que es misiológica y teológicamente imposible de llevar a cabo. Un estudiante interesado en este tópico puede consultar la muy sustanciosa literatura referida a "misión y colonialismo," especialmente obras escritas por teólogos de la misión en el sur y en el oriente del globo.

B. La misión no es meramente una extensión, expansión o multiplicación de la iglesia, que procura meramente crear nuevas sucursales de la corporación religiosa auspiciante.

Desde el siglo quince hasta nuestros días, la iglesia de Jesucristo ha tenido la tentación de pensar en la misión como en una actividad enfocada primordialmente en comenzar nuevas manifestaciones locales de la institución religiosa que auspicia tal actividad. Con demasiada frecuencia, plantar iglesias se ha reducido esencialmente a abrir sucursales de la iglesia institucional, de la denominación, de la organización misionera o (más recientemente) de la mega-iglesia que ha fundado, dirigido, enviado a sus emisarios y controlado el establecimiento de nuevas congregaciones locales, que son reproducciones exactas de la institución madre. La conversión básicamente forzada durante la conquista de Latinoamérica en el siglo dieciséis, llevada a cabo por la Iglesia Católica Romana de esos tiempos, es un ejemplo de este concepto sobre la misión. Esta comprensión de la misión como plantación de sucursales de la denominación en nuevas localidades alrededor del globo persiste incluso hoy, en casi todas las tradiciones cristianas. Ver, por ejemplo, *Toward a Theology of Mission Partnerships* (Van Engen 2001) para encontrar una breve reflexión inicial sobre este tema. Esta visión de la misión debe ser cuidadosamente reexaminada y reevaluada. En los Evangelios y en Hechos, la misión se describe numerosas veces con estas palabras: "Jesús recorría todos los pueblos y aldeas enseñando en las sinagogas, anunciando las buenas nuevas del reino, y sanando toda enfermedad y toda dolencia" (Mt 9.35-36; Lc 4.43; 5.15; 8.1; 9.1-2). El relato de Lucas en Hechos es esencialmente la historia de los seguidores de Jesús (con la misión de Pablo en el centro del escenario) yendo por pueblos y villas de su mundo, predicando las buenas nuevas del reino de Dios y sanando. La iglesia en sus muchas formas locales es importante (en realidad, esencial) para nuestra comprensión de la misión. Pero necesitamos ser cuidadosos en el día de hoy, para que la misión no se torne demasiado estrecha, eclesiocéntricamente aprisionada o controlada. El surgimiento de la iglesia debe entenderse como un fruto de la misión, no como la meta de la misión. Esta es una advertencia expresada por pensadores de la misión tan dispares como Roland Allen, J. C. Hoekendijk, Johannes Verkuyl, Orlando Costas y otros. Este tema va más allá del alcance de este libro, pero debe ser tenido en cuenta mientras intentamos "transformar la teología de la misión."

C. La misión es la misión de Dios.

La teología protestante de la misión de Europa occidental y de Norteamérica fue dominada por una visión fuertemente eclesiocéntrica de la misión, durante los años de 1920 y de 1930. La misión era vista como la responsabilidad ya no más de asociaciones misioneras independientes (como fue el caso durante la mayor parte del siglo diecinueve), sino más bien de la iglesia. Esta visión fue especialmente fuerte en el Concilio Misionero Internacional (CMI), que se reunió en Tambaram (Madrás, India), en 1938. La misión era una actividad conjunta de iglesias jóvenes y más antiguas, pero la Segunda Guerra Mundial cambió todo esto. Alimentada por el profundo pesimismo causado por el silencio de las iglesias ante las atrocidades ocurridas durante la guerra, la misión llegó a ser vista más como una acción de Dios (*missio Dei*), que como una actividad de la iglesia. En la conferencia del CMI, en Willingen (Alemania) en 1952, este concepto de misión comenzó a crecer. Esta visión de la misión recibió el apoyo de Georg Vicendom en su libro *The Mission of God* (La misión de Dios) publicado en 1965, el cual estaba asociado con la conferencia de la Comisión de Misiones Mundiales y Evangelismo del Concilio Mundial de Iglesias, realizada en la ciudad de México, en 1963. Con el paso del tiempo, el concepto fue reformulado para incluir a todo lo que Dios hace en el mundo. Para el tiempo de la asamblea del Concilio Mundial de Iglesias llevada a cabo en Uppsala, en 1968, esta visión más secularizada de la misión, promovida por pensadores de la misión como J. C. Hoekendijk, quien estaba profundamente desencantado y pesimista acerca de la iglesia, ya tenía poca o ninguna relación ni con la iglesia ni con la evangelización mundial. Sus sostenedores tuvieron razón en rescatar a la misión del sofocante control de las iglesias, pero al hacerlo, tiraron al bebé junto con el agua de la bañera y esencialmente perdieron tanto a la iglesia como a la misión (cf., Van Engen 1996, 145-56).

D. "El Dios vivo es un Dios misionero."[7]

En los últimos años de la década de 1950 y en los primeros de la década de 1960, creció una convicción entre los misiólogos de que el origen de la misión debía estar fundado en la naturaleza de Dios. En círculos católicos romanos, conciliares (relacionados con el Concilio Mundial de Iglesias) y protestantes evangélicos, esta convicción creció de tal manera que para los años de 1970 era compartida por estas tres líneas mayores del pensamiento cristiano. Para mediados de los años de 1970, uno podía encontrar pensadores de la misión

---

[7] John Stott 2009, 3-9.

ortodoxos y pentecostales, que también afirmaban que el fundamento, el significado y los parámetros de la misión se originan en el corazón y en los propósitos de Dios. Más adelante en este libro trataré más específicamente el concepto de *missio Dei*, el cual eventualmente se expandió y secularizó en círculos conciliares a tal extremo, que llegó a ser inaceptable para muchos otros pensadores de la misión.

Lo que la misión no es

Con base en las afirmaciones generales positivas ofrecidas anteriormente, también podemos establecer algunas suposiciones preliminares con relación a lo que la misión no es.

1. No es lo que nosotros en las iglesias cristianas queremos que sea.
2. No es lo que la cultura que nos rodea o nuestro mundo quieren que sea.
3. No está determinada solamente por las necesidades de las personas o de las estructuras.
4. No es meramente actos de compasión por los necesitados.

Parece que hubiera hoy una tendencia, en las iglesias evangélicas, a asumir que la misión es misión cuando incluye actos de bondad de parte de los que tienen hacia los que no tienen, de los que tienen poder y fuerza hacia los que están marginados y débiles, de los que saben hacia los que no saben, y así sucesivamente. Bíblicamente, esto es insuficiente. El llamado de la Biblia a la compasión y a la bondad es claro, pero aquí hay otra cuestión más amplia y más profunda. Como el apóstol Pablo enfatizó, Dios frecuentemente lleva a cabo la misión de manera totalmente opuesta. Con frecuencia, Dios usa a los débiles, a los ignorantes y a los pobres en su misión (1 Co 1.18-30). A modo de ejemplo, podemos notar que Jesús remarcó este punto de vista en lo que es virtualmente una constitución de la misión de Jesús en Lucas 4. En ese pasaje, Jesús afirma que el Espíritu Santo lo ha ungido para la misión. A continuación de esa declaración y hablándoles a los que se habían reunido en la sinagoga de Capernaúm, Jesús ofrece dos ejemplos del Antiguo Testamento en cuanto a la misión de Dios: la viuda de Sarepta y la niña pequeña que le habló de su fe a Naamán el sirio, comandante del ejército sirio, quien fue curado de lepra. No es sorprendente que lo que dijo haya puesto furiosos a los que estaban en la sinagoga de Capernaúm. No obstante, ellos debieron haberlo sabido. A lo largo de la Biblia, uno puede encontrar numerosas ilustraciones de cómo Dios, con frecuencia, elige obrar a través de los débiles para influir sobre los fuertes, a través de los ignorantes para corregir a los sabios, a través de los que no tienen poder para desafiar a los poderosos. En el camino a transformar su teología de la misión, pienso que los evangélicos necesitan repensar sus presuposiciones sobre la misión de Dios.

    5. No es todas las buenas cosas que las iglesias hacen en el mundo.
    6. No es meramente unirse a lo que Dios está haciendo en el mundo.
    7. No es ninguna agenda de acción que sea buena para la humanidad.

Lo que implica la misión

Dadas las afirmaciones presentadas anteriormente, podemos afirmar que:

A. Dios envía a la iglesia cristiana al mundo.

Desde los años de 1960 hasta los de 1980, la reconceptualización conciliar y a secularización de la misión implicaron cambiar el orden tradicional de "Dios obrando a través de la iglesia en el mundo" a "Dios-mundo-iglesia." Fuertemente respaldada por J. C. Hoekendijk y por otros en el movimiento conciliar, esta visión de la misión fue una preocupación apropiada, después de la Segunda Guerra, en el sentido de que la misión de Dios fuera relevante a todo en la vida. La misión de Dios debe cambiar el estado de las cosas en el mundo. Debe mejorar la condición humana. Donde ocurre la misión de Dios, el contexto debe cambiar para mejor. No obstante, saliendo de la Segunda Guerra Mundial, Hoekendijk y otros en las iglesias estatales en Europa eran profundamente pesimistas acerca de la iglesia en general. Así es que, en su obra mayor, publicada en 1966, *The Church Inside Out* (La iglesia de adentro para afuera), Hoekendijk esencialmente reclamó la eutanasia de la iglesia tal como la conocemos o, por lo menos, afirmó que la iglesia debería existir sólo como un instrumento de cambio sociopolítico y económico para traer la *shalom* de Dios. No obstante, al enfatizar demasiado las ramificaciones sociopolíticas y económicas de la misión de la iglesia, esta visión de la misión se apartó de la visión más comprehensiva que se ve en la Biblia, la cual preserva el orden de la misión como "Dios-iglesia-mundo." Aún así, al examinar la acción de la misión de Dios a lo largo de la Biblia y en la historia de la iglesia, también debemos considerar que, por momentos, Dios obra simultáneamente con, a veces a pesar de, e incluso en contra de las formas institucionales de las iglesias cristianas.

B. El origen, la autoridad, el mensaje, los medios y las metas son de Dios y deben ser consistentes con la misión de Dios.

La palabra griega *apostello* y su sinónimo asociado *pempo* son las palabras y conceptos bíblicos principales para la misión en la Biblia. La segunda palabra más prominente en la Biblia es *diakonia*. Más adelante en este libro, tendremos la oportunidad de pensar en profundidad sobre este tema.[8]

C. Por lo tanto, la teología de la misión es una actividad que procura discernir lo que Dios quiere hacer principalmente a través del pueblo de Dios de un tiempo, lugar y contexto específicos en el mundo de Dios.

Implicaciones para hacer teología de la misión

A partir de las suposiciones mencionadas más arriba acerca de la misión en general, podríamos afirmar lo siguiente acerca de la teología de la misión.

1. La teología de la misión está revelacionalmente afirmada y circunscripta por lo que se nos enseña en la Biblia concerniente a la misión de Dios. La Biblia es como un "manual de instrucciones" de la misión.

2. La teología de la misión debe estar bíblicamente permeada en todos los aspectos de su reflexión, de modo que la comprensión de la iglesia sobre la misión de Dios sea consistente con la presentación que hace la Biblia sobre ella.

3. La teología de la misión hace su reflexión teológica sobre y en medio de una praxis de misión afirmada contextualmente.

4. Hacer teología de la misión incluye tanto palabra como obra a través de una espiral hermenéutica continua.[9]

5. La teología de la misión no está completa hasta que y a menos que se traduzca en acción de la misión.

6. La teología de la misión no es un activismo sin sentido disociado de la reflexión, de la evaluación, del pensamiento, del análisis, de la crítica o de la creatividad.

Como mi mentor, Johannes Verkuyl, afirmó en su *magnum opus*, *Contemporary Missiology* (Misiología contemporánea): "La misiología nunca puede llegar a ser un sustituto para la acción y la participación. Dios llama a participantes y voluntarios para su misión. En parte, la meta de la misiología es llegar a ser una 'estación de servicio' a lo largo del camino. Si el estudio no conduce a la participación, ya sea en casa o afuera, la misiología habrá perdido su humilde llamado" (Verkuyl 1978, 6).

En mi perspectiva, uno de los mejores resúmenes sobre la tarea reflexiva de la teología de la misión ahora y en el futuro fue hecho por David Bosch en

---

[8] Ver Van Engen 2008 y Van Engen 2010.
[9] El tema de la reflexión teológica como un proceso que sigue una espiral hermenéutica será discutido luego en este libro.

Transforming Mission (1991, 368-519). Aquí Bosch presenta trece "elementos de un paradigma ecuménico misionero emergente," que constituyen un desafío y una tarea para nosotros hoy en la teología de la misión. En este resumen de resúmenes, él dice:

> La misión de la iglesia necesita renovarse y reconcebirse constantemente. Misión no es competencia con otras religiones, no es (meramente) una actividad para la conversión, no es expandir la fe, no es edificar el reino de Dios; tampoco es una actividad social, económica o política. Y aún así, hay mérito en todos estos proyectos. Así que, la preocupación de la iglesia *es* la conversión, el crecimiento de la iglesia, el reino de Dios, la economía, la sociedad y la política, ¡pero de una manera diferente! La *missio Dei* purifica a la iglesia. La ubica bajo la cruz, el único lugar donde puede estar a salvo. La cruz es el lugar de humillación y de juicio, pero es también el lugar de refrigerio y de nuevo nacimiento. . . . Como comunidad de la cruz, la iglesia entonces constituye la camaradería del reino, y no simplemente "los miembros de la iglesia;" como comunidad del éxodo, no como una "institución religiosa," invita a la gente al banquete sin fin. . . . Vista en esta perspectiva, la misión es, muy simplemente, la participación de los cristianos en la misión liberadora de Jesús, . . . apostando a un futuro que la experiencia verificable parece defraudar. Es las buenas nuevas del amor de Dios, encarnado en el testimonio de una comunidad, para bien del mundo. (519).

La teología de la misión es como el eje de una rueda, el ancla central para toda praxis de la misión. El pensamiento, la crítica, la creatividad y el análisis misiológicos deben estar conectados al eje para formar los rayos de la rueda. El pueblo de Dios, reunido en congregaciones locales de seguidores de Jesús, es la llanta y el neumático de la acción de la misión, que sale a la ruta en sus contextos de misión.

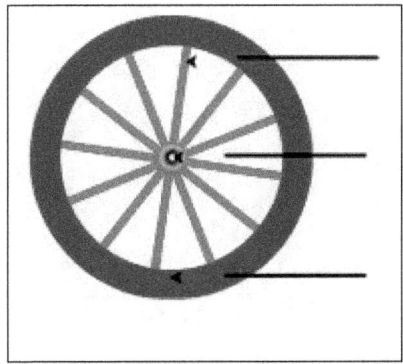

Pensamiento, crítica, creatividad y análisis misiológicos están conectados con el eje, para formar los rayos de la rueda.

La teología de la misión es como un eje de rueda de bicicleta, el ancla central para toda praxis de la misión.

La teología de la misión siempre debe estar afirmada en la realidad contextual, así como la rueda de la bicicleta es "donde la goma se contacta con la ruta."

Figura 1: La misiología vista como una rueda.

PARTE I

LAS FUENTES DE LA TEOLOGÍA DE LA MISIÓN

CAPÍTULO 1

¿QUIÉN HACE TEOLOGÍA DE LA MISIÓN?

Tesis

En este capítulo voy a sugerir cinco agentes diferentes que hacen teología de la misión: el Espíritu Santo, la iglesia de Jesucristo, la congregación local, los enviados a participar en la misión de Dios y los receptores de la praxis de misión de la iglesia.

Introducción

En este capítulo, nos haremos la pregunta: ¿quién hace la teología de la misión? En otro lugar caractericé a la teología de la misión como una actividad a realizar, no como una serie de proposiciones estáticas con las cuales la gente puede o no estar de acuerdo, ni como una serie de afirmaciones verbales que muy rápidamente pueden caer en el olvido.[10] La teología de la misión es una actividad de reflexión y de acción—de praxis.[11] Por lo tanto, es algo que toda la iglesia hace y no el dominio de un profesional en particular, el "misiólogo." La misión de Dios es demasiado amplia, demasiado compleja y demasiado profunda como para estar limitada al pensamiento de una persona. Más bien, la teología de la misión es una actividad de la iglesia de Jesucristo, al procurar entender más profundamente el por qué, el cómo, el cuándo, el dónde y mediante qué los seguidores de Jesús pueden participar en la misión de Dios, en el mundo de Dios. Los "misiólogos" profesionales están invitados a y se necesitan para estimular,

---

[10] En la teología de la misión en el día de hoy necesitamos las palabras de Santiago en Santiago 1.23-25: "El que escucha la palabra pero no la pone en práctica es como el que se mira el rostro en un espejo y, después de mirarse, se va y se olvida en seguida de cómo es. Pero quien se fija atentamente en la ley perfecta que da libertad, y persevera en ella, no olvidando lo que ha oído sino haciéndolo, recibirá bendición al practicarla."

[11] El término "praxis," aunque no nuevo en ese tiempo, fue popularizado y su concepto fue expandido por teólogos latinoamericanos de los años de 1970, especialmente por aquéllos que seguían las perspectivas de Paulo Freire en educación, y por una cantidad de sostenedores de la Teología de la Liberación en esos días. Generalmente, se refiere a un proceso en forma de espiral de acción-reflexión-nueva acción-nueva reflexión, en el cual la acción transforma a la reflexión y la reflexión subsiguiente conduce a una nueva acción transformada. La manera cómo este proceso puede darse en la teología de la misión será considerada más adelante en este libro.

examinar, resumir, sacar conclusiones y reflexionar sobre las implicaciones de la teología de la misión de la iglesia, tanto de la que ha sido articulada como de la que todavía no ha sido expresada. Una descripción de los que hacen teología de la misión incluye por lo menos los siguientes cinco agentes.

El Espíritu Santo

Desde la ascensión de Jesús, el primer agente de la misión y el más importante ha sido y es el Espíritu Santo. Antes de su pasión y de su resurrección, Jesús había explicado este tema a sus discípulos. En su discurso de despedida, Jesús les dijo a sus seguidores que: "Cuando venga el Consolador, que yo les enviaré de parte del Padre, el Espíritu de verdad, que procede del Padre, él testificará acerca de mí. Y también ustedes darán testimonio porque han estado conmigo desde el principio" (Jn 15.26-27; ver también Jn 14.16-17, 26; 16.7-16).

Estas palabras de Jesús han sido entendidas con frecuencia como referidas a la ortodoxia, a la iluminación de parte del Espíritu Santo, que permitiría a los discípulos entender las enseñanzas de Jesús concernientes a la revelación de Dios en Jesús el Cristo, incluyendo una nueva comprensión de sus Escrituras, el Antiguo Testamento. Ese es un elemento de lo que Jesús estaba enseñando a sus discípulos, pero hay otro aspecto de la enseñanza de Jesús, en el que algunas veces no reparamos. Aunque una lectura misiológica de este pasaje está más allá del alcance de este libro, es importante notar que a lo largo del discurso de Jesús en Juan 14-17, el concepto de *enviar* es un tema dominante. El capítulo tiene que ver con la misión de Jesús y, por lo tanto, la misión de los discípulos una vez que Jesús se hubiera ido al Padre. La clave para el pasaje es el rol del Espíritu Santo. Éste enseñaría a los discípulos acerca de la misión de Jesús y les daría poder para "[dar] testimonio" (Jn 15.27), una clara referencia a la misión de ellos. De modo que, pienso que no fue ninguna sorpresa para los discípulos oír que el Jesús resucitado les decía, "¡La paz sea con ustedes! . . . Como el Padre me envió a mí, así yo los envío a ustedes" (Jn 20.21).

En Lucas 24.29, Jesús les pide a los discípulos que esperen en Jerusalén la llegada del Espíritu Santo. Lucas repite esto en Hechos 1.4, donde Jesús les dice a sus discípulos que serán bautizados con el Espíritu Santo y que recibirán poder cuando venga el Espíritu Santo sobre ellos y serán sus testigos en Jerusalén, en toda Judea y Samaria, y hasta los confines de la tierra (Hch 1.8).

A través del libro de Hechos, las acciones y la revelación del Espíritu Santo proveen el contenido para que los discípulos de Jesús construyan una teología de la misión. Esto se ve claramente en la manera en que Lucas relata la historia del primer concilio de Jerusalén, donde las personas reunidas tomaron la decisión radical de que el evangelio era para todos y que no era necesario que los gentiles se hicieran judíos para seguir a Jesús. ¿Cuál es el fundamento de la teología de la misión para una decisión tan estremecedora? Cuatro veces (un énfasis intencional) Lucas menciona la venida del Espíritu Santo a la casa de Cornelio (Hch 10). Esta es la base (podríamos decir la teología de la misión), para la decisión del concilio de Jerusalén. El episodio de Hechos 10 es vuelto a relatar por Pedro en Hechos 11.5-17, otra vez en Hechos 15.7-11 y nuevamente Santiago hace referencia a él en Hechos 15.13-17.

Desde entonces, a lo largo de la historia de los avivamientos de la iglesia, uno puede percibir la obra del Espíritu Santo, no sólo al movilizar y energizar a la iglesia en la misión, sino también al guiar, enseñar, iluminar y transformar la comprensión de la iglesia acerca de su misión, es decir, su teología de la misión. El movimiento pentecostal tradicional, nacido a comienzos del siglo veinte, lo entendió bien. La venida del Espíritu Santo está inseparablemente entretejida con la misión del Dios trino, y la misión del Dios trino es movilizada, explicada y modelada por la presencia y la obra del Espíritu Santo.

Harold Dollar lo dice de esta manera.

> El Espíritu Santo es el Espíritu misionero enviado desde el Padre por el Jesús exaltado, dando poder a la iglesia para cumplir la intención de Dios de que el evangelio llegue a ser un mensaje universal, con judíos y gentiles abrazando las buenas nuevas. El Espíritu conduce la misión en cada punto, dando poder a los testigos y dirigiéndolos a predicar el evangelio a los que nunca lo han oído, posibilitando su tarea con señales y prodigios. (Harold Dollar 2000, 451).

Otra forma de decir esto sería así: la iglesia es el cuerpo de Cristo, la presencia física del Jesús resucitado sobre la tierra (Ro 12; 1 Co 12; Ef 4). Si ese es el caso, la misión de la iglesia en el día de hoy es participar en la misión de Jesús, la cabeza de la iglesia. La misión no pertenece a la iglesia. La iglesia participa en la misión de Jesús. Por lo tanto, la misión de Jesús define la motivación, el mensaje, los medios, los agentes y las metas de la misión de la iglesia. ¿Cómo ocurre esto? Por la presencia, la acción, la iluminación y la transformación del Espíritu Santo, enviado por el Padre y por el Hijo. Una manera de ilustrar estas relaciones sería afirmar que Jesús es la cabeza del cuerpo. La iglesia, como el cuerpo, abarca los músculos, los brazos, las piernas, la cara, etc., que llevan a cabo la misión. El Espíritu Santo es el sistema nervioso que comunica las órdenes de la cabeza a los músculos del cuerpo y lo moviliza a la acción. Así es que, uno puede decir que el Espíritu Santo es el primer agente y el principal en el proceso de transformación de la teología de la misión. La manera en que esto ocurre será un tema de interés a lo largo del resto de este libro.[12]

La Iglesia de Jesucristo

Anteriormente, mencionamos que la misión de Dios se lleva a cabo principalmente (aunque no de modo exclusivo) a través de la iglesia para con el mundo. Comenzando con el llamado de Dios a Abraham (Gn 12.1-3),[13] a través de quien todas las naciones serían benditas, la misión de Dios ha actuado primariamente a través del pueblo de Dios.[14] Si bien, frecuentemente, Israel no entendió su misión y, con demasiada frecuencia, quiso guardar la gracia de Dios para sí mismo en lugar de ser un instrumento de la gracia de Dios a las naciones, aun así la clara intención de Dios, repetida una y otra vez desde Génesis hasta Apocalipsis, fue que Israel debía ser el instrumento de Dios para bendecir a todos los pueblos.[15]

---

[12] La relación de la neumatología con la teología de la misión es una cuestión importante. Unos de los primeros pensadores protestantes de la misión en reflexionar sobre esta relación fue Roland Allen (1868-1947), un misionero anglicano en China, a comienzos del siglo veinte. Una obra clásica que se basó en el pensamiento de Roland Allen es Harry Boer 1961. Rob Gallagher hizo la disertación para su PhD en misiología en la Escuela de Misiones Mundiales del Seminario Fuller sobre este tópico. Su investigación, junto con una cantidad de publicaciones recientes sobre teología de la misión, escritas por eruditos pentecostales, han ayudado a las iglesias y a las misiones alrededor del mundo a entender más profundamente el rol esencial del Espíritu Santo en clarificar, dirigir y dar poder a la misión de Cristo. Ver, por ejemplo, las obras de Gary McGee. Las obras de J. Edwin Orr sobre la historia de los avivamientos son importantes en este aspecto porque muestran la relación íntima entre los avivamientos y la misión. A. T. Pierson (1837-1911) fue un pastor americano importante y un pensador de la misión, quien asoció estrechamente la espiritualidad y la teología de la misión en su predicación y en su gran producción escrita.

[13] Concerniente a la "bendición abrahámica," tema que se abre paso a través de toda la Biblia, como principal motivación y elemento que moldea a la teología bíblica de la misión. Ver Sarita Gallagher 2014.

[14] Fuentes útiles para informar una lectura misiológica de la misión de Dios, tal como fluye por toda la Biblia incluyen a, Arthur Glasser et al. 2003; Christopher Wright 2010; Michael Goheen 2011.

[15] Va más allá del campo de acción de este libro desarrollar este tema bíblico mayor, el cual es fundacional para la teología de la misión. Por muchos años enseñé un curso, que heredé de Arthur Glasser, concerniente a los fundamentos bíblicos de la misión. En ese curso examinamos este tema y sus muchas profundas implicaciones para la teología de la misión. Arthur Glasser et al. 2003 surgió de allí y llegó a ser el texto básico para ese curso.

Siguiendo a Agustín de Hipona, podemos decir que la iglesia de Jesucristo está constituida por todos los que, en todas partes y siempre, han creído en Jesucristo y han sido sus seguidores. Esta gran compañía de creyentes se esparció por todo el globo, en muchas culturas y contextos diferentes. De manera esmerada y cuidadosa ha expandido, profundizado, desarrollado y refinado su comprensión de la misión de Dios y de la teología de la misión, a lo largo de los pasados veinte siglos. Como cuerpo de Cristo, la iglesia no sólo ha realizado actividades de misión, para bien y algunas veces para mal, sino que también ha reflexionado constantemente sobre esa misión y ha procurado articular su comprensión de la misma, a lo largo del tiempo. Hoy, esto incluye a más de 1.500 millones de creyentes que piensan, hablan y actúan con referencia a la teología de la misión, en una multitud de lenguas, con base en una miríada de culturas alrededor del mundo. Aunque leen la misma Biblia y están iluminados y guiados por el mismo Espíritu Santo, su comprensión de la teología de la misión difiere de manera marcada, ya que ésta recibe la influencia de sus particulares contextos históricos, culturales y lingüísticos, así como también de sus experiencias a lo largo del tiempo, al participar en la misión de Dios. Andrew Walls ha sido muy instructivo al ayudarnos a entender más claramente estos desarrollos en la teología de la misión alrededor del mundo, a lo largo del tiempo, algo que él denominó "el momento efesio."[16] Ver, por ejemplo, Andrew Walls 1996, 2002.

En el siglo veintiuno, parece que sentimos la tentación (en todos los continentes) de asumir que nuestra teología de la misión es nueva y, posiblemente, superior a la articulada en siglos anteriores. Tal vez, necesitamos reexaminar esa presunción y atribuir mayor sabiduría e importancia (y escuchar más atentamente) a lo que podemos aprender de los que nos precedieron. La iglesia de Jesucristo ha estado haciendo teología de la misión por un muy largo tiempo y tiene mucho para enseñarnos. Tenemos mucho para criticar, muchas acciones y pensamientos no bíblicos, herejes y destructivos, que no honraron a Jesucristo, pero hubo muchas otras expresiones y mucha praxis que sí honraron al Señor y pueden servir para guiarnos hacia el futuro.

---

[16] Andrew J. Walls, "The Ephesian Moment: At a Crossroads in Christian History," en A. J. Walls, *The Cross-Cultural Process in Christian History* (NY: Orbis) 2002, 72-81.

La congregación local de seguidores de Jesús

La Iglesia (con mayúscula), que incluye a todos, en todas partes y siempre, que ha seguido a Jesús, es una idea maravillosa. Pero ninguna persona experimenta la Iglesia con mayúscula. Más bien, todos experimentamos la comunión de los seguidores de Jesús en congregaciones locales. Participamos de la Iglesia, en menor o mayor grado, cuando y en la medida en que participamos en un grupo de seguidores de Jesús. Así es que, desde su mismo nacimiento en Jerusalén, en Pentecostés, la Iglesia tomó una forma concreta y visible, en el grupo local de creyentes descripto en Hechos 2.42-47. Aquí, en medio de rostros, nombres, historias, experiencias e interacción de las personas, la congregación local de creyentes desarrolló su teología de la misión.[17]

Pablo desarrolló más esta idea, mediante el uso de la imagen "cuerpo de Cristo." En Romanos 12, 1 Corintios 12 y Efesios 4, con el foco en los "dones" (los carismas), que tiene cada miembro del cuerpo, Pablo acentuó la vida de las reuniones locales de seguidores de Jesús, la congregación local.[18] A lo largo de todas las cartas que él escribió a estos grupos locales, uno podría decir, en general, que Pablo procuró ampliar y profundizar la teología de la misión.

La teología de la misión es un elemento esencial (y debería ser un fruto natural) de la vida de una congregación local. Los miembros de una iglesia local (con minúscula) son llamados a descubrir, aprender y desarrollar su teología de la misión, mientras juntos viven sus vidas, experimentan la gracia de Dios, estudian juntos la Biblia, reflexionan juntos sobre la misión de Dios y descubren su llamado como pueblo misionero de Dios en su lugar y en su contexto.[19]

---

[17] Va más allá del alcance de este capítulo y de este libro desarrollar la eclesiología que aquí se resume. Ver, por ejemplo, Van Engen 1981, 78-190; y Van Engen 1991a *in loco*.

[18] Nuestra eclesiología de la "iglesia local" diferirá de acuerdo a si abordamos el tema desde el punto de vista predominantemente anabautista de la "iglesia de creyentes," o desde un punto de vista congregacional, o desde un punto de vista con base en la forma de gobierno presbiteriana, o desde una perspectiva de la "parroquia" propia de los episcopales, o desde el punto de vista de un "movimiento de pueblos." Hay diferencias importantes entre estos puntos de vista que influyen sobre la manera en que entendemos la "misión de la congregación local." No obstante, este tema está más allá de este libro.

[19] En Latinoamérica, uno de los intentos deliberados de vivir lo descripto anteriormente fueron las comunidades eclesiales de base en Brasil durante los años de 1970 y de 1980. Para un tratamiento evangélico de este fenómeno, ver, Guillermo Cook 1985. Tristemente, muchos de estos grupos eventualmente se alejaron de una cuidadosa lectura de la Biblia en el contexto, perdieron mucho de su foco eclesial y teológico, y se trasformaron mayormente en grupos celulares, centrados principalmente en ciertas agendas políticas. Desde las pequeñas iglesias pentecostales y carismáticas, que se encuentran en ciudades de todo el mundo, hasta las grandes mega iglesias también

Este fundamento y ubicación congregacional de la teología de la misión puede encontrarse a lo largo de la historia de la Iglesia, incluyendo en los primeros años a muchos movimientos monásticos. Ver, por ejemplo, *El Pueblo Misionero de Dios* (Van Engen 1991a) para un intento inicial en esta dirección.[20] Mientras un grupo de creyentes vive su fe a través del tiempo y mientras esos seguidores de Jesús experimentan la gracia de Dios y expresan su comprensión de la misión de Dios en su contexto, toma forma su teología de la misión. Necesitamos escuchar con más cuidado y aprender de manera intencional de la teología de la misión que emerge en y a través de la vida de congregaciones locales, en el poder del Espíritu Santo.

Los mensajeros que hacen teología de la misión mientras participan en la misión de Dios

A lo largo de los siglos, a partir de los primeros comienzos de la Iglesia cristiana, el Espíritu Santo ha llamado a mujeres y a hombres, entre los fieles seguidores de Jesús, miembros de comunidades locales de creyentes, a dedicar una porción significativa de sus vidas a una acción misionera específica. Por ejemplo, en Hechos 13, el Espíritu Santo les dejó claro a los seguidores del Camino, que debían apartar a Saulo y a Bernabé, para una tarea específica, a la cual el Espíritu Santo los estaba llamando. Este patrón se puede ver a través de la historia de la Iglesia.[21]

---

desparramadas por el globo, el potencial, la función y el rol único de las congregaciones locales en la construcción de la teología de la misión es un tema que espera ser investigado con seriedad.

[20] En 2011, Mark Fields escribió una disertación doctoral en la Escuela de Estudios Interculturales del Seminario Fuller, titulada, "Contours of Local Congregation-based Mission in the Vineyard Movement, 1982 to 2007." Tuve el gozo de acompañarlo en su investigación como mentor. Aprendí mucho de Mark.

[21] Este tema es particularmente fascinante, amplio y complejo, cuando se lo llena con las historias de mujeres y hombres, especialmente llamados de esta manera. ¡Qué inspiración y bendición es leer biografías de misioneros, a los efectos de aprender cómo Dios obró a través de sus vidas! Las biografías misioneras son una fuente maravillosa para la teología de la misión. Una fuente fantástica para este modo de hacer teología de la misión es Gerald Anderson, ed., *Biographical Dictionary of Christian Missions*, 1998.

El diaconado como una ventana hacia los mensajeros que hacen teología de la misión

Una de las formas en que el Nuevo Testamento nos enseña cómo mujeres y hombres fueron llamados y recibieron poder para participar en la misión de Dios (y para hacer teología de la misión) es describiéndolos como "diáconos." En otra parte he discutido el hecho que la principal palabra del Nuevo Testamento para misión es *apostello* (con su sinónimo *pempo*), enviar. La segunda palabra más relevante para misión en el Nuevo Testamento es *diaconía*, también usada en forma de sustantivo como *diaconos* y en forma de verbo como *diaconeo*. Una breve reseña del concepto del *diaconado*, como se desarrolla en el Nuevo Testamento, puede servir como ejemplo de una teología de la misión, que toma forma en medio de la participación específica de mujeres y hombres en la misión de Dios hacia el mundo tan amado por Él.

En el apéndice, el lector encontrará una concordancia temática que cubre las varias instancias en que ocurren las palabras griegas DIAKONEO, DIAKONIA y *DIAKONOS*. Las traducciones no han sido consistentes en este punto y fracasan en mostrarnos la riqueza del concepto del DIACONADO, que cubre un verbo (diaconizar), un concepto (como rol o función, el diaconado) y un sujeto (diácono). El uso griego de este concepto en el Nuevo Testamento es muy concreto y sigue un patrón que sirve para demostrarnos un cuadro claro de la Iglesia en misión. En lo que viene a continuación, he procurado poner en evidencia el sentido griego del concepto, usando el término griego transliterado.

La Iglesia es la comunión de amor de los discípulos de Jesús. Como tal, es profundamente la comunión del Crucificado. En su ministerio, Jesús desarrolló, en su persona y en su enseñanza, una vida de servicio diaconal, un ministerio que él luego transfirió a sus discípulos como un mandamiento y una comisión. Así es que Jesús declaró que, "el Hijo del hombre no vino para que le [DIACONICEN] sino para [DIACONIZAR] y para dar su vida en rescate por muchos" (Mt 20.28; Mr 10.45).

Como ejemplo de esta verdad, Jesús lavó los pies a sus discípulos la noche anterior a su muerte y luego procedió a enseñarles el significado del acto: "Sin embargo, yo estoy entre ustedes como uno que [DIACONIZA]" (Lc 22.27). "Ustedes me llaman Maestro y Señor, y dicen bien, porque lo soy. Pues si yo, el Señor y el Maestro, les he lavado los pies, también ustedes deben lavarse los pies los unos a los otros. Les he puesto el ejemplo, para que hagan lo mismo que yo he hecho con ustedes" (Jn 13.13-15). De modo que, en el nuevo reino que Jesús trae, la autoridad y la grandeza están completamente trastocadas como para que "el más importante entre ustedes," dice Jesús, "será [DIÁCONO] de los demás" (Mt 23.11). "El mayor debe comportarse . . . como el que [DIACONIZA]" (Lc

22.26-27). "El que quiera hacerse grande entre ustedes deberá ser su [DIÁCONO]" (Mt 20.26). Los discípulos experimentaron esta nueva forma de vida, a lo largo de su asociación con el ministerio de Jesús. Él caminó con los pecadores, los enfermos, los hambrientos, los que estaban en necesidad. Les dio consejo, salud, nuevo sustento y ayuda. Es precisamente este ministerio del diaconado, el que Jesús tomó como su comisión para el ministerio.

> El Espíritu del Señor está sobre mí, por cuanto me ha ungido para anunciar buenas nuevas a los pobres. Me ha enviado a proclamar libertad a los cautivos y a dar vista a los ciegos, a poner en libertad a los oprimidos, a pregonar el año del favor del Señor. (Lc 4.18-19; Is 61.1-2)

Más tarde, cuando Juan el Bautista envió a sus seguidores a Jesús, para preguntarle si era él el que iba a venir, el Mesías, Jesús les responde presentando sus credenciales mesiánicas. Estas credenciales son los elementos del DIACONADO. "Los ciegos ven, los cojos andan, los que tienen lepra son sanados, los sordos oyen, los muertos resucitan y a los pobres se les anuncian las buenas nuevas" (Mt 11.5). De modo que, precisamente en el ministerio de servicio y de asistencia (es decir, en el DIACONADO) Jesús enseña a sus discípulos y les sirve de modelo en cuanto a los medios a través de los cuales ellos también podían tener la oportunidad de participar en la misión mesiánica de Dios. Los ángeles tienen el privilegio de DIACONIZAR a Jesús (Mt 4.11; Mr 1.13). Luego tomando el lugar de los ángeles, también la suegra de Pedro tuvo este privilegio (Mt 8.15; Mr 1.31; Lc 4.39). De la misma manera lo hicieron las mujeres de Galilea (Mt 27.35), Juana y Susana (Lc 8.3), Marta la hermana de Lázaro (Lc 10.40), e incluso Judas Iscariote (Hch 1.17).

Jesús le atribuyó tal importancia al DIACONADO que prometió a sus discípulos que ellos tendrán el honor de sentarse a la mesa del Señor en su reino (Lc 22.30) y será el Señor mismo quien los DIACONICE, si es que han sido siervos fieles (Lc 12.37). En este banquete, el señor tomará el lugar del DIÁCONO, el que sirve las mesas (Lc 17.8).

Con base en la importancia dada al diaconado en su ministerio, Jesús fue un paso más allá e hizo del diaconado uno de los criterios más importantes para ser sus discípulos. "Quien quiera [DIACONIZARME], debe seguirme; y dónde yo esté, allí también estará mi [DIÁCONO]" (Jn 12.26).

No obstante, el diaconado tiene su precio.

> El que quiera a su padre o a su madre más que a mí no es digno de mí; el que quiere a su hijo o a su hija más que a mí no es digno de mí; y el que no toma su cruz y me sigue no es digno de mí. El que encuentre

su vida, la perderá, y el que la pierda por mi causa, la encontrará (Mt 10.37-42; cf. Lc 12.49-53; 14.26-27).
  Si alguien quiere ser mi discípulo, tiene que negarse a sí mismo, tomar su cruz y seguirme. Porque el que quiera salva su vida, la perderá; pero el que pierda su vida por mi causa, la encontrará. ¿De qué sirve ganar el mundo entero si se pierde la vida? ¿O qué se puede dar a cambio de la vida? Porque el Hijo del hombre ha de venir en la gloria de su Padre con sus ángeles, y entonces recompensará a cada persona según lo que haya hecho (Mt 16.24-27).

Esta visión del juicio final pone en evidencia la tremenda importancia del diaconado en la mente de Jesús. En Mateo 25, en la última e importante porción de enseñanza de Mateo, encontramos la alusión, la promesa y la profecía con respecto a este juicio. "Cuando el Hijo del hombre venga en su gloria, con todos sus ángeles, se sentará en su trono glorioso. Todas las naciones se reunirán delante de él, y él separará a unos de otros, como separa el pastor las ovejas de las cabras. Pondrá las ovejas a su derecha, y las cabras a su izquierda" (Mt 25.31-33).
  ¿Sobre qué base se hará el juicio final? Sobre la base del diaconado. Se basará sobre los que han llevado a cabo un estilo de vida diaconal en relación con las personas que los rodean. Es decir, en relación con los hambrientos, con los sedientos, con los extranjeros, con los desnudos, con los enfermos, con los presos. Estas son las mismas personas que figuran de modo tan vasto en las credenciales mesiánicas de Jesús mismo, los que son los recipientes del diaconado de Jesús. Cuando el Señor les dice a los de su izquierda: "Apártense de mí . . . porque tuve hambre y ustedes no me dieron nada de comer," ellos también le responderán, "Señor, ¿cuándo te vimos hambriento o sediento, o como forastero, o necesitado de ropa, o enfermo, o en la cárcel, y no te [DIACONIZAMOS]?" (Mt 25.41-44). Y Jesús responderá: ". . . todo lo que no hicieron por el más pequeño de mis hermanos, tampoco lo hicieron por mí" (Mt 25.45).
  Obviamente, el diaconado está más acentuado en los Evangelios. Es un elemento esencial del ministerio en sí mismo y de la comisión de Jesús. Es un elemento esencial del discipulado para los que siguen a Jesús el Cristo. De modo que, en el extenso discurso de Jesús en Juan 13-16, Jesús les dice a sus discípulos: "Así como el Padre me ha amado a mí, también yo los he amado a ustedes. Permanezcan en mi amor. Si obedecen mis mandamientos, permanecerán en mi amor, así como yo he obedecido los mandamientos de mi Padre y permanezco en su amor. . . . Y este es mi mandamiento: que se amen los unos a los otros, como yo los he amado. . ." (Jn 15.9-12).

No es sorprendente encontrar a Pablo llamando diácono a Jesús el Cristo. En Romanos 15.8, Pablo declara que "Cristo se hizo servidor (DIÁCONO) de los judíos para demostrar la fidelidad de Dios, a fin de confirmar las promesas hechas a los patriarcas, y para que los gentiles glorifiquen a Dios por su compasión" (Ro 15.8-9)

Los discípulos de Jesús tomaron esta ordenanza muy seriamente y la aceptaron como su estilo de vida. Tanto es así que, dado que Judas Iscariote ya no estaba con ellos después de la resurrección y la ascensión de Jesús, asumieron la responsabilidad de elegir a alguien en su reemplazo, precisamente porque querían cuidar del diaconado. Así es que oraron: "Señor, tú que conoces el corazón de todos, muéstranos a cuál de estos dos has elegido para que se haga cargo del servicio [DIACONÍA] apostólico que Judas dejó para irse al lugar que le correspondía" (Hch 1.24-25).

Durante las semanas y meses siguientes, los discípulos experimentaron la venida del Espíritu Santo, las conversiónes de los primeros 3.000 creyentes en Cristo, el rápido crecimiento en el número de los seguidores de Jesús y el veloz aumento en las necesidades de los fieles, que debían ser atendidas. Fue precisamente sobre la base del ejemplo, del modelo y de la enseñanza de Jesús que el diaconado llegó a ser el patrón del ministerio de los apóstoles, quienes vendieron sus posesiones, repartieron sus bienes entre los necesitados, comieron juntos en una mesa en común y se sirvieron unos a otros. En esos primeros meses de la vida de la Iglesia, vemos un muy fuerte deseo, de parte de los discípulos (incluyendo a los nuevos creyentes), de vivir de acuerdo al modelo que Jesús les había mostrado (Hch 2.43-47). Pedro y Juan curaron al lisiado (Hch 3.1-10). Los discípulos pidieron poder al Señor "para sanar y hacer señales y prodigios mediante el nombre de tu santo siervo Jesús" (Hch 4.30). Demostraron gran poder espiritual porque vivían su fe, vendiendo sus tierras y entregando el dinero a los apóstoles, para distribuirlo entre los necesitados (Hch 4.32-35). La iglesia continuó creciendo, los apóstoles siguieron haciendo señales y prodigios, mientras se servían unos a otros en misericordia para con los enfermos y los poseídos por demonios (Hch 5.12-16). El episodio con Ananías y Safira fue tan serio, precisamente porque minó la naturaleza diaconal de esta comunidad de discípulos de Jesús (Hch 5).

De modo que, vemos que los doce apóstoles tomaron el modelo de Jesús para sí mismos y que esta nueva comunidad de creyentes fue realmente una comunión del Crucificado, tal como Jesús lo había demostrado, enseñado y ordenado. El diaconado fue un elemento esencial de la vida de los discípulos de Jesús. En realidad, la importancia misma de este patrón aumentó el escándalo de los griegos que vieron a sus viudas abandonadas (Hch 6). En esa primera comunidad cristiana, todos esperaban asistencia, porque ese era el patrón de la vida en común de la comunidad. Siguiendo la ética de Deutoronomio, las primeras y principales personas por las que debían cuidar eran las viudas, junto con los huérfanos, los forasteros y los extranjeros (Dt 10.18; 24.17, 19, 20, 21; 26.12, 13; 27.19). La comunidad como un todo y la cantidad de los necesitados habían crecido más allá de los medios, más allá de los recursos de los doce apóstoles. No podían cuidar de todos de la misma manera. Lo que se estaba abandonando era el DIACONADO diario y esto era muy serio (Hch 6.1). Esto empujó a los doce a dividir el DIACONADO en dos aspectos complementarios. Hicieron que la gente eligiera a siete para el DIACONADO DE LAS MESAS (Hch 6.2), para que ellos pudieran servir mejor en el DIACONADO DE LA PALABRA (Hch 6-4). Los dos grupos eran DIÁCONOS, pero la esfera de su trabajo difería.

Siete fueron elegidos para el DIACONADO DE LAS MESAS. Eran siete personas especialmente elegidas, todas con nombres griegos, quienes recibieron una comisión y tarea especial, con referencia a la parte de la iglesia de Jerusalén de habla griega, aunque su función no estaba claramente definida. El oficio de diácono todavía no había tomado forma, y no lo haría por muchos años. Esos siete no recibieron ningún título especial en Hechos 6, pero su ministerio, su diaconado, era muy claro y puede ser entendido claramente mirando las vidas de un par de ellos.

Esteban fue el primer ejemplo dado en Hechos. Jesús ya había hablado del diaconado diciendo: "el que pierda su vida por causa de mí, la salvará" (Lc 9.24), y ese fue precisamente el precio, el sacrificio último, que se le requirió al primer diácono. Esteban fue apedreado hasta morir (Hch 7).

En Hechos 8.1, en la escena de la muerte de Esteban, Lucas señala la presencia del hombre que luego serviría en la Iglesia como un diácono de la gracia de Dios a los gentiles: Saulo de Tarso. La primera tarea de Saulo para la comunidad cristiana fue claramente de carácter DIACONAL. En Hechos 11.29-30, este hombre, ahora convertido, se unió a Bernabé para levantar una ofrenda de parte de los creyentes de Antioquía para los creyentes perseguidos de Judea. Probablemente, fue elegido como alguien que podía hacer esta tarea en medio de la persecución, debido a su ciudadanía romana y a su prestigio en las comunidades romana y judía de Jerusalén. Habiendo completado su DIACONADO financiero, Bernabé y Saulo comenzaron su ministerio de DIACONADO misionero (Hch 12.25; 19.22; 20.24; 21.19) y, junto con otros, fueron llamados DIÁCONOS del evangelio.

Muy intencionalmente, Pablo se llamó a sí mismo DIÁCONO del ministerio del evangelio a los gentiles. Cuento dieciséis veces en las que Pablo usó la palabra DIÁCONO para referirse a sí mismo, en seis de sus cartas.[22] Donde Pablo, de manera más clara y sucinta, asoció su diaconado con la misión de Dios a los gentiles en Jesucristo es en Efesios 3. Así es como Pablo lo dijo.

> Ese misterio, que en otras generaciones no se les dio a conocer a los seres humanos, ahora se les ha revelado por el Espíritu a los santos apóstoles y profetas de Dios; es decir, que los gentiles son, junto con Israel, beneficiarios de la misma herencia, miembros de un mismo cuerpo y participantes igualmente de la promesa en Cristo Jesús mediante el evangelio. De este evangelio llegué a ser servidor [DIÁCONO] como regalo que Dios, por su gracia, me dio conforme a su poder eficaz. Aunque soy el más insignificante de todos los santos, recibí esta gracia de predicar a las naciones las incalculables riquezas de Cristo, y de hacer entender a todos la realización del plan de Dios, el misterio que desde los tiempos eternos se mantuvo oculto en Dios, creador de todas las cosas. (Ef 3.5-9).

Al mismo tiempo que Pablo estaba desarrollando su diaconado, había otros a quienes Lucas señala. Encontramos a Felipe, presumiblemente uno de los siete, quien anteriormente había sido elegido para el DIACONADO DE LAS MESAS, quien ejercitaba su diaconado en la evangelización, primero en Samaria (Hch 8.5ss) y luego con el etíope (Hch 8.26ss). Luego encontramos a Dorcas, quien "se esmeraba en hacer buenas obras y en ayudar," a tal punto que cuando murió, fue necesario traerla otra vez a la vida por causa de los pobres, quienes se quejaban ante Dios diciendo que no podían existir sin su ayuda. De ella fue cierto decir, "el que pierda su vida por causa de mí, la salvará" (cf. Hch 9.36ss).

En las décadas siguientes, el diaconado comenzó a tomar una forma más definida, como un llamamiento en la Iglesia. Pablo desarrolló este aspecto del ministerio en 1 Corintios 12.5, donde habló de una diversidad de DIACONADOS, pero de un mismo Señor. Una vez que el diácono formó parte del grupo de líderes de la Iglesia, fue por medio de los varios DIACONADOS que la Iglesia pudo expresar su discipulado como la comunidad del Crucificado. En 2 Corintios 8 y 9, Pablo describe las congregaciones en Macedonia, quienes querían "que se les concediera el privilegio de tomar parte en esta ayuda [DIACONIA] para los santos" (2 Co 8.4), una idea que en griego se expresa literalmente, "la gracia y la *koinonia* de la DIACONIA de los santos." La belleza del diaconado entre las iglesias pobres de Macedonia inspiró a Pablo a escribir

---

[22] Dieciséis referencias personales de parte de Pablo considerándose un "diácono" son las siguientes: Ro 11.13; 15.25, 31; 1 Co 3.5; 2 Co 3.3, 6; 4.1; 5.18; 6.4; 8.4, 19, 20; Ef 3.7; Col 1.23, 25; y 1 Ti 1.12.

esta carta de aprecio a los corintios, quienes habían enviado una ofrenda especial. Escribió lo siguiente a los cristianos de Corinto.

> El que le suple semilla al que siembra también le suplirá pan para que coma, aumentará los cultivos y hará que ustedes produzcan una abundante cosecha de justicia. Ustedes serán enriquecidos en todo sentido para que en toda ocasión puedan ser generosos, y para que por medio de nosotros la generosidad de ustedes resulte en acciones de gracias a Dios. Esta ayuda que es un servicio sagrado [DIACONIA de LEITOURGIA] no sólo suple las necesidades de los santos sino que también redunda en abundantes acciones de gracias a Dios. En efecto, al recibir esta demostración de servicio [DIACONIA], ellos alabarán a Dios por la obediencia con que ustedes acompañan la confesión del evangelio de Cristo, y por su generosa solidaridad con ellos y con todos. Además, en las oraciones de ellos por ustedes, expresarán el afecto que les tienen por la sobreabundante gracia que ustedes han recibido de Dios. ¡Gracias a Dios por su don inefable! (2 Co 9.10-15).

Aquí encontramos el diaconado firmemente establecido en la obra y en la vida de la Iglesia, en la naturaleza misma de la comunidad del Crucificado. En realidad, el diaconado permaneció como tal, durante una parte significativa de la vida de la Iglesia. Luego, cuando Pablo escribió sus instrucciones pastorales a Timoteo, en relación con la selección y la ordenación de los oficiales de su iglesia, encontramos dos funciones expresadas: los obispos fueron puestos al lado de los diáconos, cada uno con sus características, responsabilidades y ministerio.

El diaconado, entonces, es claramente un elemento esencial en la vida de los discípulos de Jesús. La importancia del diaconado es tal, que Santiago afirmó que la religión pura y sin mancha se encuentra precisamente en el ejercicio del diaconado. "La religión pura y sin mancha delante de Dios nuestro Padre es ésta: atender a los huérfanos y a las viudas en sus aflicciones, y conservarse limpio de la corrupción del mundo" (Stg 1.27).

En realidad, Santiago estaba enfatizando uno de los aspectos más importantes de la vida del pueblo de Dios, tal como se lo encuentra en el Antiguo Testamento.

> Cada tres años reunirás los diezmos de todos tus productos de ese año, y los almacenarás en tus ciudades. Así los levitas que no tienen patrimonio alguno, y los extranjeros, los huérfanos y las viudas que viven en tus ciudades podrán comer y quedar satisfechos. Entonces el Señor tu Dios bendecirá todo el trabajo de tus manos (Dt 14.28-29; cf. también Job 31.16, 17, 21; Sal 146.9; Is 1.17, 23).

Lo que Santiago quiso hacernos entender es que el ministerio del diaconado es una de las expresiones esenciales e irreemplazables de la naturaleza de la Iglesia como la comunidad del Crucificado, como siervos de Jesucristo. Cuando confesamos "Jesús es el Señor" es imposible que nosotros evitemos la participación activa y el fuerte compromiso con lo que eso implica en el llamado de Cristo al servicio y al diaconado que Jesús demostró y ordenó. Vemos el semblante del Crucificado en el rostro del "más pequeño de mis hermanos," en las vidas de los que sufren privación. Es en este sentido que la Iglesia de Jesucristo no puede existir o vivir sin la DIACON ÍA, sin sus diáconos, quienes realmente son todo el pueblo de Dios.

Más aún, la obediencia al Señor debe ser expresada concretamente y debe ser determinada esencialmente por medio del servicio del diaconado. Cuando la Iglesia de Jesucristo es obediente al mandato de Jesús de amarse unos a otros, cuando la realidad de la comunión del Crucificado es verdaderamente una realidad en que la Iglesia toma la cruz y la presenta al mundo del aquí y el ahora, entonces se da expresión al ministerio que entendemos como la DIAKONIA de la Iglesia. Sólo en la DIAKONIA encontraremos lo que Santiago denomina "religión pura y sin mancha." Esto constituye una teología de la misión modelada, expresada y vivida por los seguidores de Jesús.

Los recipientes de la praxis de la misión de la iglesia

Un quinto agente de la teología de la misión incluye a los oidores, los recipientes del mensaje proclamado por los seguidores de Cristo. Lucas resalta a este grupo en Hechos 13, al final del primer sermón importante de Pablo, que constituye un bosquejo de su teología de la misión. "Al oír esto, los gentiles se alegraron y celebraron la palabra del Señor; y creyeron todos los que estaban destinados a la vida eterna. La palabra del Señor se difundía por toda la región" (Hch 13.48-49).

A través de todo el resto del libro de los Hechos, Lucas ofrece numerosos comentarios resumidos con respecto a los oidores del mensaje de Pablo, declarando que algunos creyeron y otros no. Los oidores mismos estaban haciendo teología de la misión, juzgando si es que iban a aceptar o no, el mensaje revolucionario de Pablo sobre el evangelio de Jesucristo ofrecido a todos los pueblos.

En tanto los recipientes del mensaje de Pablo consideraron y vivieron su comprensión del evangelio, Pablo los llama su "carta." "Ustedes mismos son nuestra carta, escrita en nuestro corazón, conocida y leída por todos" (2 Co 3.2). De modo que, con el tiempo, cada iglesia, en cada lugar (Jerusalén, Corinto, Éfeso, Colosas, Galacia, Roma) comenzaría a desarrollar su propia teología de la misión, y eso fue meramente el comienzo de la historia. A medida que el evangelio se extendió y que la Iglesia de Jesucristo se expandió a otros lugares en diversas culturas, comenzaron a desarrollarse comprensiones del evangelio inesperadas, no anticipadas y nuevas. Andrew Walls llamó a este crecimiento la expansión y el desarrollo del conocimiento de Dios en *The Cross-Cultural Process in Christian History* (2002). Alrededor del mundo y a lo largo de los siglos, uno puede apreciar la manera en que nuevas comprensiones de Dios y nuevas visiones de la misión de Dios surgen y florecen cada vez que el evangelio toma forma en un nuevo lugar y en una nueva cultura. Los mismos oidores del evangelio son también agentes de la teología de la misión. El misiólogo de Yale, Lamin Sanneh, ha enfatizado el rol de los oidores de adaptar y adoptar el evangelio infinitamente traducible, en relación con las culturas y las cosmovisiones de los receptores.[23]

Conclusión

Hemos analizado brevemente cinco agentes que hacen teología de la misión. Al hacerlo, hemos comenzado a entender que la teología de la misión es un verbo y no un sustantivo. Es algo que *hacemos*, no algo que *tenemos*. Tal como lo he aprendido de muchos teólogos latinoamericanos, *hacemos* teología en medio de la vida y el ministerio. Esta actividad es más amplia, más profunda, más penetrante y más acabadamente transformadora que meramente establecer una serie de proposiciones, que esperamos que la gente acepte. Este es también el caso con la teología de la misión. Como Hendrikus Berkhof lo dijo, al hacer teología (y por lo tanto también teología de la misión), "procuramos también amar a Dios y particularmente con [la] mente, y así crecer en comunión con [Dios]" (H. Berkhof 1985, 14).

A lo largo del tiempo, todo el pueblo de Dios es llamado a hacer teología de la misión en el poder del Espíritu Santo. Cuanto más el pueblo de Dios comparte, unos con otros, sus descubrimientos afirmados bíblicamente e inspirados por el Espíritu Santo (a través de lenguas y de culturas), más amplia y más profunda llegará a ser nuestra comprensión de la misión de Dios y nuestra participación de la misma en un mundo perdido y hambriento, tan amado por Dios. En los próximos dos capítulos, voy a describir lo que constituye la teología de la misión. A continuación de esto, los capítulos en el resto del libro se ofrecen como ejemplos, como una variedad de ilustraciones de cómo podemos hacer teología de la misión en nuestros días.

---

[23] Ver, Lamin Sanneh 1989 y sus publicaciones subsiguientes.

CAPÍTULO 2

¿QUÉ ES LA TEOLOGÍA DE LA MISIÓN?

Tesis

Durante los pasados cincuenta años, los pensadores cristianos han estado reexaminando las presuposiciones teológicas que subyacen a la empresa de la misión. La disciplina que ha aprendido cómo reflexionar bíblicamente, teológicamente, filosóficamente y misiológicamente sobre estas presuposiciones es conocida como teología de la misión. En este capítulo, describiré qué es la teología de la misión y luego procederé a examinar siete características de la teología de la misión: es multidisciplinaria, integradora, bíblica, praxeológica, definicional, analítica y verdadera.

Introducción

Con anterioridad a los años de 1960, un número importante de eruditos influyó sobre la reflexión misionera cristiana en torno a las cuestiones que impactan la práctica de la misión. Entre ellos estaban Gisbertus Voetius (1589-1676), Gustaf Warneck (1834-1910), Martin Kähler (1835-1912), Josef Schmidlin (1876-1944), Karl Barth (1886-1968), Karl Hartenstein (1894-1952), Helen Barrett Montgomery (1861-1934), Roland Allen (1868-1947), Hendrik Kraemer (1888-1965), Johan H. Bavinck (1895-1964), Walter Freytag (1899-1959), W. A. Visser't Hooft (1900-1985), Max Warren (1904-1977), Bengt Sundkler (1910-1964), Carl Henry (1913-2003), Harold Lindsell (1913-1998), y John Stott (1921-2011). La teología de la misión es una sub-disciplina de la misiología con sus propios parámetros, sus metodologías, sus eruditos y comenzó en los primeros años de 1960, mediante la obra de Gerald H. Anderson, quien compiló una colección de ensayos para formar lo que considero como el primer texto importante sobre la disciplina titulado *The Theology of Christian Mission* (Anderson 1961).

Diez años más tarde, en *The Concise Dictionary of the Christian Mission*, Gerald Anderson definió lo que entonces llamó teología de la misión como, "preocupada por las presuposiciones básicas y por los principios subyacentes, los cuales determinan, desde el punto de vista de la fe, los motivos, el mensaje, los métodos cristianos, la estrategia y las metas de la misión cristiana mundial." Anderson consideró que había tres puntos [que eran] especialmente importantes para comprender la teología de la misión contemporánea: "La base: la fuente de la misión es el Dios trino, quien es un misionero en sí mismo. . . . El alcance: en esta era 'post-constantiniana' de la historia de la Iglesia, la misión ya no es entendida como alcanzar a los que están más allá de la cristiandad, sino más bien como 'el testimonio común de toda la Iglesia, que lleva todo el evangelio a todo el mundo.'[24] . . . La tarea: evangelización es

---

[24] En este artículo en el *Concise Dictionary of the Christian Mission*, Anderson atribuyó esta frase al encuentro de 1963 de la Comisión de Misiones Mundiales y Evangelismo del Concilio Mundial de Iglesias (CWME-WWC) en la ciudad de México. Desde la conferencia de 1989 en Manila, el movimiento de Lausana ha hecho uso extensivo de esta frase, extrayendo de ella inspiración e incluyéndola en la planificación y los énfasis de la conferencia de Lausana III en Ciudad del Cabo, Sudáfrica, en 2010. El Manifiesto de Manila concluyó con estas palabras. "Nuestro manifiesto en Manila es que toda la Iglesia está llamada a llevar todo el evangelio a todo el mundo, proclamando a Cristo hasta que venga, con toda la urgencia, la unidad y el sacrificio necesarios. (Lc 2.1-7; Mr 13.26, 27, 32-37; Hch 1.8; Mt 24.14; 28.20)." (www.lausanne.org/content/manifesto/the-manila-manifesto; bajado en oct. 3, 2016. Website inactiva.) El movimiento de la misión evangélica aparentemente ha ignorado el hecho que la frase fue originalmente creada en círculos del Concilio Mundial de Iglesias mucho antes de que el movimiento de Lausana comenzara a usarla.

En realidad, con referencia a la misión y a la unidad de la iglesia, la frase parece haber sido expresada por el Comité Central del Concilio Mundial de Iglesias en Rolle, Suiza, en 1951. (Ver John A. Mackay, *Ecumenics: The Science of the Church Universal*, N.J.: Prentice-Hall, 1964, 13-14.). Subsiguientemente, apareció en numerosas publicaciones y documentos del CMI durante los años de 1960. Ver, W. A. Visser't Hooft, ed., *The New Delhi Report: The Third Assembly of the World Council of Churches 1961*, N.Y.: Association Press, 1962, 85-86; J. C. Hoekendijk, *De Kerk Binenste Buiten*, W. The Have N.V.: Amsterdam, 1964. *The Church Inside Out*, Isaac C. Rottemberg, traductor al inglés, Filadelfia: Westminster Press, 1966, 108-109; Ronald K. Orchard, ed., *Witness in Six Continents: Records of the Meeting of the Commission on World Mission and Evangelism of the World Council of Churches Held in Mexico City, December 8th to 19th, 1963*. Londres: Edimburgh House, 1964, 173-75. Ver también Charles Van Engen, *The Growth of the True Church: An Analysis of the Ecclesiology of Church Growth Theory*, Amsterdam: Rodopi, 1981, 379-85. Ver también John A. Mackay, *The Latin American Church and the Ecumenical Movement*. N.Y.: NCCC, 1963, 13, 16 y David Bosch, *Witness to the World*, Londres: Marshall, Morgan y Scott, 1980, 178-81, 187-95 para una descripción informativa y breve de los asuntos teológicos más amplios que rodean al uso de la fraseología "toda la Iglesia llevando todo el evangelio a todo el mundo." Ver también Comité de Lausana para la Evangelización Mundial, *The Manila Manifesto*. Pasadena: LCWE, 1989; J. D. Douglas, *Proclaim Christ Until He Comes: Calling the Whole Church to Take the Whole Gospel to the Whole*

humanización. . . . Mediante el testimonio y el servicio a la humanidad, asistiéndolos en las luchas por la justicia, la paz y la dignidad, los cristianos comparten la misión de Dios de restaurar a hombres y mujeres a su verdadera naturaleza, la que Dios planeó" (Neil, Anderson, y Goodwin 1971, 594).

La teología de la misión es simultáneamente misiológica, acción-en-reflexión y reflexión-en-acción teológica. En 2007, InterVarsity Press publicó el *Dictionary of Mission Theology*, editado por John Corrie. Corrie explicó el propósito del diccionario.

> En años recientes, la naturaleza integral de la relación entre teología y misión ha sido cada vez más reconocida. . . . Se admite que la misiología no debería ser vista meramente como una avanzada de la investigación teológica, compartimentalizada en la currícula y tratada junto con la teología bíblica, la hermenéutica, la eclesiología y demás. Más bien, es que toda teología es inherentemente misiológica dado que concierne al Dios de la misión y a la misión de Dios. Esto se significa que todas las categorías teológicas son inherentemente misiológicas y todas categorías misioneras son profundamente teológicas (Corrie 2007, xv).

"La teología de la misión," escribe Andrew Kirk, "tiene la tarea de mantener bajo revisión y validación la mejor práctica en todas las áreas de la obediencia misionera" (Kirk 1999, 21).

La teología de la misión es multidisciplinaria

La teología de la misión es compleja, porque su objeto de estudio y de reflexión es todo el campo de la misiología, el cual es, en sí mismo, una empresa inter y multidisciplinaria. A los efectos de ser breve, en esta sección voy a ofrecer una serie de proposiciones cortas que describen la manera en que la teología de la misión interactúa con la misiología, como un intento multidisciplinario.

A. La misiología es un todo unificado. Es una disciplina por derecho propio, centrada en Jesucristo y su misión. En cuanto la Iglesia participa en la misión de Jesucristo, participa en la misión de Dios, en el mundo de Dios, en el poder del Espíritu Santo.

B. Mientras que la misiología es conocida como una disciplina unificada, es un campo multidisciplinario. La misiología extrae información de muchas habilidades, de disciplinas afines y de cuerpos de literatura. Hay una

---

World, Minneapolis: World Wide Publications, 1990; Van Engen, *Mission on the Way: Issues in Mission Theology*, Grand Rapids: Baker, 1996, 150.

larga lista de disciplinas afines sobre las cuales la misiología se basa para describir, comprender, analizar y prescribir la naturaleza compleja de la misión. La misiología se basa sobre todas las áreas tradicionales de los estudios teológicos (estudios bíblicos, teología, historia, ministerio y demás), para entender la intención de Dios en la misión. Examina las teorías y prácticas históricas y presentes de la participación de la Iglesia en la misión de Dios, y utiliza todas las ciencias sociales a su disposición para comprender los contextos en los cuales ocurre la misión de la Iglesia.

C. La teología de la misión nos ayuda a clarificar nuestra proximidad o distancia del centro, Jesucristo. Nos pregunta si hay un punto, más allá del cual, las diversas disciplinas afines pueden ya no ser útiles o bíblicas.

D. La teología de la misión nos ayuda a reflexionar sobre el centro integrador de nuestra misiología. Los misiólogos han diferido en lo concerniente a la idea integradora que han escogido para usarla como centro de su misiología. Ejemplos de tales ideas integradoras podrían incluir la de Gisbertus Voetius (la conversión de los paganos, la plantación de la Iglesia y la gloria de Dios); la de William Carey (la Gran Comisión extraída de Mt. 28.18-20); la del pietismo (la perdición de la humanidad); la de la misiología ortodoxa (la alabanza de Dios); la del Vaticano II (el pueblo de Dios); la de Donald McGavran (hacer discípulos de *matheteusatepanta ta ethne*); la de David Bosch (Dios de la historia, Dios de la compasión, Dios de la transformación); la de Arthur Glasser (el reino de Dios); la del Consejo Mundial de Iglesias en Uppsala, 1968 (la humanización); junto con conceptos como "el dolor de Dios," "la cruz," "dando testimonio en seis continentes," "unidad ecuménica," "el pacto," "liberación," y así sucesivamente.

E. La teología de la misión nos ayuda a interrelacionar quiénes somos con lo que sabemos y lo que hacemos en la misión. Nos ayuda a unir nuestra relación de fe con Jesucristo, la presencia de Dios, la reflexión teológica de la Iglesia a través de los siglos, una lectura de la Escritura constantemente nueva, nuestra hermenéutica de nuestros contextos y nuestra comprensión del propósito y significado últimos de la Iglesia en relación con la misiología.

F. La teología de la misión nos ayuda a movernos continuamente entre el centro y los límites exteriores de las múltiples disciplinas afines a la misiología. Nos guía constantemente a procurar la integración, la comprensión profundizada y el enriquecimiento mutuo de las varias disciplinas.

G. La teología de la misión nos sirve para cuestionar, clarificar, integrar y expandir las presuposiciones de las varias disciplinas afines a la misiología. Como tal, la teología de la misión es una sub-disciplina con derecho propio, la cual cumple con su función sólo si interactúa con todas las otras sub-disciplinas de la misiología.

La teología de la misión es integradora

La teología de la misión procura reunir cuatro fuentes de información o dominios, de las cuales los teólogos de la misión extraen comprensión: la Biblia, la Iglesia, el contexto y el peregrinaje personal único de los agentes humanos de la misión de Dios. Durante las tres últimas décadas, ha habido un consenso significativo en la teología de la misión, sobre la necesidad de integrar tres de esos dominios en un todo dinámico e interrelacionado: *la Palabra* (la importancia de la Biblia en toda teología de la misión), *la Iglesia* (el principal agente de la misión de Dios en el mundo) y *el mundo* (el impacto de la cultura, las realidades socioeconómicas, políticas y todos los otros aspectos de la vida humana en la realidad de un contexto dado). Algunos podrían llamar a esto la interacción de texto, contexto y comunidad de fe. La estructura tripartita de estos tres (Palabra, mundo, Iglesia) constituye la estructura básica de la misiología seguida y enseñada por un número significativo de pensadores y teólogos de la misión, de varias décadas pasadas. Están incluídos entre ellos, por ejemplo, Eugene Nida, Louis Luzbetak, José Míguez Bonino, Shoki Coe, Harvie Conn, Arthur Glasser, Charles Kraft, Paul Hiebert, Robert Schreiter, C. René Padilla, Mark Lau Branson, Alan R. Tippett, David Hesselgrave, Lamin Sanneh, Charles Van Engen, William Dyrness y Stephen Bevans, entre otros.[25]

---

[25] Ver Stephen Bevans, *Models of Contextual Theology*. Maryknoll: Orbis, 1992; reimpreso y expandido 2002; José Míquez Bonino, *Doing Theology in a Revolutionary Situation*. Filadelfia: Fortress, 1975; Branson, Mark y C. René Padilla, eds., *Conflict and Contexts: Hermeneutics in the Americas*. Grand Rapids: Eerdmans, 1986; Shoki Coe, "Contextualizing Theology" en *Mission Trends No. 3*, Gerald Anderson y Thomas Stransky, eds., Grand Rapids: Eerdmans, 1976; Harvie Conn, "Contextualization: A New Dimension for Cross-Cultural Hermeneutic," *Evangelical Missions Quarterly* 14:1 (enero 1978): 39-46; Harvie Conn, *Eternal Word and Changing Worlds: Theology, Anthropology and Mission in Trialogue*, Grand Rapids: Zondervan, 1984; Harvie Conn, "A Contextual Theology of Mission for the City," en *The Good News of the Kingdom*, Charles Van Engen, Dean Gilliland, y Paul Pierson, eds., Maryknoll: Orbis, 1993, 96-106; Harvie Conn, "Urban Mission," en *Toward the 21st Century in Christian Mission*, James Phillips y Robert Coote, eds., Grand Rapids: Eerdmans, 1993, 318-337; Robert Coote y John Stott, eds., *Down to Earth: Studies in Christianity and Culture*, Grand Rapids: Eerdmans, 1980; William A. Dyrness, *Learning About Theology from the Third World*, Grand Rapids: Zondervan, 1990; Bruce Fleming, *The Contextualization of Theology*, Pasadena: WCL, 1980; Dean Gilliland, "New Testament Contextualization: Continuity and Particularity in Paul's Theology, in Dean Gilliland, ed., *The Word Among Us: Contextualizing Theology for Mission Today*, Waco: Word, 1989, 52-73; Arthur Glasser, "Help from an Unexpected Quarter or, The Old Testament and

Recientemente, comencé a entender que me estaba faltando un cuarto dominio o área, que es importante para construir una teología de la misión plenamente global. No había incluido el área del peregrinaje personal de los seres humanos, quienes son los agentes de la misión de Dios. Una vez que empecé a trabajar con los cuatro dominios, en la construcción de mi teología de la misión, varios de mis estudiantes wesleyanos me señalaron que lo que yo estaba haciendo les parecía similar a lo que popularmente se conoce como cuadrilátero wesleyano, con el "contexto" reemplazando el énfasis del cuadrilátero sobre la "razón." Así es que un enfoque de la teología de la misión de cuatro dominios incluiría: (1) la Biblia como la fuente textual exclusiva de la misión de Dios; (2) la reflexión teológica y misiológica de la Iglesia sobre la misión de Dios a lo

---

Contextualization," *Missiology* 7:4 (octubre 1979): 401-10; Stanley J. Grenz, *Revisioning Theology: A Fresh Agenda for the 21st Century*, Downers Grove: IVP, 1993, 93; David Hesselgrave y Edward Rommen, *Contextualization: Meanings, Methods, and Models*, Grand Rapids: Baker, 1989; Paul Hiebert, "Conversion, Culture and Cognitive Categories," *Gospel in Context* 1:3 (julio 1978): 24-29; Paul Hiebert, "Critical Contextualization," *International Bulletin of Missionary Research* 11:3 (julio 1987):104-11; Paul Hiebert, "Evangelism, Church and Kingdom," en *The Good News of the Kingdom*, Charles Van Engen, Dean Gilliland y Paul Pierson, eds., Maryknoll: Orbis, 1993, 153-61; Donald Jacobs, "Contextualization in Mission," en *Toward the 21st Century in Christian Mission*, James Phillips y Robert Coote, eds., Grand Rapids: Eerdmans. 1993, 235-44; Charles Kraft, *Christianity in Culture*: *A Study in Dynamic Biblical Theologizing,* en *Cross-Cultural Perspective*, Maryknoll: Orbis, 1979; Charles Kraft, *Communication Theory for Christian Witness*, Maryknoll: Orbis, 1991; Charles Kraft y Tom Wisely, eds., *Readings in Dynamic Indigeneity*, Pasadena: WCL, 1979; Louis Luzbetak, *The Church and Cultures*, Maryknoll: Orbis, 1988; Eugene Nida, *Message and Mission*, N.Y.: Harper, 1960; Lamin Sanneh, *Translating the Message: The Missionary Impact of Culture***, Maryknoll: Orbis, 1989; Robert Schreiter, Constructing Local Theologies***, Maryknoll: Orbis, 1985; Daniel Shaw, *Transculturation: The Cultural Factor in Translation and Other Communication Tasks*, Pasadena: WCL, 1988; Wilbert Shenk, ed., *The Transfiguration of Mission: Biblical, Theological & Historical Foundations*, Scottdale: Herald, 1993, 153-77; Tite Tiénou, "Forming Indigenous Theologies," en James M. Phillips y Robert T. Coote, eds., *Toward the Twenty-First Century in Christian Mission*. Grand Rapids: Eerdmans, 1993, 249-50; Alan Tippett, *Introduction to Missiology*, Pasadena: WCL, 1987; Charles Van Engen, *God's Missionary People*. Grand Rapids: Baker, 1991; Charles Van Engen, Dean S. Gilliland, y Paul Pierson, eds., *The Good News of the Kingdom*, Maryknoll: Orbis, 1993. Leonardo Boff, Orlando Costas, David Bosch, Johannes Verkuyl, John V. Taylor, Donald McGavran, Max Warren, Lesslie Newbigin, James Scherer, Gerald Anderson, Carl Braaten, Howard Snyder, Jürgen Moltmann, entre otros, también utilizan un enfoque en tres áreas en su teología y misiología, aunque tal vez no hablen de las tres al mismo tiempo, en el mismo lugar.

largo del tiempo; (3) el peregrinaje personal, espiritual y experiencial de los agentes humanos de la misión de Dios; y, (4) el contexto cultural como la etapa donde el drama de la misión de Dios tiene lugar (ver Figura 2 más abajo). Cada dominio es una esfera de conocimiento, de influencia, de actividad y de relaciones. La superposición de los varios dominios unos sobre otros representa un mayor nivel de integración y de continuidad entre ellos. Visiones en conflicto y a veces contradictorias de la misión de Dios pueden hacerse evidentes, cuando uno compara las perspectivas de los varios dominios. En los párrafos siguientes voy a bosquejar brevemente el contenido de cada uno de estos cuatro dominios.

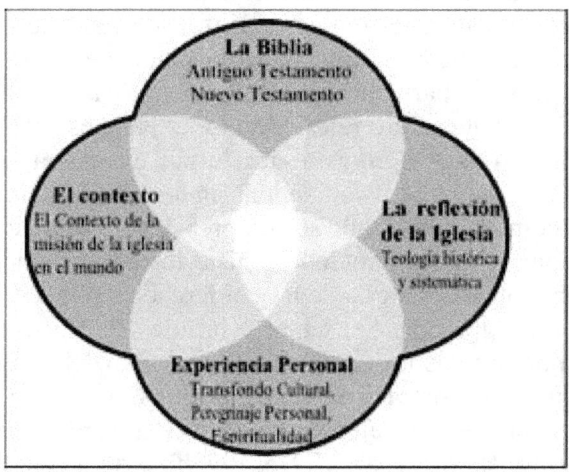

Figura 2: Integración de los cuatro dominios de la teología de la misión

A. La Biblia

La fuente textual exclusiva para el proceso de teologizar en la misión es la Biblia. La Biblia es el manual misionero inigualable y esencial para la misión de la Iglesia. Es la revelación del Dios misionero. La Biblia habla de la irrupción de Dios a lo largo de la historia humana. La Biblia nos informa sobre la misión de Dios (la *missio Dei*) y provee los ejemplos misiológicos para seguir a Jesucristo en la misión. La Biblia informa, modela y critica a los otros tres dominios. Una cantidad de obras útiles, que tratan sobre la lectura de la Biblia a través de una lente misiológica que permita a la Biblia transformar el modo en que entendemos la misión, incluiría, por ejemplo, los títulos encontrados en la bibliografía al final de este libro, bajo nombres tales como Helen Barrett Montgomery, Gerald Anderson, David Bosch, Charles Van Engen, C. René

Padilla, Christopher Wright, Walter Kaiser, Johannes Nissen, Timothy Carriker, James Chukwuma Okoye, Kenneth Gnanakan, Andreas J. Köstenberger y Peter T. O'Brien, Rob Gallagher y Paul Hertig, John Piper, Sarita Gallagher, Shawn Redford, Richard Bauckham, Michael W. Goheen, y Scott Sunquist.

B. La reflexión de la Iglesia

El pensamiento teológico y misiológico de la Iglesia ha impactado sobre las lentes (o enfoques hermenéuticos) que han sido usadas, a través de la historia, para entender la Biblia, la teología y la misión de la Iglesia. La teología histórica y la teología sistemática son ejemplos de lentes usadas, a lo largo del tiempo, para leer las Escrituras, para reflexionar teológicamente y para ver a la misión desde un punto de vista particular, frecuentemente basado sobre supuestos y metodologías occidentales. Las iglesias y los cristianos, en el mundo de la mayoría de África, Asia y Latinoamérica, están examinando críticamente la teología recibida de Occidente, estudiando la manera cómo se interrelaciona o no con la realidad y cómo ha impactado su comprensión de la misión de Dios en sus contextos. Este domino también incluye la historia de la reflexión teológica de la Iglesia sobre la misión y la historia de las conferencias y encuentros misioneros, en cuanto a que han procurado articular e influir sobre la comprensión de la misión de Dios, por parte de la Iglesia, en el transcurso del tiempo.

Así es que se encontrarán algunos eruditos que tratan la historia de la teología de la misión. Ver, por ejemplo, Rodger Bassham (1979); David Bosch (1980, 1991); James Scherer (1987, 1993a, 1993b); Arthur Glasser (1985); James Stamoolis (1987); Beth Snodderly y A. Scott Moreau, editores (2011); y Scott Sunquist (2013), entre otros. Estos teólogos de la misión se preocupan por los efectos que la teología de la misión (la manera en que los cristianos han pensado sobre la misión) ha tenido sobre la actividad misionera en contextos particulares. Estos autores examinan los varios pronunciamientos hechos por la Iglesia y en los encuentros misioneros (católicos romanos, ortodoxos, ecuménicos, evangélicos, pentecostales y carismáticos), y formulan preguntas acerca de los resultados de esta acción misional. Los documentos resultantes de estas discusiones son parte de la disciplina de la teología de la misión.

C. La experiencia personal

Los que se aproximan a la Biblia y examinan el relato de la misión de Dios traen su propia serie de experiencias, debilidades y fortalezas culturales, personales e individuales y su peregrinaje espiritual. Todo esto afecta el modo en el que se entiende y se percibe la Escritura y la misión (y la manera en que la misión de Dios se encarna, a través de la vida de cada persona). La Biblia, la Iglesia, el contexto y la misión de Dios son entendidos a través de lentes personales etnohermenéuticas, existenciales y experienciales. Los dones espirituales, las habilidades naturales, las experiencias, el conocimiento y la personalidad, particulares de cada persona, crean una mezcla única. La misión de Dios es llevada a cabo mediante la vida de personas particulares, de maneras únicas, que no pueden, y no deberían, ser reproducidas o repetidas (Ro 12; Ef 4; 1 Co 12). La nutrida literatura sobre liderazgo y misión, producida durante los pasados cuarenta años, contribuye con nuestra comprensión de este dominio. La enseñanza y los escritos de J. Robert Clinton son especialmente útiles a este respecto.

D. El contexto

Cada contexto único da forma a la comprensión de la misión y al proceso de teologizar sobre la misión. Toda acción y reflexión de la misión debe ser contextualmente apropiada. Así es que, es necesario aplicar todas las herramientas relevantes de las ciencias sociales a la manera cómo los teólogos de la misión investigan sus contextos. Todas las teologías son teologías locales (Schreiter 1985), y el impacto del contexto sobre nuestra comprensión teológica no puede menospreciarse. Este dominio de la teología de la misión será desarrollado y explicado más completamente en capítulos subsiguientes en este libro y no necesita ser trabajado ahora.

E. La integración de los cuatro dominios

Cuando tiene lugar la misión, todas las varias disciplinas afines están teniendo lugar simultáneamente. Los teólogos de la misión deben estudiar la misión, no desde el punto de vista de partes abstraídas y separadas, sino desde una perspectiva integradora, que intente ver el todo, y a la vez tome en consideración la contribución única de cada uno de los cuatro dominios.

Un tema general, que une a todos los dominios, es la centralidad de Jesucristo. La misión sobre la que teologizamos es la misión de Dios. No es poseída, ni controlada, ni determinada por la Iglesia, ni por cristianos u organizaciones en particular. La misión de Dios es supremamente entregada en Jesucristo. Por lo tanto, Jesucristo debe estar en el centro de todos los dominios de una teología de la misión contextualmente apropiada. La misión de la Iglesia es la misión de Jesucristo. Los discípulos de Jesucristo participan en la *missio Christi*. Su autoridad, su mandato, sus métodos y sus metas en la misión están influidos por su comprensión de Jesucristo (sus cristologías), iluminada por el Espíritu Santo, quien es enviado por el Padre y por el Hijo. Jesús dijo a sus discípulos, "Como el Padre me envió a mí, así los envío a ustedes" (Jn 20.21; cf. Jn 17.18).

Debido a la complejidad de la teología de la misión, los teólogos de la misión han encontrado útil enfocarse en una idea integradora específica, en contextos particulares y en momentos específicos. La idea integradora sirve como el centro, mediante el cual abordar una relectura de la Escritura, un análisis del pensamiento de la Iglesia, una apreciación de las personas como agentes de la misión de Dios, y las cuestiones contextuales únicas, que impactan la misión de Dios en un particular tiempo y lugar. Este tema integrador se selecciona sobre la base de ser contextualmente apropiado y significativo, bíblicamente relevante y fructífero y misionalmente activo y transformador. La idea integradora sirve para enfocar la comprensión de la misión centrada en Jesucristo, como el único centro verdadero de toda la acción y reflexión misional de toda la Iglesia, de parte del teólogo de la misión, pero también aplicada de tal manera como para interrelacionarse con la lectura que hace el teólogo de la misión de los cuatro dominios. La idea integradora expresa el paradigma que interconecta el tema central, la percepción y el patrón de pensamiento que surge de los cuatro dominios y los combina en un todo cohesivo, un concepto más o menos integrado de misión en una ubicación local específica y en un momento en particular.

En 1987, la Asociación de Profesores de Misión discutió en detalle lo que es la misiología y cómo afecta su reflexión. En una sub-sección que trata de la teología de la misión, se dijo que,

El teólogo de la misión hace teología bíblica y sistemática de manera diferente al erudito bíblico o al estudioso del dogma. . . . El teólogo de la misión está en busca del "habitus," del modo de percibir, de la comprensión intelectual ligada a la percepción espiritual y a la sabiduría, [que condujo] a ver las señales de la presencia y el movimiento de Dios en la historia. . . . Tal búsqueda por el "por qué" de la misión fuerza al teólogo de la misión a procurar articular el centro vital integrado de la misión de hoy. . . . Cada formulación del "centro" tiene implicaciones radicales para cada una de las disciplinas afines de las ciencias sociales, del estudio de las religiones y de la historia de la Iglesia, en el modo en que son corregidas y modeladas teológicamente. Cada formulación sostiene o cuestiona diferentes aspectos de todas las otras disciplinas. . . . Por lo tanto, el centro sirve tanto como contenido teológico y como proceso teológico, así como es también una reflexión disciplinada de la misión de Dios en los contextos humanos. El rol del teólogo de la misión es, por lo tanto, articular y proteger el centro, mientras que a la vez debe explicar, de manera integradora, las implicaciones del centro para todas las otras disciplinas afines (Van Engen 1987, 524-25).

La teología de la misión es bíblica

Debido a su compromiso de permanecer fiel a las intenciones misionales de Dios, la teología de la misión muestra una preocupación de lo más fundamental con respecto a la relación de la Biblia con la misión, intentando permitir que la Escritura, no sólo provea las motivaciones fundacionales para la misión, sino que también cuestione, moldee, guíe y evalúe la empresa misionera. Uno de los aspectos más básicos de la teología de la misión tiene que ver con la relación de la Biblia con la teoría y la práctica de la misión.

Determinar la comprensión escrituraria de la misión no es tan simple como podríamos pensar. De acuerdo a David Bosch,

> Generalmente asumimos demasiado fácilmente que podemos emplear la Biblia como una clase de árbitro objetivo, en el caso de diferencias teológicas, sin darnos cuenta que [todos] nosotros abordamos la Biblia con nuestras propias series de ideas preconcebidas, con respecto a lo que dice. . . . Esto quiere decir que sirve para poco embarcarnos en una discusión sobre los fundamentos bíblicos de la misión, a menos que primero hayamos clarificado algunos de los principios hermenéuticos implicados" (Bosch 1978, 33).

En consonancia con esto, Senior y Stuhlmueller terminan su obra *The Biblical Foundations of Missions* diciendo que no pretendieron, "implicar que el estilo bíblico de misión es absolutamente normativo para la misión de hoy. No hay una receta bíblica definida para proclamar la Palabra de Dios. . . . No obstante, hay un valor en reflexionar sobre los patrones bíblicos de evangelización" (Senior y Stuhlmueller 1983, 332).

Por demasiado tiempo, tanto los eruditos bíblicos como los practicantes de la misión, han contribuido a la confusión ignorándose unos a otros. Lesslie Newbigin (1986, 1989) nos ayudó a ver que la preocupación de la cultura occidental con el origen del orden creado y de la civilización humana trajo aparejado un grado de ceguera frente a cuestiones de propósito, designio e intención. En buena medida, los eruditos bíblicos han seguido este mismo sendero en su examen del texto bíblico en relación con la misión de Dios. Con notables excepciones, su análisis de la Escritura pocas veces formuló las preguntas misiológicas con respecto a las intenciones y el propósito de Dios.

Por otro lado, los activistas y practicantes de la misión, demasiado fácilmente han colocado sus agendas particulares por sobre la Escritura, o han ignorado totalmente la Biblia. Así es que, Arthur Glasser llama a una reflexión misiológica más profunda sobre el mensaje bíblico. Dijo:

> Toda la Escritura hace su contribución, de una u otra manera, para nuestra comprensión de la misión. . . . En nuestros días, los evangélicos están descubriendo que la base bíblica para la misión es más amplia y más compleja que lo que cualquier generación anterior de misiólogos parece haber imaginado. . . . En nuestros días, hay una impaciencia creciente con todos los abordajes individualistas y pragmáticos de la tarea misionera, que surgen de un uso de textos de prueba de la Escritura, a pesar de su popularidad en la presente generación de activistas evangélicos (Glasser 1992, 26-27).[26]

Johannes Verkuyl defendió un cambio en el enfoque hermenéutico. Él escribió:

> En el pasado, el método usual era elegir una serie de textos de prueba del Antiguo y del Nuevo Testamento, y luego considerar la tarea realizada. Pero más recientemente, los eruditos bíblicos nos han enseñado sobre la importancia de leer estos textos en su contexto y de considerar adecuadamente a los varios matices. . . . Uno debe considerar la estructura misma de todo el mensaje bíblico (Verkuyl 1978, 90).

---

[26] Ver también Bosch (1980, 42-49); Verkuyl (1978, 89-100); y Scherer (1987, 243), como también los autores mencionados anteriormente en este capítulo, quienes han escrito con respecto a "Biblia y misión."

Los contornos básicos de una hermenéutica misionera más amplia fueron explorados hace treinta años en la Parte I de *The Theology of the Christian Mission*, editado por Gerald Anderson (1961, 17-94). Aquí, G. Ernest Wright, Johannes Blauw, Oscar Cullmann, Karl Barth, Donald Miller, y F. N. Davey analizaron un amplio espectro de material bíblico, derivando de la Biblia lo que debería ser la misión de la Iglesia. Alrededor del mismo tiempo, la reflexión misiológica del Concilio Vaticano II, sobre el rol de la Escritura al pensar la misión (por ejemplo, en *Lumen Gentium* y en *Ad Gentes Divinitus*), también siguió estrechamente este modelo (ver Flannery 1975, 350-440, 813-62). Encíclicas papales subsiguientes, como *Evangelii Nuntiandi* y *Redemptoris Missio*, apelaron a la Escritura, aunque esta apelación, por momentos, pareció ser un uso de textos de prueba para respaldar agendas eclesiásticas predeterminadas (Bevans 1993).[27]

Por lo tanto, durante varias de las últimas décadas, un consenso global significativo ha surgido, con respecto a la Biblia y la misión. Tal como David Bosch lo explica:

> Nuestra conclusión es que tanto el Antiguo como el Nuevo Testamento están imbuidos con la idea de misión. . . . [Pero] no todo lo que llamamos misión es realmente misión. . . . Es la tentación perenne de la Iglesia el transformarse en (un club de folklore religioso). . . . El único remedio para este peligro mortal yace en (la Iglesia) desafiándose a sí misma incesantemente con el verdadero fundamento bíblico de la misión (1978, 18-19).

Tradicionalmente, la Biblia ha sido examinada para ver de qué manera sostiene, informa y critica a la misión, lo que ha sido llamado "la Biblia como base de la misión" (ver, por ejemplo, Padilla, ed., 1998).[28] No obstante, durante las últimas dos décadas, una segunda cuestión ha sido explorada: ¿De qué manera una lectura misiológica ofrece una comprensión más completa de la Biblia en sí misma, profundizando y ampliando nuestra hermenéutica del texto bíblico? Entre los que han explorado una hermenéutica misional de la Biblia están Ken Gnanakan (1989); Timothy Carriker (1992); Johannes Nissen (1999); Walter C. Kaiser (2000); Arthur Glasser (2003); Christopher Wright (2006); y James Chukwuma Okoye (2006).

---

[27] Durante varios años pasados, el Papa Francisco ha procurado abordar este tema, con relación a una cantidad de cuestiones teológicas y eclesiológicas espinosas, pero esa discusión está más allá del interés de este libro.

[28] Ejemplos de este abordaje pueden verse, por ejemplo, en Robert H. Glover 1946; H. H. Rowley 1955; A. de Groot 1966; y George Peters 1972.

La teología de la misión es teológica. Más fundamentalmente, implica reflexión acerca de Dios. Procura entender la misión de Dios, las intenciones y los propósitos de Dios, el uso que Dios hace de instrumentos humanos para su misión y la obra de Dios a través del pueblo de Dios en el mundo de Dios. Ver, por ejemplo, Niles (1962); Vicedom (1965); Taylor (1972); Verkuyl (1978), Stott (1979); y Spindler (1988).

La teología de la misión trata todos los temas teológicos tradicionales de la teología sistemática. Pero lo hace de modo diferente a como los teólogos sistemáticos han trabajado a lo largo de los siglos. La diferencia surge de la orientación misiológica multidisciplinaria de su teologizar. La teología de la misión es una teología aplicada. Por momentos, se parece a lo que algunos llamarían teología pastoral o práctica, debido a esta naturaleza aplicativa. Este tipo de reflexión teológica se enfoca especialmente en temas particulares, los que tienen que ver con la misión de la Iglesia en contextos específicos. En *Mision as Transformation*, Vinay Samuel y Chris Sugden llamaron a "hacer teología en transformación."

> Primero, la misión es la madre de la teología, y la reflexión teológica y bíblica surge del compromiso con el contexto, de la experiencia y de cuestiones de la misión. Segundo, el estudio teológico y bíblico es inherentemente un ejercicio transcultural e intercultural, dado que gente de diferentes culturas comparten percepciones sobre el texto bíblico. Tercero, la teología es un (esfuerzo) de equipo, desarrollado como la lucha llamada "el hierro afila al hierro," con cuestiones sugeridas por el llamado a la obediencia de fe (Samuel y Sugden 1999, xiii-xiv).

La teología extrae su naturaleza encarnacional del ministerio de Jesús y siempre tiene lugar en un tiempo y un lugar específicos. Ni la misiología, ni la teología de la misión pueden restringirse sólo a la reflexión o meramente a los interesantes relatos de empresas misioneras del pasado. Como Johannes Verkuyl afirmó:

> La misiología nunca puede llegar a ser un sustituto de la acción y la participación. Dios llama a participantes y a voluntarios en su misión. En parte, la meta de la misiología es transformarse en una "estación de servicio" en el camino. Si el estudio no conduce a la participación, ya sea en el país o afuera, la misiología habrá perdido su humilde llamado. . . . Cualquiera buena misiología es también una *missiologia viatorum* ("misiología peregrina") (Verkuyl 1978, 6, 18).

La teología de la misión es praxiológica

La teología de la misión debe eventualmente devenir en una acción misional informada bíblicamente y contextualmente apropiada. Si nuestra teología de la misión no resulta en una acción informada, somos meramente "un metal que resuena o un platillo que hace ruido" (1 Co 13.1). La conexión íntima entre la reflexión y la acción es absolutamente esencial para la misiología. Al mismo tiempo, si nuestra acción misiológica misma no transforma nuestra reflexión, habremos sostenido grandes ideas, pero pueden ser irrelevantes o inútiles, y a veces destructivas o contraproducentes.

En la teología de la misión, tomamos prestado de la sociología, de la antropología, de la psicología, de la economía, de la urbanología, del estudio sobre la relación de las iglesias cristianas con seguidores de otras creencias y perspectivas religiosas, del estudio de la relación de la Iglesia y el Estado, y de una cantidad de otras disciplinas afines, para entender el contexto específico en el cual estamos haciendo nuestra reflexión. Tal análisis contextual nos ofrece una comprensión más profunda del contexto particular, en términos de una hermenéutica de la realidad en la cual estamos ministrando. Esto, a su vez, nos ayuda a oír los gritos, a ver las caras, a entender las historias y a responder a las necesidades y esperanzas de las personas, que son parte integral de ese contexto.

Una parte de este análisis contextual en el día de hoy incluye la historia de la manera en que la Iglesia en su misión ha interactuado con ese contexto, a lo largo de la historia. Las actitudes, las acciones y los eventos de la acción y reflexión de misión de la Iglesia, que tuvieron lugar en un contexto particular, antes de la llegada del teólogo de la misión, dará color, de modo profundo y sorprendente, a todos los esfuerzos misioneros presentes y futuros.

Una de las maneras más útiles de interrelacionar reflexión y acción es por medio del proceso conocido como "praxis." Orlando Costas escribió:

> La misiología es fundamentalmente un fenómeno praxiológico. Es una reflexión crítica que tiene lugar en la praxis de la misión. . . . [Ocurre] en la situación misionera concreta, como parte de la obediencia misionera y de la participación de la Iglesia en la misión de Dios, y se hace real en esa situación. . . .Su objeto es siempre el mundo, . . . los hombres y las mujeres en sus múltiples situaciones de vida. . . . Con referencia a esta acción de testimonio, saturada y conducida por la acción soberana y redentora del Espíritu Santo, . . . se usa el concepto de praxis misionera. La misiología surge como parte de un testimonio comprometido con el evangelio en las múltiples situaciones de la vida (Costas 1976, 8).

El concepto de "praxis" nos ayuda a entender que no sólo la reflexión, sino profundamente la acción en sí es "teología en el camino," que procura descubrir cómo puede la Iglesia participar más plenamente en la misión de Dios, en el mundo de Dios. La acción es en sí misma teológica y sirve para informar a la reflexión, la cual, a su vez, interpreta, evalúa, critica y proyecta una nueva comprensión en una acción transformada. Así es que el entretejido de la reflexión con la acción, en un peregrinaje constante en forma de espiral, ofrece una transformación de todos los aspectos de nuestro compromiso misiológico con nuestros varios contextos.

Un abordaje praxiológico de la teología de la misión surgió a partir de intentos, alrededor del mundo, de descubrir nuevas maneras de contextualizar el evangelio, en contextos culturales diferentes. Shoki Coe (1976), de las Filipinas, junto con una cantidad de teólogos latinoamericanos, fueron los primeros en sugerir los contornos y las metodologías, las cuales llamaron contextualización. J. Andrew Kirk escribió lo siguiente.

> La contextualización reconoce la influencia recíproca de cultura y de vida socioeconómica. Por lo tanto, al relacionar el evangelio con la cultura, hay una tendencia a tomar una postura más crítica [o profética] hacia la cultura. El concepto . . . debe ser tomado seriamente como un método teológico, el cual supone compromisos ideológicos particulares para transformar situaciones de injusticia social, de alienación política y de abuso de los derechos humanos (Kirk 1999, 91; ver también Bosch 1991, 420-32).

El impacto de la teoría de la contextualización sobre la teología de la misión será explorado en un capítulo posterior de este libro.

En Hechos 15, Lucas resalta esta manera praxiológica de hacer teología de la misión, en el modo en que relata la historia de la decisión, de parte de la iglesia de habla aramea en Jerusalén, de permitir que creyentes gentiles en Jesús permanezcan esencialmente gentiles (con algunos cambios de conducta requeridos). El fundamento teológico de esta decisión trascendental fue el evento del derramamiento pentecostal del Espíritu Santo sobre Cornelio en Hechos 10, nuevamente relatado en Hechos 11 y mencionado dos veces más por Pedro en Hechos 15.7-11 y por Santiago en Hechos 15.13. El punto aquí es que los eventos en sí mismos, la acción misma del Espíritu Santo, fue la base teológica para esta decisión sin precedentes, de parte de la iglesia de Jerusalén.

Claramente, estamos tratando de evitar superponer nuestras propias agendas a la Escritura. Este fue un error cometido por los teólogos de la liberación, del cual nunca se repusieron. Más bien, lo que se procura es un modo de presentar al texto una nueva serie de preguntas, que puedan ayudarnos a ver en las Escrituras lo que antes no vimos. David Bosch llamó a este nuevo abordaje de la Escritura "hermenéutica crítica" (Bosch 1991, 20-24; ver también Bosch 1978 y 1993; ver también las obras de Paul Hiebert).

Conceptualmente, aquí estamos involucrados en algo que la filosofía de la ciencia ha denominado "construcción de un paradigma" o "cambio de paradigma." Un paradigma es una herramienta conceptual usada para percibir la realidad y ordenar esa percepción en un patrón comprensible, explicable y algo predecible. Un paradigma consiste en la totalidad de las series compuestas de valores, cosmovisiones, prioridades y conocimiento que hace que una persona, un grupo de personas o una cultura miren a la realidad de cierta manera. David Bosch nos ayudó a ver la formación de un paradigma como una manera poderosa de re-conceptualizar nuestra comprensión de la misión de Dios, en comunidades diferentes, en contextos variados (ver Bevans y Schroeder 2004).

De esta forma, descubrimos que la teología de la misión es un proceso continuo de reflexión y de acción, conducente a una reflexión renovada, que lleva a una acción renovada. Esto implica un movimiento del texto bíblico a la comunidad de fe en su contexto. Al centrar nuestra atención en un tema integrador, descubrimos nuevas percepciones, mientras releemos la Escritura desde el punto de vista de una hermenéutica contextual. Estas nuevas percepciones se pueden volver a plantear y a vivir como una acción misional, bíblicamente informada, contextualmente apropiada de la comunidad de fe, en la particularidad del tiempo, de la cosmovisión y del espacio de cada contexto específico en el cual tiene lugar la misión de Dios. Este proceso será explicado más completamente en capítulos posteriores de esta obra.

La teología de la misión es definicional

Una de las tareas más interesantes, significativas y aun así más difíciles de la teología de la misión es asistir a la misiología en definir los términos que usa. Dentro de esta empresa, una cuestión central tiene que ver con la manera en que definimos a la misión en sí misma. ¿Qué es la misión? ¿Qué no es la misión? En los pasados cien años, se ha ofrecido una cantidad de definiciones diferentes. Discuto esto en el capítulo 4. Entre las varias tradiciones cristianas, ha habido un debate acalorado sobre una definición aceptable de misión. El humo sigue subiendo desde el fuego de desacuerdos profundos sobre lo que la misión es.

A los efectos de ser breve, permítanme ofrecer mi propia definición preliminar de misión, por medio de una ilustración.

> La misión de Dios opera, principalmente, a través del pueblo de Dios, que intencionalmente cruza barreras, desde el pueblo de Dios hacia

todos los pueblos del mundo y desde la fe hacia la ausencia de fe, en escenarios de cristianismo nominal, para proclamar en palabra y obra la venida del reino de Dios en Jesucristo, mediante la participación de la Iglesia en la misión de Dios de reconciliar al pueblo de Dios consigo mismo, unos con otros y con el mundo, y reuniéndolos dentro de la Iglesia, mediante el arrepentimiento y la fe en Jesucristo, por la obra del Espíritu Santo, con vistas a la transformación del mundo, como señal de la venida del reino en Jesucristo.

Varios aspectos y cuestiones que impactan nuestra definición de misión serán desarrollados en capítulos posteriores de este libro.

La teología de la misión es analítica

La empresa de la misión es compleja tanto en su teoría como en su práctica. Se hace más compleja, cuando comenzamos a examinar la cantidad de suposiciones, significados y relaciones teológicas que permean esa práctica. Por esta razón, los teólogos de la misión han considerado útil partir la tarea en segmentos más pequeños. Notamos anteriormente que Gerald Anderson definió a la misión en términos de "fe, motivos, mensaje, métodos, estrategia y metas,"junto con "base, alcance y tarea." Jim Stamoolis siguió una metodología similar en *Eastern Orthodox Mission Theology Today* (1986, 2001), al organizar su investigación alrededor de cuestiones relacionadas con "el trasfondo histórico, el propósito, el método, los motivos y la liturgia" de la misión, tal como tuvo lugar en la ortodoxia oriental y a través de ella.

Para organizar sus preguntas, los teólogos de la misión comienzan reconociendo que la misión es más fundamentalmente la *missio Dei*. Es la misión de Dios. La misión deriva de la naturaleza de Dios y de la intención de Dios. Encontramos muchos teólogos de la misión que reflexionan sobre "la misión de Dios" (*missio Dei*). Georg Vicedom llamó la atención de la Iglesia del mundo sobre esto, antes y durante la reunión de la Comisión de Misiones Mundiales y Evangelismo del Consejo Mundial de Iglesias, en la ciudad de México, en 1963. El libro que escribió para ese congreso fue publicado en inglés en 1965 como *The Mission of God*. H. H. Rosin resumió la historia de la expresión en H. H. Rosin 1972. Discutiré esto en detalle en un capítulo posterior de este libro.

Dios no actúa solo, ni la misión de Dios ocurre en un vacío. Comenzando con Noé y Abraham y sus familias, y continuando hasta el presente, la misión de Dios ha tenido lugar mediante la instrumentalidad de seres humanos (*missio hominum*). La misión de Dios también ha adoptado muchas formas, a través de los esfuerzos de los diversos agrupamientos sociales creados por el pueblo de Dios y sus culturas circundantes (*missiones ecclesiae*). La *missio Dei* es singular (es pura en su motivación, sus medios y sus metas), dado que deriva de la naturaleza de Dios. Pero la decisión de Dios de usar instrumentos humanos (*missio hominum*) implica trabajar mediante seres humanos caídos, quienes son simultáneamente justos y pecadores. La *missio hominum* siempre es mixta en cuanto a sus motivaciones, sus medios y sus metas (ver Verkuyl 1978, 163-75). Dios, en su gracia, parece deleitarse en llevar a cabo su misión a través de la instrumentalidad de grupos sociales humanos y de organizaciones sociales. Así es que, las *missiones ecclesiae* son plurales, debido a la multiplicidad de las actividades de las iglesias, a la falta de unidad de las iglesias, a la mezcla de actividades centrípetas (reuniendo) y centrífugas (enviando, uniéndose e identificándose) de las iglesias, y porque su forma está influida por lo que ocurre en las iglesias, entre los cristianos y en los contextos circundantes del momento. Finalmente, la misión de Dios interactúa con la civilización humana global y ejerce influencia sobre ella (*missio politica oecumenica*, ver, e.g., Verkuyl 1978, 394-402). La *missio politica oecumnica* trata con la preocupación de Dios por las naciones y su interacción, mediante el pueblo de Dios, con las civilizaciones, culturas, política y estructuras humanas de este mundo. La misión del reino de Cristo siempre pone en cuestión a los reinos de este mundo. Desde el punto de vista de un abordaje trinitario de la teología de la misión, necesitaríamos también considerar los conceptos de *missio Christi* y de *missio Spiritu Sancti*. Una teología de la misión trinitaria totalmente global debe incluir reflexiones sobre la relevancia de diversas cristologías sobre la teología de la misión, así como también el impacto de las perspectivas neumatológicas sobre la teología de la misión. En *The Open Secret* (1978), Lesslie Newbigin estableció el fundamento para el abordaje trinitario de la teología de la misión. Todos estamos en deuda con él.

Estas son distinciones importantes, pero debería hacerse una final. La misión es tanto *missio futurum* como *missio adventus*. *Missio futurum* tiene que ver con cuestiones predecibles de la misión de Dios, mientras tiene lugar en la historia humana. De modo que, *futurum* es el movimiento que se adentra en el futuro, el cual incluye la extrapolación natural y humana, y los resultados de las misiones de las iglesias en medio de la historia del mundo. Pero la historia de la misión es siempre incompleta, si se detiene allí. También debemos incluir la *missio adventus*. Esto es el *adventus* (el advenimiento) de la irrupción de Dios, de Jesucristo en la encarnación, del Espíritu Santo en Pentecostés y de la misión del Espíritu Santo en la Iglesia y a través de ella. La misión de Dios trae aparejadas sorpresas inesperadas, cambios radicales, nuevas direcciones y en ocasiones, una transformación radical en medio de la vida humana: personal, social y estructural. Dios opera en el mundo tanto a través del *futurum* como del *adventus*. Los teólogos de la misión deben estar constantemente preguntando acerca de las diferencias entre *futurum* y *adventus*, así como también acerca de su interrelación, seleccionando sus implicaciones para la teología de la misión.

Una vez que vimos las dos maneras de organizar nuestras preguntas en la teología de la misión, podemos reunir los dos tipos de interrogantes. He intentado hacer esto en la Figura 3. La he llamado "Una grilla de trabajo de la teología de la misión."

Categorías fundacionales de la teoría de la misión	Missio Dei	Missio Hominum	Missiones Ecclesiarum	Missio Politica Oecumenica	Missio Christi	Missio Espiritu Sancti	Missio futurum/ adventus
Acción misional de Dios	Misión de Dios	Uso misional de agentes humanos	Misiones a través del pueblo corporativo de Dios	Acción misional en la civilización global	Misión mesiánica a través de Jesucristo	Misión a través del Espíritu Santo	Misión del reino en el futuro predecible y en el sorpresivo advenimiento
El contexto de la misión							
Los agentes de la misión							
Los motivos de la misión							
Los medios de la misión							
Los métodos de la misión							
Las metas de la misión							
Los resultados de la misión							
Esperanza/ utopía de la misión							
La oración en la misión							
El poder espiritual en la misión							
Estructuras para la misión							
Asociaciones en la misión							
Presencia, proclamación, persuasión, incorporación							

Figura 3: Una grilla de trabajo de la teología de la misión

En la grilla, he procurado representar, en forma de diagrama, el modo de interacción de las varias categorías teológicas de la teoría de la misión, con unos cuantos aspectos ilustrativos de la acción misional. La interrelación de las categorías de la misión (ubicadas en el eje horizontal) con los aspectos de la acción misional (ubicados en el eje vertical) levanta una cantidad de nuevas preguntas para la teología de la misión. Cada casillero en la grilla constituye una pregunta específica para una teología de la misión apropiada, en un contexto local.

Noten que cada nivel horizontal (por ejemplo, en términos de "la motivación para la misión"), provee, por lo menos, siete tipos de preguntas diferentes a ser formuladas: la motivación de Dios, la motivación humana, las motivaciones de las iglesias y de las organizaciones misioneras, las motivaciones de la misión en relación con la civilización global, las motivaciones cristológicas para la misión, el rol del Espíritu Santo en motivar a la Iglesia para la misión y la motivación en términos de *futurum* como diferente de *adventus*. Noten también que cada columna vertical, por ejemplo, si nos preguntamos acerca de la *missio Dei*, informa sobre la motivación, los medios, los agentes, las metas, etc. de la misión.

Claramente, ningún misiólogo puede hacer todo lo representado por la grilla. No es necesario. Sólo uno o dos de todos los casilleros pueden, en realidad, ser apropiados para investigar dentro de un contexto particular, en un momento particular y en relación con acciones específicas de la misión. No obstante, he estado descubriendo que la grilla puede aportarnos tanto (1) simplicidad de análisis al diferenciar las preguntas, como (2) la complejidad de la empresa toda en términos de la grilla entera. Mis estudiantes y yo hemos comenzado a ver que casi todas las tesis de maestría y las disertaciones doctorales en misiología caen naturalmente en uno o dos de los casilleros. Aun así, cuando la persona comienza a reflexionar en términos de la teología de la misión, en relación con la pregunta de esa casilla, la investigación conduce naturalmente a cuestionarse sobre todos los otros temas representados por la grilla más amplia.

Un ejemplo de esta clase de análisis puede verse en las extensas discusiones que tuvieron lugar en los últimos años de 1960 en el Consejo Mundial de Iglesias, centradas en si debían usar el término "misión" o "misiones" en el título de la *International Review of Mission(s)*. Esa discusión tuvo que ver con la distinción entre la misión de Dios, que es una, y los esfuerzos de las iglesias vistos como "misiones," que son muchos. Así que en la publicación de abril de 1969, la revista protestante de misiología más antigua en el mundo quitó la "s" a su nombre y se transformó en *The International Review of Mission*. En el editorial de ese número, William Crane escribió:

Las misiones en plural tienen una cierta justificación en las esferas diplomática, política y económica de las relaciones internacionales, donde su naturaleza, alcance y autoridad se definen por los intereses tanto de los que las inician como de los que las reciben. Pero la misión de la Iglesia es singular, en tanto que emana del único Dios trino y de su intención para la salvación de todos [los seres humanos]. Su comisión a la Iglesia es una, aun cuando los ministerios dados a la Iglesia para esta misión, y las respuestas que dan las iglesias particulares en situaciones particulares a la comisión sean múltiples. . . . Los varios estudios y programas iniciados por la Comisión de Misiones Mundiales y Evangelismo en los pocos años pasados, desde la integración a la vida del Consejo Mundial de Iglesias, también reflejan esta preocupación por la única misión de la Iglesia, en seis continentes, más que la tradicional preocupación por las misiones de tres continentes para los otros tres (Crane 1969).

La teología de la misión procura ser verdadera

Esto nos lleva a las siete características de la teología de la misión. En las ciencias sociales, como así también en toda empresa erudita, una de las preguntas más importantes tiene que ver con la base sobre la cual podemos determinar la validez y confiabilidad de los resultados de la investigación de esa disciplina.

En las ciencias sociales que han impactado fuertemente la misiología, normalmente el concepto de validez tiene que ver con la pregunta: "¿Cómo podemos estar seguros de estar recolectando los datos correctos de la manera correcta?" El concepto de confiabilidad normalmente enfrenta la pregunta: "¿Cómo podemos estar seguros de que al repetir el abordaje descubriremos los mismos datos?"

No obstante, en la teología de la misión, estas preguntas no son las correctas. El teólogo de la misión ni está preocupado por la calidad de los datos empíricos, ni por la repetición de un proceso que pueda arrojar resultados idénticos. En realidad, es todo lo contrario. Dado que el teólogo de la misión estudia la misión de Dios, los datos siempre van a ser nuevos (y alguna vez cuestionarán los datos anteriores), y los resultados, con frecuencia, serán sorprendentes y distintos. La repetición no es de valor aquí. Por lo tanto, la teología de la misión debe buscar otra manera de reconocer una investigación aceptable. La cuestión de la confiabilidad deber transformarse en *confianza*, y el tema de la validez debe ser visto como *verdad*. De modo que, las preguntas metodológicas con las que se enfrenta el teólogo de la misión son las siguientes:

A. Confianza

- ¿Hizo el investigador una lectura de las personas correctas, de los autores y fuentes confiables?
- ¿Leyó el investigador lo suficiente, con una amplitud de perspectivas sobre el tema?
- ¿Leyó el investigador otros puntos de vista de manera correcta?
- ¿Entendió el investigador lo que leyó?
- ¿Hay contradicciones internas, ya sea en el uso y comprensión de los autores, como en la aplicación que ellos hacen del tema en cuestión?

B. Verdad

- ¿Hay un respaldo bíblico adecuado para las declaraciones que se afirman?
- ¿Hay una apropiada continuidad/discontinuidad de las declaraciones del investigador, al compararlas con afirmaciones teológicas hechas por otros pensadores, a lo largo de la historia de la Iglesia?
- Cuando surgen contradicciones o calificaciones de pensamiento, ¿respalda adecuadamente la obra del teólogo de la misión las orientaciones teológicas particulares defendidas en el estudio?
- ¿Se permite que las tensiones dialécticas y/o contradicciones aparentes permanezcan (como debieran), dado lo que sabemos y lo que no sabemos del misterio del revelado carácter oculto de Dios, en cuanto eso impacta nuestra comprensión de la *missio Dei*?

Estas preguntas metodológicas conducen a criterios específicos de aceptación en la investigación de la teología de la misión, en cuanto se interrelacionan con la misiología, como una disciplina multidisciplinaria.

C. Criterios de aceptación

- Reveladora. Está afirmada en la Escritura.
- Coherente. Se sostiene y está construida alrededor de una idea integradora.
- Consistente. No tiene contradicciones evidentes insuperables y es consistente con otras verdades acerca de Dios, de la misión de Dios y de la voluntad revelada de Dios.
- Simple. Ha sido reducida a los componentes más básicos relacionados con la misión de Dios, en términos de los temas específicos al alcance.

- Sostenible. Está lógica, histórica, experimental y praxiológicamente afirmada y sostenida.
- Con acuerdo exterior. ¿Hay otros pensadores relevantes, otras comunidades y/ o tradiciones teológicas que den respaldo a la tesis ofrecida?
- Contextual. ¿Se relaciona apropiadamente con el contexto?
- Factible. ¿Pueden los conceptos traducirse en una acción misional que, a su vez, sea consistente con las motivaciones y metas de la teología de la misión que se está desarrollando?
- Transformadora. ¿Será posible que llevar a cabo la acción misional propuesta resulte en cambios apropiados en el status quo, que reflejen elementos bíblicos de la *missio Dei*?
- Que demuestre consecuencias apropiadas. ¿Son los resultados de traducir los conceptos en acción misional consistentes con el empuje de los conceptos mismos y con la naturaleza y la misión de Dios, como están reveladas en la Escritura?

CONCLUSIÓN

La teología de la misión es prescriptiva a la vez que descriptiva. Es sintética (logra una síntesis) e integradora. Busca percepciones confiables y verdaderas concernientes a la misión de la Iglesia, basada sobre una reflexión bíblica y teológica, procura interrelacionarse con la acción misional apropiada y crea una nueva serie de valores y prioridades, que reflejan, lo más claramente posible, las maneras en que la Iglesia puede participar en la misión de Dios en contextos específicos y en tiempos particulares. Cuando la teología de la misión es separada de la práctica de la misión, parece rara y puede estar demasiado alejada de los lugares concretos y de las personas específicas, que están en el corazón de la misión de Dios. La teología de la misión está en su apogeo, cuando está íntimamente involucrada en el corazón, la cabeza y la mano (siendo, conociendo y haciendo) de la misión de la Iglesia en el mundo. La teología de la misión es una búsqueda personal, corporativa, comprometida y profundamente transformadora de una nueva y profunda comprensión de las maneras en que el pueblo de Dios puede participar más fielmente en la misión de Dios, en un mundo perdido y quebrado, al que Dios ama tanto.

Este capítulo fue originalmente publicado como Charles Van Engen, "Mission, Theology of," en William Dyrness y Veli-Matti Kärkkäinen, eds., Global Dictionary of Theology. *Downers Grove: IVP, 2008, 550-62. Adaptado y usado con permiso.*

CAPÍTULO 3

HACIENDO TEOLOGÍA DE LA MISIÓN EN UN MUNDO EN PROCESO DE GLOBALIZACIÓN

Tesis

La tesis de este capítulo es que una congregación local saludable de discípulos de Jesús vive su catolicidad participando de manera intencional y activa en la misión de Cristo, como una entidad **glocal.** *Es simultáneamente activa en la misión global y en la local, en la evangelización global y local, lo cual impulsa, de manera dinámica, la interacción glocal entre lo global y lo local. La Iglesia mundial es siempre local; la iglesia local es siempre global. Una congregación local saludable en el siglo veintiuno está globalmente conectada y localmente involucrada. En este capítulo, he escogido usar la palabra "glocal" como señal de una clase de simultaneidad en la naturaleza de la Iglesia de Jesucristo, la cual es a la vez global y local en una cantidad de sentidos. Sugeriré que en el siglo veintiuno, la Iglesia de Jesucristo necesita transformarse en lo que es: glocal en su esencia, glocal en su teologizar y glocal en su llamado misional. Voy a basarme en la manera cómo funciona la Internet, para ilustrar la naturaleza glocal de la Iglesia.*

Introducción

Durante los pasados veinte años, más o menos, la palabra *glocal* ha sido una de las varias nuevas palabras acuñadas para expresar un nuevo entretejido de lo global con lo local.[29] Cuando comencé a considerar el concepto de glocal como

---

[29] En una nota al pie muy útil, James N. Rosenau, profesor universitario de asuntos internacionales en la Universidad George Washington, nos dio un excelente resumen de términos similares, incluyendo el término *glocal*, que procura describir las varias maneras en que lo global y lo local se interconectan. Él prefiere la palabra "fragmengración, . . . que tiene la intención de sugerir la interacción penetrante entre la dinámica fragmentadora y la integradora que se despliega en todo nivel de la comunidad. . . . Otros rótulos de una sola palabra destinados a sugerir las tensiones contradictorias, que arrastran a los sistemas tanto hacia la coherencia como hacia el colapso son *caorden,* un rótulo que yuxtapone las dinámicas del caos y del orden; *glocalización,* que señala la simultaneidad de dinámicas globalizadoras y localizadoras; y *regical,* un término destinado a centrar la atención en los nexos entre los fenómenos regionales y locales. La

apropiadamente descriptivo de la naturaleza de la Iglesia en el siglo veintiuno, decidí buscar el término en Google. Para mi sorpresa, encontré 347 entradas (mayormente libros), en las que aparece el término *glocal*. Éstas representan una diversidad vasta de áreas de investigación incluyendo:

- Educación
- Gerenciamiento organizativo
- Propaganda y economía
- Comunicación, cine y computadoras
- Estudios sobre la globalización como tales
- Derechos humanos y asistencia social
- Internet
- Bancos, e.g, VISA
- Religión
- Misiones

Un área importante de interés, en el entretejido de la interacción entre lo global y lo local, parece estar en el estudio de las ciudades. Se pueden encontrar ejemplos en obras tales como *Global Networks: Linked Cities* de Saskia Sassen y *Global City-Regions: Trends, Theory, Policy* de Allen J. Scott. Lo que me impresionó mucho fue la información extensa sobre "The Global Forum" y su red Global Metro City, fundada por Uri Savir. Con oficinas en Zurich, Suiza, y en Roma, Italia, la página web (www. glocalforum.org, website inactiva) afirma lo siguiente:

> Global Metro City—The Glocal Forum es una organización sin fines de lucro, trabajando para construir una nueva relación entre la ciudad y la villa global, con el propósito de contribuir a la paz y al desarrollo. Fundada en 2001, la organización anima a los poderes globales a tener un mayor respeto por los poderes locales y por la diversidad cultural, en un proceso definido como glocalización. . . . El Glocal Forum tiene la

---

palabra *caorden* es elaborada en Dee W. Hock, *Birth of the Chaordic Age* (San Francisco: Berrett-Koehler, 1999); el concepto de *glocalización* se desarrolla en Roland Robertson, "Glocalization: Time-Space and Homogeneity-Heterogeneity," en Mike Featherstone, Scott Lash, y Roland Robertson, eds., *Global Modernities* (Thousand Oaks, CA: Sage, 1995), 25-44; y la formulación de *regical* se puede encontrar en Susan H. C. Tai y Y. H. Wong, "Advertising Decision Making in Asia: 'Glocal' versus 'Regcal' Approach," *Journal of Managerial Issues* 10 (Fall 1998): 318-19. Yo prefiero el término *fragmegración*, porque no implica una escala territorial y amplía el foco para incluir tensiones operantes en organizaciones, así como también las que penetran comunidades." (Rosenau 2003)

intención de crear un balance más equitativo entre lo global y lo local, mediante un nuevo patrón de diplomacia—la diplomacia de las ciudades. (info@glocalforum.org 2005, ver también www.wearethefuture.com).

Mi búsqueda me llevó a una denominación y a una congregación local que parecen estar adelantados en el tiempo. La Virginia Baptist Mission Board (Junta de Misión Bautista de Virginia) ha llamado a todo su programa de misión "Glocal Missions and Evangelism." La página web relacionada declara:

> Nosotros, unidos por un sentido compartido de misión, enfrentamos un desafío renovado y fresco, a medida que nuestro mundo se zambulle en el siglo veintiuno. El Glocal Missions and Evangelism Team (Equipo de Misiones Glocales y Evangelismo) ve a todos los bautistas de Virginia como en una misión para cumplir el llamado de Dios en sus vidas. Nuestro propósito es movilizar, entrenar y equipar a los individuos y a las iglesias, en cooperación con otros socios en el ministerio, para llevar a cabo el testimonio y ministerio de Cristo en Virginia y hasta los confines de la tierra. (www.vbmb.org/glocalmissions/default.cfm, 2005; página no activa en este momento).

También descubrí una gran iglesia local, que procura encarnar una visión similar. NorthWood, pastoreada por su fundador, Bob Roberts, ha creado la "Glocalnet,"la cual incluye a otras tres iglesias plantadas por NorthWood en Las Vegas, Nevada; en Hiram, Georgia; y en Oakville, Ontario, Canadá. En su página dan la explicación siguiente:

> Nuestra meta en NorthWood es glorificar a Dios mediante una transformación continua. . . . Creemos que la transformación es un proceso continuo. Es el resultado de una constante y creciente relación interactiva con Dios, la cual incluye la adoración corporativa y personal. Es un resultado de la comunidad. Dios no nos diseñó para ser islas. Esa es la razón por la que, casi todos los días de la semana, encontrará grupos o equipos de NorthWood que se reúnen para animarse, desafiarse y sostenerse unos a otros.
> La transformación es también el resultado del impacto *glocal* (local y global), al servir a otros. En NorthWood, no creemos que se trate de nosotros. Creemos que las acciones hablan más fuerte que las palabras, cuando se trata de compartir el amor de Dios. Esa es la razón por la que estamos comprometidos, no sólo a satisfacer las necesidades de Northeast Tarrant County, sino también a satisfacer las necesidades alrededor del mundo. Mientras la familia de NorthWood sale y sirven juntos, tiene lugar una transformación individual, comunitaria y *glocal*. Para aprender más

acerca del alcance *glocal* de NorthWood, revisar la sección *glocal* de nuestro sitio. (NorthWood Church 2005).

Cinco años antes del tsunami en Indonesia, en 2004, Leonard Sweet publicó su estremecedor libro *Soul Tsunami*, en el que describe las transformaciones del cambio de siglo, que marcan algunas de las más grandes transiciones que el mundo ha visto, por lo menos durante los pasados 500 años (Sweet 1999). Sweet tituló uno de los capítulos de ese libro, "Life Ring # 8: Get Glocal." Sweet construye sobre las palabras de Peter Drucker: "Toda organización de hoy en día debe construir dentro de su estructura misma . . . un abandono organizado de todo lo que hace" (Drucker 1993; Miller 2004; Sweet 1999).

Sweet sugiere que la respuesta de nuestra vida pro-activa a una transición del tamaño de un tsunami debería incluir un esfuerzo para "Hacerse glocal" ("Get glocal," Sweet 1999). En ningún lugar en este capítulo puedo encontrar una definición de "glocal." No obstante, cuando uno considera los asuntos que Sweet presenta en el resto de este capítulo, y aunque use las palabras "global" y "globalización," Sweet está describiendo lo glocal cuando dice:

> Antes de salir de la casa en la mañana, usted experimenta lo global (¿glocal?) que ha llegado a ser este mundo. Usted prepara esa primera taza de café – pero con la ayuda de cuatro estados y seis países extranjeros.
> ¿Quién es el dueño de Firestone? La empresa japonesa Bridgestone.
> ¿Quién es el dueño de Dr. Pepper? Cadbury/Schwepps de Gran Bretaña.
> ¿Quién aprieta los botones de Pillsbury Doughboy? Diageo, una compañía creada por Guinness (¿qué país es dueño de Guinness?) y Grand Metropolitan.
> La "globalización" es más que la tendencia económica preeminente del siglo veintiuno, con una cultura floreciente de inversión global. Es también una nueva manera de vivir y de ser en el mundo.
> La reunión de una nueva biología y una nueva física es la que está proveyendo las metáforas básicas para esta nueva civilización global, que estima y alienta experiencias cerebrales plenas, expectativas de vida plenas, expresiones personalizadas y una consciencia globalizada [¿o glocalizada?]
> Es difícil subestimar la naturaleza sin precedentes de esta civilización global. Tenemos un sistema económico interdependiente, entrelazado, en el cual participan todos en el mundo. La integración global se está haciendo casi universal, siendo la Red, el principal medio. (Sweet 1999, 121-22).

Yo creo que aquí, Sweet estaba enfatizando lo glocal, es decir, la interrelación entre lo local y lo global, en su influencia interactiva dinámica, multifacética, multidireccional, que tiene lo uno sobre lo otro. Así que su desafío es el siguiente: "Dejen que otros hablen acerca de hacer una diferencia en el mundo. Es tiempo de que la Iglesia haga un mundo diferente. No hagan una diferencia en el mundo. Hagan al mundo diferente. Redimam y vuelvan a soñar su mundo" (Sweet 1999, 126).

Una perspectiva glocal del universo reconoce que la piedra más pequeña arrojada sobre una laguna causa ondas que pueden sacudir la tierra. Y el más pequeño movimiento en las placas tectónicas del planeta causa una ola que cambia el curso de la historia humana. En eclesiología, concebida en su sentido más amplio, y en la eclesiología misional, en particular, hemos estado acostumbrados a colocar lo local, lo nacional y lo global uno encima del otro. Por ejemplo, tendemos a hablar del contexto de alcance, de ministerios y de misión, vecinal o local, de la congregación local. Y una iglesia local tendrá un equipo o comité específicamente orientado a las necesidades locales de los contextos más próximos a la iglesia. Hasta hace poco, las denominaciones en Norteamérica, de manera típica, habían tenido alguna clase de "junta de misión doméstica" y otra "junta de misión mundial/global." Este quiebre entre lo local y lo global en realidad se está empeorando en muchas denominaciones (especialmente troncales, incluída la del autor), en los Estados Unidos. Muchas iglesias locales en los Estados Unidos están dedicando lo mejor de su tiempo, atención, personal y dinero a las necesidades de la gente más cercana al edificio de la iglesia. Lo están haciendo mediante la reducción y, en algunos casos, restringiendo totalmente su involucramiento en ministerios o misión de carácter nacional o global. La principal excepción podrían ser algunos viajes misioneros de término corto, llevados a cabo por miembros de la iglesia, viajes que pueden ser más bien una especie de turismo cristiano más que misión. El concepto de "globalización"no parece haber contrarrestado esta tendencia. Por el contrario, mucha de la discusión sobre "globalización"parece colocar a lo global por sobre lo local, y luego analiza el impacto que las fuerzas globales están teniendo sobre las realidades locales, frecuentemente con una actitud bastante proteccionista.

En contraste con esto, una perspectiva glocal puede ayudarnos a ir más allá de las discusiones sobre modernidad versus posmodernidad (Van Engen 1996); más allá de cuestiones de misión post-colonial global (Hiebert 1991); y posiblemente más allá de las controversias sobre la globalización como tal (ver, e.g., Tiplady 2003). La glocalización procura, más bien, percibir el mundo a través de la lente de la interacción simultánea, de las influencias entretejidas, de la interrelación dinámica, siempre cambiante y multidimensional de lo global y lo local. Esta interacción dinámica reconoce que lo que una vez fue conocido como "local" es en sí mismo un aspecto de lo "global," de la misma manera que un quark o un electrón es parte del universo entero. También lo glocal reconoce que lo que una vez fue conocido como "global"sólo puede expresarse en y a través de lo local. En realidad, la misión en el siglo veintiuno implica una espiral ascendente, sin fin o "efecto boomerang," como Willem Saayman lo ha sugerido.

>Me gustaría argumentar que una eclesiología misionera adecuada demanda repensar el concepto del proceso lineal en la misión. Pienso que el proceso y el progreso de la Iglesia a la misión y de la misión a la Iglesia deberían ser vistos más bien como cíclicos y, específicamente, como una espiral ascendente sin fin. Entonces, desde el comienzo mismo, el progreso no es en una línea recta *aparte* de la iglesia "que envía" *hacia* un "campo de misión"alejado y no alcanzado, sino más bien una curva que vuelve a ella durante todo el tiempo. Si nos ajustamos al mandato de Hechos 1.8, yo argumentaría que el movimiento es de Jerusalén a Judea y otra vez a Jerusalén, a Samaria y otra vez a Jerusalén, hasta los confines de la tierra y otra vez a Jerusalén, etc. Tal comprensión, a mi parecer, expresa mejor los roles de mutualidad y de interdependencia, como precondiciones esenciales, para que las iglesias cumplan con su responsabilidad misionera. Esto implica que los evangelizadores siempre deben ser nuevamente evangelizados. Para usar una metáfora bien conocida: los pollos misioneros siempre deben volver a casa a pasar la noche. O, para cambiar mi metáfora: este es el "efecto Boomerang"esencial de la misión cristiana. Las iglesias "que envían"nunca pueden permanecer sin ser cambiadas por su misión, si es que las iglesias son verdaderamente misioneras por su misma naturaleza (Saayman 2000).

La física cuántica nos ha enseñado que la materia es una de las manifestaciones de la energía. Ahora sabemos que la eternidad se encuentra en la punta de un alfiler. En el lenguaje bíblico, los cielos se alegran por un pecador que se arrepiente (Lc 15.7). Originalmente, yo escribí este capítulo durante una Semana Santa. Al recorrer la historia de la pasión y resurrección de Jesucristo, me sorprendió la relevancia glocal de la crucifixión y resurrección de nuestro Señor. Todo el universo, en tiempo y espacio, fue transformado en el instante en que Jesús, colgando de una cruz romana cerca de Jerusalén, en ese "primer" siglo, proclamó: "Todo se ha cumplido" (Jn 19.30). Y toda la vida y existencia humana fue cambiada cuando el Jesucristo resucitado les susurró a sus discípulos en ese día de Pascua: "Paz a ustedes" (Lc 24.36). Tanto en el tiempo como en el espacio, lo local y lo global se doblan uno sobre otro y se entretejen uno con otro, hacia adentro de ellos mismos, y la eternidad glocal, en un instante, es totalmente transformada. ¿Cómo puedo entender esto?

Me parece que pensar acerca de la naturaleza de la Internet me ayuda a concentrar mi mente en esta nueva visión de la realidad. Toda ilustración y analogía tiene sus límites y sus limitaciones. Pero pido la indulgencia del lector, para imaginar a la Internet como una analogía de la Iglesia glocal del siglo veintiuno. Al mirar a la Internet de esta manera, no quiero decir que la estoy examinando como un lugar y un camino para comunicar el evangelio o para atraer y publicitar, creando páginas web. Ese es un tema distinto y Shawn Redford, entre otros, nos ha desafiado a repensar la misión de la Iglesia en relación a la Internet, un proceso misional que ha llamado, "Confrontando la frontera sin rostro" (Redford 1999). En lo que sigue, quiero sugerir algo diferente. ¿Cómo sería la Iglesia glocal de Jesucristo en el siglo veintiuno, si la examináramos en términos de su estructura y organización, a través del calidoscopio de la Internet?

Mirando a través del espejo (Alicia en el país de las maravillas), pienso en cada congregación local, en cada grupo de discípulos de Jesús. "Porque donde dos o tres se reúnen en mi nombre, allí estoy yo en medio de ellos" (Mt 18-20), es igual que una PC. Esta congregación local como PC, al igual que la laptop en la que estoy escribiendo este capítulo, puede tener un cable o una línea de teléfono, para comunicarse con Internet. Ésta, la iglesia con minúscula (representada por mi computadora desktop), puede incluir 5, 50, 500, o 5.000 discípulos de Jesús.[30] En términos de computación, mi computadora puede diferir de otras en cuanto a la capacidad de memoria, al espacio de almacenamiento, al poder cerebral, a las posibilidades de interface y demás. Pero, sin importar el tamaño, es fundamentalmente una PC. De manera similar, sin importar el tamaño de la iglesia local, en su esencia teológica y bíblica, es todavía básicamente la congregación corporativa (*kaleo*) de aquéllos que se reúnen como discípulos de Jesucristo.[31]

Moviéndonos a un segundo nivel de organización, en mi casa, también tengo mi PC en red con otras dos desktops y con una laptop. Hice esto conectando cada computadora a una red inalámbrico. Cuando las cuatro computadoras están

---

[30] Considero que uno de los análisis más perceptivos y prácticos del impacto del liderazgo, la estructura, la organización, la administración y la comunicación, de los variados tamaños de las congregaciones es *Looking in the Mirror*, escrito por Lyle Schaller, 1984.

[31] Una congregación local es, en realidad, más que la suma de sus partes y es más que meramente el total de los individuos que se reúnen. Cómo asociamos la suma de los individuos con la entidad corporativa más grande que es la Iglesia es una pregunta importante.

encendidas y funcionando, puedo acceder a toda la información, en los discos rígidos de las cuatro, simultáneamente. Pero cada computadora tiene su propia estructura de hardware y software.[32] Esto es análogo a un grupo regional de iglesias o a un tribunal regional. Tal grupo de congregaciones locales de una mente similar necesita poner en red su hardware y su software, una estructura eclesiástica y de relaciones personales que lo mantenga unido y facilite sus interrelaciones y sus intercomunicaciones. Cada congregación local tiene su propio liderazgo, su gobierno, su estructura y otros sistemas internos. Pero hay cierto nivel de cooperación, de comunión, de rendición de cuentas, de reconocimiento y de empoderamiento entre ellas. En términos de computación, son una "red local." El hardware que teje la red puede ser organizacionalmente flojo como una asociación de clérigos, o como un grupo de oración de pastores en una ciudad, o puede ser más estrecho como una diócesis católica romana o un distrito metodista. El alcance, la profundidad y la cohesión estructural de esta "red" depende, por supuesto, de la forma de gobierno eclesiástico al cual pertenece esa red de congregaciones.

Esto nos lleva a un tercer nivel de organización. Hace algunos años, cuando la Internet estaba en su infancia, muchos de nosotros nos enamoramos en gran manera del email. Yo estuve entre los primeros cincuenta mil, más o menos, en suscribirme a America Online (AOL). Recuerdo el año cuando AOL se enfrentó a una demanda presentada por cientos de miles de suscriptores, porque los "servidores" locales que AOL estaba usando no se estaban expandiendo lo suficientemente rápido como para satisfacer los requerimientos. Por supuesto que ahora, AOL es sólo una de las muchas compañías que ofrecen acceso a su "servidor." Y ahora, la mayor parte de las universidades, en todas partes del mundo, han establecido sus propios "servidores" para facilitar la comunicación. Mi esposa, Jean, trabajó por muchos años en una gran institución para la investigación del cáncer, llamada City of Hope, en Duarte, California. City of Hope tiene su propio "servidor" interno, el cual integra la comunicación y facilita todas las relaciones organizativas, administrativas e interpersonales necesarias para hacer funcionar una institución con más de 3.000 empleados. En computación, esto es una "intranet." Yo pienso en las iglesias oficiales de Europa occidental, en las denominaciones americanas y en las "iglesias nacionales" que surgieron en Asia, África y Latinoamérica durante el siglo veintiuno, como tipos de sistemas de "intranet." Mirando a la Iglesia Católica Romana, a nivel global, uno podría decir que es como una enorme"intranet."En el protestantismo, aunque

---

[32] Pude hacer esto al tener el software correcto instalado en cada computadora y aquí está la analogía con varias formas de organización eclesiástica: católica romana, ortodoxa y protestante: episcopal, presbiterial, congregacional o reforma nueva apostólica.

hay federaciones, alianzas, asociaciones, consejos y conferencias mundiales, que reúnen a varias denominaciones e iglesias nacionales, que comparten tradiciones eclesiásticas similares, a mi modo de ver, no funcionan de modo estructural lo suficientemente estrecha, como para pensar en intranets. La red anglicana/episcopal centrada en las Conferencias Lambeth, podría ser considerada como un tipo de intranet protestante, pero incluso esa red ha comenzado a desarmarse en años recientes.

La banca mundial fue transformada por la Internet. Visa es una realidad glocal. Cuando accedo a mi cuenta bancaria, con una tarjeta de débito, puedo estar físicamente ubicado en la sucursal local de mi banco, a unas pocas cuadras de mi casa. Pero cuando comienzo a operar en un cajero automático, me transformo en parte de una red global, a la cual pertenece mi sucursal local. Puedo usar una tarjeta VISA en el cajero de otro banco. En ese caso también, estoy accediendo al sistema bancario de Internet, una realidad glocal que es tanto local como global simultáneamente.

A medida que profundizamos y ampliamos nuestra reflexión sobre la catolicidad global de la Iglesia, podemos comenzar a ver a la Iglesia de Jesucristo como una clase de Internet glocal. La Internet es algo ontológicamente diferente de todo lo que he descripto hasta ahora. Especialmente después de la invención de los lenguajes de computación para Internet, la red llegó a ser el camino invisiblemente visible y orgánicamente estructurado de la comunicación glocal. En la oficina que tengo en casa, donde estoy escribiendo, yo uso un cable/modem que está esencialmente siempre conectado a la Internet. Cuando me conecto con un software de comunicación de Internet ocurre algo casi maravilloso. Instantáneamente, mi computadora se transforma en parte misma de la Internet. Y yo, a través de mi computadora, llego a ser un pequeño componente en su sistema electrónico glocal, fenomenalmente enorme. Mi desktop ya no es una computadora individual y autónoma, ni tampoco la Internet es meramente la suma de tales computadoras individuales. Más bien, mi PC es ahora una parte integral de un todo mucho más grande: yo y mi computadora somos la Internet. En otras palabras, cuando me conecto a Internet, mi PC, ubicada sobre mi escritorio, se hace instantáneamente glocal, es decir, es simultáneamente local y global. Es una parte glocalmente integrada a la interacción entre lo local y lo global.

Este es el nivel en el que necesitamos pensar en la Iglesia de Jesucristo, en el siglo veintiuno, como una realidad glocal. De manera análoga a la relación de mi PC con Internet, cuando me reúno con otros cristianos en el nombre de Jesús, en ese instante, me estoy reuniendo con la familia de Dios, la cual incluye 1.500.000.000 de seguidores de Jesús, la misma gran familia de la que Pablo habla en Efesios 3.14-21. Al igual que mi PC, mi "congregación" local está conectada de modo espiritual, orgánico, temporal y espacial a todos los que en todas partes y siempre, han creído en Jesucristo. Cuando nos reunimos para adorar a nuestro Señor Jesucristo, estamos instantáneamente interconectados con todos los otros cristianos, alrededor del globo, que están en Cristo. Esta es la Iglesia glocal que existe "en el poder del Espíritu Santo" (Moltman 1977). Esta realidad glocal reconoce que la iglesia con minúscula es, en realidad, una parte integral de la Iglesia con mayúscula. Este hecho transforma nuestra comprensión de la vida misional de la congregación local. Tal congregación local no es sólo *pars pro toto* (una parte para el todo), tal como ha sido expresado, por ejemplo, en la eclesiología ortodoxa, sino que *es* el todo en el que participa. Toda la Iglesia está allí, en esa congregación local, y esa congregación local existe precisamente porque es parte del todo. Entonces, el concepto de glocal puede ofrecernos una nueva manera de entender la catolicidad de la Iglesia. En lo que sigue, exploraré esto, al considerar que la Iglesia es glocal en su esencia, en su extensión y en su misión.

La Iglesia glocal es un modo típico del siglo veintiuno de expresar la catolicidad de la Iglesia. Pero, a los efectos de afirmar eso, necesitamos repasar lo que la Iglesia ha entendido cuando dice que es "católica" o "universal."

En el siglo veintiuno la iglesia de Jesucristo es glocal en su esencia[33]

Desde su nacimiento después del sermón de Pedro en Pentecostés, continuando con la misión de Pablo a los gentiles, demostrando una expansión numérica y geográfica sorprendentemente rápida durante su primer siglo de vida, y adquiriendo expresión explícita en los Padres Apostólicos, en los apologistas y en los Padres post-nicenos, la Iglesia cristiana demostró un compromiso en reunir hombres y mujeres de todo el mundo dentro de su redil. Por veinte siglos, la Iglesia ha definido su naturaleza esencial usando cuatro expresiones para describir sus atributos. Una de ellas tiene que ver con la universalidad: "Creo en la única santa Iglesia *católica* apostólica" (énfasis agregado).

Debido al alcance universal de la intención de Dios, debido al alcance universal del señorío de Cristo, debido al alcance universal del reino de Dios, la Iglesia de Jesucristo siempre se ha entendido a sí misma como nada menos que universal. Dado que el Gran Rey, Jesucristo, tiene dominio sobre todas las naciones, la Iglesia ha entendido que el alcance de su tarea misional incluye a todas las naciones. Como Kenneth Cragg una vez dijo: "El evangelio no tiene ningún país nativo."[34] La naturaleza universal del evangelio ha significado que

---

[33] Partes de esta sección han sido adaptadas de Van Engen 1981, in loco.
[34] Citado por D. T. Niles 1962, 248.

la Iglesia podría encontrar su verdadera identidad sólo si llegara a ser una villa global, abierta, inclusiva, que llama y abraza a todos los seres humanos. "La fuente del movimiento misionero es el gran corazón de Dios," dijo Robert Glover.[35] En realidad, la fuente de la catolicidad misma de la Iglesia es el gran corazón de Dios. La regla universal de Cristo tiene implicaciones universales para la naturaleza del cuerpo de Cristo.

El motivo universal de la oferta de salvación a todas las personas y la incorporación, por fe, de todos los pueblos, familias, tribus y naciones al pueblo de Dios (como en el libro de Apocalipsis) ha sido reiterado una y otra vez en la historia de la Iglesia. La Iglesia del Nuevo Testamento, los primeros Padres de la Iglesia, el movimiento monástico y el Concilio Vaticano II, cada uno a su manera, han procurado dar expresión a la misma verdad básica. Es la voluntad de Dios que todos los pueblos se relacionen cada vez más con Cristo y con su cuerpo, la Iglesia. Este prepósito universal se constituye en la esencia misma de lo que la Iglesia es, como pueblo de Dios. Es el pueblo de Dios reunido en todo el mundo. Como tal, es esencial para su existencia, que participe en esta reunión. Como pueblo de Dios, la Iglesia participa en Cristo, en la medida que y cuando participa en la salvación universal, reuniendo gente de los cuatro rincones de la tierra, para ser su cuerpo, la Iglesia.

Desde sus comienzos, la comunidad cristiana, que se llamó a sí misma Iglesia, tuvo algunas características muy distintivas. Prominentes entre ellas estaba la concepción de la Iglesia como la "comunión del Espíritu Santo,"enfatizada en la bendición apostólica, que podría ser entendida como una temprana definición de la Iglesia: "Que la gracia del Señor Jesucristo, el amor de Dios y la comunión (*koinonia*) del Espíritu Santo sean con todos ustedes" (2 Co 13.14).[36]

Kenneth Scott Latourette planteó la pregunta con referencia a los factores que podrían haber sido responsables del sorprendente crecimiento de la Iglesia como una comunión del Espíritu Santo. Al comienzo, enumeró varios factores externos a la Iglesia primitiva y llegó a esta conclusión: "Nunca antes en la historia de la raza humana, las condiciones habían sido tan favorables para la aceptación de cualquier confesión de fe por una proporción tan grande (de la humanidad)."[37] Latourette señaló que, junto con estos factores externos, uno

---

[35] R. H. Glover 1946, 13.
[36] S. Minear señala esto en *Images of the Church in the New Testament*, 133-35. Ver también J. G. Davies 1965, 55, donde Davies hace este comentario: "Desde el aspecto neumatológico, la Iglesia es dinámica, extendiéndose hacia su destino final, mediante la acción presente y futura del Espíritu (Santo)."
[37] K. S. Latourette 1967, 364.

tiene que tener en consideración uno interno muy importante. El cristianismo era inclusivo, escribió:

> ¿De dónde vinieron estas cualidades que hicieron que el cristianismo tuviera su asombrosa victoria? Una investigación cuidadosa y honesta puede dar una sola respuesta, Jesús. Fue la fe en Jesús y en su resurrección, la que dio origen a la comunidad cristiana y la que continuó siendo su inspiración y su vínculo en común. . . . Los primeros discípulos se unieron al declarar que fue a partir del mandato de Jesús que el evangelio fue proclamado a todos, sin excepción de sexo, raza o trasfondo cultural.[38]

"Desde el principio [el cristianismo] poseyó un fuerte sentido de la unidad esencial de todos los creyentes y un deseo de dar a esa unidad una expresión tangible en un cuerpo ligado por una fe en común y por el amor."[39] Esta es la asombrosa cualidad de la Iglesia cristiana primitiva. La Iglesia cristiana no era ni parecida a las religiones secretas de misterio de esos días, las cuales eran exclusivistas e introvertidas. Más bien, el cristianismo, desde sus primeros comienzos, como en el sermón de Pedro en Pentecostés (Hch 2), se percibió a sí mismo como una religión radicalmente inclusiva, que apuntaba a proclamar su mensaje y a extender su comunión tanto a hombres como a mujeres, a esclavos como a libres, a romanos, a judíos, a griegos, a bárbaros y a todas las personas que quisieran recibirlo.[40] La Iglesia entendió su crecimiento en catolicidad, como una expresión de su naturaleza esencial.

Una de las referencias más antiguas a la conciencia de sí misma que tenía la Iglesia primitiva en este sentido se puede encontrar en la Didache, que dice: "Así como este pan partido [de la Eucaristía] se esparció por sobre las montañas, y se reunió y se transformó en uno, así permite que la Iglesia se reúna desde los confines de la tierra para formar el reino: porque tuya es la gloria y el poder mediante Jesucristo, por siempre y siempre."[41]

Como podemos ver en la lista de naciones del Nuevo Testamento, en Hechos 2, las nociones más tempranas concernientes a la naturaleza de la Iglesia incluyen alguna clase de idea universal o católica. No hay una Iglesia de una sola

---

[38] K. S. Latourette 1953, 106-107.
[39] K. S. Latourette 1967, 364.
[40] Cf. la lista de naciones en el Nuevo Testamento en Hechos 2.9-11, tanto como las declaraciones de Pablo en relación con esta tesis en Ro 1.14; 1 Co 12.13; y Gá 3.28. David Bosch enfatizó esto en 1980, 94-95.
[41] Citada en Henry Bettenson 1956, 70.

raza, de una nación o de una lengua. Es una Iglesia "reunida desde los confines de la tierra."[42]

Esta idea de universalidad de la Iglesia cristiana debe ser entendida como la sustancia detrás de la palabra "católica," usada, por primera vez, por Ignacio (c. 35-107)[43] en su carta a los Esmirnenses. J. N. D. Kelly remarca lo siguiente: "Con respecto a 'católica,' su significado original era 'universal' o 'general' y, en este sentido, Justino puede hablar de 'la resurrección católica.' Aplicada a la Iglesia, el principal significado de la palabra sirvió para subrayar su universalidad, en oposición al carácter local de las congregaciones individuales."[44]

En ese tiempo, todavía no había ninguna diferencia, en las mentes de los padres de la Iglesia primitiva, concerniente a la Iglesia visible, en contraste con la invisible. Esta comunidad o comunión universal, casi siempre, fue concebida como una sociedad empírica y visible. No era una idea platónica, ni tampoco una realidad "invisible," sólo posible en el cielo o en el reino de los deseos. Era la comunidad de Cristo existente y real, llamada por el Espíritu Santo, abierta a todos los pueblos del mundo.[45] La Iglesia de los Padres Apostólicos es "la Iglesia santa y universal que se reúne en todas partes" a la cual Ignacio le escribió en su Carta a los Esmirnenses, para contarles acerca del martirio de Policarpo, alrededor del 155 o 156 d.C.

Anteriormente al Concilio de Nicea, los apologistas hablaban de la unidad de la Iglesia, como una cualidad que debía ser vista en la Iglesia terrenal y empírica. Cipriano, por ejemplo, afirmó: "El bautismo es uno, así como el Espíritu Santo es uno, así como la Iglesia es una."[46] Y otra vez: "El que rasga y divide a la Iglesia de Cristo, no puede poseer las vestiduras de Cristo."[47]

Al darle tal trascendencia a la unidad empírica de la Iglesia, Cipriano estaba expresando la convicción de la Iglesia católica desde el comienzo.[48] Esta visión de la unidad de la Iglesia empírica tanto en Ireneo como en Cipriano, (como los voceros de su tiempo) estaba directamente relacionada a la catolicidad o universalidad de la Iglesia visible. Cipriano, por ejemplo, usó la ilustración del sol con muchos rayos y del árbol con muchas ramas para mostrar que "La Iglesia

---

[42] J. Pelikan 1971, 156.
[43] Para el origen de la palaba "católica," ver, J. C. Brauer 1971, 423. Ver también H. Küng 1971, 297 y Phillip Schaff 1959, 145.
[44] J. N. D. Kelly 1960, 190.
[45] Ibid. 1960, cita a Clemente de Roma, a Justino, a Ignacio, a 2 Clemente y a Hermas, con referencia a esto, 190-91.
[46] Roy Deferrari, ed., 1958.
[47] Ibid., 102.
[48] J. Pelikan, 159.

es una, la cual, con una fecundidad más grande, se extiende, a lo largo y a lo ancho, dentro de la multitud."[49] Como prefacio a la declaración del credo, Ireneo dijo: "La Iglesia, aunque desparramada por todo el mundo hasta los confines de la tierra, ha recibido [la fe] de los apóstoles y de sus discípulos."[50] Para fines del siglo cuarto, había surgido una definición, la cual ha sido preservada de manera sorprendentemente intacta hasta nuestros días. El credo de Nicea-Constantinopla afirmó: "Y creo en la Iglesia una, santa, *católica* y apostólica" (énfasis agregado).[51]

Esta definición temprana de la Iglesia puso en evidencia cuatro señales, que al comienzo fueron "comentadas y explicadas, pero no usadas apologéticamente."[52] A los efectos de ganar una comprensión de la conciencia que la Iglesia tenía de sí misma, expresada en el credo, debemos observar cuidadosamente, entonces, cómo fueron esas señales explicadas y usadas por los contemporáneos.

Uno de los más explícitos de los Padres nicenos, en este punto, fue Cirilo de Jerusalén (315-386). Cirilo expresó la creencia de que la Iglesia era católica, queriendo decir universal, para poder distinguirla de las reuniones heréticas.[53] Pero esto no se da con un sentido de exclusividad, del cual los herejes quedan aparte. Tampoco significaba para Cirilo que necesariamente es la institución jerárquica la que es "católica." Eso vino más tarde. Para Cirilo de Jerusalén, el testimonio de la cruz alcanzaba a todo el mundo (*Lect*. xii, 40).[54] Esto también quería decir que los dones y las bendiciones del Espíritu Santo debían esparcirse por todo el mundo (*Lect*. xvi, 22).[55] Esta universalidad de la gracia tuvo ramificaciones para la catolicidad de la Iglesia (*Lect*. xviii, 23 y 24).

> Se llama, entonces, católica, porque se extiende por todo el mundo, de un confín de la tierra a otro; y porque enseña universalidad y completamente una y todas las doctrinas que deberían llegar al conocimiento de los hombres . . . y porque pone bajo sujeción a la bondad a toda la raza humana . . . y porque universalmente trata y cura toda clase de pecados. . . . Y es correctamente llamada (*ecclesia*) porque llama y reúne en asambleas a todos los hombres.[56]

---

[49] Deferrari, ed., 99.
[50] Schaff 1877, 13. Cf. también H. Bettenson 1956, 17 y 121-26.
[51] Ver, Schaff 1877, vol. I, 28; Schaff y H. Wace, 1974, vol. XIV; 163; Bettenson 1947, 1963, 25-26, y Schaff, 1950, vol. II, 536-37; así como también W. Bright, 1892, in loco.
[52] H. Küng, 1971, 266.
[53] Ver, Schaff y H. Wace, 1974, 140; G. Bromilev, 1978, 132.
[54] Schaff y Wace, 1974, 93.
[55] Ibid., 121.
[56] Ibid., 139-40.

Así es que, es parte de la naturaleza esencial de la verdadera Iglesia católica, que deba extender sus bendiciones a toda la gente, por todo el mundo. La convicción de Cirilo de Jerusalén fue compartida por muchos de sus contemporáneos en Oriente, incluído, por ejemplo, Juan Crisóstomo (347-407). "La Iglesia," afirmó, "es católica, es decir, se expandió por todo el mundo."[57]

Agustín de Hipona (354-430) fue "el más influyente de los padres de la iglesia de Occidente."[58] En realidad, "de algún modo y hasta un grado único para cualquier pensador fuera del Nuevo Testamento, Agustín ha determinado la forma y el contenido de la doctrina de la Iglesia durante la mayor parte de la historia de la Iglesia cristiana de Occidente."[59] Su influencia fue no menos determinante en eclesiología, que en otros aspectos de la doctrina de la Iglesia. La idea de Agustín sobre la Iglesia era muy grande. "Para Agustín, la Iglesia abarca no solamente la parte del peregrinaje aquí en la tierra, sino también esa parte en el cielo, que desde la creación, ha permanecido ligada fuertemente a Dios, es decir, la Iglesia de los santos ángeles."[60] La Iglesia de Agustín es una comunidad universal, una clase de "congregación de la raza humana."[61] La suya es una visión dinámica de la Iglesia como *communio sanctorum*, "la comunidad escatológica de salvación enviada al mundo. Ella es, también, la 'Ciudad de Dios' en la tierra, el reino, la institución de la salvación."[62]

Debemos tener en cuenta que para Agustín, la Iglesia era la gente, los elegidos en la tierra y en el cielo. La Iglesia todavía no había sido reducida a jerarquía e institución con tanta fuerza como lo sería más tarde. Agustín escribió acerca de toda la gente en todo el mundo. Hizo la distinción, aunque no tan radicalmente como los reformadores más tarde, entre la Iglesia invisible de los elegidos a quienes sólo Dios conocía y la Iglesia más visible, que era "una mezcla de buenos y malos por igual y permanecerá así hasta la consumación final . . . el *corpus premixtum*."[63] No obstante, esto no negaba, para Agustín, el hecho de que hay, ha habido y siempre habrá una sola Iglesia, un cuerpo, una comunión de santos. Así que, cuando Agustín hablaba de las vastos números de cristianos en la Iglesia católica y usaba eso como una defensa de su propia Iglesia, por sobre

---

[57] J. N. D. Kelly 1960, 402.
[58] J. C. Brauer 1971, 72.
[59] J. Pelikan 1971, 293.
[60] Geoffrey Bromiley 1978, 113.
[61] Juan Luis Segundo 1975, 6.
[62] David Bosch 1980, 105.
[63] J. G. Davies 1965, 258. Ver también Maurice Wiles y Mark Santer, eds., 1975, 164-65; J. N. D. Kelly, 413.

los herejes, estaba hablando principalmente de gente en el aquí y el ahora, de la *communio sanctorum* en el mundo, tal como él la conocía.

Uno de los contemporáneos de Agustín fue Vicente de Lérins (m. antes de 450). Se le acredita haber formulado el Canon Vicentino: *quod ubique, quod Semper, quod ab omnibus creditum est* ("Lo que en todo lugar, siempre, ha sido creído por todos").[64] Los "todos" a quienes se refirió Vicente no debían restringirse exclusivamente al clero y a jerarquía de la Iglesia. Agustín también incluyó a los laicos, especialmente en relación con las oraciones de toda la Iglesia, lo cual con frecuencia reflejó y dio expresión a la tradición apostólica.[65] De este modo, en el pensamiento de Agustín los "todos" que buscan consenso teológico deben ser tantos como la Iglesia misma.

Saltando unos siglos hacia adelante, Martín Lutero afirmó que, "iglesia cristiana" es un nombre y "santidad cristiana" es una entidad común a todas las iglesias y a todos los cristianos en el mundo; por lo tanto se llama "católica."[66] De modo que, para Lutero, la Iglesia universal era la Iglesia esparcida por todo el mundo: "Creo que aquí abajo y por todo el mundo, hay una sola Iglesia cristiana, la Iglesia universal, y que esta Iglesia es idéntica a la comunidad universal de los santos, i.e. los creyentes devotos en todas partes de la tierra. Esta Iglesia es reunida, sostenida y gobernada por el Espíritu Santo . . . y fortalecida día tras día mediante los sacramentos y la Palabra de Dios."[67]

Juan Calvino se hizo eco de esto diciendo: "Con frecuencia, también, con el nombre de Iglesia se designa a todo el cuerpo del género humano, esparcido por todo el mundo, que profesa adoración a un Dios y Cristo. . . . La Iglesia universal es la multitud de personas reunidas de todas las naciones quienes, aunque dispersas y distantes unas de otras, están de acuerdo en una verdad de doctrina divina y están ligadas por el lazo de una religión en común."[68]

La idea de catolicidad contiene mucho más que simplemente las nociones de extensión geográfica y numérica. También tiene que ver con la cohesión, con la continuidad doctrinal y con la catolicidad en un sentido temporal.[69] No obstante, aquí deberíamos notar el tema que corre a través de las

---

[64] J. C. Brauer, 849-850. Jaroslav Pelikan resume esta discusión, de manera muy útil en 1971, vol. 1, 334-41.
[65] Cf. Pelikan 1971, 339.
[66] Martin Lutero 1955, 41 (*On the Councils and the Church*), 145.
[67] Lee Woolf, ed., *Reformation Writings*, vol. 1, 87 (citado por C. C. Eastwood 1958), 26.
[68] Juan Calvino 1975, IV, a, 7 y 9.
[69] Karl Barth enfatiza esto: "El adjetivo 'católico' significa general, comprehensivo. . . Aplicado a la Iglesia, significa que ésta tiene un carácter en virtud del cual es siempre y en todas partes la misma, y siempre y en todas partes reconocida en esta mismidad, con

Escrituras, desde el tiempo de Abraham: que la salvación de Dios está destinada a toda la gente esparcida por todo el mundo. Más aún, es importante notar que, con la restauración de la noción de la Iglesia como un pueblo de Dios, la comunión de los santos, los reformadores nuevamente le dieron a esta universalidad geográfica y numérica su propio peso en la eclesiología. Y los reformadores fueron seguidos en esto por todo el protestantismo. El hecho que la Iglesia es la comunión de los santos e incluye a todas las razas y lenguas esparcidas por todo el mundo también fue acentuado, por ejemplo, en varios de los credos evangélicos.[70] Sorprendentemente, aun cuando algunos de estos credos sean sostenidos por grupos fuertemente separatistas, todavía enfatizan esta faceta de la esencia de la Iglesia. Así es que, para los reformadores y su progenie, la Iglesia como la comunidad de los santos está compuesta por gente de toda raza, esparcida por todo el mundo, que cree en Jesucristo, y así, más aún, la Iglesia es para todos los pueblos en todas partes, en todo el mundo.

Tanto G. Warneck como Samuel Zwemer opinaron sobre esto. Para ellos esto significaba que "La Reforma ciertamente le hizo un gran servicio indirecto a la causa de las misiones a los paganos."[71] En realidad, Lutero puso los cimientos mismos de las misiones protestantes, en este respecto.

Lutero sostuvo la universalidad del cristianismo y su elevación por sobre otras clases de límites, ya sea de lugar, de tiempo, de rango o de nación. También estaba muy seguro de que, de acuerdo a la promesa, el evangelio debía correr por todo el mundo y alcanzar a todas las naciones. "Todo el mundo no significa una o dos partes," dijo Lutero, "sino que en todo lugar donde hay gente, allí el evangelio debe correr, y todavía lo hace, de modo que, incluso si no permanece siempre en un lugar, aún así debe llegar y debe proclamarse en todas partes y en todos los rincones de la tierra."[72]

---

la preservación de la cual está comprometida. . . . Donde no existe y no es reconocible en esta mismidad, donde no está preocupada por preservarla, donde no es 'católica,' no es la verdadera Iglesia, la Iglesia de Jesucristo. El término 'católica,' habla explícitamente de la verdadera Iglesia, activando y confirmando su ser idéntico en todas sus formas. . . ."

Del significado geográfico de la palabra, se ha derivado y aún se deriva el sentido más amplio en el cual la referencia es a la relación de la comunidad cristiana a las otras sociedades humanas naturales e históricas. En esencia, la Iglesia es la misma en todas las razas, lenguas, culturas y clases, en todas las formas de estado y sociedad." (*Church Dogmatics*, IV, 1, 701-3). Cf. también H. Küng, *The Church*, 298-302).
[70] Ver, *The Belgic Confession, The Confession of the Waldenses*, y la *Second Helvetic Confession* (Schaff 1877, *in loco*).
[71] G. Warneck 1901, 11. Ver también Samuel Zwemer 1950, 208-11.
[72] Ibid., 12.

Los reformadores vieron a la Iglesia como siendo esencialmente creada a partir de una reunión de personas, transformada en la comunión del evangelio y mirando hacia ella. Martín Lutero fue el primero en expresar esto en su tesis número sesenta y cinco, de sus noventa y cinco proposiciones, presentando al evangelio como una red. "Así que los tesoros del evangelio son redes con las cuales desde antaño, pescaban a hombres de valor."[73]

Juan Calvino desarrolló esta idea un poco más. Presentó a la Iglesia como una red y recalcó que, cuando uno está pescando con una red, por primera vez, se pesca toda clase de peces, y recién después de sacarlos son separados.[74] Esto resalta en letra negrita el aspecto de la naturaleza de la Iglesia como una reunión y como convocante. Así es que, "La Iglesia universal es una multitud reunida de todas las naciones."[75]

La cuestión de la reunión enseñado por Lutero y por Calvino se hizo prominente en varios de los credos de la Iglesia protestante, tales como las dos Confesiones Helvéticas, la Confesión Escocesa, el Catecismo de Heidelberg, la Confesión de Westminster, la Declaración de Saboya de la Iglesia Congregacional y la Confesión Bautista de Filadelfia de 1688.[76] De hecho, la Iglesia Presbiteriana del Norte (Iglesia Presbiteriana en los Estados Unidos de América), en su revisión de la Confesión de Westminster, en 1903, hizo de este tema uno de sus agregados más importantes. No sólo se menciona la universalidad indicativa de la salvación de Dios ("Dios en Cristo ofrece un estilo de vida y una salvación suficientes para toda la perdida raza humana y adaptada a ella"), sino que también se deriva de ella la dimensión imperativa ("Cristo ha comisionado a su Iglesia para ir a todo el mundo y hacer discípulos de todas las naciones").[77]

---

[73] Bettenson 1947, 190.
[74] Juan Calvino 1975, IV, I, 13, 292. Cf. también *Calvin*'s *Commentaries,* Hechos 2.47.
[75] Ibid., IV, 1, 9 y 20. Ver también IV, 1, 2.
[76] Ver Schaff 1877, III, 219, 874, 458, 324, 657-58, 721-23, y 738-41. Este elemento obvio en los credos, por alguna razón, fue negado por Richard de Ridder. Dijo: "Los tiempos y las circunstancias han cambiado. Los paganos, los 'no-mi-pueblo' ya no están alejados por los océanos, sino que están alrededor de los discípulos, hoy en día. . . . Y, desafortunadamente, en este punto crítico, donde la Iglesia de Cristo se dispersa en el mundo (una minoría, debe recordarse), las declaraciones confesionales están en silencio, cuando tendrían que estar de lo más articuladas. Las definiciones de la Reforma tienen en poco el punto de vista del Nuevo Testamento, que señala a la Iglesia fuera de sí misma" (Cf. R. de Ridder 1971, 213-14). Pero si las Iglesias protestantes alrededor del mundo, que se atienen a las declaraciones de los credos anteriormente mencionados, tomaran en serio el tema de la "reunión," que claramente afirman, la crítica de De Ridder no tendría sentido.
[77] Ibid., 919-22.

La universalidad numérica de la Iglesia debería ser entendida como parte del don de catolicidad, el cual ha sido impartido sobre la Iglesia, un don que en sí mismo constituye una tarea. El crecimiento numérico de la Iglesia es visto como una cualidad de la Iglesia que se torna de adentro hacia afuera, una energía dinámica que dirige a la Iglesia hacia el mundo. El crecimiento numérico de la Iglesia dentro de esta manera de pensar, es precisamente la Iglesia universal, católica, procurando ser lo que es. Este no es un triunfalismo de auto agrandamiento. Más bien, es una característica de la esencia misma de la Iglesia, como la reunión de la comunidad del Espíritu Santo, abierta a todos los pueblos, a todo el mundo y en todo tiempo. Como lo expresa Hans Küng, la Iglesia católica debe "continuar haciéndose católica."[78]

La Iglesia nunca debería fijarse en ningún lugar en el mundo. Debe estar en camino hacia los confines de la tierra, en la certeza de que el tiempo de Cristo está urgiendo. De esta manera, la misión llama al fin, a la venida del Señor mismo. La teología de la misión es su meta. Luego, también llega a ser la adoración del Dios trino.[79]

G. C. Berkouwer señaló que la gran comisión es realmente una expresión de la catolicidad de la Iglesia.[80] Es por esta razón, que la Iglesia debe tomar la delantera, y así lo hace, en estar accesible y abierta a todos.[81] La Iglesia no puede ser verdaderamente la Iglesia sin un movimiento hacia afuera, hacia a todos. La universalidad de la Iglesia es el movimiento intencional, centrífugo y totalmente hacia afuera que ésta hace. El significado, vida y existencia de la Iglesia se expresan por su movimiento hacia afuera. Su lugar en el mundo y la participación en Cristo se demuestran por este movimiento hacia afuera. La Iglesia es menos que la Iglesia, cuando hay una pérdida de este direccionamiento hacia afuera, por parte del pueblo de Dios.[82] La Iglesia no puede hacer otra cosa que desear profundamente una universalidad mayor. Ernst Best dijo: "La catolicidad es de la esencia de la naturaleza de la Iglesia, sin la cual ésta no puede ser reconocida como Iglesia."[83] G. C. Berkouwer dice algo parecido:

---

[78] Hans Küng 1963, 377.
[79] W. Anderson, "Further Toward a Theology of Mission," en Gerald Anderson , ed., 1961, 313.
[80] G. C. Berkouwer 1976, 106.
[81] Cf. Theodore Eastman, *Chosen and Sent: Calling the Church to Mission*, 131.
[82] Cf., Karl Barth, *Church Dogmatics*, IV, 3, 2, 767-772; G. C. Berkouwer, *The Church*, 392ss y 123; "The Missionary Obligation of the Church," en Norman Goodall, *Missions Under the Cross*, 188-91; R. de Ridder, *Discipling*, 214-18; H. Bavinck, *Our Reasonable Faith*, 526-28; G. Peters, *A Biblical Theology of Missions*, 27; Johannes Blauw, *Missionary Nature of the Church*, 115-18; y John Piet, *Road Ahead*, 18; John Piper 1993.
[83] E. Best, *One Body in Christ*, 193.

Las riquezas de la Iglesia no pueden ser entendidas, a menos que la Iglesia esté en movimiento en el "vayan" (Mt 28.19) que Jesús comandó, como "el paso más profundamente necesario." En esto, es claro que Dios amó tanto al mundo (Jn 3.16), que en Cristo, Dios estaba reconciliando al mundo consigo mismo (2 Co 5.19), y que Cristo es el Salvador del mundo (Jn 4.42). Esto es un recordatorio continuo de la *missio Dei*, la "misión de Dios," la cual excluye radicalmente cualquier absolutización religiosa o cultural.[84]

La naturaleza de la universalidad de la Iglesia significa que ésta existe para todas las personas, para todo el mundo y que está llamada a estar en todo lugar, en medio de toda lengua, tribu, familia y cultura. Así es que, debemos concluir que la Iglesia universal puede ser reconocida por su profundo deseo, su profundo compromiso de extender su gozo, su amor y su comunión a tantas personas, pueblos, culturas y naciones como sea posible. La Iglesia que ha perdido este ardiente deseo ha perdido algo de su universalidad bajo Dios.[85]

En el siglo veintiuno la iglesia de Jesucristo es glocal en su teologizar

En el siglo veintiuno, nos encontramos viviendo en un nuevo mundo. Hechos 1.8 ahora es una realidad. La Iglesia de Jesucristo, con más de 1.500.000.000, ahora es literalmente testigo de Jesucristo en todas partes en sus Jerusalenes, Judeas, Samarias y en sus confines de la tierra. Todos somos conscientes de que el centro de gravedad de la Iglesia cristiana se ha movido del norte al sur y del oeste al este. Este desplazamiento no sólo impacta sobre el número de cristianos en el mundo, sobre las lenguas que hablan y sobre los lugares en que se encuentran. Este desplazamiento también significa que el envío en misión es ahora poli-céntrico: las misiones transculturales envían a sus misioneros desde cualquier parte hacia cualquier parte. Algunos estiman que hoy, se está enviando un número mayor de misioneros transculturales por parte de las iglesias y misiones en África, Asia y Latinoamérica, que el total de los enviados y sostenidos desde Europa y Norteamérica. Por ejemplo, en India solamente, hay más de 400 agencias misioneras protestantes, que envían y sostienen a más de 4.000 misioneros transculturales, dentro y más allá de las fronteras de India. En

---

[84] G. C. Berkouwer, *The Church*, 394-95. Berkouwer cita aquí a K. Barth, *Church Dogmatics*, IV, 3, 2, *874*.
[85] Ver "Lumen Gentium" en A. Flannery, ed., *The Documents of Vatican II*, 350; y J. Blauw, *Missionary Nature*, 111.

Latinoamérica, se estima que hay más de 600 agencias misioneras que envían y sostienen alrededor de 9.000 misioneros transculturales.

Pero el desplazamiento en el centro de gravedad de las iglesias y misiones cristianas de hoy en día también significa que el centro de gravedad de la constitución de la Iglesia y del hacer teología de la misión por parte de la Iglesia también se ha desplazado. El cristianismo ya no es una religión de Occidente. Este hecho no debería sorprendernos. Originalmente, el cristianismo no era una religión de Occidente, sino que era del Medio Oriente, del norte de África y del Asia cercana.[86] La Iglesia ya no es la empresa monocéntrica y mayormente monocultural concentrada en Europa occidental o América del Norte. La Iglesia cristiana del siglo veintiuno registra un desplazamiento monumental, con respecto a las agendas apropiadas, a las categorías, a los agentes, a las metodologías, a las presuposiciones de la cosmovisión, a los tipos de racionalidad, a las perspectivas y a los modos de articulación que influyen sobre su pensamiento y su vida, alrededor del globo. La Iglesia es ahora una realidad global/local (glocal). La Iglesia cristiana glocal del siglo veintiuno consiste de todos los que siempre y en todo lugar confiesan con su boca y creen en su corazón, los que en palabra y en obra proclaman que "Jesucristo es el Señor" (Ro 10.9-13; 1 Jn 4.1-3).

Aunque la Iglesia glocal es una, está constituida de una multiplicidad de contextos diferentes, a nivel local y global. Ahora somos una Iglesia mundial, globalmente compuesta de muchos miembros. Aun así, somos una sola Iglesia. En Efesios, la carta más importante de Pablo, que trata el tema de la eclesiología misionera, el apóstol escribe: "Hay un solo cuerpo y un solo Espíritu, así como también fueron llamados a una sola esperanza; un solo Señor, una sola fe, un solo bautismo; un solo Dios y Padre de todos, que está sobre todos y por medio de todos y en todos" (Ef 4.4-6).

La Iglesia cristiana no se confiesa como "santas iglesias católicas," o "familias de Dios" o "cuerpos de Cristo" o "nuevos Israeles." En la visión bíblica de la Iglesia, el plural sólo se refiere a la ubicación geográfica de las iglesias, no al ser existencial de la Iglesia. En su esencia, hay una sola Iglesia. En Efesios *ekklesia* sólo aparece en singular. Como lo expresara Karl Barth, no podemos justificar espiritualmente o bíblicamente, "la existencia de una pluralidad de iglesias, genuinamente separadas . . . y mutuamente excluyentes una de la otra de manera interna y, por lo tanto, de manera externa. Una pluralidad de iglesias,

---

[86] Philip Jenkins (2002) nos ayudó a tomar con seriedad lo que David Barrett (1982) había estado diciendo por veinte años antes del cambio de siglo. Fue desafortunado que Jenkins eligiera usar la palabra "cristiandad" en su título. La última cosa que la Iglesia de Jesucristo necesita en Asia, África, Latinoamérica, Oceanía, e incluso en Europa y Norteamérica, es crear una nueva "cristiandad."

en este sentido, significa una pluralidad de señores, una pluralidad de espíritus, una pluralidad de dioses."[87]

No obstante, también somos muchos los miembros. Pablo afirma la unicidad de la Iglesia, como preámbulo para describir la pluriformidad de los dones del Espíritu, cada uno de los cuales es una parte del cuerpo único. "Pero a cada uno de nosotros se nos ha dado gracia en la medida en que Cristo ha repartido los dones. . . . Él mismo constituyó a unos, apóstoles; a otros, profetas; a otros, evangelistas; y a otros, pastores y maestros, a fin de capacitar al pueblo de Dios para la obra de servicio (*eis ergon diakonias*) para edificar el cuerpo de Cristo. De este modo, todos llegaremos a la unidad de la fe y del conocimiento del Hijo de Dios, a una humanidad perfecta que se conforme a la plena estatura de Cristo" (Ef 4.7-13).[88]

De modo que, hay una Iglesia que es un cuerpo, pero hay muchos miembros, muchos carismas y muchos ministerios, que han sido dados para la misión de la Iglesia en el mundo. Esta pluriformidad y policentrismo de la Iglesia única requiere que aprendamos a ser una Iglesia glocal, lo cual implica la interacción simultánea, constante y dinámica entre lo local y lo global. Pareciera que todavía no apreciamos, de manera completa, las implicaciones de largo alcance de esta tensión dialéctica de diversidad dentro de la unidad, en un mundo en globalización. Permítanme señalar dos implicaciones ilustrativas de esta nueva realidad.

A. Tanto teología como teologías

Hacer teología de la misión en un mundo en globalización, necesariamente, implicará un teologizar que afirme tanto la unicidad de la Iglesia como la multiplicidad de los dones que constituyen ese cuerpo de Cristo glocal. Nos vamos a equivocar si afirmamos una u otra de estas verdades gemelas. Desafortunadamente, a lo largo de los siglos, la Iglesia realmente ha aceptado

---

[87] Ver Van Engen 1991, 49; citando a Karl Barth 1958, 675.
[88] Es desafortunado que líderes e iglesias en el movimiento de la nueva reforma apostólica hayan escogido leer e interpretar mal este pasaje. Han leído este pasaje de una manera extremadamente individualista, la cual toma la descripción de Pablo de un ministerio conformado de cinco partes y le asigna una prioridad jerárquica a la lista, siendo los "apóstoles" los primeros en autoridad sobre los otros cuatro ministerios. Esta lectura del pasaje pasa por alto la eclesiología orgánica que Pablo describe en Efesios – incluído el pasaje mismo – la cual presenta a la Iglesia como un cuerpo unificado. Yo entiendo que Pablo menciona "apóstoles, profetas, evangelistas, pastores y maestros," como ilustraciones de los muchos carismas dados a los miembros del cuerpo, en el cual todos son UN cuerpo y no hay ninguna prioridad asignada a ninguno de los dones o ministerios.

una u otra. Por otro lado, desde Constantino, la Iglesia cristiana ha tendido a hacer su teología desde una perspectiva predominantemente monocéntrica y monocultural. La síntesis medieval fue exactamente eso: la articulación de una serie de dogmas teológicos, asumidos como universalmente ciertos para todos, en todo lugar y siempre. Esto produjo el concepto de "teología" como sustantivo singular, entendida como el agregado sistemático de una serie de proposiciones que no cambian.

Esta visión monocéntrica de hacer teología dominó no sólo a las iglesias romanas y orientales, sino también a las varias ramas del protestantismo, después de la Reforma. Y esta perspectiva también permeó a las misiones protestantes en su teologizar, por más de 150 años, durante el tiempo de las misiones coloniales, un tiempo que Paul Hiebert llamó"La era de la no contextualización" en su artículo"Critical Contextualization" (ver, e.g., Hiebert 1994, 76-81).

En reacción a la hegemonía de la Iglesia occidental sobre la teología, teólogos de África, Asia y Latinoamérica han afirmado una perspectiva policéntrica de la teologización. Esta visión proveyó el ímpetu para que la Iglesia protestante usara el concepto de "contextualización" por primera vez. La naturaleza multiforme y policéntrica del proceso de hacer teología fue enfatizada por Shoki Coe y reforzada mediante la publicación en 1972 de *Ministry in Context*, por parte del Theological Education Fund del Consejo Mundial de Iglesias (ver, e.g., Coe 1976; Thomas, ed., 1995, 175-76; y Bevans 2002, 153, nn. 45 y 46.). Tite Tiénou lo ha descripto de esta manera:

> La palabra "contextualización" fue . . . elegida con el propósito específico de transmitir la idea de que la teología nunca va a poder desarrollarse de manera permanente. En todas partes y en toda cultura, los cristianos deben llevar a cabo un proceso continuo de relacionar el evangelio con culturas que están en constante cambio. Mientras dure el mundo, este proceso continúa. Para muchos, es contextualización y no indigenización, el término que mejor describe este proceso sin fin (Tiénou 1993, 247; ver e.g., Kirk 1999, 91; y Van Engen 1989, 97, nn. 18, 19.).

La perspectiva de la contextualización, como teologización local, representa una interacción recíproca, constantemente cambiante, entre Iglesia y contexto, entre lo global y lo local. Es un proceso de reflexión glocal, que comienza con un análisis de la situación histórica, sigue con una relectura de la Escritura, lo cual, a su vez, conduce a una reflexión teológica interactiva concerniente al contexto. Esto implica un acto de teologización, que impulsa al cristiano a relacionarse con las cuestiones culturales, socioeconómicas y políticas existentes en el contexto, en conversación con cristianos en todos los otros contextos.

Ubicar a la tarea teológica en el contexto local implica un enfoque epistemológico de ser una Iglesia glocal. Esto cuestiona lo que hacemos y lo que no sabemos acerca de Dios en la situación local. Esta perspectiva epistemológica de la teología contextual recibió un mayor ímpetu después de 1976, cuando "veintidós teólogos de África, Asia, Latinoamérica y representantes de grupos minoritarios en América del Norte fundaron la Asociación Ecuménica de Teólogos del Tercer Mundo (EATWOT por sus palabras en inglés) en Dar es Salaam, Tanzania. . . . Para 2002, la conformación de este grupo había crecido a 700 miembros" (Mbiti 2003, 91). Las conferencias, monografías y libros publicados por ellos en los pasados veinte años han provisto un fuerte respaldo para un enfoque epistemológico en la tarea de hacer una teología contextualmente apropiada, especialmente en y desde el mundo de los dos tercios. Andrew Kirk escribe:

> La contextualización reconoce la influencia recíproca de la cultura y la vida socioeconómica. Por lo tanto, al relacionar al evangelio con la cultura, tiende a tomar una postura más crítica [o profética] con respecto a la cultura. El concepto . . . debe ser tomado seriamente como un método teológico, que implica compromisos ideológicos particulares, para transformar situaciones de injusticia social, de alienación política y de abuso de los derechos humanos.[89]

Así que, la multiplicidad de contextos y de cosmovisiones que representan a una diversidad de supuestos y de agendas culturales, que constituyen la Iglesia mundial de hoy, hacen necesario hablar en plural, o sea, hablar de"teologías locales." Pero permítanme repetir aquí la verdad complementaria. Hay sólo *una* Iglesia de Jesucristo. Nuestro dilema es que no se puede aceptar ninguna de estas dos opciones, de manera individual. Ver el hacer teología como una construcción de una "teología" monolítica, impuesta sobre todos los cristianos en todas partes, viola la verdad de que la revelación de Dios ha tenido lugar "muchas veces y de varias maneras" (He 1.1) y siempre ha sido recibida dentro de las categorías de contextos culturales específicos. Tal como dijo David Bosch: "Interpretar un texto no es sólo un ejercicio literario; es también un ejercicio social, económico y político. Nuestro contexto entero se pone en juego cuando interpretamos un texto bíblico. Por lo tanto, uno tiene que conceder que toda teología (sociología, teoría política, etc.) es, por su misma naturaleza, contextual" (David Bosch 1991, 428).

---

[89] J. Andrew Kirk 1999, 91. Kirk cita a Míguez Bonino 1971, 405-7; citado también en Norman Thomas 1995, 174 y David Bosch 1991, 423 y 425.

Por otro lado, la atomización de una pluralidad de "teologías" locales viola la unicidad de la Iglesia, la unidad del Espíritu Santo, la singularidad del evangelio y la unidad de todos los cristianos que leen la misma Biblia (ver Bosch 1991, 427). Así es que, ni la uniformidad monolítica, ni la pluriformidad atomizada son enfoques satisfactorios para hacer teología en el mundo en globalización del día de hoy. Por lo tanto, el desafío frente a nosotros en el siglo veintiuno es encontrar un modo de conocer a Dios en contexto, es decir, debemos aprender a hacer una teologización crítica de manera glocal, mediante la lectura de la misma Biblia, en medio de múltiples culturas.

B. Re-contextualización epistemológica

El desplazamiento global en el centro de gravedad de la Iglesia cristiana en el mundo ofrece una segunda implicación, que impacta profundamente en el modo en que hacemos teología de la misión en el siglo veintiuno. Además de procurar reconciliar "una teología-muchas teologías," debemos considerar cómo vamos a recontextualizar el evangelio de Jesucristo, en situaciones donde hay múltiples grupos cristianos teologizando, donde hay múltiples generaciones de creyentes y donde uno puede encontrar un nominalismo creciente y una secularización de la Iglesia y de su teología.

El mundo de este nuevo siglo ha sufrido cambios radicales que alteran de modo significativo nuestro enfoque de la contextualización. Esos cambios demandan un abordaje epistemológico de la Iglesia glocal interesada en una "teologización crítica." Con más de un cuarto de la población del planeta confesando ser cristiana de alguna forma, y con dos tercios de esa población cristiana en el sur y en el este del globo, el proceso de contextualización debe incluir también un esfuerzo epistemológico. Es decir, la contextualización ahora involucra a algunas iglesias cristianas, que comparten con otras iglesias cristianas, en su contexto, la manera de leer la Biblia y de entender el evangelio (cf. Phan 2003). Cristianos en todas partes necesitan compartir con otros cristianos en todas partes, la manera en que están llegando a conocer a Dios en su contexto. Cada paso adelante, cada "traducción" (cf. Sanneh 1993, 31; Walls 2002, 72-81) del evangelio ofrece la posibilidad de descubrir algo nuevo acerca de Dios, como está revelado en la Biblia, que ningún otro había visto previamente. "A medida que el evangelio continúa arraigándose en nuevas culturas y el pueblo de Dios crece en su relación de pacto con Dios en esos contextos, una comprensión de la revelación de Dios más amplia, más completa y más profunda le será dada a la Iglesia mundial" (Van Engen 1996, 88-89).

Esto es lo que Andrew Walls ha llamado "el momento de Efesios," a partir de una lectura histórica y transcultural de Efesios.

Entonces, el momento efesio lleva a una iglesia [a ser] más diversa culturalmente que lo que haya sido antes; por lo tanto, potencialmente, más cercana a esa "plena estatura de Cristo" [Ef 4.13] que corresponde a su síntesis de humanidad. El momento efesio también anuncia una iglesia de los pobres. . . . La pregunta efesia en el momento efesio es si la Iglesia, en toda su diversidad, va a demostrar o no su unidad, por la participación interactiva de todos sus segmentos especiales de su cultura, participación interactiva que se espera de un cuerpo en funcionamiento (2002, 81).

Tite Tiénou sugiere que:

Aceptar las diferencias [en formulaciones teológicas contextuales] levanta [una] cuestión importante, relacionada con la formación de teologías autóctonas, llamada la naturaleza policéntrica del cristianismo. Si creemos que los cristianos de otras culturas pueden enriquecer nuestra fe o ayudarnos a corregir nuestros errores, estamos, en efecto, diciendo que el cristianismo no está casado de modo permanente con ninguna cultura humana. Dicho de otra manera, la aceptación de las diferencias significa que la fe cristiana puede sentirse cómoda en cualquier cultura. En consecuencia, el cristianismo tiene tantos centros como el número de culturas de sus adherentes (Tiénou 1993, 248-59).

Esta profundización, ampliación y enriquecimiento de nuestra comprensión de la revelación de Dios en la Biblia sólo es posible, si hay una conversación continua entre las congregaciones e iglesias locales y la Iglesia global, mediante un proceso de enriquecimiento mutuo de teologización crítica. Un enfoque epistemológico de la contextualización, en esta nueva situación de diversidad eclesial, tiene que ver con la segunda, la tercera y la cuarta generación de creyentes en cada lugar. En la mayoría de los casos donde la contextualización fue vista como un proceso comunicacional, los cristianos intentaron comunicar su comprensión del evangelio de formas culturalmente apropiadas para los que todavía no eran seguidores de Jesús. Esto implicó una contextualización o indigenización inicial del mensaje del evangelio.

Pero nuestro mundo ha cambiado. En casi todos los países en el mundo, uno puede encontrar a los hijos, a los nietos y a los bisnietos de los primeros cristianos. Esto supone una re-contextualización del evangelio, una relectura de la Escritura, en medio de una realidad nueva y cambiada, a la que se están enfrentando la segunda, la tercera y la cuarta generación de cristianos. Y esto debe hacerse en conversación con la Iglesia glocal. Sin tal re-contextualización intencional, sin un teologizar crítico cuidadoso en ese contexto, es altamente probable que los hijos y los nietos de la Iglesia se transformen en cristianos sólo de nombre (Gibbs 1994, 17-38) y que eventualmente mezclen conceptos pre-cristianos con las ideas cristianas que heredaron, o se transformen en no-creyentes post-cristianos. Este tema será tratado más completamente en un capítulo posterior de este libro.

La búsqueda presente de muchos en Occidente, para articular la fe de una manera que les resulte comprensible y aceptable a los posmodernos es un ejemplo de esta clase de re-contextualización. Para lograrla, es necesario un modelo epistemológico de contextualización que sea más profundo, más amplio, más alto y de más alcance que lo que sería el modelo comunicacional. La re-contextualización sigue de cerca un patrón común al Antiguo Testamento, donde la renovación periódica del pacto, de pate de Israel, implicaba esencialmente una re-contextualización del pacto para un nuevo tiempo y lugar en la vida de Israel.

Recontextualizar el evangelio en un contexto cambiado requiere que los cristianos, en ese contexto, participen en un proceso émico que Paul Hiebert llamó "contextualización crítica."Tiene cuatro pasos: (1) exégesis de la cultura, (2) exégesis de la Escritura y del puente hermenéutico, (3) una respuesta crítica a costumbres pasadas y (4) el descubrimiento corporativo de nuevas prácticas contextualizadas (Hiebert 1994, 88-91).[90] Parentéticamente, yo le agregaría un quinto paso a los cuatro mencionados por Hiebert. Creo que el proceso de contextualización crítica de la Iglesia glocal es posible sólo si los miembros del cuerpo desean teologizar de una manera relacional y adoradora, que Hiebert denominó pensamiento de"conjunto centrado" ("centered-set" en inglés).[91]

---

[90] El concepto de Hiebert de "contextualización crítica" apareció por lo menos en cuatro lugares: Hiebert 1984; Hiebert 1987; Hiebert 1994a; Hiebert 1994b.
[91] En su libro *On Missiological Issues*, Hiebert desarrolla las "características de los conjuntos centrados."
"Primero," dice Hiebert, "un conjunto centrado es creado definiendo el centro o punto de referencia y la relación de las cosas con ese centro. Las cosas relacionadas con el centro pertenecen al conjunto y las no relacionadas con el centro no pertenecen. . . . Segundo, mientras que los conjuntos centrados no se crean estableciendo límites, *sí tienen límites agudos* que separan las cosas dentro del conjunto de las que están fuera de él – entre las cosas relacionadas con el centro o que se mueven hacia él de las que no lo hacen. Los conjuntos centrados están bien formados, igual que los que tienen límites. Se forman definiendo el centro y cualquier relación con él. Luego, el límite emerge automáticamente. Las cosas relacionadas con el centro, naturalmente se separan de las que no lo están. . . . Tercero, hay dos variables intrínsecas a los conjuntos centrados. La primera es membresía. Todos los miembros del conjunto son miembros plenos y comparten sus funciones de manera completa. No hay miembros de segunda clase. La segunda variable es la distancia del centro. Algunas cosas están lejos del centro y otras, cerca, pero todas se mueven hacia él. . . . Cuarto, los conjuntos centrados tienen dos tipos

En el siglo veintiuno la iglesia de Jesucristo es glocal en su llamado misional

Podríamos resumir las dos primeras partes de este capítulo, por medio de dos observaciones complementarias acerca de hacer una teología de la misión. En la primera parte consideramos que, en su esencia, la Iglesia glocal es universal, y universalmente encarnada en tiempos y lugares específicos. En la segunda parte, consideramos que la Iglesia es glocal en su extensión, un hecho que implica dos realidades dialécticas: (1) aunque hay una Iglesia, todavía hay muchas iglesias; (2) aunque hay una Biblia, todavía hay muchas lecturas. Construyendo sobre esta realidad, podríamos hacer dos observaciones complementarias.

---

de cambio inherentes a su estructura. El primero tiene que ver con la entrada o la salida del conjunto. Las cosas que se dirigen hacia afuera del centro pueden dar vuelta y moverse hacia él. ... El segundo tipo de cambio tiene que ver con el movimiento hacia el centro o alejándose de él. Los miembros distantes pueden moverse hacia el centro y los que están cerca pueden deslizarse hacia atrás, mientras que todavía siguen encaminados hacia él." Hiebert continúa demostrando que la "cultura hebrea" estaba estructurada como un conjunto centrado, basada en relaciones, especialmente en términos de una relación de pacto del pueblo de Israel con el Dios de Abraham, de Isaac y de Jacob. Luego, Hiebert pregunta: "¿Qué le ocurre a nuestro concepto de *cristiano*, si lo definimos en términos de un conjunto centrado? Primero, los cristianos serían definidos como seguidores del Jesucristo de la Biblia, como aquéllos que lo hacen el centro o el Señor de sus vidas. ... Segundo, habría una separación clara entre cristianos y no cristianos, entre los que son seguidores de Jesús y los que no lo son. No obstante, el énfasis estaría en exhortar a la gente a seguir a Cristo, más que en excluir a otros para preservar la pureza del conjunto. ... Tercero, habría un reconocimiento de una variación entre los cristianos. ... Cuarto, se reconocerían dos tipos importantes de cambio en el pensamiento del conjunto centrado. Primero, hay una conversión, una entrada o salida del conjunto. ... El segundo cambio es el movimiento hacia el centro, o el crecimiento en una relación. Un cristiano no es un producto terminado al momento en que se convierte. Por lo tanto, la conversión es un evento definido seguido de un proceso continuo. La santificación no es una actividad separada, sino un proceso de justificación que continúa a lo largo de la vida." Luego, Hiebert procede a mirar a la Iglesia como un conjunto centrado y a las misiones como un conjunto centrado, siguiendo las cuatro características que mencionara anteriormente (1994, 123-131, el énfasis es de Hiebert). La idea de Hiebert de un "conjunto centrado" es especialmente importante como una guía hermenéutica para nuestra lectura de la Escritura, en la teología de la misión evangélica. Provee de un medio por el cual podemos estar firmes y estrechamente anclados a la verdad en Jesucristo, y simultáneamente abiertos a cosmovisiones diferentes, a lentes culturales diferentes para leer las Escrituras, todo dentro de la misma Iglesia mundial, formada por los discípulos del único centro, Jesucristo.

La teología de la misión de la Iglesia glocal debe ser criticada por la Iglesia global y debe ser informada, moldeada y criticada por las iglesias locales. Todas las verdades universales acerca de Dios sólo pueden ser vividas localmente por un pueblo particular y por congregaciones específicas. La congregación local deriva su significado, en tanto que es la manifestación local, la expresión local concreta de la Iglesia glocal universal de Jesucristo. Parecería que tal perspectiva glocal fue afirmada por el apóstol Pablo, el maestro contextualizador por excelencia. Él afirmó lo siguiente: "Aunque soy libre respecto a todos, de todos me he hecho eslavo para ganar a tantos como sea posible. Entre los judíos me volví judío, a fin de ganarlos a ellos. . . . Entre los que no tienen ley me volví como los que están sin ley . . . a fin de ganar a los que están sin ley. Entre los débiles me hice débil, a fin de ganar a los débiles. Me hice todo para todos, a fin de salvar a algunos por todos los medios posibles" (1 Co 9.19-22). Anteriormente en el mismo pasaje en 1 Corintios, Pablo también dijo: "¡Hay de mí si no predico el evangelio!"(1 Co 9.16). En Gálatas, Pablo escribió: "Me asombra que tan pronto estén dejando ustedes a quien los llamó por la gracia de Cristo, para pasarse a otro evangelio. No es que haya otro evangelio. . . . Como ya lo hemos dicho, ahora lo repito: si alguien les anda predicando un evangelio distinto del que recibieron, ¡que caiga bajo maldición" (Gá 1.6-7, 9).

¿Cómo nos movemos entre estos puntos de vista, aparentemente contradictorios? ¿Cómo hace la Iglesia glocal para mantener la tensión dialéctica en la fidelidad a la revelación y la pertinencia contextual en nuestra teología de la misión? ¿Cómo hacen los cristianos y las iglesias cristianas de contextos diferentes, que representan esos contextos globales diversos, para escucharse y aprender unos de otros, en orden a conocer mejor al mismo Dios, cada uno en su propio contexto? Creo que Pablo nos da una indicación para seguir adelante, en la manera en que desarrolla su pensamiento en Gálatas del capítulo 3 al 6. Aquí estoy releyendo Gálatas, no desde el punto de vista de la ley y la gracia (aunque ciertamente ese es un tema importante), sino más bien desde la postura del pensamiento de Pablo como un teólogo glocal de la misión, como un misionero escribiendo una carta misionera a una Iglesia en misión. Y pienso que el principio que él nos presenta Gálatas es este: afirmen las cosas en común y reconozcan las diferencias en un proceso trinitario de reflexión teológica en la misión. Permítanme ofrecer un breve bosquejo.

A. Dios el Padre: humanidad común, culturas diversas

Habiendo afirmado el punto que judíos y gentiles por igual no están justificados "por las obras que demanda la ley, sino por la fe en Jesucristo"(Gá 2.16), Pablo procede a presentar un punto de vista trinitario, que puede mantener en tensión a verdades gemelas: un evangelio (Gá 1.6-9), muchas perspectivas. Y el primer mojón en este fundamento trinitario tiene que ver con Dios el Padre. Así que Pablo se remite hacia atrás a Génesis y habla de Dios eligiendo a Abraham y a sus descendientes, quienes son escogidos precisamente para que en ellos "todos los gentiles"sean bendecidos. "Así fue con Abraham: Le creyó a Dios, y esto se le tomó en cuenta como justicia. Por lo tanto, sepan que los descendientes de Abraham son aquéllos que viven por la fe. En efecto, la Escritura, habiendo previsto que Dios justificaría por la fe a las naciones, anunció de antemano el evangelio a Abraham: Por medio de ti serán bendecidas todas las naciones. Así que los que viven por la fe son bendecidos junto con Abraham, el hombre de fe" (Gá 3.6-9)

Pablo está llamando nuestra atención a los primeros doce capítulos de Génesis, donde se expresan dos hechos complementarios. Por un lado, Génesis afirma tres veces que Dios creó a los seres humanos. Toda la humanidad desciende de Adán y Eva, toda la humanidad desciende de Noé y toda la humanidad se deriva de Babel. De modo que, todas las "naciones" en el relato de Génesis son descriptas en la "lista de naciones" de Génesis 10: "A partir de estos clanes, las naciones se extendieron sobre la tierra después del diluvio" (Gn 10.32). Así que todos los seres humanos son primos, descendientes de la misma familia, todos son creados por el mismo Dios. Y de la misma manera, Pablo también les recuerda a sus lectores que Abraham es especialmente elegido, para que en él y en sus descendientes todas las "*ethne*," todas las "naciones" sean benditas. La verdad complementaria de la historia en Génesis es que este mismo Dios que creó a todos los seres humanos es también el que, en juicio y en misericordia, por intervención divina, confundió las lenguas en Babel y así creó la multiplicidad de culturas en el mundo. La diversidad fenomenal de lenguas y de culturas alrededor del mundo es también atribuída a la obra directa de este mismo Dios de todos, quien quiere bendecir a todas las naciones a través de la instrumentalidad de Abraham. De manera que, siguiendo la lógica de Pablo, sobre la base de la creación, podemos, simultáneamente, afirmar cosas en común y reconocer diferencias.

B. Dios el Hijo: fe en común, diversas historias de fe

Pablo ahora da un segundo paso en el desarrollo de su punto de vista trinitario, el cual puede mantener en tensión a las verdades gemelas: un evangelio (Gá 1.6-9), muchas perspectivas. Y esta segunda piedra, en el fundamento trinitario de Pablo, tenía que ver con Dios el Hijo, Jesucristo.

> Pero ahora que ha llegado la fe, ya no estamos sujetos al guía. Todos ustedes son hijos de Dios mediante la fe en Cristo Jesús, porque todos los que han sido bautizados en Cristo se han revestido de Cristo. Ya no hay judío ni griego, esclavo ni libre, hombre ni mujer, sino que todos ustedes son uno en Cristo Jesús. Y si ustedes pertenecen a Cristo, son la descendencia de Abraham y herederos según la promesa. . . . Pero cuando se cumplió el plazo, Dios envió a su Hijo nacido de una mujer, nacido bajo la ley, para rescatar a los que estaban bajo la ley, a fin de que fuéramos adoptados como hijos. Ustedes ya son hijos. Dios ha enviado a nuestros corazones el Espíritu de su Hijo, que clama "¡Abba! ¡Padre!" Así que ya no eres esclavo sino hijo: y como eres hijo, Dios te ha hecho también heredero (Gá 3.25-29; 4.4-7).

Pablo quiere gritar desde los techos que, en Cristo, la pared divisoria está destruida. Una nueva humanidad ha sido creada y todos los pueblos, de todas las culturas son reunidos para transformarse en miembros de la misma familia. (cf. Ef 2.11-3.19). En efecto, en Cristo, ¡incluso los gentiles llegan a ser "descendencia de Abraham"! En Jesucristo, todos los pueblos de todas las culturas (judíos y gentiles por igual) pueden llamar a Dios "¡Abba!"

Aun así, en medio de la afirmación de esta verdad casi increíble, Pablo también hace referencia a las maneras en que su audiencia y su sociedad subdividieron y separaron a los seres humanos en términos de cultura, de socioeconomía y de sexo. Así que Pablo reconoce que hay diferencias entre judíos y griegos, entre esclavo y libre, entre hombre y mujer. A pesar de tales diferencias sociales y humanas, todos son reunidos y creados dentro de una nueva familia, la descendencia de Abraham. Así es que, sobre la base de la salvación en Jesucristo, podemos simultáneamente afirmar cosas en común y reconocer diferencias.

C. Dios el Espíritu Santo: fruto en común, dones diversos

Pablo continúa dando un tercer y último paso en el desarrollo del punto de vista trinitario, que puede mantener en tensión las verdades gemelas: un evangelio (Gá 1.6-9), muchas perspectivas. Y este tercer mojón en el fundamento trinitario de Pablo tiene que ver con Dios el Espíritu Santo.

> En cambio, el fruto del Espíritu es amor, gozo, paz, paciencia, amabilidad, bondad, fidelidad, humildad y dominio propio. No hay ley que condene estas cosas. Los que son de Cristo Jesús han crucificado la naturaleza pecaminosa, con sus pasiones y deseos. Si el Espíritu nos da vida, andemos guiados por el Espíritu. No dejemos que la vanidad nos lleve a irritarnos y a envidiarnos unos a otros. . . . No se engañen: de Dios

nadie se burla. Cada uno cosecha lo que siembra. El que siembra para agradar a su naturaleza pecaminosa, de esa misma naturaleza cosechará destrucción; el que siembra para agradar al Espíritu, del Espíritu cosechará vida eterna. No nos cansemos de hacer el bien, porque a su debido tiempo cosecharemos si no nos damos por vencidos. Por lo tanto, siempre que tengamos la oportunidad, hagamos bien a todos, y en especial a los de la familia de la fe (Gá 5.22-6.15).

El Espíritu Santo viene a todos los creyentes en Jesucristo, sin distinción alguna. Y el fruto del Espíritu Santo es dado a todos por igual. En Efesios, Pablo dirá: "Hay un solo cuerpo y un solo Espíritu, así como también fueron llamados a una sola esperanza; un solo Señor, una sola fe, un solo bautismo" (Ef 4.4-5). Así es que, en Hechos 2, en Pentecostés, las muchas lenguas de fuego vinieron de un mismo fuego. Todos juntos recibieron el mismo fruto del Espíritu Santo y son una "familia de creyentes." (En Efesios y en 1 Corintios, Pablo usa la analogía de un cuerpo para demostrar esta unidad.)

A pesar de esto, incluso aquí, mientras afirma la unidad de la iglesia en el único Espíritu Santo, Pablo interpone el concepto de multiplicidad y diversidad. "Cada cual examine su propia conducta. . . . Que cada uno cargue con su propia responsabilidad . . . hagamos bien a todos" (Gá 6.4, 5, 10). Pablo alude a un problema que tienen los lectores gálatas: irritarse y envidiarse unos a otros (Gá 5.26). Así que Pablo quiere que sus lectores reconozcan las diferencias que existen entre los creyentes. De modo que, siguiendo la lógica de Pablo, sobre la base de la creación de una Iglesia, por parte del Espíritu Santo, podemos simultáneamente afirmar cosas en común y reconocer diferencias.

Entonces, ¿cómo hacemos para mantener en tensión dialéctica estas verdades gemelas de una teología, muchas perspectivas? Creo que Pablo respondería señalando a Jesucristo. En el análisis final, la Iglesia glocal del siglo veintiuno debe estar centrada en la cruz y en la resurrección de nuestro Señor. Sólo allí es posible tener una "nueva creación,"en la cual aprendemos simultáneamente a reconocer diferencias y a afirmar cosas en común. Como dice Pablo: "En cuanto a mí, jamás se me ocurra jactarme de otra cosa sino de la cruz de nuestro Señor Jesucristo, por quien el mundo ha sido crucificado para mí, y yo para el mundo. Para nada cuenta estar o no circuncidados; lo que importa es ser parte de una nueva creación" (Gá 6.14-15).

Conclusión

En el siglo veintiuno, la Iglesia de Jesucristo necesita transformarse en lo que es: una Iglesia glocal. La tesis de este capítulo ha sido que una congregación saludable de discípulos de Jesús vive su catolicidad participando, de manera intencional y activa, en la misión de Cristo de un modo glocal. Es activa, simultáneamente, en la misión global y local que fomenta dinámicamente la interacción entre lo global y lo local.

Con referencia al título de este capítulo, es mi convicción que en este nuevo siglo, la verdadera Iglesia católica ya no va a colocar lo local y lo católico en contraposición uno de lo otro. Más bien, la verdadera Iglesia de Jesucristo, católica, universal, que es fiel a su naturaleza, es una Iglesia glocal. La verdadera Iglesia católica no es sólo local o global. Más vale, es local-global simultáneamente: es glocal.

Esto significa que la tarea de un teologizar crítico, que tiene la Iglesia glocal, implica una tensión dialéctica: el evangelio sólo puede ser conocido dentro de marcos culturales y aun así, el evangelio es siempre distinto de todas las culturas humanas, a veces afirmándolas y con frecuencia criticándolas de manera profética. Estas tensiones dialécticas demandan que comencemos nuestro teologizar crítico, a partir de un marco epistemológico más que de uno comunicativo.

De manera que, a los efectos de hacer teología en un mundo en globalización, podríamos comenzar con las presuposiciones siguientes:
- que TODAS las culturas son pecadoras y caídas y nublan TODA comprensión humana de la revelación de Dios;
- que TODAS las culturas tienen cierto grado de revelación general o de gracia anticipatoria, por medio de las cuales ciertos aspectos de la revelación de Dios en Jesucristo pueden ser entendidos claramente;
- que TODA revelación cristiana debe, necesariamente, encarnarse en una cultura, para poder ser entendida (debe ser "infinitamente traducible," según Lamin Sanneh);
- que TODA comprensión del evangelio en TODAS las culturas es parcial ("vemos de manera indirecta y velada, como en un espejo,"1 Co 13.12);
- que ninguna comprensión cristiana del evangelio aprehende de manera completa la "esencia" de la revelación de Dios en Jesucristo; que la "contextualización" (o la inculturación) no es una meta, sino más bien un proceso epistemológico de procurar conocer a Dios en el contexto.

Esto también significa que un grupo local de creyentes verdaderamente católico es en realidad la manifestación local de la Iglesia glocal universal. Implica que, al igual que mi PC, que es una parte integrante de la Internet, un grupo local de discípulos de Jesús, por su misma naturaleza, es parte de la Iglesia global. Por lo tanto, los integrantes de este grupo glocal de creyentes – sin importar dónde estén en el mundo – están comisionados a ser "testigos en Jerusalén *y* en Judea, *y* en Samaria, *y* hasta los confines de la tierra," de manera simultánea. Así es que, un grupo glocal de creyentes saludable, en este nuevo siglo, debe involucrarse, simultáneamente, en la misión de Dios de modo local *y* global: es decir, glocalmente.

Esta perspectiva misional glocal va más allá de la iglesia "con propósito" de Rick Warren. Es un abordaje más amplio, más profundo y más orgánico que el enfoque mecanicista del "desarrollo de la iglesia natural" (NCD, según la sigla en inglés) de Christian A. Schwarz. Y una perspectiva glocal del llamado misional de la Iglesia está más allá de los enfoques de la iglesia celular y de la "iglesia emergente." La Iglesia glocal involucra a un grupo de creyentes que son lo que son: glocales en todos los aspectos de su discipulado, y en todos los aspectos de su teología de la misión.

Esto también significa que la multiplicación de la Iglesia se transforma. La misión y la evangelización, al igual que la multiplicación de la Iglesia, ya no son una mera expansión geográfica de la agencia misionera. Ya no se trata de abrir nuevas sucursales de la denominación. La multiplicación de la Iglesia ya no es meramente local. Más bien, la multiplicación de la Iglesia se transforma en una invitación a los que todavía no conocen a Jesucristo, para llegar a ser discípulos de Jesús, embajadores del reino de Dios y miembros de la Iglesia glocal: hermanos y hermanas junto con otros 1.500.000.000 que profesan una fe similar.

Que todos aprendamos a llegar a ser lo que somos: una Iglesia glocal de Jesucristo enviada en misión al mundo entero, tan amado por Dios.

Este capítulo fue publicado originalmente en un libro en honor de Paul Hiebert: Van Engen, "The Glocal Church: Locality and Catholicity in a Globalizing World," en Craig Ott y Harold Netland, eds., Globalizing Theology: Belief and Practice in an Era of World Christianity. *Grand Rapids: Baker, 2006, 157-79. Usado con permiso.*

PARTE II

EL SIGNIFICADO DE LA TEOLOGÍA DE LA MISIÓN

CAPÍTULO 4

LA MISIÓN DEFINIDA Y DESCRIPTA

Tesis

El propósito de este capítulo es ofrecer una breve reseña histórica de algunas maneras en las que la Iglesia cristiana ha definido a la "misión" a lo largo de los siglos y demostrar cómo las varias definiciones han influido sobre el pensamiento y la práctica de los ministerios de la Iglesia cristiana en el mundo.

Introducción

Era un domingo al mediodía y fui invitado a participar de la comida con los miembros del "grupo de tareas para el alcance global" de una iglesia local. Más temprano en esa mañana, todos habíamos sido inspirados por la maravillosa adoración de inspiración y de celebración en los tres cultos, a los que había sido invitado a predicar. Era su "Global Outreach Weekend" (fin de semana para el alcance global). Hacia el fin de nuestra comida, me volví a Gloria, la presidenta del grupo de tareas y señalé: "Estoy muy impresionado por la organización y el enfoque creativo de este grupo de tareas para este fin de semana de misiones. La cena del viernes estuvo tan bien preparada, incluyendo las entrevistas de miembros de su iglesia local que participan en ministerios tanto de manera local como global. La feria de misiones tuvo una cantidad tan grande de puestos, que resaltaban todas las actividades misioneras y los misioneros que la iglesia respalda local y globalmente. Los aspectos multiculturales internacionales y locales de la música, los informes y las presentaciones visuales, ¡todo estuvo tan bien armado! ¡Gracias por invitarme a ser parte de esta celebración!"

Gloria sonrió y replicó: "Gracias por sus comentarios. Sus observaciones son importantes para nosotros. Pero, por favor, note que nosotros no llamamos a esto nuestro 'fin de semana de misiones.' Si lo hubiéramos llamado 'fin de semana de énfasis misionero,' nadie habría asistido. Los sabemos; ya lo probamos antes. La palabra 'misión' desanima a todos. Los miembros de nuestra iglesia no quieren verse asociados con nada que se llame 'misión.' Cuando cambiamos el nombre a 'alcance global' todo cambió. Ya ve, Carlos, nadie parece saber lo que es la misión. Pero una mayoría de nuestros miembros quieren participar de alguna clase de ministerio local y global, que beneficie a los que están en necesidad. Están especialmente interesados en proyectos de corto plazo y en visitas a diferentes partes del mundo. Ahora se da cuenta por qué, cuando lo invité a usted a predicar, le pedí que no usara la palabra 'misión' en su sermón."

Yo asentía mientras escuchaba a Gloria. Durante los últimos varios años, con frecuencia he escuchado comentarios como los de ella. Parecería que "misión" y "misioneros" son dos de las palabras menos entendidas en el vocabulario de las iglesias de América del Norte en el día de hoy.

A. La palabra "misión" tal como es usada hoy

Parte de la confusión sobre la palabra "misión" puede ser el resultado del uso abusivo de la misma en numerosas áreas. Por curiosidad, hice una búsqueda en Google de la palabra "misión." ¡Me ofrecieron 247.000.000 de entradas! A modo de ejemplo, hay ciudades con el nombre de "Misión." Hay películas como "La misión" y "Misión imposible II." Cuando la NASA envía un transbordador a la estación espacial internacional, el viaje se llama una "misión." La palabra es especialmente prominente en el mundo de los negocios, debido al énfasis de las corporaciones en explicitar su "misión" como una manera de articular el propósito fundamental, para el cual existe la corporación. Aunque, aparentemente, estos usos de la palabra tienen poco que ver con la Iglesia cristiana, aun así, en efecto, describen una pequeña porción de lo que la palabra puede significar para la misión cristiana. El *Pequeño Larousse Ilustrado* presenta una cantidad de definiciones, incluyendo su significado con referencia a la actividad misionera cristiana.[92]

Es especialmente importante que la Iglesia cristiana luche con su "misión" en el sentido de articular la razón y el propósito para los cuales existe. Las congregaciones locales han sido animadas a escribir su "declaración de misión" como un medio de enfocar sus varios ministerios. Las denominaciones han desarrollado sus declaraciones de "visión y misión," proceso en el que estuve

---

[92] **misión,** f. (lat. *Misio, onis*) Acción de enviar. Poder que se da a un enviado para que haga alguna cosa: *misión diplomática. (SINÓN, V. Delegación.)* Viaje que hacen los predicadores evangélicos para difundir la religión: *una misión protestante.* (SINÓN. V, *Apostolado, predicación.)* Lugar donde predican o viven los misioneros: *tierra de misión.* Serie de sermones dada en una parroquia o en un pueblo para hacer revivir el espíritu religioso: *los paúles dan misiones por los pueblos.* Cada uno de dichose sermones: *acudir a la misión.* Viaje de estudio, de exploración: *misón científica.* Deber moral que a cada hombre le impone su condición o estado: *la misión del bibliotecardio, del escritor, del obrero.* (SINÓN. V. *Trabajo.*) (*Pequeño Larousse Ilustrado*, Buenos Aires, Ediciones Larousse, 1975).

involucrado en mi denominación, la Iglesia Reformada en América, cuya declaración de "misión y visión" guió las prioridades denominacionales por más de diez años. Durante muchos años, también nos hemos familiarizado con una forma modificada de la palabra como es "iglesia misional."[93]

A lo largo de los siglos, la Iglesia cristiana ha definido su "misión" de maneras muy variadas. Sidney Rooy ha resaltado las diferencias.

> No existe, ni ha existido jamás, sólo una definición de la misión de la Iglesia; ni (una interpretación) con respecto a cuáles son los fundamentos bíblicos de esa misión. Si, como David Bosch, definimos misión como *missio Dei* (la misión de Dios), podemos decir que esto significa la revelación de Dios como el único que ama al mundo creado por Dios, que está preocupado por este mundo y que ha formado a la Iglesia para ser un sujeto (activo) llamado a participar en el proyecto histórico de establecer el reino de Dios. . . . Nuestra comprensión de esta *missio Dei* ha estado sujeta a muchas interpretaciones a través de la historia. . . . Cada definición y todas las comprensiones de las bases bíblicas de esta misión son tentativas y están sujetas a una nueva

---

[93] En los primeros años de 1990, George Hunsberger, Darrell Guder, Inagrace Dietterich, Lois Barrett, Alan Roxburgh, Craig Van Gelder y otros fundaron "The Gospel and Our Culture Network" para desarrollar las implicaciones para América del Norte del desafío de Leslie Newbigin con respecto a la re-evangelización de Occidente, siguiendo la guía del movimiento "The Gospel and Culture" de los años de 1980, en Inglaterra, encabezado por Wilbert Shenk. Las primeras conversaciones, reflexiones y publicaciones de "The Gospel and Our Culture Network" contribuyeron a la creación del concepto de la "iglesia misional." El término ahora ha sido usado de tantas maneras, que ha llegado a carecer de significado. Una búsqueda en Google del término ofreció 933.000 opciones. Una revisión rápida demuestra que el término ahora se refiere a cualquier clase de nueva vida, visión, vitalidad y dirección de la Iglesia, frecuentemente con poco o nada de reflexión teológica o misiológica. La literatura fundamental para este movimiento incluye a George R. Hunsberger y Craig Van Gelder, eds., *The Church between Gospel and Culture: The Emerging Mission in North America*. Grand Rapids: Eerdmans, 1996; Darrell L. Guder, ed., *Missional Church: A Vision for the Sending of the Church in North America*. Grand Rapids: Eerdmans, 1998; Lois, Barrett, ed., *Treasure in Clay Jars: Patterns in Missional Faithfulness*. Grand Rapids: Eerdmans, 2003. Algunas obras recientes que podrían ser de interés para el lector son: Earl Creps y Dan Kimball, *Off-Road Disciplines: Spiritual Adventures of Missional Leaders*; Alan Roxburgh y Fred Romanuk, *The Missional Leader: Equipping Your Church to Reach a Changing World*; Eddie Gibbs, *Church Next: Quantum Changes in How We Do Ministry*; Michael Frost y Alan Hirsh, *The Shaping of Things to Come: Innovation and Mission for the 21st-Century Church*; Neil Cole, *Organic Church: Growing Faith Where Life Happens*; Ed Stetzer y David Putnam, *Breaking the Code: Your Church Can become a Missionary in Your Community*.

evaluación y cambio. En verdad, cada generación debe volver a definir la misión (Rooy 1998, 3-4).

B. El significado bíblico original de la palabra "misión"

Debido a que nuestro arraigamiento más fundacional está en la Biblia, comenzamos a construir nuestra definición de "misión" considerando las perspectivas biblicas. La palabra "misión" es rara tanto en el Antiguo Testamento hebreo como en el Nuevo Testamento griego. Lo que regularmente se enfatiza es el concepto de ser "enviados," con un énfasis en la autoridad y el propósito del que envía. El Nuevo Testamento usa *apostello* y *pempo* de modo algo intercambiable. El *Theological Dictionary of the New Testament* nos dice que:

> *Apostéllo* aparece unas 135 veces en el NT, mayormente en los Evangelios y en Hechos. *Pémpo* aparece unas 80 veces, 33 en Juan, cinco en Apocalipsis, 22 en Lucas/Hechos, sólo cuatro en Mateo y una en Marcos. Aparte del uso especial de *pémpo* en Juan, predomina el material de Lucas. . . . El carácter religioso del material del NT explica el predominio general de *apostéllo*, y en el NT como un todo, *pémpo* parece ser usada cuando el énfasis está sobre el envío, *apostéllo* cuando está sobre la comisión, y especialmente (en los Sinópticos) cuando es Dios quien envía. En Juan, Jesús usa *apostéllo* para denotar su completa autoridad, es decir, para afianzar su misión en Dios, como el único responsable por sus palabras y obras. Pero usa *pémpo*, e.g., en la frase "el Padre me envió," como para afirmar la participación de Dios en su obra al enviarlo. . . . La misión de Jesús adquiere su relevancia y fuerza a partir del hecho de que es el Hijo, y no de su descripción en términos de *apostéllo*. En el NT, *apostéllo* ciertamente comienza a ser una palabra teológica para "enviar a servir a Dios con la propia autoridad de Dios," pero sólo en contexto y no con cualquier desvío radical de su sentido normal.[94]

En relación con el uso general de *apostéllo* en el NT, debemos decir, finalmente, que la palabra sí llega a ser un término teológico que significa "enviar a servir en el reino de Dios con autoridad completa (arraigada en Dios)."[95] Jesús envía a los Doce en Lucas 9 y a los Setenta en Lucas 10, en su misión a los judíos

---

[94] Gerhard Kittel, Gerhard Friedrich y Geoffrey William Bromiley, *Theological Dictionary of the New Testament*. Grand Rapids: Eerdmans, 1995, c1985, S. 68. (Nota del autor: para facilitar la lectura, cambié las palabras del texto griego original por una transliteración.)
[95] Kittel, Bromiley, y Friedrich, *Theological Dictionary of the New Testament*, electronic ed. Grand Rapids: Eerdmans, 1964, c1976, S. 1:406.

y al mundo. Después de la resurrección, Jesús comisiona a sus seguidores como a los que son enviados. Jesús dijo: "¡La paz sea con ustedes! . . . Como el Padre me envió (*apestalken*) a mí, así yo los envío (*pémpo*) a ustedes" (Jn 20.21). Pablo usa el término en forma de sustantivo (*apóstolos*) para referirse a sí mismo, a su llamado, a su comisión y a su autoridad derivada de hecho de ser enviado por Jesús el Mesías. Pablo hace esto al comienzo de sus cartas a los Romanos, a los Corintios, a los Gálatas, a los Efesios, a los Colosenses, a Timoteo y a Tito. Los escritores de primera y segunda de Pedro hacen lo mismo.

De modo que, el primer elemento de una definición de "misión" debería estar basado sobre el concepto de "envío." La Iglesia es enviada por su Señor. A lo largo de toda la Biblia es claro que el pueblo del pacto de Dios es enviado por Dios a las "naciones" que todavía no son parte del pueblo de Dios.[96] En Lucas 4, Jesús se refiere a sí mismo como alguien enviado. "Es preciso que anuncie también a los demás pueblos las buenas nuevas del reino de Dios, porque para esto fui enviado (*apestalen*)" (Lc 4.43). Al igual que Jesús, sus seguidores también son enviados a proclamar la venida del reino de Dios, a invitar a todos los pueblos a transformarse en discípulos de Jesús y en miembros responsables de la Iglesia de Cristo (Mt 28.18-20). Esta comprensión de la palabra "misión" es muy básica y nunca debería perderse ni ser eclipsada por discusiones y refinamientos subsiguientes.

La Iglesia en el siglo veintiuno necesita retener el elemento del "envío" de la misión cristiana en primer plano. La misión bíblica es la misión de Dios. La misión es la participación en la misión de Jesucristo, el Señor de la Iglesia, en el poder del Espíritu Santo. La misión no es meramente la extensión de la Iglesia, ni meramente hacer obras compasivas. La misión no debe estar determinada por el sesgo o la agenda particular de una agencia misionera. Hoy hay tantos misioneros transculturales enviados y sostenidos por iglesias y agencias misioneras en Asia, África y Latinoamérica, como el total enviado desde Europa y América del Norte. Así que, en un análisis final, los que "envían" no son la denominación, ni la agencia misionera, no es la mega-iglesia o su pastor principal, no es una agencia de acción social ni gubernamental. La autoridad de la empresa misionera no es la de una denominación, ni la de una agencia misionera, ni la de un auto-denominado apóstol, ni la de una gran agencia de acción social ni la de una cultura más avanzada. El que envía es Jesucristo, cuya autoridad define, circunscribe, limita e impulsa la misión cristiana.

---

[96] Ver, Arthur F. Glasser, con Charles Van Engen, Dean S. Gilliland, y Shawn B. Redford, *Announcing the Kingdom: The Story of God's Mission in the Bible*, Grand Rapids: Baker Book House, 2003.

C. La re-definición constantiniana de "misión"

Por casi tres siglos después de la venida del Espíritu Santo en Pentecostés, la Iglesia cristiana entendió la "misión" tal como fue delineada anteriormente. Pero con los cambios efectuados por el emperador Constantino (306-37), la definición de misión cambió dramáticamente. Sidney Rooy nos ha dado un excelente resumen del impacto que la era constantiniana tuvo sobre la comprensión de la misión, por parte de la Iglesia. Rooy explica:

> Con el reconocimiento del cristianismo como una religión oficialmente permitida con base en el Decreto de Milán en 313 d.C, el contexto en el cual los cristianos ejercitaron su misión cambió drásticamente. Después de aquel primer gran paso, los próximos vinieron en una sucesión rápida: en 325 [el cristianismo] llegó a ser la religión favorecida; en 380 llegó a ser la religión oficial y para 392 era la única religión tolerada [en el Imperio Romano]. Es decir, en el breve lapso de ochenta años, el cristianismo pasó de ser una religión perseguida a una religión perseguidora. . . . Durante la Edad Media, en Occidente, el rey era considerado el vicario de Cristo y de Dios. . . . Así es que, además de la Iglesia, la [nación-Estado] llegó a ser un agente de misión, representado por las personas designadas por el emperador. El método por el cual la Iglesia se extendió incluyó la imposición de la fe, destruyendo [por la fuerza] las religiones paganas, y la institución de la nueva religión. Es verdad que, por momentos, el evangelio se extendió a través del trabajo de misioneros, . . . pero la mayor parte de Europa, fue cristianizada mediante la conquista, el bautismo masivo de paganos y la construcción de iglesias, monasterios y escuelas con el respaldo directo de los poderes políticos [del día]. En el [modelo de misión] constantiniano, la motivación dominante era la extensión temporal y espiritual de [lo que entonces se consideraba] "el reino de Dios" [encarnado en el emperador]. Sin duda alguna, había confusión con respecto a los dos reinos: el Estado y la Iglesia. Junto con las enormes masas que entraron a la Iglesia, también se aceptaron muchas creencias y costumbres [populares]. La religión popular [o folklórica], que siempre ha existido, tomó nuevas direcciones que afectaron no sólo a las doctrinas y a las ceremonias de la Iglesia, sino que también influyeron sobre la manera de entender la misión (Rooy 1998, 10-12. Ver también, Bevans 2004, 173-74).[97]

Formas de este modelo continuaron en la era colonial de los siglos dieciocho y diecinueve. Las misiones cristianas, por momentos, parecieron muy

---

[97] Padilla, ed., *Bases bíblicas de la misión: perspectivas latinoamericanas*, Buenos Aires/Grand Rapids: Nueva Creación/Eerdmans, 1998.

similares a modelo medieval delineado anteriormente. "Nos guste o no," escribió Stephen Neill, "es un hecho histórico que la gran expansión del cristianismo ha coincidido en el tiempo con la expansión explosiva y mundial de Europa, que siguió al Renacimiento; que los poderes colonizadores han sido los poderes cristianos; que toda una variedad de relaciones comprometedoras ha existido entre los misioneros y los gobiernos; y que, en el cristianismo troncal ha sido llevada adelante sobre la ola del prestigio y del poder de Occidente" (Neill 1964, 450; citado en Bosch 1980, 116).

Viviendo en el siglo veintiuno, no deberíamos ser demasiado duros en nuestro juicio de los modelos de misión medieval y colonial. Durante los pasados ciento cincuenta años, los esfuerzos misioneros protestantes desde el norte y desde el oeste del globo hacia el sur y el este, por momentos, implantaron un protestantismo cultural que, con demasiada frecuencia, estaba más interesado en propagar una forma particular de civilización, que en ayudar a mujeres y a hombres a creer en Jesucristo. La cultura, la civilización, la educación y la tecnología, frecuentemente, reemplazaron al emperador en eclipsar el evangelio de la fe en Jesucristo. En las actividades misioneras de hoy en día, cuando denominaciones, organizaciones misioneras y mega-iglesias salen a "plantar" nuevas iglesias, que son sucursales idénticas a la organización que envía, los paralelos con la visión medieval de la misión son muy perturbadores.[98]

D. La definición de William Carey de la "misión" como la Gran Comisión

A fines de los años de 1700, William Carey (1761-1834) sugirió una manera diferente de entender la misión. Carey "predicó que la principal responsabilidad de la Iglesia eran las misiones foráneas" (Reapsome 2000, 162). En su obra innovadora, *An Enquiry into the Obligation of Christians to Use Means for the Conversion of the Heathens*, Carey basó su visión de la misión sobre Mateo 28.18-20, un pasaje que eventualmente sería conocido en toda la Iglesia cristiana, particularmente entre los protestantes, como la "Gran

---

[98] Para la discusión de este tema desde una perspectiva latinoamericana, ver Charles E. Van Engen, "¿Por qué sembrar iglesias saludables?: bases bíblicas y misionológicas," en J. Wagenveld, ed., *Sembremos iglesias saludables*. Miami: FLET, 2004; 43-96. La versión en inglés de este capítulo fue publicada como Charles Van Engen, "Why Multiply Healthy Churches?," en Gary Teja y John Wagenfeld, ed., *Planting Healthy Churches*. Chicago: Multiplication Network Ministries, 2015, 23-60.

Comisión."[99] Durante el siglo diecinueve y comienzos del veinte, la "Gran Comisión" (con Mr 16.15-16; Lc 24.46-49; Jn 20.21; Hch 1.8, junto con el pasaje de Mateo), "llegó a jugar un papel extremadamente importante en las misiones y en la misiología" (Hesselgrave 2000, 414).

La versión de Mateo de la "Gran Comisión" se nutrió de una visión particular de la misión y contribuyó con ella. La "Gran Comisión" de Mateo fue un componente primordial del fundamento bíblico para el lema del Student Volunteer Movement (Movimiento de estudiantes voluntarios) de los últimos años de 1800, que más tarde fue popularizada por John R. Mott (1865-1955), como lema para la gran conferencia misionera llevada a cabo en Edimburgo en 1910: "la evangelización del mundo en esta generación."[100] Aquí sólo tenemos lugar para mencionar unas pocas de las presuposiciones relacionadas.

Por alrededor de 150 años, hasta los años de 1960, los protestantes que usaban la "Gran Comisión" como su fundamento para la misión, suponían lo siguiente:

- Que la salvación era individual;
- Que la salvación tenía que ver principalmente con una relación espiritual y personal con Jesucristo;
- Que el llamado primordial de la misión de la Iglesia era geográfico: los cristianos eran llamados a "ir";
- Que "ir" era principalmente desde el oeste y el norte del globo hacia el este y el sur;
- Que la parte de la "Gran Comisión" de "hacer discípulos" era más importante que las referentes a "bautizar y enseñar";
- Que los nuevos convertidos debían reunirse en iglesias parecidas – y frecuentemente pertenecientes – a las iglesias y misiones que enviaban;
- Y (especialmente durante la segunda mitad del siglo diecinueve) que los nuevos convertidos individuales debían ser extraídos de su contextos no cristianos, reunidos en estaciones misioneras cristianas y se les debía enseñar la cultura y la civilización de los misioneros.

En 1955, Donald McGavran publicó *The Bridges of God: A Study in the Strategy of Missions*, en el cual afirmó a la vez que re-interpretó radicalmente la misiología de la "Gran Comisión" de Mateo 28.18-20 (McGavran 1955).[101]

---

[99] Ver, David Hesselgrave (2000). "Great Commission," en A. Scott Moreau, Harold Netland, y Charles Van Engen, eds., *Evangelical Dictionary of World Missions*. Grand Rapids: Baker Book House: 412-14.
[100] Para una breve reseña bibliográfica de este gran misionero muy respetado, ver, Douglas, "Mott, John Raleigh" en *Ibid.*, 664.
[101] *Ibid.*

McGavran cuestionó el enfoque de "estación misionera." Sugirió que la palabra "naciones" *(ethne)* se refería a grupos de personas más que a individuos. Afirmó que el imperativo, el mandato era "discipular" a la gente y no el "ir" geográficamente definido, tal como fue enfatizado por el pensamiento misionero anterior. Luego sugirió que el resultado de tal actividad de hacer discípulos debía ser medida en términos del número de personas que se reunían en grupos étnicos homogéneos y que se hacían miembros de la Iglesia de Cristo. Fundado por Donald McGavran en 1965, el Church Growth Movement (Movimiento de iglecrecimiento) se basó sobre los principios misiológicos de *Bridges of God* (puentes de Dios). Para los años de 1970 y de 1980, en algunos círculos evangélicos protestantes, la *ethne* había llegado a ser entendida como "grupos de personas no alcanzados," una visión que combinaba algunas presuposiciones geográficas e individualistas con ciertos énfasis culturales orientados a grupos. Pero nunca hubo una comprensión clara o precisa de lo que significaba "no alcanzado" o "resistente." (Ver Capítulo 10 de este volumen.)

E. La "misión" y el modelo de iglesia autóctona

La comprensión de la misión según la Gran Comisión enfatizó la evangelización de los que no eran seguidores de Jesús. Paralelamente a este punto de vista, había una perspectiva más institucionalizada sostenida por Henry Venn (1796-1873) en Inglaterra y por Rufus Anderson (1796-1880) en los Estados Unidos. Estos dos administradores de la misión enfatizaron que la meta de la misión era el nacimiento, la alimentación y el desarrollo de "iglesias que se auto-sostienen, se auto-gobiernan y se auto-propagan." James Scherer describe este punto de vista de esta manera:

> La nueva visión [de la misión] centrada en la Iglesia, prominente alrededor de mediados del siglo diecinueve, mediante la obra de Henry Venn y de Rufus Anderson, . . . estableció que la "plantación de iglesias" – especialmente la plantación de iglesias locales de los "tres autos" con su propia autonomía e indigeneidad – debía ser considerada, junto con la conversión, como una meta importante de las misiones. El reconocido "padre" de la ciencia de la misión, Gustav Warneck pudo declarar que la actividad misionera era "el camino de Iglesia (existente) a Iglesia (en el campo misionero)" (Scherer 1993, 82; Scherer está citando a Duerr 1947).[102]

---

[102] Roger Bassham escribió: "El pensamiento de la misión evangélica (en los años de 1930 y de 1940) giraba esencialmente alrededor de la evangelización, con frecuencia entendida en términos de conversiones individuales, con el propósito implícito de reunir

Aunque tal vez ellos no se lo propusieron, la meta de la misión sostenida por Venn y Anderson, como principio de administración misionera, se transformó en una definición virtual de misión que dominó la teología y la práctica de la misión en casi todas las denominaciones y agencias de misión más antiguas por cien años, comenzando a mediados del siglo diecinueve.[103] Muchos de los que siguieron a Venn y a Anderson trataron de suavizar los aspectos institucionales de su visión de la misión. John Nevius (1829-1893), Roland Allen (1868-1947), Melvin Hodges (1909-1986) y Alan Tippett (1911-1988) ofrecieron algunos refinamientos a la fórmula de los "tres autos," que procuraron acentuar el desarrollo de los aspectos espirituales, orgánicos, teológicos, relacionales, sociales, culturales y contextuales de las congregaciones misioneras. Aun así, los "tres autos" originales han continuado dominando en África, Asia y Latinoamérica. Tanto es así, que uno puede encontrar iglesias de los "tres autos" originalmente establecidas por esfuerzos misioneros de Europa occidental y de Norteamérica, las cuales hoy exhiben otra clase de "auto": tienden a ser auto-centradas y egoístas.

Durante los años de 1970 y de 1980, muchas denominaciones en los Estados Unidos adoptaron una forma de la fórmula de los "tres autos," como filosofía para plantar nuevas iglesias en los suburbios de ciudades norteamericanas, con resultados mixtos. Vestigios de este movimiento permanecen en algunos esfuerzos denominacionales de plantación de iglesias en los Estados Unidos.[104]

---

a los creyentes en iglesias que se auto-sostienen, se auto-gobiernan y se auto-propagan, sobre la base de una fe ajustadamente definida." Roger Bassham, *Mission Theology: 1948-1975, Years of Worldwide Creative Tension, Ecumenical, Evangelical and Roman Catholic.* Pasadena: William Carey Library, 1979.

[103] Para una excelente discusión resumida acerca de las "iglesias autótonas" y la misión, ver John Mark Terry, "Indigenous Churches" en A. Scott Moreau, Harold Netland y Charles Van Engen, eds., *Evangelical Dictionary of World Missions,* 2000, 483-85. Yo crecí en la Iglesia Nacional Presbiteriana de México, en la cual la fórmula de los "tres autos" era la perspectiva de misión dominante, sostenida tanto por los misioneros como por los líderes locales. Con más de un millón de miembros, esa denominación es una de las denominaciones más grandes de México. Pero está en su infancia en el envío misionero tanto local como global. Creo que la fórmula de los "tres autos" es una de las principales razones de la falta de visión y de práctica misionera de esa denominación.

[104] En China, comenzando con la Revolución Cultural Marxista liderada por Mao Tse-Tung (1893-1976), a finales de los años de 1940, una cantidad de denominaciones cristianas y sus congregaciones fueron oficialmente reconocidas por el gobierno marxista como iglesias del Movimiento Patriótico de los Tres Yo. Este uso del término es único y distintivo. La exploración de esa historia, va más allá del alcance de este libro.

Más recientemente, el movimiento de la "iglesia emergente" parece estar buscando maneras de hacer nacer, alimentar y desarrollar congregaciones que son "autóctonas" para las ciudades centrales de los Estados Unidos. Este nuevo movimiento muestra paralelos llamativos a la búsqueda por parte de la generación de los "baby boomers" para formar comunidades de fe transformacionales orientadas hacia el reino, en ciudades de los Estados Unidos, durante los años de 1960. Los que están liderando estos esfuerzos contemporáneos podrían aprender mucho de lo que experimentaron sus predecesores en la misión local y global, en términos de hacer nacer, alimentar y desarrollar iglesias autótonas alrededor del mundo.

F. La "misión" en los años de 1960

Después de la Segunda Guerra Mundial, muchos misiólogos y teólogos de Europa occidental, junto con algunos otros de las denominaciones troncales en Norteamérica, comenzaron a formular una nueva visión de la misión. Habiendo visto las consecuencias desastrosas del silencio de la Iglesia y de su irrelevancia en la crisis de Europa occidental durante los años de 1930 y los primeros años de 1940, y siguiendo la inspiración de Dietrich Bonhoeffer, entre otros, las iglesias asociadas al incipiente Consejo Mundial de Iglesias (fundado en 1948) comenzaron a ir en busca de una misiología que ellos consideraban más "relevante." Querían movilizar a las iglesias para que se comprometieran con lo que Dios estaba haciendo en el mundo. Esta nueva visión de la misión se cristalizó alrededor de la frase *missio Dei*, la misión de Dios y representó una secularización radical de la misión.

Misiólogos como J. C. Hoekendijk demostraron un profundo pesimismo acerca de la Iglesia como un agente viable de la misión de Dios. En realidad, Hoekendijk sugirió que lo mejor que podía hacer la Iglesia era darse vuelta "de adentro para afuera" y esencialmente dejar de existir (Hoekendijk 1966). Esto condujo a un énfasis en la misión de Dios orientada hacia el reino de Dios y hacia el mundo y centrada en ellos, más que en la Iglesia.

James Scherer resumió este desarrollo de la manera siguiente:

> La última parte del siglo diecinueve y la primera del veinte fueron ampliamente dominadas por el concepto eclesiocéntrico, como la meta práctica para lo que entonces se llamaron "misiones foráneas." El eclesiocentrismo reemplazó a las anteriores teorías individualistas de la misión derivadas del pietismo y del avivamiento evangélico, que se enfocaban en la conversión personal [*conversio gentilium*] y en la "salvación de las almas." . . . Desde 1860 a 1960, la meta eclesiocéntrica de la misión sirvió al muy útil propósito de reemplazar el anterior patrón

misionero de conversiones individuales, ya que definió claramente los pasos necesarios para plantar iglesias en todas las naciones. Pero a medida que avanzaba la tarea de plantar iglesias en los seis continentes, rápidamente se hacía obsoleta como meta misionera. . . . Después de [la reunión del Consejo Misionero Internacional en] Willingen [en 1952], el marco eclesiocéntrico de la misión . . . ya no era adecuado para tratar los problemas que enfrentaban las iglesias involucradas en la misión en, desde y hacia los seis continentes en la era post colonial. Esos problemas requerían una respuesta de la *missio Dei* [misión de Dios], con una comprensión más clara de la base y naturaleza trinitarias de la misión de la Iglesia, y una apertura y sensibilidad hacia el carácter escatológico del reino y hacia la relación de subordinación de la Iglesia a él. [Pero] en la década de 1960, la *missio Dei*[105] llegaría a ser el juguete de los teólogos de sillón, con poco más que un interés académico en la misión práctica de la Iglesia, pero con una considerable inclinación a la especulación teológica y a hacer daño. . . . Dios era visto como actuando a partir de su propósito divino en medio del mundo, mediante fuerzas históricas inmanentes e intramundanas, sobre todo la secularización. La visión de la *missio Dei* trinitaria fue reemplazada por una teoría acerca de la transformación del mundo y de la historia, no a través de la evangelización y de la plantación de iglesias, sino mediante un proceso histórico inmanente divinamente guiado, de algún modo análogo a los conceptos deístas del Iluminismo. Esta visión secular de la misión de Dios hizo que la Iglesia empírica se tornara virtualmente prescindible como agente de la misión divina, y en algunos casos incluso un obstáculo. . . . El mundo estableció la agenda para la Iglesia y el lugar real de la misión de Dios ya no fue la Iglesia sino el mundo. En consecuencia, la Iglesia ahora debía recibir sus órdenes de marcha de parte del mundo. . . . La humanización fue la nueva palabra clave (Scherer 1993, 82-86).

Esta redefinición radical de la misión, con su fuerte ímpetu hacia la secularización de la misión cristiana se transformó en un motivo de preocupación entre muchos de los más leales participantes del Consejo Mundial de Iglesias. Stephen Neill, por ejemplo, advirtió que: "Cuando todo es misión, nada es misión" (Neill 1959, 81; ver también Blauw 1962, 109; 121-122). Neill tuvo la necesidad de enfatizar que: "El único propósito central para el cual la Iglesia ha sido llamada a existir es que . . . predique el evangelio a toda criatura. Todo lo

---

[105] H. H. Rosin afirma que "El libro de Georg F. Vicendom, *Missio Dei, Einfurung in eine Theologie der Mission* (publicado en alemán en) 1958, . . . jugó un papel decisivo en esparcir la expresión 'missio Dei,' y apareció en 1965 en los Estados Unidos en una traducción al inglés titulada *The Mission of God: An Introduction to a Theology of Mission*, St. Louis: Concordia, 1965. (Cf. H. H. Rosin 1972, 24).

demás (ministerio, sacramentos, doctrina, adoración) es complementario a esto." (Neill 1959, 112). Bevans y Schroeder comentan: "Es importante prestar atención a la advertencia de Stephen Neill de que si todo es misión, entonces nada es misión. No obstante, también necesitamos prestar atención a la advertencia de David Bosch de 'tener cuidado con cualquier intento de delinear la misión con demasiada agudeza'" (Bevans 2004, 9; Bevans y Schroeder citan a Bosch 1991, 512).

En el siglo veintiuno, las agencias misioneras evangélicas se están involucrando cada vez más en ministerios humanitarios y de compasión, mediante la agricultura, la educación, la medicina, los ministerios relacionados con el SIDA, los movimientos de "niñez en riesgo" y demás. Dados estos nuevos énfasis en el activismo de la misión evangélica, corresponde que consideremos cuidadosamente el modo en que las visiones de la misión de hoy en día pueden ser tentadas a repetir los mismos errores cometidos, cuando la misión fue redefinida y eventualmente se perdió en el Consejo Mundial de Iglesias entre los años de 1960 y 1990.

G. La reacción evangélica, la redefinición y la reconstrucción de la misión desde los años de 1980 hasta el 2000

Los años de 1960 fueron un tiempo de gran fermento alrededor del globo. "Sólo en 1960, nacieron diecisiete nuevas naciones africanas."[106] En Latinoamérica, las dictaduras surgían y caían. Europa occidental estaba recuperando su fuerza. La Guerra Fría estaba en su esplendor, junto con la guerra de Vietnam. El mundo católico romano estaba alborotado después del Concilio Vaticano II. Los "baby boomers" estaban cambiando la cara de Norteamérica. Las iglesias y agencias misioneras más antiguas estaban en una crisis profunda en cuanto a su identidad, su propósito, su dirección y sus prioridades para la acción misionera, mientras que una cantidad de nuevas agencias misioneras de solidaridad nacidas después de la Segunda Guerra Mundial estaban comenzando a dominar la escena. En su número de abril de 1969, la que había sido conocida como *The International Review of Missions*, la revista misiológica más antigua en el mundo, dejó el plural para transformarse en *The International Review of Mission*.[107] Muchas denominaciones más antiguas en los Estados Unidos

---

[106] Van Engen 1990, 212; citando a Charles Forman, *The Nation and the Kingdom: Christian Mission in the New Nations*. New York, Friendship, 1964, 17.
[107] En el editorial de ese número, William Crane escribió: "Las misiones en plural tienen una cierta justificación en las esferas diplomática, política y económica de las relaciones internacionales, donde su naturaleza, su alcance y su autoridad son definidas por los intereses tanto de los que las inician como de los que las reciben. Pero la misión de la

abandonaron las palabras "misión" y "misionero," y adoptaron expresiones como "obreros fraternales" y "compartir recursos ecuménicos."

El alejamiento de una visión eclesiocéntrica, la cual incluía la idea de la conversión individual a la fe en Jesucristo, fue tan drástica que Donald McGavran acusó al Consejo Mundial de Iglesias de "traicionar a los dos mil millones" (McGavran 1972, 16-18). En *Crucial Issues in Missions Tomorrow*, publicado en 1972, McGavran escribió: "El avión de las misiones ha sido secuestrado. . . . Ayudar a las iglesias más antiguas tanto como a las iglesias más jóvenes debe ser considerado como misión. Desde este nuevo ángulo, la misión deja de ser la proclamación del evangelio a no cristianos y se transforma en ayuda intereclesiástica o buena obra llevada a cabo en cualquier parte" (McGavran 1972, 190; ver también Ven Engen 1981, 20 y Van Engen 1990, 212-13).

La "integración" del Consejo Misionero Internacional al Consejo Mundial de Iglesias impactó a la teología de la misión evangélica de los años de 1960.[108] En reacción al pensamiento sobre la misión del Consejo Mundial de Iglesias bosquejado anteriormente, un número significativo de relevantes líderes evangélicos se reunieron en dos importantes conferencias en 1966, inspirados por la Asociación Billy Graham: el Congreso sobre la Misión Mundial de la Iglesia en Wheaton y Congreso Mundial de Evangelismo en Berlín. Estas reuniones derivarían en los grandes congresos de misión mundial en Lausana (1974), Pattaya (1980), Manila (1989), Ciudad del Cabo (2010), entre otros (ver Van Engen 1990).

A partir de este gran fermento en el pensamiento evangélico de la misión, vino una nueva síntesis evangélica y nuevas definiciones de la misión

---

Iglesia es singular, en cuanto surge del único Dios trino y de su intención de salvar a todos los hombres. Su comisión a la Iglesia es una, aun cuando los ministerios dados a la Iglesia para esta misión sean muchos. . . . Los varios estudios y programas iniciados por la Comisión de Misión Mundial y Evangelismo en los pocos años pasados desde su integración a la vida del Consejo Mundial de Iglesias también reflejan esta preocupación por la única misión de la Iglesia en seis continentes, más que la tradicional preocupación por misiones desde tres continentes hacia los otros tres." W. H. Crane, "Editorial," *International Review of Mission* 58: 1969, 141-44.

[108] En 1966 fue convocado el Congreso sobre la Misión Mundial de la Iglesia, representando a un gran corte transversal de líderes evangélicos de la misión. Los delegados afirmaron: "El nacimiento del Consejo Mundial de Iglesias y las presiones para integrar al Concilio Misionero Internacional al marco de esa organización pusieron en evidencia el problema de la cooperación teológica misionera conservadora." Harold Lindsell, *The Church's Worldwide Mission*, 1966, 2. Ver también Charles Van Engen, "A Broadening Vision: Forty Years of Evangelical Theology of Mission, 1946-1986," en Joel A. S. Carpenter, Wilbert Shenk, eds. *Earthen Vessels: American Evangelicals and Foreign Missions, 1880-1980*, 1990, 203-32.

para el siglo veintiuno. Durante los años de 1980 y 1990, los evangélicos llamaron a hacer misión entre los "pueblos no alcanzados," grupos a los que ellos consideraban les faltaba la presencia de una Iglesia viable. Esto motivó a los evangélicos a formar la "Co-Mission," que fue organizada para movilizar el envío de una multitud de misioneros a los países del antiguo bloque soviético, después del desmantelamiento de la Unión Soviética.[109] Esta visión de la misión también condujo a un énfasis sobre la misión en la "Ventana 10-40," el área entre los paralelos 10 y 40 al norte del ecuador, extendiéndose desde el límite oriental de Europa occidental hasta el Pacífico norte. Esa parte es considerada como el área menos evangelizada del mundo, donde también se encuentra el mayor número de pobres (Love 2000, 983).

Ralph Winter inició un movimiento para las *Frontier Missions* ("Misiones de Frontera"), que era una misión entre los que no tienen contactos naturales con cristianos. Después del Congreso de Lausana II en Manila, nació el Movimiento AD 2000, para movilizar a los cristianos alrededor del mundo a la evangelización mundial, siguiendo una visión muy similar a la de Edimburgo 1910.

Junto con estas iniciativas, uno puede observar a los evangélicos luchando para ligar una vez más la evangelización y la acción social. En su reacción extrema contra el énfasis del CMI de los años de 1960, los evangélicos terminaron separando las palabras de las obras, el hablar del hacer, la proclamación verbal de la transformación social. Mediante una serie de consultas, procuraron acercar ambas cosas, sin necesariamente dar un lugar de prioridad a la una sobre la otra. En 2010, el Movimiento de Lausana se reunió para su tercer congreso importante en Ciudad del Cabo, Sudáfrica. La extensa documentación que emanó de esa reunión demuestra el esfuerzo, de parte de los líderes del Movimiento de Lausana, para articular una teología de la misión que procurara la transformación de toda la persona en relación con otros, personal y socialmente.[110]

Hoy, ya en un nuevo siglo, la misión evangélica está en la búsqueda de definiciones de la misión nuevas, apropiadas, creativas y motivadoras. Cada vez más, los misiólogos evangélicos han adoptado la noción bíblica de la misión de Dios (*missio Dei*) como señalando hacia una visión de la misión más holística. Orlando Costas, Samuel Escobar, René Padilla y otros demandaron un énfasis mucho más fuerte sobre el reino de Dios, como un paradigma útil de acción de

---

[109] Tristemente, muchas de estas organizaciones misioneras evangélicas y sus misioneros tendieron a ignorar el hecho de que la Iglesia cristiana ya había estado presente allí por más de mil años, en la forma del cristianismo ortodoxo.

[110] Ver, por ejemplo, "The Cape Town Commitment," www.lausanne.org/content/ctc/ctcommitment – inactive en la web.

misión holística y transformacional.[111] Los evangélicos de hoy probablemente estarían de acuerdo con la observación de James Scherer: "Abandonar el marco eclesiocéntrico, no implica abandonar la misión de la Iglesia, sino más bien una revisión de esa misión desde un fresco punto de vista bíblico, misiológico y sobre todo escatológico. Esto permanece como tarea prioritaria para la teología de la misión cristiana hoy" (Scherer 1993, 85).

La misiología evangélica ha estado buscando una nueva síntesis cohesiva. En 1999, Vinay Samuel y Chris Sugden compilaron una colección de ensayos a la que le dieron el nombre de *Mission as Transformation* (Samuel 1999). El marco del reino de Dios para la misión es muy fuerte en este volumen. En el año 2000, los teólogos evangélicos de la misión se reunieron en Iguazú, Brasil, para dialogar con respecto a la misión de la Iglesia. Una rápida revisión de los tópicos muestra una visión inclusiva de la misión, que procuró abordar muchas agendas diferentes.[112] En un gran congreso sobre la misión evangélica en Tailandia en 2004, se sugirió el concepto de "transformación." En su deseo de desarrollar una comprensión holística de la misión, los evangélicos probablemente necesitan prestarle atención a la advertencia de Stephen Neill: cuando todo es misión, nada es misión.[113] Una misiología evangélica cohesiva,

---

[111] Ver, Orlando Costas, *The Church and Its Mission: A Shattering Critique from the Third World,* 1974; Orlando Costas, *Theology of the Crossroads in Contemporary Latin America,* 1976; Orlando Costas, "The Whole World for the Whole Gospel," *Missiology* 8 (octubre 1980): 395-405; Orlando Costas, *Christ Outside the Gate: Mission Beyond Christendom,* 1982; Samuel Escobar, "Beyond Liberation Theology: Evangelical Missiology in Latin America," *IBMR* 6 (julio 1982): 108-44; C. René Padilla, *Mission Between the Times: Essays on the Kingdom,* 1985; C. René Padilla, *Misión integral: ensayos sobre el reino y la Iglesia,* 1986; Orlando Costas, *Liberating News: A Theology of Contextual Evangelization, 1989;* Samuel Escobar, *De la misión a la teología,* 1998; Samuel Escobar, *Tiempo de misión: América Latina y la misión cristiana hoy,* 1999; Samuel Escobar, *The New Global Mission: The Gospel From Everywhere to Everyone,* 2003.

[112] Ver William D. Taylor, ed. *Global Missiology for the 21st Century: The Iguazu Dialogue,* 2000. Este libro fue publicado en portugués como *Missiologia global para o século XXI: a consulta de Foz do Iguaçu,* William D. Taylor, ed. Londrina: Descoberta, 2001.

[113] La tendencia presente en las escuelas evangélicas de misión mundial a cambiar sus nombres por "escuela de estudios interculturales" es misiológicamente perturbadora. "Estudios interculturales" no es misión. Cuando el pensamiento y las acciones de la misión evangélica en misión se reducen a "estudios interculturales," el corazón y el alma de la perspectiva bíblica de la misión se ha perdido. Como lo afirmó Johannes Verkuyl: "La misiología nunca puede ser un sustituto para la acción y la participación. Dios llama a participantes y a voluntarios en su misión. . . . Si el estudio no conduce a la

consistente, enfocada, teológicamente profunda, misiológicamente amplia y contextualmente apropiada todavía no ha surgido para este nuevo siglo.[114]

H. Definiendo "misional" y "misión": una sugerencia

Un posible adelanto en la definición de "misión" para el siglo veintiuno podría implicar un intento de describir cómo luciría una Iglesia "misional." Permítanme sugerir una manera de hacerlo. Este es mi intento taquigráfico, abreviado de definir "misional."

Con el término "misional," enfatizo la naturaleza y la vocación esenciales de la Iglesia, como pueblo llamado y enviado por Dios. Una eclesiología misional es bíblica, histórica, contextual, praxiológica (se traduce en práctica, la cual a su vez critica y reforma la teoría) y escatológica. La palabra "misional," con referencia a la Iglesia, ve a ésta como el instrumento de la misión de Dios en el mundo de Dios. Siguiendo a Lesslie Newbigin y a otros, una iglesia que es misional entiende que la misión de Dios llama y envía a la Iglesia de Jesucristo, local y globalmente, en el poder del Espíritu Santo, para ser una Iglesia misionera en su propia sociedad, en la cultura en que se encuentre y globalmente entre todos los pueblos que todavía no confiesan a Jesús como Señor. La misión es el resultado de la iniciativa de Dios, enraizada en los propósitos de Dios de restaurar y sanar a la creación y de llamar a la gente a una reconciliada relación de pacto con Dios. "Misión" significa "envío," y es el tema bíblico central que describe el propósito de la acción de Dios en la historia

---

participación, ya sea en casa o afuera, la misiología habrá perdido su humilde llamado." (Johannes Verkuyl, 1978, 6.)

[114] En *Transforming Mission*, David Bosch presentó la siguiente definición de misión: "La misión (es) entendida como derivada de la naturaleza misma de Dios. Así es que (está) colocada en el contexto de la doctrina de la Trinidad y no en el de la eclesiología o el de la soteriología. La doctrina clásica de la *missio Dei* como Dios el Padre enviando al Hijo, y Dios el Padre y el Hijo enviando al Espíritu se expande para incluir aun otro 'movimiento': Padre, Hijo y Espíritu Santo enviando a la Iglesia al mundo. . . . Nuestra misión no tiene vida en sí misma: sólo en las manos de Dios que envía puede verdaderamente ser llamada misión, dado que la iniciativa misionera sólo viene de Dios. . . . Participar en la misión es participar en el movimiento del amor de Dios hacia la gente, dado que Dios es (la) fuente del amor que envía. . . . En su misión, la Iglesia da testimonio de la plenitud de la promesa del reino de Dios y participa en la lucha continua entre ese reino y los poderes de las tinieblas y del mal." David Bosch, 1991, 390-91. (También citado en parte en Darrell L. Guder, ed. *Missional Church: A Vision for the Sending of the Church in North America*, 1998, 5.)

humana, con el pueblo de Dios, ahora la Iglesia, como el agente primordial de la acción misionera de Dios.[115]

De modo que, una iglesia que es "misional" será:

- **Contextual**: Una iglesia misional se entiende a sí misma como parte de un contexto más grande de un mundo perdido y quebrado, tan amado por Dios.
- **Intencional**: Una iglesia misional se entiende a sí misma como existiendo con el propósito de seguir a Cristo en la misión.
- **Proclamadora**: Una iglesia misional se entiende a sí misma como enviada intencionalmente por Dios en misión a su contexto, para anunciar en palabra y en obra la venida del reino de Dios en Cristo.
- **Reconciliadora**: Un iglesia misional se entiende a sí misma como una presencia que re-conecta y sana en sus contextos (local y globalmente).
- **Santificadora**: Una iglesia misional se entiende a sí misma como una comunidad de fe especial reunida alrededor de la Palabra predicada, celebrada y vivida en unidad, que trae una influencia purificadora a la sociedad.
- **Unificadora**: Una iglesia misional se entiende a sí misma como una comunidad de fe que abraza, envuelve y reúne, ansiosa de recibir a personas dentro de su comunión.
- **Transformadora**: Una iglesia misional es "la sal de la tierra" (Mt 5-8), una presencia transformadora como cuerpo de Cristo en misión (*koinonia, kerigma, diakonia, marturia* – profeta, sacerdote, rey, libertador, sanador, sabio).[116]

Tal concepción de iglesia "misional" tendría que tener en consideración la interrelación de lo que Bosch ha llamado "la intención de misión" de la Iglesia y de "la dimensión de misión" de la Iglesia.[117]

Conclusión

---

[115] Esta definición está basada en Darrell Guder, ed. *Missional Church: A Vision for the Sending of the Church in North America*, 1998, 11-12, 4-5; ver también David Bosch, *Transforming Mission: Paradigm Shifts in Theology of Mission*, 1991, 390.

[116] La definición ofrecida anteriormente está tomada de Charles Van Engen, *God's Missionary People*, 65-70; y Darrell Guder, ed., 1998, 254-64.

[117] Ver David Bosch, 1980, *in loco*.

Entonces, ¿qué debería haberle dicho a Gloria y a su "grupo de tareas para el alcance global"? Ella también es consciente de que las maneras en que definimos "misión" influye sobre nuestras motivaciones, sobre los agentes, sobre los medios, sobre las metas y sobre el modo en que medimos los resultados de nuestras vidas, nuestros ministerios y nuestras acciones, como cristianos en el mundo. Tal vez, podría haber ayudado a Gloria y a los miembros de su iglesia a comenzar a tener una visión bíblica de la "misión" centrada en Jesucristo y moldeada por el evangelio del reino de Dios. James Scherer sugirió lo siguiente:

> Uno de los problemas misiológicos cruciales de la segunda parte del siglo veinte ha sido cómo lograr una transición exitosa entre una anterior teología de la misión centrada en la Iglesia y una orientada hacia el reino, sin perder la visión misionera ni traicionar el contexto bíblico. Casi no se puede negar que estamos en medio de esa transición. Es igualmente claro que todavía no hemos captado de manera completa el significado de un movimiento en dirección al reino como centro, lo cual se relaciona estrechamente con la *missio Dei* trinitaria. . . . Las implicaciones más completas que este cambio tiene para nuestra práctica misionera todavía yacen en el futuro (Scherer 1993, 82).[118]

En 1986, escribí el ensayo "A Broadening Vision: Forty Years of Evangelical Theology of Mission, 1946-1986." Aunque la misiología evangélica ha tenido algún desarrollo en relación a las observaciones que entonces hice, dejaré que el lector examine cuánto han cambiado las definiciones de misión durante estos años intermedios.[119]

---

[118] En *Constants in Context*, Stephen Bevans y Roger Schroeder sugirieron una definición de la misión para este nuevo siglo. "La misión ocurre donde sea que la Iglesia esté; es cómo la Iglesia existe. La misión es la Iglesia predicando a Cristo por primera vez; es el acto de los cristianos luchando contra la injusticia y la opresión; es el vendar heridas con la reconciliación; es la Iglesia aprendiendo de otros modos religiosos y siendo desafiada por las culturas del mundo. . . . La misión es la iglesia local enfocándose no en sí misma, en sus problemas internos, sino en otros seres humanos, enfocándose en otra parte, en un mundo que la llama y la desafía." Bevans y Schroeder 2004, 9; Bevans y Schroeder citan a L. Legrand, *Unity and Plurality: Mission in the Bible*, 990, xii.

[119] Hace más de veinte años, escribí: "¿A dónde vamos desde aquí? Los evangélicos tienen la posibilidad de experimentar nuevos desarrollos más adelante. Probablemente encuentren alguno que incluya la teología del reino de Dios. . . . Primero, este motivo podría proveer un vehículo para una mayor amplitud de la visión, incluyendo un uso más sabio y cuidadoso de la tecnología, una comprensión más sensible de otros cristianos y una mayor cooperación entre iglesias. Segundo, los evangélicos todavía tienen que entender más acabadamente e incorporar los desarrollos neumatológicos de la 'Third

Hacia el final de mi comida del día domingo con Gloria y su "grupo de tareas," ellos consideraron pensar, compartir conceptos y trabajar juntos para escribir su propia definición de "misión." Una vez que hubieron trabajado su definición de "misión" como grupo de tareas, pudieron usar otra vez la palabra, enseñándola y promoviéndola en su iglesia, a los efectos de movilizar más a su congregación para participar en la misión de Dios, en el mundo de Dios. Encontraron la idea intrigante y desafiante. Luego, cuando yo ya estaba listo para partir hacia el aeropuerto, guiñándome un ojo, Gloria me preguntó: "Entonces, ¿cómo define usted la misión?"

"Gloria," respondí, "he estado trabajando en eso por casi cuarenta años. Hasta ahora, en mi propia búsqueda por una definición, he logrado el siguiente intento tentativo. 'La misión de Dios (*missio Dei*) opera primordialmente mediante el envío, por parte de Jesucristo, del pueblo de Dios a todos los pueblos del mundo y de la fe a la ausencia de fe en contextos de cristianismo nominal, para proclamar por palabra y obra, la venida del reino de Dios en Jesucristo, a través de la participación de la Iglesia en la misión de Dios de reconciliar a las personas con Dios, con ellas mismas, unas con otras y con el mundo, y reuniéndolas en la Iglesia, mediante el arrepentimiento y la fe en Jesucristo, por la obra del Espíritu Santo, con una visión de transformar al mundo, lo cual es una señal de la venida del reino en Jesucristo.'"

Que el Espíritu Santo, en este nuevo siglo, pueda enseñarnos cómo ser y cómo llegar a ser más auténticamente el pueblo misionero de Dios (Van Engen 1991), enviado a un mundo perdido y sufriente, al que Dios ama tanto.

Este capítulo fue adaptado de "'Mission' Defined and Described" en David Hesselgrave y Ed Stetzer, eds. Missionshift: Global Mission Issues in the Third Millennium. *Nashville: B & H Publishing, 2010, 7-29. Usado con permiso.*

Force in Missions (Tercera Fuerza en Misiones)' del movimiento pentecostal y carismático. . . . (Ver, Paul Pomerville 1985; y Gary B. McGee 1986, 166-70). Tercero, la relación entre evangelización y acción social como metas para una misión holística todavía no está resuelta. Los evangélicos tienen la posibilidad de desarrollar un nuevo concepto de evangelización a la persona toda, que combina una profunda espiritualidad con una preocupación por el bienestar total de cada individuo. . . . El motivo que continúa emergiendo, a lo largo de todos estos cuarenta años, como principal fuerza impulsora detrás de la teología de la misión evangélica es el 'espíritu de Edimburgo 1910.' Su lema todavía captura la imaginación de los evangélicos. Se consideran compelidos a proclamar el evangelio a los miles de millones de personas que todavía no han creído en Jesucristo. Así que, mientras algunas cosas han cambiado mucho en la teología de la misión de los evangélicos, este tema todavía permanece. Sin él, los evangélicos no serían evangélicos" (Van Engen 1990, 203-32).

CAPÍTULO 5

TEOLOGIZAR CRÍTICO EN LA TEOLOGÍA DE LA MISIÓN

Tesis

En este capítulo, sugiero que necesitamos ir más allá de los énfasis iniciales de contextualización como comunicación, para desarrollar maneras en que podamos re-contextualizar el evangelio, en contextos locales y globales siempre nuevos. A los efectos de hacer esto, necesitamos dedicarnos a la contextualización crítica (al estilo Hiebert 1984), a la hermenéutica crítica (al estilo Bosch 1991) y al teologizar crítico en un proceso global/local de conocer a Dios en contexto. Para responder a esta cuestión, sugeriré tres pares dialécticos, aparentemente contradictorios, que demuestran la necesidad de un teologizar contextual crítico: tanto una Iglesia como muchas iglesias; tanto teología como teologías; tanto contextualización como re-contextualización.

Introducción

Mi primo David es un pastor holandés alto, que mide más de dos metros, y que habla lento y es de muy pocas palabras. Recuerdo la transformación sorprendente que vi en David, después de treinta años en el ministerio pastoral. Por muchos años, David había estado a cargo de una iglesia luchadora, en el centro de una ciudad de la costa este de los Estados Unidos. Tratando de no desanimarse, mi primo trabajó duro para ser un pastor fiel de su rebaño. Hacia el fin de su carrera pastoral, comencé a notar que estaba cada vez menos entusiasmado con su llamado.

Por muchos años no vi a David, hasta que un día me invitó a su hogar para comer juntos un mediodía. Cuando lo vi, casi no podía creer que era la misma persona. Casi rebotaba al caminar, hablaba casi sin parar en el auto en camino a su casa, y su nivel de entusiasmo y de energía era contagioso. Me sorprendí. Mientras comíamos hice la pregunta: "David, ¿qué te ha ocurrido? ¡No pareces la misma persona que conocí algunos años atrás!" La esposa de David sonreía. "No es el mismo. Cuéntale, David." David me miró sonriente y me dijo: "Después de más de treinta años en el ministerio, finalmente he descubierto qué se supone que debo hacer en el ministerio." Casi no podía esperar lo que vendría.

"Carlos," dijo David, "he descubierto que como pastor debo ayudar a la gente a conocer a Dios: nada más ni nada menos. Por años he estado trabajando duro para cumplir con presupuestos, mantener edificios, administrar programas, preparar y predicar sermones, visitar a los enfermos y a los ancianos, asistir a las reuniones de la denominación y supervisar al personal. Acabo de descubrir que estas cosas no son la esencia de lo que debería estar haciendo como pastor. Como pastor, debo ayudar a la gente a conocer a Dios. Desde que descubrí esto, casi no puedo esperar a despertarme cada mañana y comenzar un nuevo día ¡ayudando a mi gente a conocer a Dios!"

Después de este descubrimiento, David se anotó en un curso de espiritualidad cristiana. Reorganizó su horario diario para incluir varias horas de meditación, de estudio de la Biblia y de oración. Para cuando lo vi, estaba enseñando cursos sobre espiritualidad en un seminario local. A continuación de mi conversación con él, David llegó a ser el coordinador de oración para su denominación. Esta transformación fue sorprendente de ver. David había encontrado la esencia de su ministerio: debía ayudar a la gente a conocer a Dios.

La inadaptación del evangelio con las culturas humanas

La inadaptación del evangelio con las culturas humanas ha sido un problema perenne enfrentado por la Iglesia y su misión. El apóstol Pablo se refirió a la escondida auto-revelación, en términos del orden creado y en relación con la revelación especial de Dios en Jesucristo (Ro 1.20; 11.33-34). El ocultamiento revelado es la paradoja de la auto-revelación divina en la consciencia humana y la parte más difícil de la teoría de la contextualización.[120] El hecho mismo de que conocemos a Dios por medio de la *fe* debería decirnos que no conocemos todo lo que hay para conocer acerca de Dios. Vemos como en un espejo, de manera indirecta y velada (1 Co 13.12). Textos como Job 36.26; Salmos 139.6; Hechos 14.16-17; Romanos 11.25, 33-36; 1 Corintios 2.7; Efesios 3.3; Colosenses 1.15, 26; 1 Timoteo 1.17; 3.16 y Apocalipsis 10.7 enfatizan el misterio del desconocimiento de Dios. Muchos teólogos han afirmado esta

---

[120] Karl Barth, *Church Dogmatics*, vol. II, 1 (Edimburgh: T. & T. Clark, 1957) 184. Barth dedica un párrafo entero (Par. 27, 179-254) de este volumen a la discusión del conocimiento de Dios. Barth divide a esto en dos partes: el *terminus a quo* (de donde procede nuestro conocimiento por la gracia de la auto-revelación de Dios a nosotros) y el *terminus ad quem* (hacia el cual nuestro conocimiento nos conduce a la fe en el Dios oculto). Es importante comparar esta sección de la *Dogmatics* de Barth con Vols. I, 2 Par. 17; IV, 1, 483ss.; y IV, 3, 135-65.

característica básica de la revelación de Dios.[121] Así que el primer paso en la contextualización de la comunicación del evangelio implica el misterio de la auto-revelación de Dios en las culturas humanas (Van Engen 1996, 71-72. Ver también Shaw y Van Engen 2003).

Un segundo aspecto de la inadaptación del evangelio con las culturas humanas es el desequilibrio que vino como resultado del movimiento misionero cristiano.[122] Como las iglesias nacieron en múltiples contextos a lo largo de varios siglos, las antiguas declaraciones de fe de la cristiandad occidental no parecían encajar en las nuevas culturas que se enfrentaron al evangelio. Se sugirió una progresión de intentos de solución, con una sucesión que palabras que la acompañaron tales como "persuasión," "cristianización," "*compellere*," "acomodación," "adaptación," "cumplimiento," "sincretismo," "indigenización," "transformación," "inculturación," y "diálogo."[123]

Una palabra más reciente, "contextualización" implica cuestiones teológicas como encarnación, revelación, verdad, interacción divina-humana y la forma de la experiencia religiosa corporativa. La contextualización toma en serio la diferencia entre evangelio y cultura, y acepta el hecho de que "el evangelio

---

[121] Ver, Louis Berkhof, *Reformed Dogmatics* (Grand Rapids: Eerdmans, 1932), Par. I, section I, cap. II; G. C. Berkouwer, *General Revelation* (Grand Rapids: Eerdmans, 1955), 285-32; Emil Brunner, *The Christian Doctrine of God* (Filadelfia: Westminster, 1949), 117-36; y Hendrikus Berkhof, *Christian Faith* (Grand Rapids: Eerdmans, 1979), 41-56 y 61-65; Wayne Gruden, *Systematic Theology* (1994), 149-55; Stanley Grenz, *Theology for the Community of God*, 1994, 62-67; Paul Jewett, *God, Creation & Revelation*, 1991, 38-43.

[122] Charles Kraft examina esto en profundidad en *Christianity in Culture* (1979, reimpreso en 2005). Ver también Mortimer Arias 2001; Kwame Bediako 1995; Stephen Bevans 1992, reimpreso en 2002; Mark Branson y René Padilla, eds. 1984; Harvie Conn 1984; John De Gruchy y Charles Villavicencio, ed. 1994; Bruce Fleming 1980; Dean Gilliland 1989a; David Hesselgrave y Edward Rommen 1989; Paul Hiebert 1985, 1991; Andrew Kirk 1997; Charles Kraft y Tom Wisely, eds. 1979; Eugene Nida 1960; Lamin Sanneh 1993; Wilbert Shenk, ed. 1993; Wilbert Shenk 1999; Max Stackhouse 1988; Sunand Sumithra y F. Hrangkuma, eds. 1995; Tite Tiénou; F. J. Verstraelen, A Camps, L. A. Hoedemaker y M. R. Spindler, eds. 1995; Andrew Walls 2002; y Darrell Whiteman 2003.

[123] Cada una de estas palabras representa un abordaje particular de relacionar el evangelio a una nueva cultura. Cada una también conlleva una particular comprensión de la auto-revelación de Dios en medio de culturas humanas y la habilidad o inhabilidad de esas culturas de "conocer" a Dios en el contexto de sus propias formas culturales. He resumido los varios enfoques de este tema en cinco perspectivas: comunicación, indigenización, traducibilidad, teologizar local y epistemología. Voy a explicar esto en más detalle en el Capítulo 7 de este libro.

siempre se posiciona en el juicio divino sobre la cultura humana" (Hiebert 1979, 63). En *Constants in Context*, Stephen Bevans y Roger Schroeder sugieren seis "constantes" evidentes en el teologizar misional de la Iglesia a lo largo de los siglos: la cristología, la eclesiología, la escatología, la soteriología, la antropología y el diálogo con la cultura humana. Yo creo que hay una séptima constante, que fluye junto con esas seis, que las afecta y es afectada por ellas: "el teologizar contextual crítico."

La teología de la misión necesita redescubrir el llamado fundamental de la Iglesia: ayudar a la gente a conocer a Dios en contexto. Una manera de enmarcar la cuestión podría ser la siguiente. ¿Cómo permanecer fieles a la revelación completa y final de Dios en la Biblia, y también ser relevantes en la proclamación y misiológicamente apropiados en nuestra comprensión y comunicación del significado que Dios quiere transmitir en múltiples culturas alrededor del mundo hoy en día? Para responder a esta pregunta, voy a sugerir tres pares dialécticos, aparentemente contradictorios, que demuestran la necesidad de un teologizar contextual crítico: tanto una Iglesia como muchas iglesias; tanto una teología como teologías; tanto contextualización como re-contextualización. Mi interés en un teologizar contextual crítico deriva de darme cuenta de que la teología no es meramente una lista de proposiciones, de declaraciones confesionales o de dogmas. Hoy en día, más que nunca, hacer teología en el contexto implica un proceso global/local dinámico de conocer a Dios en múltiples contextos. Esto fue mencionado anteriormente en el Capítulo 1.

Tanto una iglesia como muchas iglesias

¿Cómo haremos una teología de la misión contextual crítica que arraigue nuestra reflexión en la lectura de la misma Biblia, y aun así se entreteja de manera apropiada con una multiplicidad de contextos radicalmente diferentes, a nivel local y global? Somos una Iglesia. Aun así, también somos muchas iglesias diversas. Pablo afirma la unicidad de la Iglesia como preámbulo para describir la pluriformidad de los dones del Espíritu, que son parte del cuerpo único. "Pero a cada uno de nosotros se nos ha dado gracia en la medida en que Cristo ha repartido los dones. . . . Él mismo constituyó a unos, apóstoles; a otros, profetas; a otros, evangelistas, y a otros, pastores y maestros, a fin de capacitar al pueblo de Dios para la obra de servicio, para edificar el cuerpo de Cristo. De este modo, todos llegaremos a la unidad de la fe y del conocimiento del Hijo de Dios, a una humanidad perfecta que se conforme a la plena estatura de Cristo" (Ef 4.7-13).

La pluriformidad y policentrismo de la única Iglesia, cuya vida se expresa concretamente en las multiformes vidas de muchas iglesias, necesita que aprendamos a hacer un teologizar contextual crítico, que sea simultáneamente local y global. La nueva multiforme unicidad global/local de la Iglesia, expresada en muchas iglesias, demanda una nueva manera de hacer teología de la misión.

Tanto teología como teologías

Nos descarriaremos si afirmamos sólo una u otra de estas verdades gemelas (una teología, muchas teologías). Desafortunadamente, a lo largo de los siglos, la Iglesia, efectivamente, ha aceptado una en desmedro de la otra. Dentro de esta visión de contextualización como teologizar local, hay un amplio espectro de diversos puntos de vista, que van desde una secularización casi total del proceso en un extremo del espectro, hasta un pesado énfasis en la transformación de la Iglesia en el otro extremo.

Algunos teólogos y misiólogos católicos romanos han llamado a esto proceso de "inculturación," un esfuerzo por "construir teologías locales." Hace más de treinta años, en *Constructing Local Theologies* (1985) Robert Schreiter hizo una reseña de la contribución a ese esfuerzo hecha por los que él llamó "modelos de traducción," "modelos de adaptación" y "modelos contextuales." El pensamiento de Schreiter sobre el tema fue llevado más allá por la obra de su colega en la Catholic Theological Union en Chicago, Stephen Bevans, en *Models in Contextual Theology* (1992, rev. 2002). En la edición de 2002, Bevans presentó seis modelos de teología contextual, a los que él llamó: de traducción, antropológico, praxis, sintético, trascendental y contracultural.[124]

Recientemente, Clemens Sedmak de la Universidad de Salzburgo, Austria, en *Doing Local Theology: A Guide for Artisans of a New Humanity*, afirmó lo siguiente:

> La teología se hace localmente. Para ser honesta con las circunstancias locales, la teología tiene que hacerse como teología local, como teología que toma con seriedad la situación particular. . . . Las teologías se desarrollan en respuesta a una situación social particular y dentro de ella. Entender la situación social es una condición necesaria para entender la génesis y la validez de las teologías particulares. . . . El contexto social, histórico, cultural y político tiene un impacto sobre el papel del teólogo y de su lugar en el contexto (Sedmak 2002, 8, 95-96).

---

[124] Stephen Bevans y Roger Schroeder nos han hecho un maravilloso servicio al compilar muchas de las cuestiones bíblicas, históricas y teológicas que la Iglesia ha enfrentado mientras ha procurado preservar las *Constants in Context*, en medio de tremendos cambios durante los pasados veinte siglos. Ver Bevans y Schroeder 2004.

Dirkie Smit, profesor de teología sistemática en las Universidades de Western Cape y de Stellenbosch, señala que: "Las teologías contextuales ... han subrayado el hecho de que toda teología, todo pensamiento y todo lo que se diga acerca de Dios es contextual, está influido por los contextos en los cuales viven los creyentes, incluída la así llamada teología tradicional del cristianismo occidental en todas sus formas" (Smit 1994, 44; ver también Arias 2001, 64).

Desde una postura protestante evangélica, Sanley Grenz escribe:

> El compromiso con la contextualización conlleva un rechazo implícito de la antigua concepción evangélica de la teología como la construcción de la verdad con base en la Biblia solamente. Los teólogos ya no pueden meramente enfocarse en la Escritura como la norma teológica completa. En cambio, el proceso de contextualización requiere de un movimiento entre dos polos: la Biblia como fuente de la verdad, y la cultura como la fuente de las categorías mediante las cuales el teólogo expresa la verdad bíblica. . . . La contextualización demanda que el teólogo tome en serio las formas de pensamiento y la estructura mental de la cultura en la cual tiene lugar el teologizar, a los efectos de explicar las verdades eternas de las Escrituras, en un lenguaje comprensible para la gente contemporánea (Grenz 1993, 90; ver Wilbert Shenk 1999, 77).

Ubicar la tarea teológica en el contexto local implica un abordaje epistemológico del teologizar crítico. Cuestiona lo que sabemos y lo que no sabemos acerca de Dios en la situación local.[125] David Bosch resaltó la importancia de este elemento epistemológico en la contextualización.

> Las teologías contextuales afirman que constituyen un quiebre epistemológico, cuando se comparan con las teologías tradicionales. Mientras que, por lo menos desde el tiempo de Constantino, la teología fue conducida *desde arriba*, como una empresa elitista . . . siendo su principal fuente la *filosofía* y su principal interlocutor el *no creyente educado*, la teología contextual es una teología *desde abajo*, "desde el

---

[125] Esta perspectiva epistemológica de teología contextual gozó de un apoyo adicional a partir de 1976 cuando "veintidos teologos de Africa, Asia y América Latina, junto con representantes de grupos minoritarios en Norteamérica, fundaron la Asociación Ecuménica de Teólogos del Tercer Mundo (Ecumenical Association of Third World Theologians -- EATWOT) en Dar es Salaam, Tanzanía. En 2002 la membresía de EATWOT había crecido a más de 700 miembros." (John Mbiti 2003:91). Los congresos, escritos y libros publicados que salieron de EATWOT durante los pasados veinticinco años han reforzado un acercamiento epistemológico en el quehacer de una teología apropiada y contextual, especialmente en y desde lo que se conocía en ese entonces como el tercer mundo. (Ver Inus Daneel, Charles Van Engen y Henk Vroom, eds. 2003.)

reverso de la historia,"siendo su principal fuente (aparte de la Escritura y la tradición) las *ciencias sociales*, y su principal interlocutor el *pobre* o el *culturalmente marginado*. . . . Igualmente importante en la nueva epistemología es el énfasis sobre la prioridad de la praxis (Bosch 1991, 423).[126]

Bosch también advirtió acerca de las "ambigüedades de la contextualización,"una incomodidad que comparto. Bosch afirmó:

> No puede haber ninguna duda de que el proyecto de contextualización es esencialmente legítimo, dada la situación en la cual muchos teólogos contextuales se encuentran. . . . Aun así, todavía permanecen algunas ambigüedades, particularmente en cuanto a que hay una tendencia en la teología contextual a sobre reaccionar [y] a cortar con el pasado y negar la continuidad de la herencia teológica y eclesial que tenemos. . . . No es necesario decir que no toda manifestación de la teología contextual es culpable de alguna o de toda la sobre reacción discutida anteriormente. Aun así, [tales ambigüedades]. . . permanecen como un peligro constante para todo intento [legítimo] de permitir que el contexto determine la naturaleza y el contenido de la teología para ese contexto (Bosch 1991, 425-26, 432).

De modo que, ni la uniformidad monolítica ni la pluralidad atomizada son enfoques satisfactorios para hacer teología en un mundo en globalización, en el día de hoy. Así que el desafío que tenemos por delante en el siglo veintiuno es encontrar una manera de conocer a Dios en el contexto, es decir, debemos aprender a hacer un teologizar crítico, global y localmente, mediante la lectura de la misma Biblia, en medio de múltiples culturas. Esto a su vez, nos comprometerá tanto con la contextualización inicial del evangelio como con la re-contextualización del evangelio en el tiempo.

Tanto contextualización como re-contextualización

---

[126] "La contextualización," escribe J. Andrés Kirk, "reconoce la influencia recíproca entre cultura y aspectos socio-económicos de la vida. Así que, la relación del Evangelio con la cultura tiende a tomar una postura más crítica (o profética) hacia la cultura. Se procura apreciar el concepto con seriedad como un método teológico que significa compromisos ideológicos particulares en busca de transformar situaciones de injusticia social, alienación política y el abuso de derechos humanos." (J. Andrew Kirk 1999: 91, *trad. por cve*). Kirk cita a Miguez Bonino 1971:405-407; citado también en Norman Thomas 1995:174 y David Bosch 1991:425. Ver también David Bosch 1991:423.

Mientras la única Iglesia, expresada en muchas iglesias, procura reconciliar una teología, expresada en muchas teologías, habrá una necesidad de re-contextualizar el evangelio de Jesucristo entre múltiples generaciones de creyentes, en contextos diferentes. Como se notó anteriormente, al principio, la contextualización se refirió a hacer teología en contextos locales, haciendo que los variados temas culturales y contextuales tuvieran peso sobre el proceso de contextualización. No obstante, para fines de los años de 1970 y de 1980, los protestantes evangélicos habían re-direccionado el término, para señalar una manera de comunicar el evangelio de modo significativo, de manera que tuviera sentido para el receptor. Comenzamos a entender qué es el receptor quien le adscribe significado a cualquier comunicación (cf. Kraft 1983, 1991; y 1999b).

Así es que, en 1989, David Hesselgrave y Edward Rommen definieron la contextualización de esta manera.

> La contextualización cristiana puede ser pensada como el intento de comunicar el mensaje de la persona, de las obras, de la Palabra y de la voluntad de Dios, de manera fiel a la revelación de Dios, especialmente tal como está expuesta en las enseñanzas de la Sagrada Escritura, y que es significativa para los que responden, en sus respectivos contextos culturales y existenciales (Hesselgrave y Rommen 1989, 200).[127]

Entonces, el enfoque protestante evangélico occidental de la contextualización fue poner a la contextualización al servicio de la comunicación del evangelio. Varios enfoques comunicacionales de la contextualización asumieron que el mensaje del evangelio comunicado era conocido y entendido por los comunicadores cristianos y que se lo ofrecían a los no-cristianos que no conocían el evangelio. Este era un proceso de comunicación simple, de una sola mano. Los modelos comunicacionales de la contextualización han dominado el punto de vista protestante evangélico occidental de la empresa misionera transcultural por varias décadas. Y hay muchos lugares en el mundo, donde los modelos comunicacionales de la contextualización siguen siendo necesarios (cf., Don Richardson 2000). Examinaremos estos temas más acabadamente en un capítulo posterior de este libro.

---

[127] No tengo lugar aquí para mencionar las varias maneras en las que se ha intentado categorizar los varios "modelos" de contextualización. Ver, e.g., Steve Bevans 2002; David Bosch 1991, 420-32; Ashish Chrispal 1995; Bruce Fleming 1980; Dean Gilliland 1989a; 2002; Krikor Haleblian 1983; Donald Jacobs 1993, 235-44; Jan Jongeneel 1997:6-9; 130-34; Andrew Kirk 1999; Bruce Nicholls 1979; Robert Schreiter 1985; Clemens Sedmak 2002; Max Stackhouse 1988; Charles Taber 1983; Tite Tiénou 1993, 235-52; Charles Van Engen 1989; 2004a; y Darrell Whiteman 1997.

Este fue precisamente el desafío para las iglesias en Europa occidental, que Lesslie Newbigin articuló en los últimos años de su vida, al cual Wilbert Shenk respondió liderando la Iniciativa del Evangelio y la Cultura en Inglaterra y en Europa occidental. La investigación que, en el presente, muchos están haciendo en Occidente, para articular la fe de manera que pueda ser comprensible y aceptable para los post-modernos es una clase de re-contextualización. Wilbert Shenk también ha estado a la vanguardia de esta iniciativa.

Esta cuestión es todavía más conmovedorae en iglesias cuyos miembros son inmigrantes. Sabemos que hay más seres humanos moviéndose alrededor del globo en el día de hoy que nunca antes en la historia de la tierra. Y el modo en que la primera generación de inmigrantes conoce a Dios será diferente de la manera que la segunda, la tercera y la cuarta generación de esas familias puedan conocer a Dios. El lenguaje, la cultura, la cosmovisión, los valores, las perspectivas de cada generación son significativamente diferentes a los de la generación previa. Este es un tema complejo que está más allá del alcance de esta obra. Pero necesitamos reconocer esta dinámica, cuando consideramos las cuestiones que enfrentamos al hacer teología de la misión en nuestro nuevo mundo.

Conclusión

Así que la tarea de un teologizar crítico implica, por lo menos, tres pares dialécticos que hemos examinado en este capítulo: una iglesia/muchas iglesias; una teología/muchas teologías; y tanto contextualización como re-contextualización del evangelio.[128] Conocer a Dios en el contexto es conocer a Dios siempre dentro de marcos culturales específicos. Aun así, el evangelio es siempre distinto de todas las culturas humanas, algunas veces afirmándolas y con frecuencia siendo proféticamente crítico de ellas.

David Bosch ofreció seis afirmaciones que pueden ayudarnos a ligar la contextualización con la teología y la misión.

1. La misión como contextualización es una afirmación de que Dios se ha vuelto hacia el mundo. . . . (No es necesario dicotomizar nuestra relación de fe hacia Dios de nuestro compromiso e involucramiento con el mundo.)
2. La misión como contextualización implica la construcción de una variedad de "teologías locales. . . ." (Pero una multiplicación

---

[128] Con miras de hacer teología en un mundo que sigue globalizándose, la iglesia al rededor del mundo necesita partir, por lo menos, de las cinco afirmaciones qque aparecen al final del Capitulo 3, página 80 de esta obra.

demasiado expandida o atomizada de "teologías" tiene implicaciones profundamente negativas para relativizar la unicidad de la fe de la Iglesia cristiana en el mismo evangelio.)
3. No sólo está el peligro del relativismo, cuando cada cultura forja su propia teología, a la medida de ese contexto específico, sino que también está el peligro del absolutismo, del contextualismo. . . .
4. Todavía debemos mirar todo este tema desde otro ángulo, el de "releer las señales de los tiempos"; una expresión que ha invadido el lenguaje eclesiástico contemporáneo. . . .
5. A pesar de que la naturaleza y el rol del contexto son innegablemente cruciales, no deben ser tomados como la autoridad única y básica para la reflexión teológica. . . .
6. Stackhouse ha argumentado que estamos distorsionando todo el debate sobre la contextualización, si sólo lo interpretamos como un problema de la relación entre práctica y teoría.

Los mejores modelos de teología contextual logran mantener unidas y en tensión creativa la *theoria*, la *praxis* y la *poiesis* (o, si así lo deseamos, la fe, la esperanza y el amor). Esta es otra manera de definir la naturaleza misionera de la fe cristiana, la cual procura combinar las tres dimensiones (Bosch 1991, 426).

Estoy comenzando a pensar que mi primo David estaba en lo cierto, no sólo en cuanto a su ministerio pastoral, sino también en cuanto a hacer teología en un mundo en globalización. Tal vez al final de cuentas, nuestra tarea como teólogos contextuales críticos es básicamente ayudar a la gente a conocer a Dios en su contexto: nada más, ni nada menos.

Este capítulo es una adaptación de "Critical Theologizing: Knowing God in Multiple Global/Local Contexts," en James R. Krabill, Walter Sawatsky y Charles Van Engen, eds. Evangelical, Ecumenical and Anabaptist Missiologies in Conversation. *Maryknoll: Orbis 2006, 88-97. Usado con permiso.*

CAPÍTULO 6

UNA MISIOLOGÍA DE TRANSFORMACIÓN EN LA TEOLOGÍA DE LA MISIÓN

Tesis

Mi tesis es que una misiología evangélica de transformación se construye sobre los conceptos clásicos de misión, desarrollados durante los últimos 100 años, supera las dicotomías entre evangelismo y acción social que surgieron hace 50 años y se recrea a sí misma en una teología de la misión trinitaria de transformación, apropiada para los desafíos globales/locales, y para las oportunidades de la Iglesia y del mundo en este nuevo siglo.

Introducción

Cuando mi hijo Andrés tenía cuatro o cinco años de edad, tenía varios juguetes llamados Transformers. Eran unas figuras plásticas grandes de un soldado o de un guerrero *samurái*. Cuando uno comenzaba a mover los varios componentes, para un lado y para el otro, y a darle una nueva forma al objeto, podía transformarse en un avión jet o en un vehículo armado, es decir, se "transformaba." Seguía siendo el mismo juguete, pero sus variadas formas eran muy diferentes.

Cuando pienso en la teología de la misión hoy en día, pienso en los Transformers de mi hijo. La praxis de la misión y el análisis misiológico en el siglo veintiuno deben sufrir una transformación radical similar. Tiene que ser siempre la misma misión, la misión de Dios, la *missio Dei*. No obstante, hoy estamos en una situación de misión muy diferente que, digamos, 100 años atrás.

Ubicación histórica: montando el escenario

Para que entendamos hacia dónde nos movemos en el futuro, al articular una teología de la misión de transformación, es importante que recordemos nuestro pasado. Permítanme resumir brevemente dónde hemos estado, en nuestra reflexión misiológica, cien años atrás y cincuenta años atrás. Tal resumen puede brindarnos lentes con las cuales podamos ver el futuro.

En *Post-Capitalist Society*, Peter Drucker dijo lo siguiente:

> Cada unos pocos cientos de años en la historia [humana] ocurre una transformación aguda. Cruzamos lo que . . . he llamado una "divisoria." En unas pocas cortas décadas, [una] sociedad se reacomoda a sí misma (su cosmovisión, sus valores básicos, sus estructuras sociales y políticas, sus artes y sus instituciones claves). Cincuenta años más tarde, hay un mundo nuevo. Y la gente que nace entonces no puede imaginar al mundo en el que sus abuelos vivieron y en el cual nacieron sus propios padres. Justo en este momento, estamos pasando por una transformación como esa (Drucker 1993, 1).

Hace cien años, la misión global era una misión occidental, mayormente de una carretera de un solo carril, desde el oeste y el norte hacia todas las otras partes del globo. En ese tiempo, las perspectivas dominantes tenían que ver con cómo podían hacer las misiones occidentales para cooperar unas con otras, con cómo ser pioneras en ciertas áreas para que así los pueblos podían ser alcanzados, por primera vez, con el evangelio, y con cómo las nuevas iglesias jóvenes en África, Asia y América Latina podían ser ayudadas para que llegaran a auto-gobernarse, auto-propagarse y auto-sostenerse.

A comienzos del siglo veinte, había un gran optimismo acerca de la cultura occidental de la modernidad y de la civilización occidental. Se asumía que otras religiones pronto decrecerían en influencia o directamente morirían. La misión estaba predominantemente dirigida hacia áreas rurales y la medicina, la educación y la agricultura eran frecuentemente vistas como medios para la evangelización de los que todavía no eran cristianos. Las actividades de las misiones eran llevadas a cabo mayormente por organizaciones denominacionales de misión, con algunas notables excepciones como la China Inland Mission, la Sociedad Misionera de Londres, las sociedades bíblicas y otras. En una conferencia en video, en 1984, sobre "Cómo ha cambiado mi mente acera de la misión," Stephen Neill observó que en el tiempo del gran congreso sobre la misión en Edimburgo, en 1910, había "nueve terrenos para un optimismo razonable." Los resumo abajo.

- La exploración geográfica del planeta estaba casi completa.
- Había una mayor seguridad para la vida humana en el mundo (las guerras habían cesado).
- La salud de los misioneros era mucho mejor.
- Se habían abierto caminos hacia todas las religiones importantes, en todas partes; cada sistema social había entregado algunos convertidos.
- Las principales lenguas ya se habían aprendido.
- La Biblia estaba al alcance de la mano en las lenguas más ampliamente habladas.

- Las iglesias mismas se habían comprometido con el trabajo misionero foráneo.
- El gigantesco Movimiento Estudiantil Cristiano ya estaba en su lugar.
- Las iglesias del Tercer Mundo ya se estaban transformando en iglesias misioneras por derecho propio.

Neill concluyó esa conferencia observando que había "tres grandes cambios inadvertidos" en la misión, a comienzos del siglo veinte.

- Que muchos lugares pronto serían cerrados para el esfuerzo misionero foráneo.
- Que habría una recuperación y un surgimiento de las grandes religiones no-cristianas.
- Que la declinación de la Iglesia se daría mayormente en Occidente y en las iglesias más firmemente establecidas.

No obstante, a pesar de todo esto, en medio de todos los cambios, Neill afirmó: "El propósito de toda nuestra predicación es que nuestros oyentes tengan un cuadro claro de Jesucristo. Realmente queremos que la gente se haga cristiana. Si nosotros hemos visto a Cristo y la vida en él, deseamos que todos puedan verlo--esto es misión" (Neill 1984).

Hace un siglo, las misiones cristianas generalmente compartían un consenso alrededor de una visión clásica de la misión, que no dividía el evangelismo de la acción social. Los misiólogos generalmente vieron al evangelio como impactando en toda la vida. Tenían una definición en común de la misión, articulada y popularizada por la consigna del Movimiento de Estudiantes Voluntarios: "La evangelización del mundo en esta generación." Esa "consigna" fue usada más tarde por John R. Mott como título de su libro más famoso y también fue adoptada como lema de la Conferencia Misionera Mundial de Edimburgo, en 1910. La consigna daba por sentada una visión holística de la misión, aun cuando debemos reconocer que tal visión, con mucha frecuencia, era encasillada en una meta eurocéntrica de cristianización y civilización. Así y todo, incluso esa meta asumía un componente de conversión.

Esa visión de la misión también implicó mucha tensión. Debemos reconocer que la fórmula de los tres autos de Venn-Anderson, la cual dominó la escena, era fuertemente eclesiocéntrica (mayormente introvertida y bastante estática), y no tenía un compromiso de transformar la cultura o de cambiar las realidades políticas o socioeconómicas de ese tiempo.[129] El énfasis sobre el servicio social de hace cien años, en términos de agricultura, medicina y educación, no fueron vistas como actividades en contraposición con la proclamación verbal y la conversión personal de fe. Eran vistas como aspectos integrales de la proclamación del evangelio, que demandaba conversión. Después de la Segunda Guerra Mundial esto cambió en el pensamiento norteamericano sobre la misión y se creó una gran grieta entre los que estaban por el cambio político y socioeconómico y los que afirmaban que la proclamación verbal era central a la misión.

Reacciones de mitad de siglo: superando dicotomías

Luego vinieron las guerras mundiales; la Revolución Francesa, la Mexicana, la Bolchevique y la Maoísta; la guerra de Corea; el nacimiento del Consejo Mundial de Iglesias; y el esfuerzo por reconstruir Europa y Japón, entre otros eventos. El globo comenzó a encogerse debido al surgimiento de los viajes aéreos, a la radio, a los teléfonos y a la televisión. Y las iglesias en Asia, África y América Latina comenzaron a crecer, a madurar y a crecer en su influencia global. Las perspectivas de la misión cambiaron radicalmente, produciendo profundas dicotomías.

Hace cincuenta años, nuevas naciones surgieron alrededor del globo. El debate de la "moratoria"[130] puso en relevancia en la conciencia de la misión, el desarrollo, el crecimiento y el rol misionero de las que primero fueron llamadas iglesias "jóvenes" y más tarde iglesias "nacionales" en África, Asia y Latinoamérica.[131] Algunas iglesias protestantes occidentales estaban hablando

---

[129] Creo que uno de los más grandes obstáculos para la evangelización mundial de hoy en día es el persistente vestigio de la "fórmula de los tres autos." El deseo de las iglesias de ser "autóctonas" es laudatorio y se debería alentar. Pero aferrarse demasiado fuertemente a esa fórmula introvertida e institucionalmente osificada, como meta para las actividades de misión ha tendido a iglesias creadas, en todo el mundo, que exhiben otras dos características: se centran en sí mismas y son egoístas. En los años de 1980, Carlos Kraft, Paul Hiebert y otros animaron a las iglesias en todas partes del mundo a transformarse en "auto-teologizantes" Ese desafío estaba en el camino correcto y este libro es un pequeño intento de contribuir con esa meta. Un ejemplo de alguien que ha atrapado la visión de Hiebert de ampliar y profundizar la indigeneidad de la Iglesia en el contexto de Norteamérica es Jervis David Payne, *Discovering Church Planting: An Introduction to the Whats, Whys, and Hows of Global Church Planting*, Colorado Springs: Paternoster, 2009, 18-24.
[130] Para un tratamiento resumido de esta visión, ver Van Engen 2000 y Van Engen 2001.
[131] Este desarrollo comenzó con la reunión, en 1938, del Consejo Misionero Internacional, en Tambaram, India. Ver Van Engen 1996, 148-49.

acerca del fin de la "era misionera," y proponiendo que fuera reemplazada por una "era ecuménica" de cooperación de iglesia con iglesia y de compartir recursos a nivel global.[132] La ecumenicidad global llegó a ser una agenda importante, junto con un fuerte énfasis en el cambio sociopolítico en África, Asia y Latinoamérica.

En reacción a esta dirección en la teología de la misión ecuménica, los protestantes evangélicos, especialmente en los Estados Unidos, formaron nuevas coaliciones para enfatizar la proclamación verbal y la conversión personal, por sobre las metas sociopolíticas, económicas y humanitarias de la misión. Aparentemente, los protestantes evangélicos ya no se sentían aguijoneados por una "consciencia intranquila" (Henry 1947) con respecto a las dimensiones sociales del evangelio. Nuevas aventuras cooperativas para la evangelización mundial surgieron en las reuniones en Wheaton 1966 y en Berlín 1966, que derivaron en el Movimiento de Crecimiento de la Iglesia, el Movimiento de Lausana,[133] el Movimiento AD2000 y otras iniciativas con base occidental, que vieron a la misión en los términos más tradicionales de encontrar medios misiológicamente efectivos, por medio de los cuales "hombres y mujeres puedan llegar a ser discípulos de Jesucristo y miembros responsables de la Iglesia de Cristo (McGavran 1970, 35; Wagner 1989, 16).[134]

Podríamos resumir la perspectiva de la misión de los años de 1950 y de 1960 de la manera siguiente:

- Las iglesias nacionales comenzaron a madurar por toda África, Asia, América Latina y Oceanía.
- Nuevas naciones nacieron, particularmente en toda África, y una crítica de la misión, fuertemente anticolonial surgió en medio de las iglesias más antiguas.
- Las misiones de fe aumentaron en número y en importancia, particularmente en Norteamérica.
- El debate de la moratoria creció.
- Surgió una conversación de doble mano referente a la misión mundial, con una crítica cada vez más estridente de parte de las iglesias nacionales más jóvenes.

---

[132] Para una mirada a varios de los desarrollos de esta manera de pensar, ver Van Engen 1996, 145-58.
[133] Se puede acceder a los documentos emanados de estos encuentros en la página web de Lausana.
[134] Para un tratamiento resumido de estos desarrollos en la teología de la misión protestante evangélica, ver Van Engen 1990.

- La Comisión de Misiones Mundiales y Evangelismo se reunió en la ciudad de México en 1962, con el tema: "La misión en seis continentes."
- Un fuerte movimiento ecuménico tomó forma en el Consejo Mundial de Iglesias.
- El Concilio Vaticano II transformó a la Iglesia Católica Romana.
- La división protestante entre evangelismo y acción social empeoró.
- Surgieron debates evangélicos/ecuménicos y también se tornaron más acalorados, poniendo en paralelo dos lecturas diferentes de la Biblia (un punto de vista tradicional y otro más sociopolíticamente y económicamente orientado).[135]
- Se crearon coaliciones evangélicas globales y estructuras cooperativas (más notablemente el Movimiento de Lausana).
- Teólogos del mundo de los dos tercios comenzaron a levantar sus voces proponiendo nuevas perspectivas sobre la misión de la Iglesia.

Después de la Segunda Guerra Mundial, hubo una división bastante severa entre puntos de vista diferentes de la misión cristiana. Impactado en gran manera por una consciencia culpable acerca del Holocausto y del Tercer Reich, y siguiendo la conducción de J. C. Hoekendijk, la gente del Consejo Mundial de Iglesias resaltó una teología de relevancia, con pesadas agendas sociopolíticas, por sobre la fe personal.

En reacción a eso, y especialmente desilusionadas por la integración del Consejo Misionero Internacional al Consejo Mundial de Iglesias,[136] personas de mente evangélica en Europa y en Norteamérica acentuaron la proclamación verbal que procuraba la conversión personal a Jesucristo, por sobre las agendas sociopolíticas (ver Van Engen 1996, 128-36). El movimiento de los Derechos Civiles en los Estados Unidos y la teología de la liberación en Latinoamérica, las Filipinas, Corea del Sur, India y en otras partes simplemente exacerbaron la división. Los escritos de Donald McGavran, polémicos como eran, aunque señalando, lo que yo consideraría la dirección correcta, con frecuencia alentaron una profundización de la grieta entre estas visiones opuestas en cuanto a la misión.

---

[135] Ver, Donald McGavran 1977.

[136] Es difícil subestimar el impacto que el movimiento para integrar el Consejo Misionero Internacional al Consejo Mundial de Iglesias, en la conferencia de Nueva Delhi del Consejo, en 1961, tuvo sobre la teología de la misión evangélica. Ver Van Engen 1996, 132-33, particularmente las notas al pie 19-22 y 1996, 150, nota al pie 14.

Cincuenta años más tarde, todavía nos encontramos desafiados por las palabras que Harold Lindsell expresó en 1962: "Es lamentable que cincuenta años después de Edimburgo [1910] no pueda haber un congreso mundial para la misión, que trascienda algunas de las diferencias sin importancia que dividen a los que tienen propósitos misioneros similares. . . . Quizás las misiones de fe puedan ampliar esta visión y proveer un liderazgo creativo y dinámico para una nueva era de avance misionero" (Lindsell 1962, 230).

El desarrollo histórico de la teología de la misión que bosquejé anteriormente debería dar a los evangélicos cierta prudencia en la manera en que usamos ciertas frases. Por ejemplo, "Toda la Iglesia, llevando todo el evangelio a todo el mundo" no fue creación del movimiento de Lausana en la reunión de Lausana II en Manila en 1989, donde los evangélicos comenzaron a usar la frase y continuaron usándola, de manera extensiva, hasta Lausana III en Ciudad del Cabo. Fue usada por primera vez en la reunión del Comité Central del Consejo Mundial de Iglesias en Rolle, Suiza en 1951.[137] "Misión en seis continentes" o alguna frase parecida que enfatice las direcciones múltiples de la misión global, desde cualquier parte hacia cualquier parte, fue usada por primera vez por la Comisión de Misiones Mundiales y Evangelismo en su reunión de la ciudad de México en 1963 (Ver R. K. Orchard, *Witness in Six Continents* 1964).

En el volumen 4 de su *Church Dogmatics*, junto con otros escritos, Karl Barth recalcó que la misión deriva de la misión del Dios trino. Afirmó que la misión no pertenece a la Iglesia, ni que tampoco es la Iglesia la que decide cuál es su misión. Más bien, la misión está arraigada en los propósitos de Dios, en los métodos de Dios, en las metas de Dios. En siglos anteriores, la Iglesia, especialmente en círculos católicos romanos, entendió que Dios el Padre envió al Hijo, Jesucristo, y que el Padre y el Hijo enviaron al Espíritu Santo, y que juntos como trinidad Dios envía a la iglesia. Barth agregó un nuevo elemento. Afirmó que la misión de Dios está dirigida al mundo y Dios envía a la Iglesia al mundo como participante en la misión de Dios. Este punto de vista llegó a ser conocido como *missio Dei*, la "misión de Dios."

Más recientemente, el concepto de *missio Dei* parece ser usado con regularidad entre los evangélicos. Pero no es un concepto nuevo. David Bosch y otros afirman que fue articulado, por primera vez, por Karl Barth en 1932[138] y a

---

[137] Ver, John A. Mackay 1963, 13; J. C. Hoekendijk 1966, 108; Charles Van Engen 1981, 382; y Charles Van Engen 1996, 150.

[138] Cf. David Bosch 1980, 167. En mi lectura de Barth, no creo que podamos adscribirle el concepto pleno de *missio Dei* como un modelo para la misión de la Iglesia en el mundo, en la manera que fue desarrollado por el Consejo Mundial de Iglesias después de 1952 y que es usado ahora, de manera extensiva, por el movimiento evangélico. Leo a Barth como simplemente diciendo que la misión al mundo está arraigada en la misión trinitaria

continuación de Barth por Karl Hartenstein en 1952. Se asoció a una visión trinitaria de la misión en la conferencia de Willingen, del Consejo Misionero Internacional, en 1952. El concepto fue popularizado por Georg Vicedom en 1958 y llegó a ser una moneda bastante común en el movimiento ecuménico, después del encuentro de la ciudad de México en 1963 (ver Henry Van Dusen 1961; Georg Vicedom 1965). La comprensión de la *missio Dei* por parte de Vicedom está cercana a lo que he descripto como la perspectiva de Barth. Y en ese momento, Vicedom estaba sugiriendo el término como una manera de (1) liberar a la misión de su prisión eclesiocéntrica y (2) brindar una comprensión de la misión que ya no separara el evangelismo y la acción social. No obstante, durante los siguientes quince años, más o menos, la expresión se llenó de muchas agendas adicionales. Por ejemplo, el término fue usado como fundamento conceptual para la discusión entre el Consejo Mundial de Iglesias y el National Council of Churches of Christ en los Estados Unidos, sobre "las estructuras misioneras de la congregación" en 1963 (cf. Collin Williams 1963, 1964 y World Council of Churches 1968), un esfuerzo que no duró mucho, con poco o nada de alcance misionero en el mundo. Muchas otras agendas adicionales (especialmente cuestiones sociopolíticas y económicas) fueron cargadas al concepto. Como James Scherer señaló, en la teología de la misión conciliar, el barco de la *missio Dei* fue eventualmente cargado tanto, con tanto equipaje, que casi se hundió.[139]

Mientras procuraba demostrar en *Mission on the Way*, cuándo la Iglesia y la misión se confunden y se fusionan, y cuándo a la *missio Dei* se la hace aparecer como cualquiera y como todas las actividades que la Iglesia quiera llevar a cabo en el mundo, entonces lo dicho por Stephen Neill parece probar que:

---

de Dios, a la vez que deriva de ella y está definida por ella. La misión es la misión de Dios y no debe ser propiedad de la Iglesia, ni estar bajo su control, ni bajo el control de las necesidades del mundo. Después de 1952, al concepto se lo llenó de una cantidad de otras agendas, más allá de la perspectiva de Barth.

[139] Ver, H. H. Rosin, *Missio Dei: An examination of the Origin, Content and Function of the Term in Protestant Missiological Discussion,* 1972; James Scherer 1987, 93-125; James Scherer, "Church, Kingdom, and *Missio Dei*; Lutheran and Orthodox Correctives to Recent Ecumenical Mission Theology," 1993, 82-88; Johannes Verkuyl, 1978, 328-31; 197-204; David Bosch 1980, 242-48; 1991, 389-93; Van Engen 1981, 277-79, 305-323; 1991, 108; 1996, 150-53; Andrew Kirk 1999, 229; Jan Jongeneel y Jan van Engelen 1995; 447-48; Jan Jongeneel 1997, 59-61; D. T. Niles 1962; George Vicedom "*Missio Dei*" en Stephen Neill, Gerald H. Anderson y John Goodwin, eds. 1971, 387; John McIntosh, "*Missio Dei*" en Moreau, Netland y Van Engen, eds. *Evangelical Dictionary of World Missions* 2000, 631-33; Lesslie Newbigin *The Open Secret* 1978, 20-31; Roger Bassham 1979, 67-71.

"Cuando todo es misión, nada es misión."¹⁴⁰ En el Consejo Mundial de Iglesias (CMI), el término eventualmente se refirió a un cambio de orden en el concepto de misión. La perspectiva clásica de la misión comienza con Dios, quien obra primordialmente mediante la Iglesia, para alcanzar y transformar al mundo (Dios-Iglesia-Mundo). Pero el pesimismo profundo de J. C. Hoekendijk con respecto a la Iglesia lo motivó a sugerir, en *The Church Inside Out* (1966), que se necesitaba un nuevo orden, un orden que llegara a ser una parte esencial de la comprensión del CMI sobre la *missio Dei*, después de su cuarta asamblea en Uppsala, en 1968. Después de 1968, siguiendo la guía de Hoekendijk, la expresión *missio Dei* fue usada en círculos del CMI para enfatizar que Dios estaba obrando en el mundo y que la mejor cosa que podía hacer la Iglesia era unirse a los movimientos de lo que Dios estaba haciendo en el mundo (Dios-Mundo-Iglesia). Este cambio de orden secularizador tuvo un efecto profundo y de largo alcance sobre la teología de la misión de los que estaban asociados al CMI. Dada la historia de la expresión, creo que los misiólogos evangélicos deben tener cuidado de articular con claridad lo que quieren decir (y lo que no quieren decir), cuando hablan de la *missio Dei*.

No creo que nadie estuviera realmente satisfecho con la dicotomía entre la proclamación verbal y la acción social. En los años de 1970 y de 1980 se hicieron múltiples intentos de cerrar la grieta. El Movimiento de Lausana dio origen a una cantidad de consultas, monografías y encuentros, procurando repensar el tema de la "prioridad del evangelismo," tal como había sido articulada por John Stott en el Pacto de Lausana. En los años de 1970, aunque todavía usando el lenguaje del "mandato evangelístico" como paralelo al "mandato cultural," Arthur Glasser comenzó a basarse sobre las obras de Oscar Cullmann (1951), de Hermann Ridderbos (1962) y de George Ladd (1974), para desarrollar la noción del reino de Dios, como una manera de estrechar la relación entre evangelismo y acción social. En el día de hoy, hay un consenso global sustancial alrededor del tema del reino de Dios, como un modo de construir una visión más holística de la misión (ver, Van Engen 1991, 101-108). Este motivo ha sido prominente en la teología de la misión de René Padilla y de sus asociados en la Fraternidad Teológica Latinoamericana. Con base en el tema del reino de Dios, ellos han desarrollado la idea de "misión integral" como marco conceptual que puede cerrar la grieta entre proclamación verbal y acción social.¹⁴¹

---

[140] Stephen Neill 1959, 81; citado por Johannes Blauw, 109.
[141] La primera publicación importante de la Fraternidad Teológica Latinoamericana fue titulada, *El Reino de Dios y América Latina*. Desde entonces, la Fraternidad Teológica Latinoamericana ha enfatizado consistentemente lo que Padilla y otros han llamado "misión integral." Ver, Orlando Costas 1974; Mortimer Arias 1980, 1984, 2003; René

La Asociación Evangélica de Teólogos del Tercer Mundo luchó con el problema en las primeras etapas de sus conversaciones.[142] Miembros de la Asociación Teológica de Asia también procuraron articular una comprensión más holística de la misión, que pudiera tender un puente entre las antiguas dicotomías, tal como está evidenciado en los escritos de, por ejemplo, Ken Gnanakan (1989, 1992). En el Consejo Mundial de Iglesias, surgió un mayor interés por temas de espiritualidad y de formación espiritual. Y teólogos de la liberación latinoamericanos, como Gustavo Gutiérrez, comenzaron a explorar cuestiones de espiritualidad y de formación espiritual como inherentes a la liberación.

Así que, en los años de 1980 y de 1990, vemos perspectivas evangélicas de la misión que comienzan a interesarse en un enfoque "holístico" de la misión. Creo que el ímpetu para esto puede ser que las agencias misioneras de fe, con base predominantemente en Norteamérica, que estuvieron activas por más de cincuenta años, se vieron relacionadas con convertidos de segunda y de tercera generación y con iglesias en maduración en África, Asia y Latinoamérica. Estos convertidos, fruto de la evangelización temprana de estas misiones de fe evangélicas occidentales, habían comenzado a buscar maneras en las que el evangelio que ellos aceptaron pudiera impactar las realidades socioeconómicas, culturales y políticas en las que se encontraban. Estas nuevas generaciones de conversos estaban viviendo en circunstancias de opresión, persecución, enfermedad, hambre y extrema pobreza. Y estaban comenzando a preguntarles a sus hermanos y hermanas en el Occidente, cuál debía ser el impacto del evangelio sobre la realidad que estaban experimentando.

Con la declinación de la Iglesia en el Occidente y el centro de gravedad desplazándose, de modo que dos tercios de todos los cristianos están en Asia, África, Latinoamérica y Oceanía, la Iglesia de Jesucristo es cada vez más una Iglesia de los pobres y de los oprimidos. De modo que, al comienzo de este nuevo siglo, los cristianos alrededor del globo todos sufren la misma opresión, falta y necesidad que los no-cristianos, en su contexto. Ya David Barrett señaló ese desarrollo en un artículo publicado en el número de octubre de 1983 del *International Bulletin of Missionary Research*, titulado "Silver and Gold Have I None: Church of the Poor and Church of the Rich?" (David Barrett 1983, 146-51).

Padilla 1986; Samuel Escobar 1998; 1999; 2002; Timothy Carriker 1992; y Valdir Steuernagel 1991, 1992.
[142] Cf., John Mbiti 2003. (Mencioné esto más extensamente en una nota al pie de página en un capítulo anterior.)

Así es que el movimiento "Enquiry," impulsado por Luis Bush fue muy importante. Tuvo el potencial de sembrar una re-conceptualización de la naturaleza de la misión, la cual fluye desde el manantial de la Iglesia de la mayoría, articulada por la mayoría de los cristianos, ahora desparramados por los seis continentes. Uno podría decir que, por primera vez desde Constantino, hace más de 1.600 años, la Iglesia del mundo tiene el potencial de construir su comprensión de la misión, con bloques extraídos de la experiencia, de la vida, de la vitalidad y de la visión de las iglesias y de las misiones, tanto en el sur y el este del globo, como en el norte y el oeste. Todo esto conduce a un deseo de repensar y de re-conceptualizar la naturaleza de la misión, a comienzos de este nuevo siglo.

La situación presente: recuperando credibilidad

Cuando era joven, mientras crecía en San Cristóbal de las Casas, Chiapas, en el sur de México, la palabra "transformador" se refería a esos grandes contenedores redondos que colgaban de los postes de luz, que transformaban la electricidad de alto voltaje en una forma usable en la vida doméstica. Con alguna regularidad se quemaban, dejándonos a todos en la oscuridad. Lo genial de esos transformadores era que convertían la energía de las líneas de alta tensión – que no podía usarse y en realidad era dañina para nuestros hogares – y la transformaban en un voltaje, watts y ciclos apropiados para las casas de familia. Adaptaban la electricidad al contexto de nuestros hogares.

A comienzos de este nuevo siglo, creo que estamos justo en esa situación, en nuestra re-conceptualización de la misión global/local de la Iglesia. Con dos tercios de los cristianos del mundo ubicados ahora en el sur y en el este, creo que una de las cuestiones más significativas de la misión global/local en, desde y hacia los seis continentes, en el mundo de hoy, implicará la credibilidad de la Iglesia y de su misión. Desde la perspectiva de los que todavía no son cristianos, en medio del mercado de filiaciones religiosas en competencia, en un clima global de profundo hambre y de profunda curiosidad espiritual, ¿son la Iglesia y su misión creíbles? Parecería que intentos anteriores de articular una teología de la misión relevante hubieran sido insuficientes. En lo que sigue, mencionaré varias ideas integradoras, que han sido sugeridas en el pasado, para enfocar nuestros esfuerzos misioneros y señalaré por qué creo que no son suficientes para nuestra misión en el mundo de hoy en día.

- Como ya he señalado, la fórmula de los tres autos no es lo suficientemente buena: es demasiado eclesiocéntrica e introvertida. Mira a la Iglesia a través de una lente predominantemente institucional y está ciega a las cuestiones que enfrentan los que viven en contextos fuera de la Iglesia.

- El lenguaje de la "prioridad de la evangelización" no es del todo contextualmente apropiado para la mayoría de las situaciones. Parece más preocupado por dar definiciones de evangelización a priori enmarcadas en proposiciones, que por responder a las necesidades, aspiraciones, preocupaciones y sueños de las personas en el contexto circundante, que todavía no conocen a Jesucristo. El balance entre palabra y obra en nuestra evangelización debería estar orientado hacia el receptor y estar contextualmente informado.

- El lenguaje de reino de Dios es útil, pero ha adoptado una cantidad de significados y formas diferentes en la práctica real – y parece circunscribirse con facilidad a percepciones predominantemente verticales del evangelio, con una pérdida de cuestiones horizontales que están al alcance de la mano. Estoy comenzando a ver que, para ser fiel a las imágenes bíblicas de Dios y de la misión de Dios, debo permear el lenguaje del reino con un lenguaje acerca del las relaciones, del pacto, del amor hacia Dios y hacia el prójimo. Aunque tal marco puede ser dado por sentado por los que hablan acerca del "reino de Dios," no siempre es evidente y no se enfatiza con frecuencia.

- Como lo mencioné en la discusión anterior, el lenguaje de la *missio Dei*, aunque potencialmente útil, necesita una clarificación importante hoy en día, debido al bagaje múltiple, confuso y a veces contradictorio que el término lleva. ¿Cómo podemos distinguir qué es parte de la *missio Dei* y qué no?

- Debemos tener cuidado de no considerar que todo es misión, y perder a la misión en el proceso.[143]

---

[143] Una de las maneras en las que he intentado hacer esto es tomando prestado de la definición de misión de Stephen Neill: "El cruce intencional de barreras desde la Iglesia hacia la no-Iglesia, en palabra y en obra, con el propósito de la proclamación del evangelio" (Neill 1984, video). Yo defino a la misión del modo siguiente: la misión de Dios opera primordialmente a través del pueblo de Dios intencionalmente cruzando barreras hacia todos los pueblos del mundo y desde la fe hacia la ausencia de fe en contextos de cristianismo nominal, para proclamar en palabra y en obra la venida del reino de Dios en Jesucristo, a través de la participación de la Iglesia en la misión de Dios de reconciliar a las personas con Dios, con ellas mismas y con el mundo y reuniéndolas dentro de la Iglesia, mediante el arrepentimiento y la fe en Jesucristo, por la obra del Espíritu Santo, con la visión de transformar al mundo como señal de la venida del reino de Dios en Jesucristo.

- El lenguaje de "misión holística," "misión integral," o de "misión encarnacional" puede tener también algo que ofrecer, pero, por momentos, estas expresiones parecerían abrevar de perspectivas que continúan luchando con una dicotomía entre misión como proclamación verbal y personal, y la misión que procura un cambio sociocultural y estructural. En otras ocasiones, "misión encarnacional" parece afirmar tanto la cultura, que el escándalo profético de la cruz y el desafío del evangelio a transformar todo en la vida se pueden eclipsar por el deseo de identificación con los receptores.

En definitiva, parecería que, como evangélicos, hubiéramos comenzado a darnos cuenta de que si la misión fuera una moneda, deberíamos tomar con seriedad ambas caras. Pero pareciera como que continuamos esforzándonos por mantenerlas separadas y juntas a la vez, en lugar de reconocer que se trata, por ejemplo, de una moneda de "un peso." Yo sugeriría que una misiología de transformación podría ayudarnos a hablar de la misión como de una "moneda de un peso" en lugar de hablar de "cara" y de "seca."

Hacia una teología de la misión transformadora

David Bosch le dio a su *magnum opus* el título de *Transforming Mission*. Y al hacerlo, quiso brindar un juego de palabras referido a tres significados:

- En el Nuevo Testamento y a lo largo del tiempo, el concepto de misión fue transformado de tal manera, que tomó forma una variedad de "paradigmas" de auto-comprensión, referida a la conceptualización de la misión por parte de la Iglesia.
- A lo largo del tiempo, las actividades de la misión transforman a la Iglesia, mientras participa en la misión de Dios.
- Los lectores de Bosch – y la Iglesia en general – necesitan permitir que el Espíritu Santo transforme su idea de misión para incluir por lo menos trece "elementos de un paradigma de misión ecuménico emergente," que Bosch bosqueja en el último capítulo de su libro.

Yo sugeriría que el uso del concepto de "transformación" que hace Bosch no llegó demasiado lejos. En Romanos 12.2, Pablo amonesta a sus oyentes: "No se amolden al mundo actual, sino sean transformados mediante la renovación de su mente. Así podrán comprobar cuál es la voluntad de Dios, buena, agradable y perfecta." ¡Pablo aquí demanda una metamorfosis![144] Una misiología de metamorfosis conllevaría la clase de misión que vemos en la transformación de la mujer de Sicar – y del pueblo de Sicar—en Juan 4.

La palabra metamorfosis es la usada para describir la transformación fenomenal que ocurre, cuando una crisálida se transforma en mariposa. Creo que una misiología bíblica de transformación tiene la visión de un cambio tal en las personas, en las estructuras sociales y en las naciones de nuestro mundo, debido al evangelio del reino y a la obra del Espíritu Santo.

Tal misiología de metamorfosis implicaría la clase de cambio radical que vemos en Pablo, después de encontrarse con Jesús en el camino a Damasco. Esta es la misión de Dios, la que procura rescatar (a las personas) "del dominio de la oscuridad y [trasladarlas] al reino de su amado Hijo, en quien tenemos redención, el perdón de pecados" (Col 1.13-14). Esta es una transformación tan profunda, que todo lo permea. Pablo terminaría diciendo: "He sido crucificado con Cristo, y ya no vivo yo sino que Cristo vive en mí. Lo que ahora vivo en el cuerpo, lo vivo por la fe en el Hijo de Dios, quien me amó y dio su vida por mí" (Gá 2.20).

Esta es una misiología que procura poner al mundo cabeza abajo. La misión de la Iglesia es participar en la misión de Jesús, y la misión de Jesús establece los parámetros de la misión de la Iglesia. En razón de esto, la Iglesia cristiana en misión tiene el propósito de "anunciar buenas nuevas a los pobres . . . proclamar libertad a los cautivos y dar vista a los ciegos . . . poner en libertad a los oprimidos . . . pregonar el año del favor del Señor" (Lc 4.18-19). Al final de un capítulo en el que discute "la meta y el propósito de la misión," Johannes Verkuyl señaló hacia una misiología de metamorfosis, al enfatizar al "reino de Dios como la meta de la *missio Dei*." Aquí hay algunos extractos de su pensamiento:

> El reino del cual la Biblia testifica implica una proclamación y una realización de una salvación total, la cual cubre todo el rango de las necesidades humanas y destruye cualquier bolsillo de maldad y de dolor que afecta a la humanidad. El reino en el Nuevo Testamento tiene una amplitud y un alcance insuperables; abraza al cielo, así como también a la tierra, a la historia mundial así como también a todo el cosmos.
>
> El reino de Dios es ese nuevo orden de cosas comenzadas en Cristo el cual, cuando finalmente sea completado por él, implicará una

---

[144] Es interesante que todas las traducciones al español consultadas usan alguna expresión relacionada con "sean transformados." La versión Reina Valera de 1960 dice: "No os conforméis a este siglo, sino transformaos por medio de la renovación de vuestro entendimiento, para que comprobéis cuál sea la buena voluntad de Dios, agradable y perfecta."

restauración propia, no sólo de la relación de la humanidad con Dios, sino también de la relación entre los sexos, las generaciones, las razas e incluso entre los seres humanos y la naturaleza. . . .

Cuando investigamos sobre las consecuencias prácticas de ver a la misión desde la perspectiva del reino y de sus estructuras, una de las primeras cosas para mencionar es nuestro llamado, dado por Dios, para invitar a los seres humanos a venir a conocer a Jesús como Mesías del reino. . . . Se necesitan dos cosas, en orden a conducir a las personas al Mesías y para invitarlas a confesarlo en palabra y en hecho. En primer lugar, deben llegar a conocer lo que el Nuevo Testamento dice acerca de él. . . . La segunda cosa necesaria, al conducir a las personas al Mesías, es que cada uno de nosotros recuerde que el Señor viviente está realmente presente. . . . Por lo tanto, cada generación descubre aspectos frescos acerca de él y lo confiesa de manera nueva. . . .

Precisamente porque hemos aceptado al reino como marco de referencia y como punto de orientación para nuestra tarea misionera, debemos continuar demandando que después de nuestra proclamación debe necesariamente venir un llamado a la conversión. . . . Dentro del marco del reino, la conversión ha sido apropiadamente vista como una de las metas inclusivas de la misión. . . .

De acuerdo al Nuevo Testamento, proclamar el mensaje mesiánico siempre debe estar acompañado de reunir, preservar y agregar al pueblo de Dios. . . . La misiología siempre debe guardar un lugar para la eclesiología y para el estudio de las iglesias en sus propios ambientes. . . .

Ver a nuestra tarea misionera dentro de la perspectiva más amplia del reino nos llevará todavía a otra percepción: la participación en la lucha contra todo vestigio del mal que plaga a la humanidad es una parte intrínseca de nuestro llamado. De acuerdo a la Biblia, el reino no pertenece al futuro. Es una realidad presente, la cual, aunque todavía no revelada completamente, no obstante, sí muestra señales de estar en camino. . . .

Es gratificante poder notar, al final de este estudio sobre la meta de la *missio Dei* y de nuestra misión concomitante, que la misiología está, cada vez más, llegando a ver al reino de Dios como el centro alrededor del cual gira todo el trabajo misionero. . . . Las iglesias en los seis continentes necesitan estar alertas a las necesidades cambiantes y establecer sus prioridades de acuerdo a ellas. Pero aun así, deben presentar el mensaje entero del reino y no reducirlo a sólo un punto. Seríamos de lo más inhumanos si tratáramos solamente las necesidades más agudas y urgentes de las personas y las priváramos del rango completo de las promesas de Dios, al no mencionar al Mesías mismo... Al mismo tiempo, sería una señal de pereza pecaminosa y de indolencia, si no intentáramos en fe, junto con los hijos del reino en todo el mundo, erigir las señales de lo que viene, en medio del amplio rango de cargas humanas y de signos malignos. Por lo tanto, quien ora: "Venga tu reino, tu voluntad sea hecha" es llamado a ayudar a esparcir el reino de Dios, a lo largo y a lo ancho de la tierra." (1978, 197-204, traducción hecha por la traductora de esta obra.)

Con el énfasis trinitario y orientado hacia el reino de Dios, Verkuyl se hizo eco de la visión de Lesslie Newbigin expresada en *The Open Secret*. "La misión cristiana," afirmó, "es llevar a cabo una creencia fundamental y, a la vez, un proceso en el cual esta creencia es constantemente reconsiderada, a la luz de la experiencia de llevarla a cabo en todos los sectores de los asuntos humanos y en diálogo con todos los otros patrones de pensamiento, por los cuales los hombres y las mujeres procuran encontrar un sentido para sus vidas. [Esta] creencia fundamental se plasmó en la afirmación de que Dios se ha revelado a sí mismo como Padre, Hijo y Espíritu Santo. Por lo tanto, yo voy a [mirar] a la misión cristiana de tres maneras: como proclamar el reino del Padre, como compartir la vida del Hijo, y como dar testimonio del Espíritu" (1978, 31).

Una misión de transformación: recreación en un nuevo siglo

Entonces, ¿cómo podemos construir una teología de la misión trinitaria, basada en el reino? Me parece que el primer paso sería afirmar que la misión no es fundamentalmente nuestra. No le pertenece a la Iglesia, no es propiedad de las agencias misioneras, no es de las organizaciones cristianas no-gubernamentales. No somos nosotros los que debemos determinar ni el contenido ni los parámetros de nuestra misión. Más bien, siguiendo el énfasis articulado por primera vez por Vicedom, la misión es más fundamentalmente la misión de Dios: es la *missio Dei*. Siendo esto cierto, es esencial que construyamos un fundamento teológico, sobre el cual edifiquemos el resto de la superestructura de una misiología de transformación. Tal fundamento no puede ser esencialmente ni antropológico, ni estratégico, ni demográfico, ni lingüístico, ni político, ni económico, ni sociológico, no psicológico. Tampoco está determinado por las necesidades, demandas o aspiraciones de nuestras audiencias. Los pilares enterrados en la tierra blanda de nuestros variados contextos, pilares que soportarán la estructura de una misiología de transformación, deben ser verdades teológicas extraídas de la Escritura y de la comprensión de Dios que tiene la Iglesia, aprendida a lo largo de los veinte siglos que ésta tiene de experiencia y de reflexión acerca de Dios. Esta es una demanda muy alta y está más allá de los límites de este libro. No obstante, en la sección final de este capítulo, quiero describir con gruesas pinceladas, con una serie de afirmaciones a modo de resumen lo que yo creo podría ser el contenido de una misiología de transformación trinitaria, basada en el reino. Luego, como lo hace la Biblia, comenzamos con afirmaciones acerca de Dios, el Padre Todopoderoso, creador del cielo y de la tierra.

Dios el Padre

Los cristianos cuidan de la creación no porque es la "madre tierra" (paganismo de la Nueva Era), ni porque su cuidado garantiza la supervivencia de la raza humana (humanismo secular), sino más bien porque es la creación del Padre, cuidada y sostenida por nuestro Padre celestial en Jesucristo (Sal 8; Jn 1; Col 1; y Ef 1). Sabemos que hay un vínculo entre la salvación de los seres humanos y la salvación de la tierra. "La creación aguarda con ansiedad la revelación de los hijos de Dios . . . queda la firme esperanza de que la creación misma ha de ser liberada de la corrupción que la esclaviza, para así alcanzar la gloriosa libertad de los hijos de Dios" (Ro 8.19-21). Y sabemos que el estatus de la creación está íntimamente conectado con la relación de los seres humanos con Dios. Cuando los seres humanos se rebelaron contra Dios en el Jardín del Edén, la creación misma cayó. "Sabemos que toda la creación todavía gime a una, como si tuviera dolores de parto . . . [porque] la creación aguarda con ansiedad la revelación de los hijos de Dios" (Ro 8.22, 19). Dios está siempre, en todo tiempo, activamente involucrado en la preservación y en la re-creación de todo lo que es. De modo que, una misiología de transformación que participa en la *missio Dei*, involucra a los cristianos en el cuidado, la preservación y la re-creación de todo el orden creado.

Todos los seres humanos son miembros de la misma familia humana (somos todos primos, por así decir) creados por el mismo Dios (Gn 1-3; Jn 1). Y toda la vida humana es intrínsecamente valiosa porque, aunque caída, es creada por Dios, a la imagen de Dios. Así es que, como hijos de Dios el creador, los cristianos están inherentemente en contra de todo lo que deshumaniza y destruye la vida. Una misiología de transformación implicará un compromiso profundo para afirmar todo lo que da valor, cuida y mejora la vida humana. El Dios de la Biblia ama a todos los seres humanos por igual (cf. lista de las naciones en Génesis 10 y Hechos 2). "Porque tanto amó Dios al mundo" (Jn 3.16) incluye a toda la humanidad, también a todos los que todavía no son cristianos. Así que una misiología de transformación procurará, por todos los medios legítimos, llamar a todos los pueblos a una relación de fe viva con su Creador en Jesucristo, por gracia, por medio de la fe, que nos fue dada por el Espíritu Santo.

Dado que Dios el Creador de todo ha colocado a los seres humanos como mayordomos de la creación de Dios, una misiología de transformación es una misiología de mayordomía. Esta mayordomía no es meramente el uso cuidadoso y sabio de lo que ustedes y yo tenemos. Más bien, es el cuidado detallado y con propósito de todo lo que pertenece a Dios. Y todo lo que tenemos pertenece a Dios. Los cristianos entienden que es su responsabilidad y llamado, dado por Dios, ser mayordomos de todo lo que Dios ha creado (Gn 1-3; Sal 8; He 2.6-9).

El Dios de la Biblia es un Dios compasivo, lento para la ira y grande en misericordia (ver, Éx 34.6; 2 Cr 30.9; Sal 86.15), que no quiere que nadie perezca, sino más bien desea que todos lleguen el arrepentimiento (2 P 3.9). De manera que, como cristianos, amamos a todos los seres humanos porque Dios los amó primero y dio su vida por ellos, ya que, aun cuando éramos todos pecadores, Cristo murió por nosotros y por ellos (Ro 5.8). Nuestra motivación para la misión deriva de la creación de Dios, del amor de Dios, de la misión de Dios y del deseo de Dios. Ser "hijos de Dios" (Jn 1.12) conlleva participar en la misión de Dios. Por lo tanto, anhelamos predicar el evangelio a todos los pueblos porque, en realidad, estamos "en deuda con todos, sean cultos o incultos, instruídos o ignorantes" (Ro 1.14). Participamos en el llamado que el Padre hace a todos los pueblos a sí mismo, porque "todo el que confíe en él no será jamás defraudado. No hay diferencia entre judíos y gentiles, pues el mismo Señor es Señor de todos y bendice abundantemente a cuantos lo invocan, porque 'todo el que invoque el nombre del Señor será salvo'" (Ro 10.11-13).

Dios el Hijo: Jesús el Cristo

Los cristianos, en conversación con gente de otras creencias, confiesan que no hay salvación en ningún otro: sólo mediante la fe en Jesucristo (Hch 4.12). Una misiología de transformación reconocerá la revelación general o gracia previniente que Dios ha mostrado en medio de otras creencias, pero afirmará que sólo en Jesucristo, la revelación de Dios está completa, y sólo en Jesucristo hay salvación.

La encarnación nos muestra que la salvación implica la creación de una persona completamente nueva, porque "si alguno está en Cristo, es una nueva creación. ¡Lo viejo ha pasado, ha llegado ya lo nuevo!" (2 Co 5.17). De modo que, una misiología de transformación se involucrará en la creación y en la re-creación de las personas, procurando que lleguen a ser enteramente completas y enteramente humanas en Jesucristo.

La contextualidad encarnacional señala hacia una comunicación y una contextualización orientada al receptor. Jesús adaptó su misión no sólo a los seres humanos, sino también a seres humanos específicos. Por ejemplo, comparar su misión con Nicodemo y su misión con la mujer de Sicar (Jn 3 y 4).

El contexto de la misión de la Iglesia es definido y circunscripto por la misión de Jesús. En Lucas 4, Jesús describe y declara la esencia de su misión. Con base en la manera en que el Nuevo Testamento describe la misión mesiánica de Jesús, como el cuerpo de Cristo, la misión de la Iglesia implica por lo menos *Koinonia, Kerygma, Diakonia* y *Marturia*, al ser para el mundo una comunidad de profetas, sacerdotes, reyes, sanadores, libertadores y sabios, como comunidad de amor del Rey (ver Van Engen, *God's Missionary People*, 87-132).

Un fundamento cristológico de una misiología de transformación también implicará un discipulado en dos sentidos. Primero, el llamado de nuestra Gran Comisión es hacer discípulos: llamar, invitar y reunir a los que llegan a ser discípulos de Jesucristo. Segundo, los discípulos de Cristo deben "ofrecer sus cuerpos como un sacrificio vivo" con vistas a una transformación continua, a los efectos de "comprobar cuál es la voluntad de Dios, buena, agradable y perfecta" (Ro 12.2). Como discípulos de Jesús, somos por naturaleza discípulos misioneros y "el amor de Cristo nos obliga" a ser embajadores de reconciliación en un mundo sufriente, atribulado y conflictivo (2 Co 5.14-21).

El señorío de Cristo es un señorío sobre todos los seres humanos. Un día toda rodilla se doblará ante su señorío (Fil 2). Nuestro privilegio, nuestro derecho y nuestra obligación son proclamar el evangelio del reino que dice que "Jesús es el Señor" en cada rincón del globo, en todo grupo humano, a toda persona. El señorío de Cristo está también sobre todas las potestades y poderes de este mundo, incluyendo los centros globales de poder económico, político, social y estructural.

Dios el Espíritu Santo

El Espíritu Santo transforma toda la vida, todos los aspectos y todas las facetas de la vida de uno. Así que, la misiología de trasformación neumatológicamente afirmada procurará la creación y la re-creación de toda la persona, permeando todas las relaciones y las estructuras humanas relativas a la vida de esa persona.

El Espíritu Santo convence "al mundo de su error en cuanto al pecado, a la justicia y al juicio" (Jn 16.8). El Espíritu Santo convierte (transforma) a las personas, dándoles gracia y fe para creer en Jesucristo. El Espíritu Santo es el agente de transformación de las personas de adentro hacia afuera. La conversión no es posible excepto por la obra del Espíritu Santo. De ahí que, la misiología de transformación sólo puede tener lugar a través de la obra del Espíritu Santo. Una misiología de transformación procurará, en el poder del Espíritu Santo, crear y re-crear la vida espiritual de las personas, junto con los aspectos físico, social, emocional e intelectual de su ser. Un corolario de esto es reconocer que una misiología de transformación neumatológica, por su propia naturaleza, incluirá una variedad de formas de guerra espiritual.

Una misiología de transformación neumatológicamente afirmada conlleva darse cuenta que sólo el Espíritu Santo crea la Iglesia, y sólo el Espíritu Santo da poder y dirige la misión de la Iglesia (Boer 1961). El Espíritu Santo forma, transforma y reforma la Iglesia para que sea, sepa, haga, sirva y se relacione de las maneras descriptas por una cantidad de metáforas bíblicas de la Iglesia en misión, como la sal de la tierra, la luz del mundo, vasijas de barro llenas con las perlas del evangelio, el cuerpo de Cristo, una nueva humanidad, embajadores de reconciliación, la familia de Dios, entre muchas otras. La espiritualidad de los cristianos, de las iglesias y de las agencias misioneras debe ser transformada, a través del ministerio del Espíritu Santo, y dirigida en misión hacia un mundo perdido y sufriente, tan amado por Dios.

Los dones del Espíritu Santo son dados a la Iglesia para su misión en el mundo. Y el fruto del Espíritu Santo es el regalo del Espíritu al mundo, a través de la presencia de la comunidad de fe, que encarna ese fruto. Nuestro mundo está en una necesidad desesperada del fruto del Espíritu Santo: amor, gozo, paz, paciencia, amabilidad, bondad, fidelidad, humildad y dominio propio (Gá 5.22). Este fruto está basado en personas que viven el decálogo en amor a Dios y al prójimo. Tal fruto, en el poder del Espíritu Santo, transformará radicalmente (alterará fundamentalmente) las realidades en las que vivimos hoy.

Jesucristo gobierna en el reino, mediante el ministerio del Espíritu Santo. No podemos tener una misiología del reino a menos que, en la misión, tengamos una concepción y una práctica neumatológicas, igualmente amplias, profundas, altas y abarcativas.

Como anticipo de la vida eterna (Ef 1.14), el Espíritu Santo crea esperanza para el reino de Jesucristo que viene (ver Capítulo 12 en este libro). Una misiología de transformación neumatológicamente afirmada esperará con anhelo el día final, cuando Cristo regrese y ocurra la transformación última y completa, en un nuevo cielo y una nueva tierra. Entonces, los cristianos transformados, en una realidad transformada se reunirán alrededor del trono del Cordero y cantarán: "¡Digno es el Cordero, que ha sido sacrificado, de recibir el poder, la riqueza y la sabiduría, la fortaleza y la honra, la gloria y la alabanza!" (Ap 5.12).

Las declaraciones resumidas ofrecidas anteriormente son nada más que un bosquejo de lo que creo implica articular los fundamentos teológicos de una misiología de transformación. En el corazón de esta visión, hay un compromiso de un cambio radical.

Conclusión

Durante los años de 1970 y de 1980, serví como misionero en Tapachula, una ciudad tropical sobre la frontera de México con Guatemala. Allí, un "transformador" era una pequeña caja a la que enchufábamos nuestros aparatos eléctricos para regular la electricidad que les llegaba. Ese "transformador" levantaba el voltaje a niveles aceptables y amortiguaba la sobrecarga eléctrica. Estos aparatos eran valiosos para extender la vida útil de nuestros artefactos eléctricos.

De igual manera, la misión global/local en el siglo veintiuno debe ser contextual y culturalmente apropiada a las necesidades, aspiraciones, cosmovisiones y agendas de las personas en cada contexto. A los efectos de satisfacer tales demandas, una misiología de transformación necesita estar afirmada sobre una visión trinitaria de la misión, que está en continuidad con lo que hemos aprendido acerca de la misión durante los pasados cien años y también en discontinuidad con la práctica de la misión, como ha sido llevada a cabo durante los pasados cien años. Esto es continuidad y discontinuidad. Esa parecería ser la esencia del concepto de *"trans-formación."* Una misiología de transformación incluye *trans* y *formación*: discontinuidad y cambio ligado a continuidad y re-creación.

Trans- (discontinuidad)

Una misiología de transformación demanda movimiento, metamorfosis, cambio, conversión, cambio de corazón. Sin un cambio de corazón, de yo, de ser, nada va a cambiar. Un mero cambio de filiación religiosa, una mera conversión individual y vertical no cambiará a las personas, a las estructuras, a los sistemas y a las culturas de este mundo. Para ser creíbles, la Iglesia y los cristianos deben servir para algo. Deben poder demostrar a la gente de sus contextos y naciones, que tienen algo concreto, medible, visible, positivo, constructivo y útil para ofrecerles. Esto demanda una conversión radical, tanto de la Iglesia como de los cristianos a su misión de ser la presencia transformadora de Cristo en el mundo, tanto como una conversión de los no-cristianos a la fe en Jesucristo.

-Formación (continuidad)

Una misiología de transformación también demanda una contextualidad encarnacional, para luchar con la relación del evangelio y la cultura, en miles de contextos diferentes en todo el mundo. Esta transformación no es meramente un cambio de filiación religiosa, ni meramente una cuestión de hacerse miembros de una nueva iglesia. Esto no es meramente civilización o educación, o un cambio de la conducta ética; no es meramente un mejoramiento socioeconómico y político. Más bien, una misiología de transformación conlleva la *nueva formación*, la *re-creación* de personas enteras, de todos y cada uno de los aspectos de sus vidas, cada una en su contexto particular en términos de saber, ser, hacer, servir y relacionarse unas con otras. Esto tiene, simultáneamente, implicaciones sociales, estructurales y nacionales. Esto implica la reconciliación con Dios, consigo mismo, con la creación, con los demás y con las estructuras socioculturales, económicas y políticas.

Juan termina su Evangelio diciendo: "Jesús hizo muchas otras señales milagrosas en presencia de sus discípulos, las cuales no están registradas en este libro. Pero estas se han escrito para que ustedes crean que Jesús es el Cristo, el Hijo de Dios, y para que al creer en su nombre tengan vida" (Jn 20.30-31). Para que tengan vida. Así como una esponja se llena de agua, así nuestra misión debe ofrecer nueva vida a los hombres y mujeres de nuestro mundo, en el siglo veintiuno, para que sus vidas enteras, cada parte de sus vidas, todas las áreas de sus vidas, sean permeadas con la presencia de Dios el Padre, el Hijo y el Espíritu Santo. También los ricos y los poderosos de este mundo necesitan ser transformados, necesitan convertirse, tanto como los pobres y los débiles.

Este es un tiempo de cambio social masivo en África, Asia, Europa del Este, el Oriente Medio y Latinoamérica, tanto como en las ciudades de Europa occidental, Australia y Norteamérica. La Iglesia de Jesucristo está allí para proclamar el evangelio y contribuir a la construcción de nuevas naciones y a la reconstrucción de las antiguas. La Iglesia de Jesucristo está a favor del amor, del gozo, de la paz, de la reconciliación y de la valoración de la vida humana.

Nuestra misión es una misión de transformación. Pienso que Gisbertus Voetius (1589-1676) tenía razón. Pero, debido a su perspectiva de la cristiandad, su visión de la meta de la misión de Dios fue incompleta. Voetius afirmó que la meta de la misión tiene tres aspectos: la conversión de las personas a Jesucristo, la plantación y desarrollo de la Iglesia y la gloria de Dios (J. H. Bavinck 1977, 155; Bosch 1980, 126-27; Verkuyl 1978, 21; Moreau, Netland, Van Engen 2000, 1002).

Yo creo que en el siglo veintiuno, debemos agregar una cuarta meta, insertada entre "la plantación y desarrollo de la Iglesia" y "la gloria de Dios," como se expresa a continuación. Sabemos que, en el día de hoy, alrededor de un cuarto de la población de la tierra profesa, de alguna manera, su fe en Jesucristo. Esos cristianos están esparcidos ahora alrededor del globo en todas las naciones de la tierra, hablan más lenguas y tienen mayor facilidad para comunicarse y para viajar que nunca antes en la historia de la Iglesia. Por primera vez en la historia humana, la Iglesia de Jesucristo puede presentar el evangelio, de manera comprensible, a todos los seres humanos sobre la faz del planeta. Pero eso significa que la Iglesia también tiene la oportunidad, el deber y el llamado para ser una presencia transformadora en cada rincón del globo. De modo que, creo que deberíamos agregar una cuarta meta a nuestra misión, como sigue a continuación:

- La conversión de las personas a Jesucristo;
- La plantación y el desarrollo de la Iglesia;
- La *transformación* de la Iglesia y, a través de los ministerios de la Iglesia, la *transformación* de los contextos y de las naciones en que se encuentran las iglesias; y
- La gloria de Dios.

Orlando Costas tenía razón cuando afirmó que la Iglesia sólo puede ser una penúltima meta de la misión, y no la meta final. El cambio socioeconómico y político es también meramente una penúltima meta de la misión. Una misiología de transformación trinitaria, orientada hacia el reino, se aferrará a una sola meta: la gloria de Dios (ver Ef 1.6, 12, 14). Un día, estaremos junto con los de toda lengua, familia, tribu y nación, que han lavado sus ropas en la sangre del Cordero. Estaremos todos alrededor del trono del Cordero y cantaremos: "¡Digno es el Cordero, que ha sido sacrificado . . .!" (Ap 5.12).

Nuestra misión es participar en la misión de Jesús, cuya misión fue hacer la misión de Dios en el poder del Espíritu Santo: ni más ni menos. Esta es una misión de transformación radical, una misión de metamorfosis. ¿Qué forma debe adoptar en el intervalo entre el "ya" pero el "todavía no" de la venida del reino de Dios? Creo que Lesslie Newbigin captó bien el concepto cuando nos desafió a todos a dar una presencia, una vida y una expresión concretas a nuestra misión (nuestra misión como transformación) en y a través de la vida de congregaciones locales, esparcidas por todo el globo. Lo dijo de esta manera:

> La realidad primordial que debemos tener en cuenta al procurar un impacto cristiano en la vida pública es la congregación cristiana. . . . La única hermenéutica del evangelio es la congregación de hombres y mujeres que creen y viven por medio él. . . . Pienso que esta comunidad deberá tener seis características:
> - Será una comunidad de alabanza.
> - Será una comunidad de verdad.
> - Será una comunidad que no vive para sí misma.
> - Será una comunidad . . . sostenida por el ejercicio del sacerdocio en el mundo.
> - Será una comunidad de responsabilidad mutua.

- Será una comunidad de esperanza.[145]

Ya sea que se trate de un juguete en manos de mi hijo Andrés, un contenedor grande que cuelga de un poste o una pequeña caja eléctrica en el sur de México, las tres imágenes nos dice una cosa: tienen el propósito de ser siempre iguales y aun así de cambiar para ser algo diferente. Así es nuestra misión en este nuevo siglo. Nuestra misión es proclamar, en palabra y en obra, siempre el mismo evangelio, que siempre adopta nuevas formas: siempre es transformado y siempre es transformador.

Este capítulo fue originalmente escrito teniendo en mente a lectores evangélicos norteamericanos. Fue publicado por primera vez como "Toward a Missiology of Transformation," en Transformation: A Unifying Vision of the Church's Mission, *editado por Luis K. Bush, para el encuentro en Tailandia del Foro de Evangelización Mundial, en septiembre de 2004, 93-117. Fue vuelto a imprimirse como "Toward a Missiology of Transformation," en Doug Priest y Nicole Cesare, eds.* Get Your Hands Dirty: Mission in Action, *Knoxville: Mission Services, 2008, 77-90. Usado con permiso.*

---

[145] Lesslie Newbigin 1989, 222-33.

PARTE III

LOS MÉTODOS DE LA TEOLOGÍA DE LA MISIÓN

CAPÍTULO 7

CINCO PERSPECTIVAS DE UNA TEOLOGÍA DE LA MISIÓN APROPIADA

Tesis

La búsqueda de un "cristianismo apropiado" implica el desarrollo de una teología de la misión contextualmente apropiada, que incluya elementos de, por lo menos, cinco perspectivas diferentes de contextualización: comunicación, indigenización, traducibilidad, teologizar local y epistemología.

Introducción

Algunos años atrás, Charles Kraft nos desafió a procurar un "cristianismo apropiado," queriendo decir con esto, "un cristianismo que sea apropiado para las Escrituras, por un lado, y apropiado para la gente de una cultura dada, por el otro."[146] Aunque tal deseo no es nuevo, la convergencia reciente de una cantidad de perspectivas y herramientas de contextualización ofrece una serie de pasos que pueden adelantar nuestra búsqueda de un "cristianismo apropiado" en contextos específicos. En este capítulo, resumiré cinco paradigmas de contextualización, que se han desarrollado a lo largo de varios siglos pasados de actividad misionera. Lo he llamado comunicación, indigenización, traducibilidad, teologías locales y epistemología.

Contexualización apropiada como comunicación[147]

Intentos de construir una teología contextual apropiada tanto para las Escrituras como para una nueva cultura receptora pueden rastrearse en el pasado tan atrás como en la obra de los misioneros ortodoxos entre pueblos eslavos, Cirilo (826-869) y Metodio (815-885), y de antiguos misioneros católicos romanos como los jesuitas Roberto de Nobili (1577-1656) en India y Mateo Ricci (1552-1620) en China (Ver Moreau 2000, 694, 834). Comenzando con William

---

[146] Charles Kraft, ed., 2005, 5.
[147] Nombres asociados a este paradigma incluirían a William Carey, Eugene Nida, David Hesselgrave, Charles Kraft, Marvin K. Mayers y Sherwood Lingenfelter, entre muchos otros.

Carey (1761-1834), cada vez que los misioneros protestantes encontraron una nueva cultura y una nueva lengua, al igual que sus contrapartes ortodoxa y católica romana, se preocuparon por comunicar el mensaje del evangelio a sus receptores en lenguas y formas aceptables y comprensibles para ellos.

David Hesselgrave y Edward Rommen enfatizaron el aspecto comunicativo de la contextualización.

> Desde este punto de vista [con base en el modelo de tres culturas de Eugene Nida (Nida 1960)], la contextualización cristiana puede ser pensada como un intento de comunicar el mensaje de la persona, obras, Palabra y voluntad de Dios, de manera fiel a la revelación de Dios, especialmente como está expresado en las enseñanzas de la Sagrada Escritura, y que sea significativo para los que lo oyen, en sus respectivos contextos cultural y existencial. La contextualización es tanto verbal como no-verbal y tiene que ver con teologizar; con la traducción, interpretación y aplicación de la Biblia; con un estilo de vida encarnacional; con el evangelismo; con la instrucción cristiana; con la plantación y el crecimiento de iglesias; con la organización de la Iglesia; y con el estilo de adoración . . . con todas aquellas actividades que llevan a cabo la Gran Comisión (Hesselgrave y Rommen 1989, 200).

Incluso hoy, la contextualización como comunicación continúa siendo importante. Significa que el comunicador del evangelio no sólo debe aprender la lengua y la cultura del receptor, sino que también debe adentrarse en los patrones de pensamiento y en los significados de nivel profundo del receptor, como para comenzar a pensar y a reflexionar dentro de la cosmovisión del receptor. Así es que, el misionero cristiano que desea comunicarse transculturalmente debe aprender a hacer lo que Charles Kraft ha denominado "comunicación orientada al receptor" (Kraft 1983, 1991), lo que también significa "comunicarse a la manera de Jesús" (Kraft 1999). Nunca debemos perder de vista ni subestimar la importancia de este aspecto tan fundamental de la contextualización. Mientras el misionero cristiano transcultural comunica el evangelio, la fidelidad al mensaje es suprema.

Lo que yo he llamado paradigma de "comunicación," Stephen Bevans lo ha denominado "modelo de traducción" de la teología contextual. Bevans escribe:

> De los seis modelos que estaremos considerando en este libro, el modelo de traducción de la teología contextual es probablemente el más comúnmente empleado y usualmente aquél en el que piensa la mayoría de la gente cuando piensan en hacer teología en el contexto. . . . Los que practican el modelo de la traducción también señalan que es posiblemente

la manera más antigua de tomar con seriedad el contexto del teologizar y que también se encuentra en la biblia misma. . . . De muchas maneras, todo modelo de teología contextual es un modelo de traducción. Siempre hay un contenido que se debe adaptar o acomodar a una cultura particular. No obstante, lo que específicamente hace a este modelo particular un modelo de traducción es su insistencia sobre el mensaje del evangelio como un mensaje que no cambia. . . . Si es que hay una presuposición clave del modelo de traducción, es que el mensaje esencial del cristianismo es supra-cultural o supra-contextual. Los que practican este modelo hablan de "médula del evangelio" (Haleblian 1983, 101-102). . . . En cualquier caso, lo que es claro en la mente de los que emplean el modelo de traducción es que un mensaje esencial supra-cultural se puede separar de un modo de expresión ligado al contexto. . . . Otra presuposición del modelo de traducción [es] el del rol auxiliar o subordinado del contexto, en el proceso de contextualización. Por supuesto que la experiencia, la cultura, la ubicación social y el cambio social son reconocidos como importantes. Pero nunca son tan importantes como el mensaje supra-cultural del evangelio, que "nunca cambia" (Bevans 2002, 37-41).[148]

La visión de la contextualización como comunicación (o acomodación, o adaptación, cualquiera sea la palabra o modelo con el que uno elija trabajar) ha tenido por lo menos una debilidad significativa. La presuposición común ha sido que el misionero cristiano o grupo de cristianos en misión conocen y entienden todas las necesidades que deben ser conocidas y entendidas, acerca del evangelio que están queriendo comunicar. En esta perspectiva, los comunicadores del evangelio no necesitan preocuparse por el nivel hasta el cual su propia cultura ha sincretizado, oscurecido y posiblemente contradicho al evangelio. Los comunicadores del evangelio no creen que ellos mismos necesitan aprender algo nuevo acerca del evangelio. Más bien, la tarea metodológica más importante implica un movimiento a partir de cristianos de un contexto cultural, que comunican un evangelio culturalmente apropiado a personas en un contexto nuevo, que todavía no han oído o ya no pueden oír el mensaje de la Biblia.

Paul Hiebert ha señalado correctamente que, en el pasado, esta perspectiva estaba mezclada con una actitud de superioridad de parte de la cultura occidental (especialmente durante la era del colonialismo), y se transformó en un enfoque esencialmente "no-contextual." "Esta postura," escribió Hiebert, "era esencialmente mono-cultural y mono-religiosa. La verdad era vista como supra-cultural. Todo debía ser visto desde la perspectiva de la civilización occidental y

---

[148] Nombres asociados con el paradigma de comunicación son William Carey, Eugene Nida, David Hesselgrave y Charles Kraft, entre muchos otros.

del cristianismo, los cuales se habían mostrado a sí mismos como tecnológica, histórica e intelectualmente superiores a otras culturas. Por lo tanto, esas culturas [receptoras] podían ser consideradas como 'incivilizadas.' La cultura del misionero era 'buena,' 'avanzada' y 'normativa.' Otras culturas eran 'malas,' 'atrasadas' y 'distorsionadas.' El cristianismo era verdadero, otras religiones eran falsas" (Hiebert 1984, 290-91). La comunicación era considerada importante, pero el contenido del mensaje comunicado no era examinado, porque los comunicadores misioneros asumían que conocían y entendían todo lo que había para conocer y entender acerca del evangelio que estaban comunicando.

A medida que se ganaban conversos por todo el mundo, nuevos cristianos que hablaban una cantidad de lenguas nuevas se reunían en iglesias. Esto condujo a una segunda perspectiva importante sobe la contextualización: la indigenización.

La contextualización apropiada como indigenización

Wilbert Shenk considera que el concepto de la iglesia autóctona es "el gran descubrimiento teórico del siglo diecinueve."

> Desde sus primeros días, el movimiento misionero moderno fue marcado por múltiples perspectivas. Por un lado, los promotores de la misión con frecuencia describieron la tarea para hacer, como un proceso bastante simple de presentar el mensaje cristiano, de manera directa, a pueblos sumidos en oscuridad y desesperación, pueblos que consecuentemente responderían con alegría y rapidez. Por otro lado, estaba el grupo creciente de misioneros en el campo, que conocía de primera mano cuán complicado era el proceso. Como forasteros, tenían que dominar una lengua extraña – con frecuencia antes de que se escribiera – y debían tratar de entender una cultura altamente intrincada, con una cosmovisión muy diferente. Aprender la nueva lengua y la nueva cultura era un requisito para cualquier comunicación efectiva del mensaje cristiano. A medida que la complejidad de la tarea se hizo más evidente, los teóricos de la misión recorrieron varias etapas, mientras trataban de conceptualizar la tarea. El gran descubrimiento teórico en el pensamiento sobre las misiones en el siglo diecinueve fue la identificación de la iglesia autóctona como meta de la misión. Otros desarrollos y políticas teóricos fueron generalmente diseñados sobre este tema básico (Shenk 1999, 75).[149]

---

[149] Nombres asociados con el paradigma de indigenización de la contextualización incluirían, entre otros, a Henry Venn, Rufus Anderson ("tres autos"), John Nevius, Roland Allen, Mel Hodges, Donald McGavran, Alan Tippett y Don Richardson.

En su artículo en el *Evangelical Dictionary of World Mission*, John Mark Terry dijo: "El término 'autóctona' viene de la biología e indica una planta o animal nativo de un área. Los misiólogos adoptaron la palabra y la usaron para referirse a iglesias que relejan los distintivos culturales de su grupo etnolingüístico. El esfuerzo misionero para establecer iglesias autóctonas es un esfuerzo para plantar iglesias que se amoldan naturalmente a su ambiente y evitar plantar iglesias que replican patrones occidentales" (Moreau, Netland y Van Engen, eds. 2000, 483).

En *God's Missionary People*, yo resumí lo que llamé "Siete Etapas de Surgimiento dentro de Congregaciones Misioneras":

> [Cuando estudiamos la historia de la misión, vemos] por lo menos siete etapas en el surgimiento de una iglesia misionera local y nacional, etapas que se han repetido una y otra vez en situaciones de plantación de iglesias. Podríamos resumir el desarrollo de la iglesia en un contexto dado de esta manera:
> 1. El evangelismo pionero conduce a la conversión de una cantidad de personas.
> 2. Las reuniones iniciales de la iglesia son lideradas por ancianos y diáconos, junto con predicadores que vienen de afuera.
> 3. Los programas de entrenamiento del liderazgo [seleccionan], entrenan y comisionan a pastores, supervisores y otros líderes del ministerio que son autóctonas.
> 4. Las organizaciones regionales de grupos cristianos desarrollan estructuras, comités, programas juveniles, sociedades de mujeres y asambleas regionales.
> 5. La organización nacional, la supervisión de las regiones y las relaciones con otras iglesias nacionales comienzan a formarse.
> 6. Ministerios especializados crecen dentro y fuera de la iglesia, con juntas, presupuestos, planes, finanzas, edificios y programas.
> 7. Misioneros autóctonos son enviados por la iglesia hija a una misión local, nacional e internacional en el mundo, comenzando de nuevo el patrón (Van Engen 1999, 43-44).

Estas siete etapas reflejan el desarrollo de un nuevo grupo de discípulos de Jesucristo para transformarse en una iglesia autóctona, que se adapta de manera natural a su cultura y refleja su contexto local. A medida que las iglesias de misión (años de 1910 y de 1920), llegaron a ser conocidas como iglesias jóvenes (años de 1930 y de 1940) y luego iglesias nacionales (años de 1950 y de 1960), el concepto de la iglesia autóctona sufrió un desarrollo significativo. El inglés Henry Venn (1796-1863) y el americano Rufus Anderson (1796-1880) usaron la expresión para enfatizar la sostenibilidad de un nuevo grupo de creyentes en una nueva cultura. A fines del siglo diecinueve, la indigeneidad fue usada predominantemente como un concepto administrativo y organizativo. Para que una nueva iglesia se sostuviera a sí misma, sin la asistencia misionera externa, necesitaba llegar a ser auto-sostenible financieramente, auto-gobernable organizativamente y auto-propagadora evangelísticamente. Cincuenta años más tarde, John Nevius (1829-1893) y Roland Allen (1868-1947) expandieron y profundizaron el concepto de indigeneidad de las nuevas iglesias, acentuando temas de estudio de la Biblia, de formación del liderazgo, de obra espontánea del Espíritu Santo, el ministerio de los miembros mediante el ejercicio de sus dones espirituales y al creación de estructuras eclesiásticas que las pudieran sostener sin dependencia externa. Construyendo sobre estas cuatro cosas, Mel Hodges (1909-1986), misionero americano administrador dentro de las Asambleas de Dios, demandó la plantación y el crecimiento de *The Indigenous Church* (1953), un énfasis que llegó a ser una de las piedras fundamentales de la teoría de la misión de McGavran y del Movimiento de Iglecrecimiento.

La indigeneidad tenía que ver con la adaptación entre las formas de vida de una iglesia y su contexto circundante. En *Verdict Theology in Missionary Theory* (1969), Alan Tippett (1911-1988) expandió el concepto de indigeneidad en incluyó la auto-imagen, el auto-funcionamiento, la auto-determinación, el auto-sostén, la auto-propagación, y la entrega personal. Esto fue más expandido y profundizado por Charles Kraft en *Christianity in Culture* (1979), incluyendo el concepto de "eclesidad equivalente y dinámica" (Kraft 1979), capítulos 13-17). A medida que las iglesias en Asia, África, Latinoamérica y Oceanía crecieron y maduraron, el concepto de indigeneidad condujo a una tercera perspectiva de contextualización: la traducibilidad.

La contextualización apropiada como traducibilidad

Una tercera perspectiva de la contextualización enfatiza la naturaleza encarnacional del evangelio, como siendo infinitamente traducible a cualquier cultura humana y a todas ellas; una relación de fe con Dios, que puede ser entretejida en la fibra de cualquier cosmovisión y de todas ellas. El evangelio de Jesucristo puede ser encarnado, se le puede dar forma, puede ser vivido en cualquier contexto cultural (es infinitamente universalizable).[150]

La perspectiva de una contextualización apropiada como traducibilidad se basa fuertemente en el concepto de la encarnación, tan dominante en el Evangelio de Juan. Juan nos dice que: "Y el Verbo se hizo hombre y habitó entre nosotros. Y hemos contemplado su gloria, la gloria que corresponde al Hijo unigénito del Padre, lleno de gracia y de verdad" (Jn 1.14).

En *Christianity in Africa*, Kwame Bediako discute la "traducibilidad" de la fe. "Andrew Walls," escribe Bediako, "nos ha enseñado a reconocer la religión cristiana como 'infinitamente traducible culturalmente'" (Walls 1981, 39). "La traducibilidad es también otra manera de decir universalidad. De ahí que, la traducibilidad de la religión cristiana significa su relevancia y accesibilidad fundamentales para las personas en cualquier cultura, dentro de la cual la fe cristiana es transmitida y asimilada" (Bediako 1995, 109).

La "traducibilidad" del evangelio cristiano y de la Iglesia cristiana conlleva algo más amplio, más profundo y más penetrante que la comunicación de un mensaje. Este paradigma acentúa el hecho de que el evangelio puede tomar nuevos aspectos y formas, al nacer en nuevos contextos. El evangelio y la Iglesia no son plantas foráneas que han sido levemente modificadas para poder crecer en un suelo foráneo. Más bien, este evangelio es una nueva semilla híbrida, con nuevas y diferentes características, que le permiten germinar, crecer y brotar en un nuevo clima. Marc Spindler, junto con otros misiólogos católicos romanos, ha llamado a esto "inculturación."

> (Inculturación) implica que en Latinoamérica, en África, en Asia y otros lugares, las nuevas iglesias pueden y deberían entender y expresar la fe cristiana en términos de sus respectivas culturas. Incluso más, significa que el evangelio mismo recibe su forma en la cultura total de las personas en medio de las cuales la iglesia es plantada y en la nación de la cual la iglesia es esencialmente una parte integral. Se puede decir que ocurre una inculturación exitosa, cuando el evangelio y la iglesia ya no

---

[150] Nombres asociados con este paradigma incluirían, entre otros a Lamin Sanneh, Kwame Bediako, John Mbiti, René Padilla y Andrew Walls.

parecen ser importaciones sino que, en general, son considerados como propiedad de la gente. (Spindler 1995, 139-40).

Lamin Sanneh habla de "misión como traducción," un proceso que crea lo que Sanneh llama la "credibilidad vernácula" del evangelio, al tomar nuevas formas en nuevos contextos culturales. Es importante escuchar a Sanneh en este punto.

> La misión como traducción hace la aseveración arriesgada y fundamental de que la cultura recipiente es el auténtico destino de la promesa salvífica de Dios y, como consecuencia, tiene un lugar de honor bajo la "bondad de Dios," con las salvaguardas correspondientes en contra del absolutismo cultural. . . . La misión como traducción afirma la *missio Dei*, como la fuerza escondida para su trabajo. Es la *missio Dei* la que permitió a la traducción ensanchar las fronteras de la proclamación.
>
> No es necesario decir que la misión cristiana no adhirió consistentemente a la regla de la traducción, pero la traducción en sí misma tiene implicaciones de largo alcance que merecen ser consideradas, cualquiera sea la posición de misiones particulares hacia ella. . . . La traducción está profundamente relacionada con la concepción original del evangelio: Dios, quien no tiene favoritismos lingüísticos, ha determinado que todos deberíamos escuchar las Buenas Nuevas "en nuestra propia lengua nativa." La misión como difusión cultural está en conflicto con el evangelio en este sentido e históricamente podemos documentar los problemas, los desafíos y las perspectivas que ocuparon a la expansión cristiana a otras culturas, bajo la regla consistente de la traducción. . . .
>
> Donde la misión falló en lograr una credibilidad vernácula, provocó y mereció toda la crítica que recibió, en ese momento o en retrospectiva. Los etnógrafos y otros eruditos, que han criticado a la misión por su naturaleza foránea, de manera inversa han concedido el principio que el cristianismo y la credibilidad vernácula están relacionados. . . .
>
> La traducción vernácula comienza con el esfuerzo de equipar al evangelio con términos de familiaridad y ese proceso coloca a la empresa misionera dentro del contexto de la experiencia de campo. . . . Hay un pluralismo radical implicado en la traducción vernácula en el que, en principio, todas las lenguas y las culturas son iguales para expresar la palabra de Dios.... Dos ideas generales brotan de este análisis. Primero está el principio inclusivo, por el cual ninguna cultura está excluida de la dispensación cristiana o incluso es juzgada sólo y en última instancia por criterios culturales occidentales.
>
> Segundo está el principio ético de cambio, como un control de la auto-absolutización cultural. . . . Esto introduce en la misión el concepto

de *logos*, por el cual cualquier lengua y todas ellas pueden ser confiadamente adoptadas para la palabra de Dios (Sanneh 1993, 31, 174-75, 208-9).[151]

En 1985, René Padilla presentó tres observaciones importantes concernientes a la visión encarnacional de la comunicación intercultural. La consciencia del rol crítico que juega la cultura en la comunicación es de especial importancia para la comunicación intercultural del evangelio. Hay por lo menos tres razones para esto.

> La encarnación es un elemento básico en el evangelio. Desde que el Verbo se hizo hombre, la única comunicación posible del evangelio es ésa, en la cual el evangelio llega a encarnarse en la cultura, a los efectos de colocarse dentro del alcance de los (humanos) como . . . seres culturales. . . .
> Sin una traducción que vaya más allá de las palabras, para adentrarse en la materia prima de la vida en la cultura receptora, el evangelio es una fantasía. El evangelio involucra la proclamación de Jesucristo como Señor de la totalidad del universo y de la existencia humana. Si esta proclamación no está dirigida a las necesidades y a los problemas específicos de los oyentes, ¿cómo pueden ellos experimentar el señorío de Cristo en su situación concreta? Contextualizar el evangelio es traducirlo de modo que el señorío de Jesucristo no sea un principio abstracto o una mera doctrina, sino el factor determinante de la vida, en todas sus dimensiones, y el criterio básico en relación con el cual todos los valores culturales que forman la sustancia misma de la vida humana sean evaluados. . . .
> Para que el evangelio reciba una respuesta inteligente, ya sea positiva o negativa, debe haber una comunicación efectiva, comunicación que toma en cuenta el punto de contacto entre el mensaje y la cultura de los oyentes. No puede haber una evangelización verdadera a menos que el evangelio confronte valores culturales y patrones de pensamiento (Padilla 1985, 2-93).

Este elemento de "traducibilidad" o de "universabilidad," que Bediako, Walls, Sanneh, Padilla y otros han enfatizado, significa que hay una profundización, una ampliación, un llenado, un enriquecimiento de la manera en que los cristianos viven el evangelio en su contexto. Desde que Lucas hizo su "lista de las naciones" en Hechos 2, mencionando a los que escucharon "hablar en su propio idioma" (Hch 2.6; cf. 8.11), la verdad de la naturaleza

---

[151] Ver también la reflexión de Kwame Bediako sobre la propuesta de Sanneh en Bediako 1995, 119-23.

universalmente apropiada de la encarnación ha sido evidente a lo largo de la historia de la misión. El evangelio es, por su misma naturaleza, nativo a toda cultura de la tierra. Todos los seres humanos fueron creados por el mismo Dios, Creador del cielo y de la tierra, el Dios de Abraham, de Isaac y de Jacob.

Ya sea que uno hable de teología natural, de revelación general, de gracia común, de gracia previniente, de "analogías redentoras" (Richardson 2000, 812-13), o de las luces de la revelación de Dios dispersa en medio de todas las culturas (Barth), la implicación es la misma (aun reconociendo las profundas diferencias teológicas entre estos conceptos en muchos otros respectos). Todo junto señala a un hecho de lo más fundamental: todos los seres humanos están creados por el mismo Dios; todos son abordados de igual manera por Jesucristo, el Verbo hecho hombre; y el Espíritu Santo habilita a todos para oír el evangelio en su propia lengua. "Porque tanto amó Dios al mundo [entero]" (Jn 3.16). Dios habla y entiende todos los idiomas. Escuchen otra vez a Lamin Sanneh.

> La vida cristiana está marcada de modo indeleble con el sello de la cultura y la mayordomía fiel incluye pronunciar la palabra profética en la cultura y, a veces, en contra de ella... en la visión del [apóstol Pablo], los propósitos de Dios tienen la mediación de corrientes culturales particulares. La misión de la Iglesia aplicó esta percepción, al reconocer a todas las culturas, y a las lenguas en las que estaban encarnadas, como legales ante los ojos de Dios, haciendo posible traducir la palabra de Dios a otras lenguas. Aun cuando en la práctica los cristianos quisieron detener el proceso de traducción, pretendiendo que la forma de ellos era la final y la exclusiva, no han podido suprimirla para siempre. Es este fenómeno el que el concepto de traducibilidad trata de representar. . . . La traducibilidad asegura que el desafío en el corazón de la empresa cristiana se . . . mantiene vivo en todos los contextos culturales (Sanneh 1993, 47-48).

Siendo esto así, los cristianos deben luchar con las profundas implicaciones del hecho de que la fe cristiana es internamente compatible, consistente y coherente con todas las culturas – y puede ser completa y naturalmente expresada en ellas. Darse cuenta de la traducibilidad del evangelio lleva a la teología contextual de la misión más allá de la indigenización a la encarnación. El ejemplo de la Iglesia de África puede ser útil a esta altura. Junto con otros dos tercios de los teólogos del mundo, Kwame Bediako y John Mbiti describieron la lucha por profundizar y ampliar la comprensión africana del evangelio. El resumen que hace Bediako de los puntos de vista de Mbiti son instructivos.

Mbiti observó tempranamente la falta de un compromiso suficiente y positivo de parte de las misiones de Occidente para con los valores culturales y religiosos africanos. Vio los resultados de esto en una iglesia africana que había "crecido *evangelísticamente*, pero no *teológicamente*," "una iglesia sin teología, sin teólogos y sin preocupación teológica," como escribió en 1967 y en 1969.

No obstante, Mbiti pronto llegó a hacer una distinción entre "cristianismo," el cual "resulta del encuentro del evangelio con cualquier sociedad local dada" y por lo tanto es siempre autóctona y ligado a la cultura, por un lado, y el evangelio, el cual es "dado por Dios, eterno y no cambia," por el otro. En 1970 escribió: "No podemos agregar nada al evangelio, porque es un don eterno de Dios; pero el cristianismo es siempre un mendigo en busca de comida y de bebida, de protección y de refugio de parte de las culturas con las que se encuentra en su peregrinar y su deambular sin fin" (Bediako está citando a Mbiti 1970, 438).

Mbiti rechazó la noción de la indigenización del cristianismo como tal, en suelo africano. Bediako cita a Mbiti diciendo: "Hablar de un 'cristianismo autóctona' es dar la impresión de que el cristianismo es una mercadería fabricada, la cual debe ser trasplantada a un área local. Por supuesto, esta ha sido la presuposición seguida por muchos misioneros y teólogos locales. Yo ya no la acepto más" (Mbiti 1979, 68).

En contraste con esto, el evangelio debe ser visto como "traducible," que adopta significados de nivel profundo, completamente africanos, además de formas culturales a nivel de la superficie. "Para Mbiti, por lo tanto," escribe Bediako,

> El evangelio se siente genuinamente cómodo en África, es capaz de ser aprehendido por los africanos al nivel específico de su experiencia religiosa y, en realidad, así ha sido recibido a través de su transmisión por parte de los misioneros. . . . El principio teológico que vemos en operación en el pensamiento de Mbiti es el de la traducibilidad – la capacidad de los impulsos esenciales de la religión cristiana de ser transmitidos y asimilados en una cultura diferente, de manera que estos impulsos creen respuestas dinámicamente equivalentes en el curso de tal transmisión. Dado este principio, es posible decir que la preocupación anterior de procurar una 'indigenización' del cristianismo en África, como si uno estuviera tratando con una religión esencialmente 'occidental' y 'foránea' fue, en efecto, mal guiada porque la tarea fue concebida con la correlación de dos entidades que se pensaban no estaban relacionadas. . . . El logro del que hablamos no debe ser medido en términos de una transmisión misionera occidental, sino más bien por medio de la asimilación africana de la fe. . . . Por lo tanto, fue un error asumir que los convertidos africanos al cristianismo asimilaron el mensaje misionero en términos occidentales

más que en términos de su propia comprensión religiosa y de su trasfondo africano (Bediako 1995, 118-19).

La contextualización apropiada como teologizar local

Hasta ahora, hemos analizado tres paradigmas de contextualización concebidos de manera amplia: comunicación, indigenización y traducibilidad. Estos tres juntos generalmente tratan con un movimiento de una sola mano en la proclamación del evangelio en palabra y en obra: un movimiento desde los que conocen a Dios y creen entender el evangelio hacia los que no lo conocen, nunca han oído hablar o ya no pueden oír acerca del amor de Dios por ellos. Hemos mirado a la contextualización apropiada con un sentido amplio y general, como involucrando la búsqueda de lo que Charles Kraft ha llamado "cristianismo apropiado: una expresión cristiana de la fe que es apropiada a las Escrituras, por un lado, y apropiada para la gente de una cultura dada, por el otro" (Kraft, ed. 2005, 5).

En su artículo en el *Evangelical Dictionary of World Missions*, Dean Gilliland discutió cómo uno podría definir la contextualización entendida de manera amplia.

> No hay una sola definición o una definición ampliamente aceptada de contextualización. La meta de la contextualización tal vez la define mejor. La meta es permitir, en tanto sea humanamente posible, una comprensión de lo que significa que Jesucristo la Palabra sea auténticamente experimentado en todas y en cada una de las situaciones humanas. . . . Contextualización en misión es un esfuerzo hecho por una iglesia en particular, para experimentar el evangelio en su propia vida, a la luz de la Palabra de Dios (2000, 225).

En el resto de este capítulo, analizaré dos paradigmas adicionales de contextualización apropiada, que han surgido en la reflexión misiológica durante los pasados cuarenta años: teologizar local y epistemología. En contraste con los tres paradigmas anteriores que hemos examinado, estos dos últimos implican una conversación intencional de doble mano entre la Iglesia y el evangelio, por un lado, y la realidad contextual, por el otro.

He llamado a esta sección "teologizar local," como una manera de atravesar la confusión de hoy en día alrededor de la contextualización. En esta sección, voy a tratar con lo que muchos han llamado contextualización en un sentido más estrecho, es decir, lo que tiene que ver con la humanización, con el impacto sociopolítico, económico, cultural y con otras fuerzas en un contexto dado, con la tarea de hacer teología en un contexto particular.[152]

La contextualización como desarrollo de teologías locales fue originalmente catalizada por la publicación, en 1972, de *Ministry in Context*, de parte del Fondo de Educación Teológica del Consejo Mundial de Iglesias y está asociada con los escritos de Shoki Coe, en particular (Ver, Coe 1976; Norman Thomas, ed. 1995, 175-76; y Stephen Bevans 2002, 153 nn 45 y 46).

Ashish Chrispal del Union Biblical Seminary de Pune, India, explica su visión de la contextualización (concebida como hacer teología en el contexto).

> La situación histórica mundial no es meramente una condición exterior para la misión de la Iglesia. Más vale, debería incorporarse como un elemento constitutivo de su comprensión de la misión, de sus propósitos y objetivos. Al igual que el Señor, la Iglesia en misión debe tomar partido *por* la vida y *en contra* de la muerte; *por* la justicia y *en contra* de la opresión. De este modo, la misión como contextualización en una afirmación de que Dios se ha vuelto hacia el mundo. . . . La contextualización implica todo lo que está incluido en el término más familiar de indigenización, que se relaciona con los valores culturales tradicionales, pero que va más allá del mismo para tomar en cuenta con seriedad los factores contemporáneos en el cambio cultural. Se ocupa de los temas contemporáneos socioeconómicos y políticos de las luchas de casta o de clase, de la política del poder, de la riqueza y la pobreza, del soborno y la corrupción, de los privilegios y la opresión – todos factores que constituyen la sociedad y la relación entre una comunidad y otra (Chrispal 1995, 1, 3).

La contextualización en este sentido más técnico de la palabra implica teologizar, como una acción, más que teología como un compuesto de afirmaciones recibido. De ahí el uso de la palabra teologizar como forma verbal, en lugar de teología como sustantivo. Tite Tiénou explica lo siguiente:

> El término "contextualización" entró a la literatura misiológica en 1972, a través del informe del Tercer Mandato del Fondo de Educación Teológica. . . . En ese tiempo, Shoki Coe era director del Fondo de Educación Teológica, una agencia patrocinada por el Consejo Mundial de Iglesias y administrada bajo los auspicios de la Comisión de Misiones Mundiales y Evangelismo. De acuerdo a Coe, la indigenización es un concepto estático, dado que "tiende a ser usado en el sentido de responder

---

[152] Nombres asociados con este paradigma incluirían, entre otros, a Shoki Coe, Robert Schreiter, Dean Gilliland, Clemens Sedmak, Stephen Bevans, Ashish Chrispal, Tite Tiénou y Andrew Kirk.

al evangelio en términos de cultura tradicional," mientras que la contextualización es "más dinámica... abierta al cambio y... orientada hacia el futuro (Coe 1976, 20, 21). Por lo tanto, la palabra "contextualización" fue elegida con el propósito específico de transmitir la idea de que la teología no puede desarrollarse permanentemente. En todas partes y en todas las culturas, los cristianos deben ocuparse en un proceso continuo de relacionar el evangelio con las culturas que están en constante cambio. Mientras dure el mundo, este proceso continúa. Para mucha gente, es contextualización y no indigenización el término que mejor describe este proceso sin fin (Tiénou 1993, 247).

Este proceso dinámico llamado contextualización (entendida de modo estrecho) se nutre de todos los aspectos de la experiencia humana en un contexto local y promueve una conversación entre la realidad del contexto y la comprensión del evangelio por parte de la Iglesia. "La contextualización," escribe Andrew Kirk, "reconoce la influencia recíproca de la cultura y la vida socioeconómica. Por lo tanto, al relacionar al evangelio con la cultura, tiende a tomar una postura más crítica (o profética) hacia la cultura" (Kirk 1999, 91; ver Van Engen 1989, 97 nn. 18, 19).

La perspectiva de la contextualización como un teologizar local representa una interacción recíproca, constantemente cambiante, entre la iglesia y el contexto. Es un proceso de reflexión local que comienza con un análisis de la situación histórica, procede a una relectura de la Escritura lo cual, a su vez, conduce a una reflexión teológica interactiva concerniente al contexto. Es un acto de teologizar que impulsa al cristiano a un compromiso activo con temas culturales, socioeconómicos y políticos existentes en el contexto. Dentro de esta visión de la contextualización como teologizar local, hay un amplio espectro de diversos puntos de vista, que van desde una secularización casi total del proceso, en un extremo, hasta un énfasis en la transformación de la iglesia, en el otro.

La contextualización en este sentido estrecho y más técnico implica no sólo el teologizar como un proceso activo, sino que también expande el alcance de las fuentes de la reflexión teológica que uno tiene, para incluir todos los aspectos apropiados de la experiencia humana. Este proceso dinámico de interacción con todos los aspectos del contexto fue resaltado por R. Yesurathnam, profesor de teología sistemática en la Iglesia del Sur de la India.

> El término contextualización incluye todo lo implicado en la indigenización y en la inculturación, pero procura también incluir las realidades contemporáneas de secularidad, tecnología y la lucha por la justicia humana.... La contextualización tanto extiende como corrige la terminología más antigua. Mientras que la indigenización tiende a enfocarse en la dimensión puramente cultural de la experiencia humana,

la contextualización amplía la comprensión de la cultura para incluir cuestiones sociales, políticas y económicas. De esta manera, la cultura es entendida de maneras más dinámicas y flexibles y es vista no como cerrada y auto-contenida, sino como abierta y capaz de enriquecerse mediante el encuentro con otras culturas o movimientos (Yesurathnam 2000, 53).

Stephen Bevans remarcó los aspectos contra-culturales y dialógicos del compromiso local en la contextualización. "La contextualización señala al hecho de que la teología necesita interactuar y dialogar no sólo con el valor cultural tradicional, sino con el cambio social, con las nuevas identidades étnicas y con los conflictos que están presentes mientras el fenómeno contemporáneo de la globalización se encuentra con los variados pueblos del mundo. . . . Entonces, contextualización [es] el término preferido para describir la teología que toma seriamente la experiencia humana, la ubicación social, la cultura y el cambio cultural" (Bevans 2002, 27). En otro lugar, Bevans señala:

> El agregado que hace la teología contextual de cultura y de cambio social al *loci* tradicional de escritura y tradición ya marca una revolución en el método teológico por sobre las maneras tradicionales de hacer teología. . . . Ambos polos – la experiencia humana y la tradición cristiana – deben ser leídos juntos, dialécticamente. Además de este cambio básico en el método teológico, una cantidad de otros temas metodológicos han surgido. Cuando la experiencia humana, los eventos mundiales, la cultura y el cambio cultural son tomados como *loci theologici*, uno puede preguntar si es que la teología siempre se debe hacer formalmente o discursivamente. En otras palabras, ¿cuál es la *forma* que debe adoptar la teología? A medida que la teología se transforma más en una reflexión sobre la vida humana ordinaria a la luz de la tradición cristiana, uno podría preguntar si las mujeres y los hombres ordinarios no podrían, después de todo, ser los mejores para teologizar (Bevans 2002, 16-17).

Clemens Sedmak, de la universidad de Salsburgo, Austria, reunió muchos de los énfasis que Schreiter, en su libro *Constructing Local Theologies*, tuvo en común con el desafío de Bevans en su obra *Models of Contextual Theology*. En *Doing Local Theology: A Guide for Artisans of a New Humanity*, Sedmak ofreció una cantidad de tesis. Entre ellas afirmó que,

> La teología se hace localmente. Para ser honestos con las circunstancias locales, la teología se tiene que hacer como teología local, como teología que toma en serio la situación particular. La teología local

> se puede hacer con medios teológicos básicos. Puede ser hecha por la gente y está hecha con la gente. . . . Las teologías locales reconocen que la teología toma forma dentro de un contexto particular. Las teologías se desarrollan en respuesta a la situación social particular y dentro de ella. Entender la situación social es una condición necesaria para comprender la génesis y la validez de teologías particulares. . . . La teología que trata de hacer justicia a su lugar en la cultura y en la historia es contextual. La contextualización significa, literalmente, "tejer junto con.". . . La teología siempre se hace dentro de una estructura social local concreta, la cual provee recursos ricos para construir teologías locales y para desarrollar una identidad local como teólogo. El contexto social, histórico, cultural y político tiene un impacto sobre el rol del teólogo y su lugar en el contexto (Sedmak 2002, 8, 95-96).

Dirkie Smit, profesor de teología sistemática en las universidades de Western Cape y Stellenbosch, señaló: "Las teologías contextuales . . . han subrayado el hecho de que toda teología, todo pensamiento y todo lo hablado acerca de Dios es contextual, está influido por los contextos en los cuales viven los creyentes, incluso la así llamada teología tradicional del cristianismo occidental, en todas sus formas" (Smit 1994, 44; ver también Arias 2001, 64).

Desde una postura protestante evangélica, Stanley Grenz se hace eco de la importancia de correlacionar (aquí toma el término de Paul Tillich) las preguntas humanas existenciales formuladas por el contexto y las respuestas revelatorias encontradas en la Biblia. Grenz escribe:

> El compromiso de la contextualización . . . conlleva un rechazo implícito de la concepción evangélica más antigua de la teología, como la construcción de la verdad sobre la base de la Biblia solamente. El teólogo ya no puede enfocarse meramente en la Escritura, como la única norma teológica completa. En cambio, el proceso de contextualización requiere de un movimiento entre dos polos – la Biblia como fuente de la verdad y la cultura como fuente de las categorías por medio de las cuales el teólogo expresa la verdad bíblica. . . . La contextualización demanda que el teólogo tome con seriedad las formas de pensamiento y el marco mental de la cultura en la cual transpira el teologizar, a los efectos de explicar las verdades eternas de las Escrituras, en un lenguaje que sea comprensible para la gente contemporánea (Grenz 1993, 90; ver también Shenk 1999, 77).

La contextualización apropiada como un proceso epistemológico

Un quinto paradigma de contextualización tiene que ver con un proceso epistemológico de crítica y de examen hermenéutico del contexto y de sus implicaciones para una comprensión misional del evangelio en ese contexto específico. En la edición revisada y expandida de 2002 de *Models of Contextual Theology*, Stephen Bevans agregó un modelo que denominó "modelo contracultural" de contextualización.

> Lo que este modelo examina más que ningún otro es cómo algunos contextos son simplemente antitéticos al evangelio y necesitan ser desafiados por el poder liberador y sanador del evangelio. . . . El modelo contracultural se nutre de fuentes amplias y ricas en la escritura y en la tradición. . . . Más que ningún otro modelo . . . reconoce que el evangelio representa una cosmovisión abarcativa, radicalmente alternativa que difiere profundamente de las experiencias del mundo y de la cultura que los seres humanos crean. Particularmente en contextos que exudan una "cultura de la muerte," en contextos en los que el evangelio parece irrelevante o fácilmente ignorado o en aquéllos en los cuales el evangelio se ha tornado en "una versión vitral" de una cosmovisión particular, este modelo puede probar ser una vía poderosa, por la cual el evangelio puede ser comunicado con una nueva frescura y con un compromiso genuino (2002, 118).[153]

La contextualización apropiada como un enfoque epistemológico enfatiza el sentido de que en cada nuevo contexto, en cada nuevo ambiente cultural, los seguidores de Jesucristo tienen una oportunidad de aprender algo acerca de Dios, que no sabían previamente. El conocimiento cristiano acerca de Dios se ve como acumulativo, mejorado, profundizado, ampliado y expandido, a medida que el evangelio toma una nueva forma en cada nueva cultura. Esa fue mi tesis en "The New Covenant: Knowing God in Context" (1989, reimpreso en 1996, 71-89).

En 1979, Bruce Nicholls sugirió una distinción entre lo que llamó contextualización existencial (el tipo común en círculos del Consejo Mundial de Iglesias) y la contextualización dogmática (la que comienza con el texto bíblico como la regla última de fe y de práctica). (Ver Nicholls 1979, 24; Stults 1989, 151; y Chrispal 1995, 5.) Cuando la contextualización es vista como un esfuerzo

---

[153] Bevans está citando a Douglas John Hall, "*Ecclesia Crucis*: The Theology of Christian Awkwardness," en George R. Hunsberger y Craig van Gelder, eds. *The Church between Gospel and Culture: The Emerging Mission in North America*. Grand Rapids: Eerdmans, 1996, 199.

epistemológico en numerosos contextos, como un proceso que procura profundizar y ampliar la comprensión de Dios en contextos particulares, no encaja fácilmente en ninguna de las categorías de Nicholls. La contextualización apropiada como epistemología acepta la realidad contextual (y existencial), como siendo en sí misma un componente significativo de su reflexión teológica (y dogmática), en la que los cristianos amplían y profundizan su comprensión y participación en la misión de Dios en un contexto dado.

En su artículo sobre "Contextualización," Dean Gilliland resume cinco modelos de contextualización: el crítico, el semiótico, el sintético, el trascendental y el de traducción. Gilliland afirmó:

> La fuerza de la contextualización es que, si es llevada a cabo con propiedad, lleva a los creyentes cristianos comunes a lo que es frecuentemente llamado el proceso teológico. . . . El objetivo de la contextualización es recoger datos de la vida entera de la gente real y escudriñar las Escrituras para encontrar una aplicación significativa del Verbo (quien) "habitó entre nosotros" (Jn 1.14). La relevancia misiológica de la contextualización es que todas las naciones deben entender al Verbo tan claramente y tan exactamente como lo hizo la propia gente de Jesús en sus días (Gilliland 2000, 227).

Una docena de años antes, Gilliland había sugerido cuatro preguntas que son supremas para ser consideradas en la tarea de construir una teología contextual apropiada:

- ¿Cuál es el trasfondo general (específico de la cultura, contextual)?
- ¿Cuáles son los problemas o cuestiones que se presentan?
- ¿Qué preguntas teológicas surgen?
- ¿Qué direcciones apropiadas debería tomar la teología (y la misiología)? (Gilliland 1989b, 52)

Los teólogos y los misiólogos del mundo son, ahora más que nunca, conscientes de que el cristianismo ya no es una religión del Occidente. Esto no debería sorprendernos, dado que la Iglesia cristiana no comenzó como una religión del Occidente. Comenzó como una expresión de fe religiosa en Jesucristo en el Oriente Medio, en el norte de África y en Asia central. Hoy en día hay creyentes cristianos en todas las naciones políticas y en toda cultura importante, aunque todavía quedan muchos grupos de pueblos no alcanzados.

"La contextualización," escribió J. Andrew Kirk, "reconoce la influencia recíproca de la cultura y la vida socioeconómica. Por lo tanto, al relacionar al evangelio con la cultura, tiende a tomar una postura más crítica (o profética) hacia la cultura. El concepto . . . tiene el propósito de ser tomado en serio, como un método teológico, el cual conlleva compromisos ideológicos particulares para transformar situaciones de injusticia social, de alienación política y de abuso de los derechos humanos. José Míguez Bonino habla de 'elevar la situación histórica al nivel teológico' y de 'la reflexión teológica en la praxis concreta. . . . La voluntad inflexible de actuar desde la situación histórica, analizada por medio de instrumentos sociopolíticos y adoptada en una opción teológica, identifica . . . el punto de partida de la tarea teológica'" (Kirk 1999, 91).[154]

David Bosch resaltó la importancia de este elemento epistemológico en la contextualización.

> Las teologías contextuales pretenden constituir un quiebre epistemológico al ser comparadas con las teologías tradicionales. Mientras que la teología, por lo menos desde el tiempo de Constantino, fue conducida *desde arriba*, como una empresa elitista . . . su principal fuente fue la *filosofía* y su principal interlocutor los *no-creyentes educados*, la teología contextual es teología *desde abajo*. "desde el reverso de la historia," su principal fuente (aparte de la Escritura y de la tradición) son las *ciencias sociales*, y su principal interlocutor los *pobres* o los *culturalmente marginados*. . . . Igualmente importante en la nueva epistemología es el énfasis sobre la prioridad de la praxis (1991, 143).

Bosch continúa mencionando cinco características del enfoque epistemológico de la contextualización:

- Primero, hay una sospecha profunda de que no sólo la ciencia occidental y la filosofía occidental, sino también la teología occidental . . . fueron realmente diseñadas para servir a los intereses del Occidente, más particularmente para legitimar "al mundo como existe ahora." . . .
- Segundo, la nueva epistemología se niega a respaldar la idea del mundo, como un objeto estático que sólo tiene que ser *explicado*. . .
- Tercero, (hay) un énfasis sobre el *compromiso*, como "el primer acto de la teología" (citando a Torres y Fabella 1978, 269). . . .
- Cuarto, en este paradigma, el teólogo ya no puede ser "un pájaro solitario sobre el tejado" (Barth 1933, 40), que analiza y evalúa a este mundo y a su agonía; él o ella sólo puede teologizar de manera creíble, si lo hace *con* los que sufren.

---

[154] Kirk está citando a Míguez Bonino 1971, 405-407; citado también en Norman Thomas 1995, 174; y David Bosch 1991, 425.

- Quinto, entonces, el énfasis está sobre el *hacer* teología. La pretensión universal de la hermenéutica del lenguaje ha sido desafiada por una hermenéutica de la obra, dado que hacer es más importante que saber o hablar. . . . A partir de la praxis o de la experiencia, el círculo hermenéutico procede a la reflexión, como un segundo . . . acto de la teología. La secuencia tradicional, en la cual la *theoria* se eleva por sobre la *praxis*, aquí se da vuelta. Por supuesto que esto no implica un rechazo de la *theoria*. Idealmente, debería haber una relación dialéctica entre la teoría y la praxis. . . . "Ortopraxis y ortodoxia se necesitan la una a la otra, y cada una es afectada adversamente cuando una pierde de vista a la otra" (Bosch 1991, 424-25; Bosch está citando a Gutiérrez 1988, xxxiv).

Bosch nos advirtió con respecto a las "ambigüedades de la contextualización," una incomodidad que comparto. Registra sus preocupaciones al ofrecer seis afirmaciones que sirven para ligar a la contextualización con la teología y con la misión.

- La misión como contextualización es una afirmación de que Dios se ha vuelto hacia el mundo.[155]
- La misión como contextualización implica la construcción de una variedad de "teologías locales. . . ."[156]
- Está no sólo el peligro del relativismo, donde cada contexto forja su propia teología, diseñada para ese contexto específico, sino también el peligro del absolutismo del contextualismo. . . .
- Todavía debemos mirar a toda esta cuestión desde otro ángulo, el de "leer las señales de los tiempos," una expresión que ha invadido el lenguaje eclesiástico contemporáneo. . . .
- Entonces, a pesar de la innegable naturaleza crucial y rol del contexto, éste no debe ser tomado como la autoridad única y básica para la reflexión teológica. . . .[157]
- Los mejores modelos de teología contextual tienen éxito en mantener unidas, en tensión creativa, a la *theoria*, la *praxis* y la *poiesis*, o, si uno quiere, la fe, la esperanza y el amor. Esta es otra

---

[155] Bosch afirma que no es necesario dicotomizar nuestra relación de fe dirigida a Dios de nuestro compromiso e involucramiento en el mundo.

[156] Pero una multiplicación demasiado expansiva – o atomización—de "teologías" tiene implicaciones profundamente negativas al relativizar la unicidad de la fe de la Iglesia cristiana en el mismo evangelio.

[157] Bosch observa aquí que Stackhouse ha argumentado que estamos distorsionando todo el debate de la contextualización si la interpretamos sólo como un problema de la relación entre teoría y praxis. Bosch cita a Max Stackhouse 1988, 85.

> manera de definir la naturaleza misionera de la fe cristiana, la cual procura combinar las tres dimensiones (Bosch 1991, 426-32).

Con el centro de gravedad que se desplazó del norte al sur y del oeste al este, la misión en el siglo veintiuno será desde cualquier lado hacia cualquier lado. Y todos los aspectos de la realidad de cada contexto en particular tendrán y deben tener un impacto sobre el contenido y el método de la teología de la misión en cada lugar. Como Andrew Kirk ha señalado, la verdadera teología será y debe ser misiológica.

> Mi tesis es que es imposible concebir a la teología aparte de la misión. Toda teología verdadera es, por definición, una teología misionera, porque tiene como objeto el estudio de los modos de un Dios que es, por naturaleza, misionero y tiene un texto fundamental escrito por y para misioneros. . . . La teología no debería tomarse como una serie de disciplinas aisladas. Asume un modelo de comunicación transcultural, porque su tema principal se ubica por sobre la cultura y a la vez se relaciona estrechamente con ella. Por lo tanto, debe ser interdisciplinaria e interactiva (Kirk 1997, 50-51).

En otro lugar, Kirk dice: "No puede haber teología sin misión, o, para ponerlo de otra forma, ninguna teología que no sea misionera" (Kirk 1999, 11).

En las palabras de David Bosch:

> Así como la Iglesia deja de ser la Iglesia si no es misionera, así también la teología deja de ser teología si pierde su carácter misionero. Entonces, la pregunta crucial no es simplemente o solamente o en términos generales qué es la Iglesia o qué es la misión. También es qué es la teología y de qué trata. Necesitamos una agenda misiológica para la teología, más que una agenda teológica para la misión; porque la teología, entendida correctamente, no tiene razón de ser aparte de acompañar a la *missio Dei* de manera crítica. Así que, la misión debería ser "el tema de toda teología" (Gensichen 1971, 250). . . . No es el caso de que la teología se ocupe de una empresa misionera si y cuando lo considere apropiado; es más bien el caso de que la misión sea el tema que la teología tiene que tratar. Para la teología es una cuestión de vida o muerte el estar en contacto directo con la misión y con la empresa misionera (Bosch 1991, 494).

Aunque él probablemente no compartiría los puntos de vista económicos y políticos de algunos de los autores mencionados anteriormente, el sesgo epistemológico de la metodología sugerida parece similar al concepto de "contextualización crítica" desarrollado por Paul Hiebert (Hiebert 1984). Hiebert demandó una "contextualización crítica" que involucrara un proceso interactivo que tomara con seriedad la Biblia y que también interactuara constructivamente con el contexto.

> La contextualización crítica no opera desde una perspectiva mono-cultural. Tampoco está basada sobre el pluralismo de culturas inconmensurables. Procura encontrar marcos meta-culturales y meta-teológicos que le permitan a la gente de una cultura entender los mensajes y las prácticas rituales de otra cultura, con un mínimo de distorsión. Está afirmada sobre una epistemología crítica realista, que ve todo conocimiento humano como una combinación de elementos objetivos y subjetivos, como aproximaciones a la verdad parciales, pero cada vez más cercanas a ella. Toma seriamente tanto el contexto histórico como el cultural. Y ve la relación entre forma y significado en símbolos tales como palabras y rituales, que va desde una educación de ambos hasta la simple asociación arbitraria entre ellos. Finalmente, ve a la contextualización como un proceso continuo, en el cual la Iglesia debe constantemente involucrarse, un proceso que puede conducirnos a una mejor comprensión de lo que son el señorío de Cristo y el reino de Dios en la tierra (Paul Hiebert 1984, 295).

Conclusión

De modo que, ¿cuál es el próximo paso? Creo que el paso siguiente implica una búsqueda de una metodología en la teología contextual de la misión, que simultáneamente afirme la universalidad del evangelio y la particularidad de su encarnación en tiempos y lugares específicos. Necesitamos una metodología en la teología de la misión, que tome seriamente las Escrituras y la reflexión histórica de la Iglesia sobre ellas. Esa metodología, al mismo tiempo, debe ubicar a la teología de la misión en el ambiente del contexto y en el peregrinaje de fe de las personas en ese contexto. Esta es una metodología que incluye a toda la Iglesia, la cual, con la Biblia en una mano y con el diario en la otra, formula una y otra vez las cuatro preguntas de Gilliland mencionadas anteriormente. Y que luego procede a descubrir lo que implica la misión de Dios en ese lugar y en ese tiempo particular.

Dan Shaw y yo comenzamos a explorar un camino hacia adelante para crear tal metodología por medio del concepto de horizontes hermenéuticos, que aprendimos de Hans Geog Gadamer, de Grant Osborne y de otros. En la fusión de horizontes de significado, la subjetividad, objetividad y todos los otros aspectos del contexto mismo se entienden como mezclados. La teología de la misión, entonces, implica una comprensión y un examen de la interrelación entre múltiples horizontes de significado: bíblico y contemporáneo. Pero este tema va más allá del alcance de este libro.[158]

Este capítulo fue publicado originalmente como "Five Perspectives of Appropriate Mission Theology," en Charles Kraft, ed., Appropriate Christianity, *Pasadena: William Carey Library, 2005, 183-202. Usado con permiso.*

---

[158] El lector interesado en este tópico puede ver Dan Shaw y Charles Van Engen, 2003.

CAPÍTULO 8

UNA TEOLOGÍA DE LA MISIÓN CONTEXTUALMENTE APROPIADA

Tesis

Para dar origen a un "cristianismo apropiado" en un contexto dado, los cristianos en ese contexto necesitan construir un método para teologizar sobre la misión, de modo que el método mismo sea apropiado para la Escritura, para la gente de ese contexto y en relación con la Iglesia mundial, que brinde a lo largo del tiempo una comprensión de la revelación de Dios contextualmente apropiada, a la cual las personas de esa cultura puedan responder y por la cual puedan ser transformadas (en verdad, en alianza y en poder). Esta metodología contextualmente apropiada tendrá que ser integrada, local, encarnacional, praxeológica y dialógica.

Introducción

En el capítulo previo, resumí cinco paradigmas de una teología de la misión contextualmente apropiada, que se construyen mutuamente: comunicación, indigenización, traducibilidad, teologías locales y epistemología. Extrayendo una variedad de percepciones de esos cinco paradigmas, en este capítulo voy a ofrecer un bosquejo de un método para teologizar sobre la misión, por medio del cual el método mismo puede ser desarrollado para ser apropiado tanto para la Escritura, como para la gente del contexto. El método que se describirá a continuación involucra cinco pasos que dan origen a cinco características de una teología de la misión contextualmente apropiada, que sea:

- Integradora: entender el evangelio de Jesucristo
- Local: volver a abordar un nuevo contexto
- Encarnacional: prepararse para una nueva acción
- Praxeológica: vivir el evangelio en una acción apropiada
- Dialógica: dar nueva forma a nuestra comprensión del evangelio

El método bosquejado a continuación implica una acción de espiral hermenéutica, que teje un tapiz de interacción entre el evangelio y la cultura, entre la Iglesia y el contexto, entre lo que los cristianos saben y entienden acerca de Dios y lo que los cristianos experimentan al vivir su fe en el mundo. Como está ilustrado en la Figura 4, más abajo, esto implica una espiral interactiva y dinámica a lo largo del tiempo de la teología desde arriba con la teología desde abajo, procurando una sabiduría más profunda con respecto a la comprensión de Dios por parte de la Iglesia. En el capítulo 4 de *Communicating God's Word in a Complex World* (Shaw y Van Engen 2003), extraje información de la obra de Anthony Thiselton (1980) y de Grant Osborne (1991), entre otros, para describir esta actividad de teologizar como una interacción de cuatro horizontes dinámica y continua.

La metodología que voy a describir implica justo esa espiral. Voy a describir sólo una vuelta de la espiral. El lector tiene que entender que lo que se está describiendo en los siguientes cinco pasos es un proceso teológico y misiológico, que debe ser repetido una y otra vez por el pueblo de Dios en un contexto dado, para que las personas que lo integran puedan descubrir una teología de la misión contextualmente apropiada en su situación particular. Entonces, el primer paso implica integración.

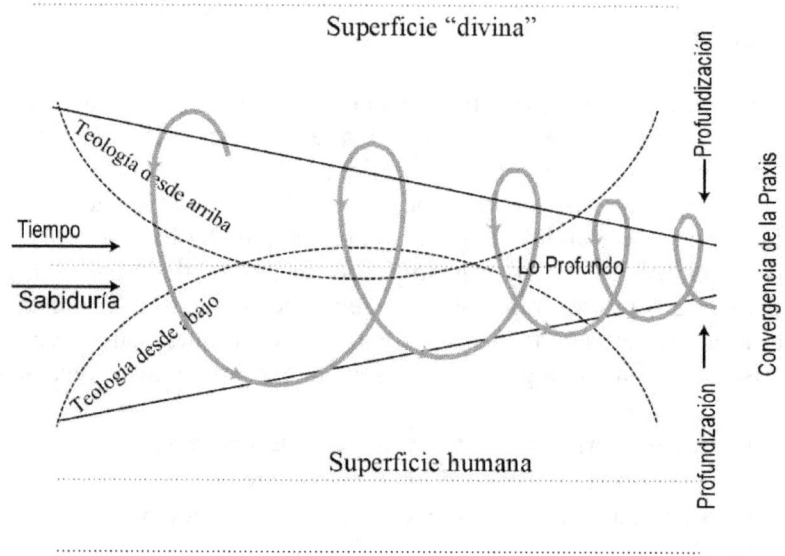

Figura 4: La espiral hermenéutica
(Leída desde arriba a la izquierda hacia abajo a la derecha)

Integradora: comprender el evangelio de Jesucristo

El primer paso en la construcción de una teología de la misión contextualmente apropiada implica una cuidadosa fusión intencional de cuatro fuentes de datos, de las cuales el teólogo de la misión extrae información: la Biblia, el contexto, la Iglesia y el peregrinaje personal. Durante las tres décadas pasadas, ha habido un consenso significativo en la teología de la misión, sobre la necesidad de integrar por lo menos tres dominios de nuestro conocimiento en un todo interrelacionado y dinámico: *Palabra* (la primacía de la Biblia en todo teologizar contextual), *mundo* (el impacto de la cultura, de las realidades socioeconómicas y políticas y todas las otras áreas de la vida humana en la realidad de un contexto dado) e *Iglesia* (el agente primario de la misión de Dios en el mundo). Como vimos en un capítulo anterior, estos tres elementos (Palabra, mundo, Iglesia) constituyen el marco básico de la misología. Algunos llamarían a esto la interacción de texto, contexto y comunidad de fe.[159]

Hace algunos años, comencé a entender que me faltaba una cuarta área, que es muy importante para construir una teología de la misión contextualmente apropiada. No había incluido el área del peregrinaje personal de los seguidores de Jesús, como agentes de la misión de Dios. Este primer paso del proceso de construir una teología de la misión, incluye un auto-examen de parte del teólogo de la misión y de la Iglesia misional. En este primer paso, examinamos nuestro propio conocimiento y nuestra comprensión de Dios y de la misión de Dios, tal como está informado y modelado por cuatro dominios. Ver Capítulo 2, Parte 1 de este volumen, para una explicación de esta construcción de cuatro dominios de la teología de la misión. El lector deberá volver al Capítulo 2 de este libro y revisar la explicación de los cuatro dominios de la misología. Una comprensión de la interrelación y de la integración de esos cuatro dominios está en el corazón de este primer paso en el proceso de construir una teología de la misión.

Habiéndonos examinado a nosotros mismos con respecto a los dominios del conocimiento que han informado y le han dado forma a nuestra teología de la misión en un contexto dado, estamos preparados para dar un segundo paso en procura de una teología de la misión contextualmente apropiada. Volvemos a abordar el contexto local, donde la acción de nuestra misión tendrá lugar.

---

[159] En *Mission on the Way* describí la manera en que estas tres fuentes de datos misiológicos impactan sobre el desarrollo de la teología de la misión (Van Engen 1996, 22-26. Traducido al español, *Misión en el Camino.*). También adapté esta comprensión tripartita del teologizar en misión en *God So Loves the City* en cuanto se aplica a desarrollar una teología de la misión en la ciudad (Van Engen y Tiersma 1994, 271-85).

Local: volver a abordar un nuevo contexto

El teólogo de la misión está ahora preparado para abordar un contexto de una manera nueva. Este contexto puede ser un enclave contextual y cultural completamente diferente al del teólogo de la misión. O puede ser la misma cultura y la misma ubicación geográfica en la que el teólogo de la misión ha estado todo el tiempo. El método que estamos considerando en este capítulo está intencionalmente diseñado para ser útil para la construcción de una teología de la misión apropiada en el contexto particular de cada uno. Después que la reflexión ha sido llevada a cabo en el primer paso, los teólogos de la misión verán a su propio contexto con una nueva comprensión y con nuevos ojos.

El segundo paso al procurar una teología de la misión contextualmente apropiada implica un análisis tanto del pasado como del presente. Alrededor del globo, 1.500 millones de personas confiesan alianza con Jesucristo, de algún modo. Más de dos tercios de todos los cristianos están ahora en Asia, África, Latinoamérica y Oceanía. Pueden encontrarse cristianos en todos los países, en todas las ciudades, en todas las regiones del globo. Todavía hay miles de grupos humanos que no han sido alcanzados, pero no hay ningún grupo que no haya sido tocado. Incluso los pueblos no alcanzados han sido impactados por la historia de la interacción de las iglesias y las misiones con su cultura, en su contexto, en algún momento del pasado reciente o distante. Esto significa que el teólogo de la misión nunca aborda un contexto *de novo*. En el mundo, no queda hoy tal cosa como una situación de *tabula rasa*. Así es que, cuando los teólogos de la misión abordan su contexto de misión, comenzarán formulando preguntas históricas concernientes a la interacción pasada de las iglesias y las misiones con el contexto, y el impacto que el contexto ha tenido sobre las iglesias y las misiones con las cuales se han relacionado.

Por lo tanto, tal análisis del contexto local debe ser trinitario. Debe comenzar primero con oración y con un reconocimiento de la obra del Espíritu Santo. En el libro de Hechos, Lucas nos provee del fundamento histórico y teológico de nuestra teología de la misión. Sabemos que la misión de Cristo es llevada a cabo por medio del trabajo "en el poder del Espíritu [Santo]" (Moltmann 1977). Esto nos lleva a formular dos preguntas. (1) ¿Qué ha estado haciendo el Espíritu Santo en este contexto en el pasado reciente y distante? (2) ¿Qué quiere hacer el Espíritu Santo hoy y mañana en este contexto? La misión no es nuestra. No pertenece a las iglesias o a las agencias misioneras. Las iglesias y las misiones participan en la misión de Dios (*missio Dei*) guiada, impulsada, corregida y empoderada por el Espíritu Santo.[160] La misión al estilo de Jesús es siempre llevada a cabo en una atmósfera del fruto del Espíritu Santo. Y los dones del Espíritu Santo son dados para la misión (Ef 4.11-16).

Desde Pentecostés en adelante, la misión es la acción del Espíritu Santo, a través de la agencia de la Iglesia. Toda teoría y acción de la misión debe estar saturada con la guía del Espíritu Santo y de la oración. Al igual que un río, el empoderamiento y la dirección del Espíritu Santo fluyen de Jesucristo hacia el mundo.

Habiendo reconocido el rol del Espíritu Santo y de la oración en el desarrollo de una teología de la misión apropiada, el teólogo de la misión puede proceder a examinar tres aspectos históricos que tienen que ver con la Iglesia y con la misión en el contexto particular: (1) la historia de la acción misionera por parte de las iglesias y de las misiones en el contexto (quién hizo qué, cuándo); (2) la historia de la teoría de la misión manifestada por las iglesias y las misiones activas en el contexto (sus motivaciones, sus construcciones teóricas, sus metas y las razones para los métodos elegidos); y (3) la historia de la interacción dinámica de doble mano de las iglesias y las misiones con la gente del contexto, y el impacto del contexto sobre las iglesias y las misiones implicadas.

A dónde sea que usted y yo vayamos, existe una historia de la interacción de la Iglesia con el contexto. Hay factores históricos, tanto directos como indirectos. La historia de la acción misionera en un contexto específico ha sido muy frecuentemente ignorada, especialmente por los activistas de la misión en la construcción de su misiología. A lo largo de la historia, la gente ha tendido a ir y hacer misión, en primer lugar, para luego darse cuenta de que necesitaban un conocimiento más completo e íntimo de la historia de la acción misionera en ese contexto.

Nadie debería desarrollar una teología de la misión en un contexto local, sin primero hacer las tareas concernientes a la historia de la actividad misionera, a la teoría de la misión y a la interacción misional entre la Iglesia cristiana y la gente de un contexto particular. Ya sea que uno piense en China, en Ghana, en Rusia, en Brasil, en Japón, en Australia, en Arabia Saudita, en Tailandia, en Sudáfrica, en Corea, en Kenia, en México, en Alemania, en los Estados Unidos, en Guatemala o en Inglaterra, por ejemplo. En cada lugar, las iglesias y las misiones, y la visión de la gente local sobre las iglesias y las misiones, han sido moldeadas de manera única, en cada lugar, por factores históricos.

---

[160] Ver, Rosin, 1972; Scherer 1987, 106-25; Scherer 1993, 82-88; John McIntosh 2000, 631-33; Verkuyl 1978, 197-204; y en la subsección "In Christ's Way," en la conferencia del Comité de Misiones Mundiales y Evangelismo en San Antonio, Texas en 1989, en F. Wilson, ed., 1990.

También hay una teoría de la misión asociada con la acción misional histórica y esta historia de la teoría de la misión ayudará a guiar al teólogo de la misión. Las tradiciones teológicas particulares (católica romana, ortodoxa, ecuménica, evangélica, pentecostal/carismática) han influído sobre el marco teórico que ha informado a la acción misionera en cada lugar, en tiempos particulares.

Encarnacional: prepararse para una nueva acción

El tercer paso en desarrollar una teología de la misión contextualmente apropiada nos mueve del análisis del pasado a la consideración del presente, en camino hacia el futuro. Nuestro examen de los cuatro dominios fue tiempo presente. El segundo paso fue tiempo pasado. Ahora, pasamos a considerar el aspecto que debería tener una teología de la misión apropiada, en el contexto donde nos encontramos. Detener nuestra reflexión en este punto puede producir estudios sobre la misión, pero no conduce a una participación activa en una acción misionera apropiada. Esto no es satisfactorio. Johannes Verkuyl lo ha expresado así:

> La misiología es el estudio de las actividades de salvación por parte del Padre, del Hijo y del Espíritu Santo, por todo el mundo, conducentes a hacer realidad la existencia del reino de Dios. Visto en esta perspectiva, la misiología es el estudio del mandato divino de la Iglesia mundial, de estar lista para servir a este Dios, quien está dirigiendo sus actos salvíficos hacia el mundo. En dependencia del Espíritu Santo, y por palabra y obra, la Iglesia debe comunicar todo el evangelio y toda la ley divina a toda (la humanidad). La tarea de la misiología en todas las épocas es investigar científica y críticamente las presuposiciones, los motivos, las estructuras, los métodos, los patrones de cooperación y el liderazgo que las iglesias aportan a su mandato. Además, la misiología debe examinar todo otro tipo de actividad humana que combata los variados males, para ver si se adapta a los criterios y las metas del reino de Dios, el cual ya ha venido, pero sigue viniendo. . . . La misiología nunca puede ser un sustituto de la acción y de la participación. Dios llama a participantes y a voluntarios a su misión. En parte, la meta de la misiología es transformarse en una "estación de servicio" a lo largo del camino. Si el estudio no conduce a la participación, ya sea en casa o afuera, la misiología habrá perdido su humilde llamado (Verkuyl 1978, 5-6).

Este es el punto donde nos movemos del pasado al futuro. Este es un paso integrador crítico. Comienza a organizar todo lo pensado hasta aquí. Transforma y enfoca nuestra reflexión misiológica para transformarse en la construcción de planes específicos para la acción misionera. Como ya lo he mencionado en el Capítulo 2 y como se puede ver en la Figura 3, he tratado de representar en forma de diagrama la interacción de las varias categorías teológicas de la teoría de la misión con varios aspectos ilustrativos de la acción misional.

Categorías fundacionales de la teoría de la misión	Missio Dei	Missio Hominum	Missiones Ecclesiarum	Missio Politica Oecumenica	Missio Christi	Missio Espíritu Sancti	Missio futurum/ adventus
Acción misional de Dios	Misión de Dios	Uso misional de agentes humanos	Misiones a través del pueblo corporativo de Dios	Acción misional en la civilización global	Misión mesiánica a través de Jesucristo	Misión a través del Espíritu Santo	Misión del reino en el futuro predecible y en el sorpresivo advenimiento
El contexto de la misión							
Los agentes de la misión							
Los motivos de la misión							
Los medios de la misión							
Los métodos de la misión							
Las metas de la misión							
Los resultados de la misión							
Esperanza/ utopía de la misión							
La oración en la misión							
El poder espiritual en la misión							
Estructuras para la misión							
Asociaciones en la misión							
Presencia, proclamación, persuasión, incorporación							

Figura 3: Una grilla de trabajo de la teología de la misión

La interrelación de las categorías de la misión (ubicadas en el eje horizontal) con los aspectos de la acción misional (ubicados en el eje vertical) presenta una cantidad de nuevas preguntas para la teología de la misión. Cada recuadro en la grilla constituye una pregunta específica para una teología de la misión apropiada en un contexto local. Este es el movimiento de la descripción hacia la prescripción. Los aspectos verticales de la misión de Dios (*missio Dei, missio hominum, missiones ecclesiarum, missio politica oecumenica, missio Christi, missio Spiritu Sancti,* y *missio futurum/adventus*) se interrelacionan con las categorías horizontales de la acción misionera humana (motivación, medios, agentes, metas, etc.) en un entretejido completo de interacción divina y humana. Cada recuadro de la grilla constituye una pregunta misiológica específica, con un énfasis particular.

En este tercer paso del proceso, el teólogo de la misión comienza a traducir la teoría, la historia y la reflexión a planes concretos de acción. A lo largo de los años, he encontrado que este proceso ha sido muy útil en mi propia carrera misionera. Es esencialmente una forma simplificada de planeamiento estratégico. De modo que, en este tercer paso, el teólogo de la misión comienza a abordar la pregunta: "¿Entonces qué?" ¿Qué deberíamos estar haciendo en la misión en nuestro contexto en este momento? A partir de lo que aprendimos en los pasos 1 y 2, ¿qué percibimos que el Espíritu Santo nos está guiando a hacer? ¿Quiénes deberían ser los agentes? ¿Cuáles deberían ser los medios y los métodos? ¿Cuáles son las metas específicas que debemos procurar alcanzar?

Praxeológica: vivir el evangelio en una acción apropiada

El cuarto paso en el desarrollo de una teología de la misión apropiada tiene que ver con traducir la reflexión a una acción concreta. David Bosch, entre otros, ha llamado la atención sobre el hecho de que la misión de la Iglesia involucra aspectos tanto de dimensión misional como de intención misional (Bosch 1991, 494-96). Hay dimensiones del impacto de la presencia de los discípulos de Jesús en un contexto particular. Su mera presencia, por momentos, puede tener un impacto significativo sobre la realidad contextual. Las dimensiones de la presencia del evangelio y de la Iglesia no deberían minimizarse. No obstante, el aspecto dimensional no es suficiente. La Iglesia está también llamada a una participación activa en la misión de Dios. La Iglesia es enviada al mundo por Jesucristo, su cabeza, para llevar a cabo una acción misional concreta y específica en cada contexto. Esto implica el aspecto de la intención misional. En un contexto dado, ¿qué intentan hacer las iglesias y las misiones? ¿Qué pasos intencionales de acción se necesitan, como fruto de la reflexión llevada a cabo en los tres pasos anteriores?

Una vez que los cristianos se comprometen a estar involucrados en la acción misional, necesitan formularse preguntas cuidadosas, sensitivas y sabias que los ayuden a clarificar la naturaleza de la tarea, la acción a llevar a cabo, la transformación que se procura y los resultados que deberían ser observables como fruto de la acción. Cada una de estas preguntas debe ser apropiada para el contexto.

Con base en la integración ofrecida por la grilla, el teólogo de la misión contextual comienza preguntándose acerca de la interrelación de la Iglesia y el contexto, en un tiempo y lugar específicos. En este nuevo "aquí y ahora" hay cuestiones específicas de la dimensión misional y de la intención misional de la iglesia con respecto al contexto. ¿De qué manera está la Iglesia ya comprometida en misión en este contexto? ¿Qué recursos tiene la Iglesia para llevar a cabo la misión? ¿Qué es lo que constituye una acción apropiada tanto para la teoría de la misión como para la naturaleza del contexto?

A medida que las iglesias y las misiones emprenden una acción misional, es importante que entiendan el impacto de la acción misma sobre su teología de la misión. Así como el Concilio de Jerusalén, en Hechos 15, basó sus decisiones en cuanto a la misión sobre lo que el Espíritu Santo había hecho en Hechos 10, así las iglesias y las misiones ganan nuevas perspectivas con respecto a lo que es una teología de la misión apropiada en un contexto, precisamente a través de la acción misionera misma. La acción es en sí misma teológica.[161]

En este punto, el teólogo contextual de la misión traducirá la reflexión en acción misionera en un contexto particular, en un tiempo específico, a través de gente particular y con ella, teniendo en mente metas misionales específicas. La reflexión conduce a la acción la cual, a su vez, transforma e informa nuestra nueva reflexión, la cual luego lleva a una nueva acción misional. Esta interacción teológica dinámica de acción-reflexión-acción ha sido un regalo significativo que los eruditos latinoamericanos han ofrecido a la Iglesia mundial. Aunque la noción de praxis no es una idea exclusivamente latinoamericana, durante los pasados treinta años, los latinoamericanos han sido la voz dominante reclamando este enfoque al hacer teología en el contexto.[162]

---

[161] Para una discusión de cómo este método praxeológico de teologizar juega un rol en la teología narrativa, ver Van Engen 1996, 44-68.

[162] Las citas siguientes pueden ayudar al estudiante de la teología de la misión contextualmente apropiada a entender el significado y la relevancia de la "praxis." Robert McAfee Brown, *Theology in a New Key*, 1978, 50-51. José Míguez Bonino, *Christians and Marxists*, 1976, 91-102. José Míguez Bonino, "Hermeneutics, Truth and Praxis," en Míguez Bonino, *Doing Theology in a Revolutionary Situation.* Filadelfia: Fortress, 1975, 86-105. Clodovis Boff, *Theology and Praxis*, 1987, xxi-xxx; Leonardo Boff, *Liberating Grace*, 1979, 3; Leonardo y Clodovis Boff, *Introducing Liberation Theology*, 1987, 8-9; Robert McAfee Brown, *Unexpected News*, 1984; Ernesto Cardenal, *Flights of Victory*, 1985, 11-12, 23-25; Rebecca Cho, *The Praxis of Suffering*, 1986, 36-37, 115-117, 120-121; Orlando Costas, *Theology at the Crossroads*, 1976, 8-9; Severino Croatto, *Liberación y libertad: pautas hermenéuticas*, Buenos Aires: Ediciones Mundo Nuevo,

La acción misional debería ser consistente con la teoría precedente (desarrollada en los pasos 1 al 4). En la perspectiva de los conjuntos centrados de Hiebert, las iglesias pueden estar moviéndose hacia Cristo y, al mismo tiempo, llevando a cabo la misión en el contexto de la Iglesia. Lo uno no puede existir sin lo otro. Las iglesias que se alejan de Cristo no están participando en la misión de Cristo.

Un abordaje praxeológico de la teología de la misión contextualmente apropiada es posible cuando nuestro método teológico está construido sobre lo que Paul Hiebert llamó el enfoque del los "conjuntos centrados." En esta forma de teologizar, la preocupación primordial del teólogo de la misión es que la reflexión y la acción (praxis) estén centradas y en movimiento hacia Jesucristo, en cuya misión participamos. En *Anthropological Reflections on Missiological Issues*, Hiebert desarrolla las "características de los conjuntos centrados." Es instructivo para nosotros prestar atención a Hiebert en este punto. Dice él:

> Primero, un conjunto centrado se crea al definir el punto del centro de referencia y la relación de las cosas con ese centro. Las cosas relacionadas con el centro pertenecen al conjunto, y las no relacionadas no. . . . Segundo, mientras que los conjuntos centrados no se crean trazando límites, *ellos sí tienen límites muy definidos* que separan las cosas que están dentro del conjunto de las que están fuera de él, entre las cosas que se relacionan o se mueven hacia el centro y las que no. Los conjuntos centrados están bien formados, como si fueran conjuntos cerrados. Se forman definiendo el centro y cualquier relación con él. Luego, los límites emergen automáticamente. Las cosas relacionadas con el centro se separan naturalmente de las cosas que no lo están. . . . Tercero, hay dos variables intrínsecas en los conjuntos centrados. La primera es la membresía. Todos los miembros de un conjunto son miembros plenos y comparten completamente sus funciones. No hay miembros de segunda clase. La segunda variable es la distancia del centro. Algunas cosas están lejos del centro y otras cerca, pero todas se mueven hacia él. . . . Cuarto, los conjuntos centrados tienen dos tipos de cambio inherentes a su estructura. El primero tiene que ver con la entrada al conjunto y el segundo con la

---

1973; Gustavo Gutiérrez, "Liberation, Praxis and Christian Faith," en: Gibellini, *Frontiers*, 1975, 1-33; Deane Ferm, *Third World Theologies: An Introduction*, 1986, 15; Gustavo Gutiérrez, *We Drink From Our Own Wells*. 1984a, 19-32; Gustavo Gutiérrez, *The Power of the Poor in History*, 1984b, vii-viii, 50-60; Gustavo Gutiérrez, *Theology of Liberation*, 1988, 6-19; Roger Haight, *An Alternative Vision*, 1985, 44-48; René Padilla, *Mission between the Times*, 1983, 83; Robert Schreiter, *Constructing Local Theologies*, 17, 91-93; Waldron Scott, *Bring Forth Justice*, 1980, xv; Spykman, Cook, et al., *Let My People Live*, 1988, xiv, 226-231; Raúl Vidales, "Methodological Issues in Liberation Theology," en: Gibellini, *Frontiers*, 1975, 34-57.

salida del mismo. Las cosas que se alejan del centro pueden dar vuelta y moverse hacia él. . . . El segundo tipo de cambio tiene que ver con el movimiento hacia el centro o el alejamiento de él. Los miembros distantes pueden moverse hacia el centro y los que están cerca pueden deslizarse hacia atrás, mientras que todavía se dirigen hacia él. (Hiebert 1994, 123-31).

Hiebert pasa a demostrar que la cultura hebrea fue estructurada como un conjunto centrado, basado en relaciones, especialmente en términos de una relación de pacto del pueblo de Israel con el Dios de Abraham, Isaac y Jacob.

Luego Hiebert pregunta: "¿Qué le ocurre a nuestro concepto de cristiano si lo definimos en términos de conjunto centrado? Primero, los cristianos serían definidos como seguidores del Jesucristo de la Biblia, como los que lo hacen el centro o el Señor de sus vidas. . . . Segundo, habría una clara separación entre cristianos y no cristianos, entre los que son seguidores de Jesús y los que no lo son. No obstante, el énfasis estaría en exhortar a la gente a seguir a Cristo, más que en excluir a otros para preservar la pureza del conjunto. . . . Tercero, habría un reconocimiento de una variedad entre los cristianos. . . . Cuarto, se reconocerían dos tipos importantes de cambio en el pensamiento basado en conjuntos centrados. Primero, hay conversión, entrada o salida del conjunto. . . . El segundo cambio es el movimiento hacia el centro, o el crecimiento en una relación. Un cristiano no es un producto terminado en el momento en que él o ella se convierten. Por lo tanto, la conversión es un evento definido seguido de un proceso continuo. La santificación no es una actividad separada, sino un proceso de justificación que continúa a lo largo de la vida" (Hiebert, 1994, 123-31).

Luego, Hiebert procede a mirar a la Iglesia como un conjunto centrado y a la misión como un conjunto centrado, siguiendo las cuatro características que mencionara anteriormente. La idea de Paul Hiebert de una metodología teológica de "conjunto centrado" descripta anteriormente es una guía especialmente importante en el desarrollo de una teología de la misión contextualmente apropiada. Provee un medio por el cual podemos estar anclados en la verdad de Jesucristo de manera firme y estrecha, y simultáneamente estar abiertos a cosmovisiones diferentes, poder ver a través de distintas lentes culturales al leer las Escrituras e interactuar creativamente con contextos diferentes, todo dentro de la misma Iglesia mundial formada por los discípulos del único centro, Jesucristo.

Dialógica: dar nueva forma a nuestra comprensión del evangelio

En el quinto paso de la búsqueda de una teología de la misión contextualmente apropiada, el teólogo de la misión analiza cómo la acción misionera del paso cuatro ejerce influencia sobre los cuatro dominios que fueron examinados en el primer paso de este proceso.

Por los pasados cuarenta años, los latinoamericanos han estado a la vanguardia de un método particular de la teología contextual, que tiene que ver con el "círculo hermenéutico,"tal como fuera articulado e interpretado por gente como Juan Luis Segundo (1976), entre otros.[163] El círculo hermenéutico de la Teología de la Liberación latinoamericana disparó un proceso intencional, por medio del cual, la hermenéutica contextual de una persona se movía hacia un compromiso con la opción preferencial con los pobres, lo cual a su vez abría sus ojos para releer el significado de la Escritura para la situación de hoy (una hermenéutica de relevancia). Esto proveía nuevas lentes, a través de las cuales uno podía releer el contexto del ministerio.

Juan Luis Segundo comenzó con el concepto de la realidad de un pueblo y desarrolló cuatro pasos decisivos: (1) la estructura de plausibilidad de un pueblo (para usar la expresión de Peter Berger) conduce a una agenda o pregunta particular; (2) la agenda, pregunta o preocupación existencial de un pueblo provee un abordaje del texto bíblico; (3) comprender el texto desde el punto de vista de la agenda de un pueblo provee una aplicación particular que vuelve al contexto; y (4) esa aplicación conduce a una nueva agenda o pregunta que puede ser implementada en el contexto, lo cual comienza nuevamente el círculo. Este proceso lleva a un movimiento circular, por medio del cual, el contexto presente informa el significado del texto y mantiene todo el flujo circular, de ahí la expresión "círculo hermenéutico."

En la metodología de Segundo, ciertas ideas (Segundo las llama "ideologías") emergen de un contexto particular, examinadas por un intérprete con ojos que implica una "sospecha hermenéutica."[164] Entonces, estos conceptos

---

[163] Ver, por ejemplo, Clodovis Boff (1987, 63-66; 132-53); Leonardo Boff y Clodovis Boff (1987, 32-35); Guillermo Cook (1985, 104-126); Samuel Escobar (1987, 172-79); Dean Ferm (1986, 25-26); Gustavo Gutiérrez (1988, 13); Roger Haight (1985, 46-59); José Míguez Bonino (1975, 90-104); C. René Padilla (1985, 83-91); Robert Schreiter (1985, 75-94); Juan Luis Segundo (1976, 7-38); Gordon Spykman, et al (1988, 228-30); Jon Sobrino (1984, 1-38); y Raúl Vidales (1979, 48-51).

[164] En el pensamiento de Segundo, hay cuatro momentos o factores decisivos que influyen sobre el círculo hermenéutico. Está nuestra manera de experimentar la realidad, lo que nos lleva a una sospecha ideológica. (Los tres elementos de Mannheim están incluidos en la comprensión de Segundo de esta primera etapa: (a) una experiencia de la teología

son una reflexión de la perspectiva del teólogo de la misión, una hermenéutica de esa situación que fuerza preguntas acerca de las perspectivas de la gente en esas circunstancias. Con base en las nuevas percepciones del contexto, ganadas en tal re-examen, los teólogos de la misión deberían entonces releer las Escrituras. Mientras los teólogos de la misión releen las Escrituras, ven cosas que no habían visto antes, porque están formulando nuevas preguntas que reflejan una nueva comprensión derivada del nuevo contexto. Basados en las nuevas percepciones, los teólogos de la misión han tomado ventaja de la Escritura, vuelven a encontrarse con su contexto, con la nueva percepción derivada de su nueva lectura de la Escritura. A continuación, hay un diagrama de este proceso.

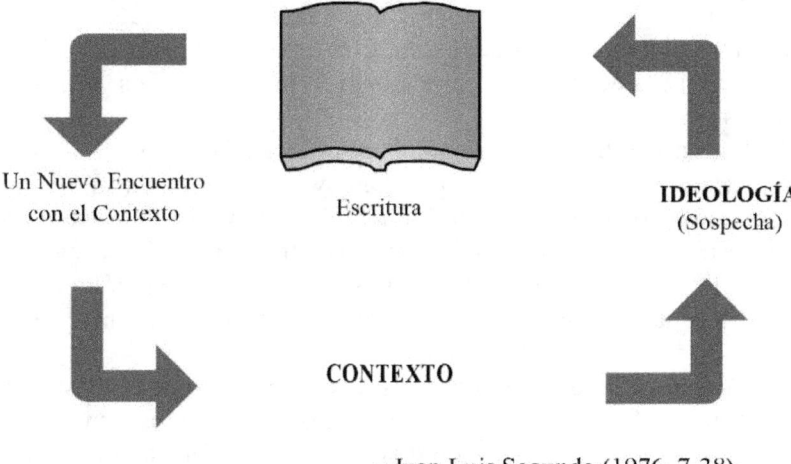

--Juan Luis Segundo (1976, 7-38)

Figura 5: El círculo hermenéutico de Segundo
(Leer contra reloj comenzando con el "Contexto")

Siguiendo esta estructura, algunos teólogos han usado la expresión "haciendo la exégesis del contexto," para referirse a una percepción particular de

---

concreta y evaluativa: (b) un acto de la voluntad de parte del teólogo con respecto a su teología; (c) una dirección al tratar nuevos problemas que deriva de este acto de la voluntad). Hay una aplicación de nuestra sospecha ideológica a toda la super-estructura ideológica en general y a la teología en particular. Surge una nueva manera de experimentar la realidad teológica, que nos lleva a una sospecha exegética, es decir, la sospecha de que la interpretación prevaleciente de la Biblia no ha tenido en cuenta información importante. Tenemos nuestra nueva hermenéutica, es decir, nuestra nueva manera de interpretar la fuente de nuestra fe (la Escritura) con los nuevos elementos a nuestra disposición (Segundo 1976, 7-38).

la realidad. Este proceso es extremadamente importante para el desarrollo de una teología de la misión contextualmente apropiada. El círculo hermenéutico procura construir una interacción dinámica entre el contexto contemporáneo y la teoría misiológica y las perspectivas del teólogo de la misión.[165] El círculo hermenéutico provee una manera de reflexionar sobre la acción misional del paso cuatro.

La reflexión, el re-examinar, el re-pensar y la re-conceptualización se necesitan. La reflexión debería tomar lugar al abordar la consistencia entre la acción tomada y la conceptualización inicial que se encuentra en la idea integradora. Donde hay anomalías, inconsistencias y contradicciones entre la comprensión de la idea integradora y la acción tomada, debemos mirar más cuidadosamente. El lugar de las anomalías es el lugar donde la re-conceptualización comienza de nuevo. Esto crea un proceso de acción/reflexión moldeado a través del tiempo. Habiendo dado los cinco pasos, el proceso vuelve a comenzar.

Esto nos retrotrae a una toma de conciencia del proceso en espiral de profundizar nuestro conocimiento de Dios y de comprender la misión de Dios (ver Figura 6). Como se dijo al principio de este capítulo, el proceso bosquejado aquí no está completo con sólo un ciclo. Este proceso necesita ser repetido innumerables veces, a lo largo de muchos años, para que el teólogo de la misión comience a captar "cuán ancho y largo, alto y profundo es el amor de Cristo" (Ef 3.18).

Mirando a la totalidad de este proceso, el lector puede visualizar la idea integradora que fluye a través de los pasos bosquejados anteriormente, que transforman la idea integradora de teoría en acción. En este proceso, la idea es evaluada, examinada, mejorada, energizada, actuada y finalmente reintegrada con los cuatro dominios originales, de modo que la re-conceptualización pueda tener lugar conduciendo a un refinamiento de la misión. A lo largo del tiempo, esto se torna en un proceso iterativo que está constantemente haciendo ajustes a la teoría y práctica de la misión.

---

[165] Esta explicación del círculo hermenéutico, tal como la desarrolló Juan Luis Segundo, es una adaptación de una sección similar en el capítulo cuatro de Dan Shaw y Charles Van Engen 2003.

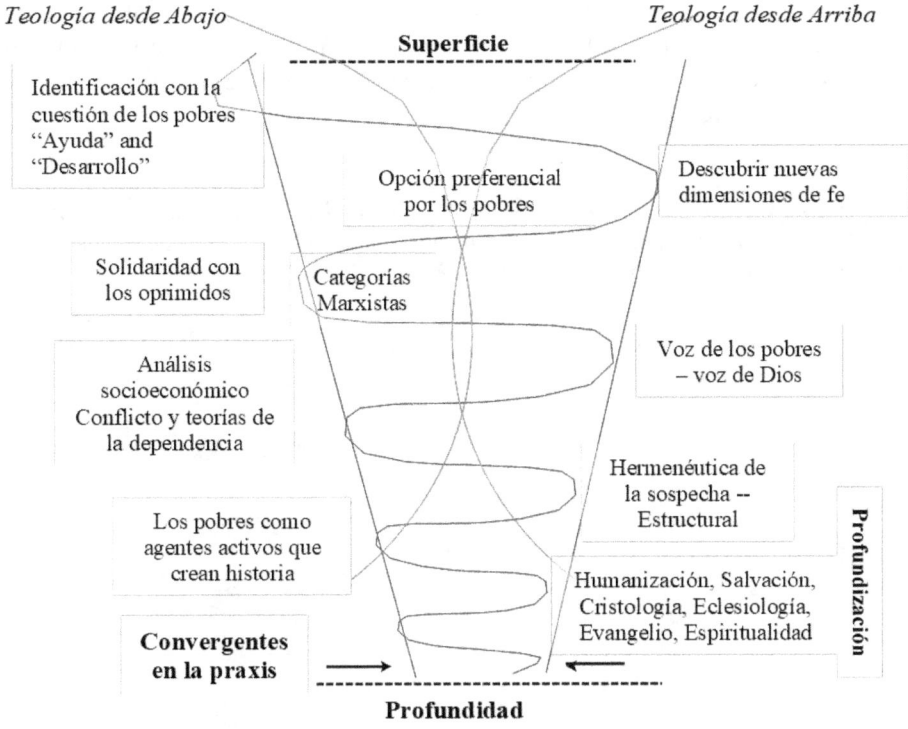

Figura 6: La espiral hermenéutica

Conclusión

En este capítulo, he bosquejado un método, por el cual los teólogos de la misión podrían descubrir una teología de la misión contextualmente apropiada para su tiempo y su contexto. Nuestra tarea es tan simple como decirle a nuestro vecino en palabra y en hecho: "Cristo te ama, yo lo sé, porque la Biblia lo dice así." Así y todo, la misión de Dios es también una empresa extremadamente complicada, llena de una cantidad de asuntos que sólo hemos comenzado a entender. Percibimos "¡Qué profundas son las riquezas de la sabiduría y del conocimiento de Dios!" (Ro 11.33) de manera meramente fragmentada, porque "vemos de manera indirecta y velada, como en un espejo" (1 Co 13.12).

Al hacer teología de la misión, necesitamos tener conciencia de que el contenido y el método están íntimamente entretejidos. El contenido de nuestra reflexión misional ejerce influencia sobre las metodologías (casi diría que las determina), que usamos para pensar acerca del contenido. Y las metodologías que usamos en tal reflexión influyen sobre el modo en que entendemos, percibimos, examinamos e integramos el contenido de nuestra teología de la misión. Esto significa que la teología de la misión está siempre transformándonos y nuestra reflexión misiológica está siempre en el proceso de transformación de nuestra teología de la misión.

Este capítulo está adaptado de Van Engen, "Toward a Contextually Appropriate Methodology in Mission Theology," en Charles Kraft, ed. Appropriate Christianity, *Pasadena: William Carey Library, 2005, 203-26. Usado con permiso.*

CAPÍTULO 9

ESPECIALIZACIÓN E INTEGRACIÓN EN LA TEOLOGÍA DE LA MISIÓN

Tesis

Este capítulo examina el rol y el lugar de la formación misiológica en la educación teológica, como un microcosmos o caso de estudio de la teología de la misión y sugiere la necesidad de un delicado balance entre la especialización y la integración, en un abordaje de la misiología en cuatro áreas.

Introducción

El propósito, forma, estilos y sistemas de entrega de la educación misiológica no pueden determinarse en un vacío. Más bien, para ser un fiel siervo de la Iglesia, la educación misiológica para el siglo veintiuno debe derivar de la naturaleza cambiante de la misión misma. Entonces, nuestra definición de misión influye sobre nuestras perspectivas de la naturaleza y propósito de la misiología, lo cual a su vez da forma a la educación misiológica. Y, debido a la naturaleza multidisciplinaria de la misiología, el corazón de la discusión se encuentra en la tensión entre especialización para una tarea y la integración para la comprensión.

Esto significa una búsqueda difícil de un balance entre la especialización y la integración, entre tener institutos o programas de entrenamiento que fomenten el crecimiento de las iglesias, y tener escuelas que desarrollen una nueva teoría misiológica y alienten una nueva percepción con respecto a la misión mundial de las iglesias. En lo que sigue, discutiré la tensión entre especialización e integración en la educación misiológica desde cinco perspectivas: (a) la ubicación de la misiología en la educación teológica; (b) la definición de misiología; (c) Instituto de Crecimiento de la Iglesia/Escuela de Misión Mundial como un caso de estudio; (d) un abordaje de la misiología en cuatro áreas, y (e) un modelo piramidal para encontrar una síntesis dialéctica entre la especialización y la integración, en nuestra comprensión de la teología de la misión y de la misiología. Finalmente, haré una lista de lo que parecen ser los componentes mínimos de una educación misiológica que ligue la dialéctica especialización/integración.

Especialización/integración y la ubicación de educación para la misión

La forma de la educación misiológica depende del lugar que le es concedido en el curriculum más amplio de formación para el ministerio y la misión en la Iglesia y en el mundo. El lugar de la misiología (y por lo tanto de la educación misiológica) en el curriculum teológico más amplio ha sido sujeto de mucha discusión durante los pasados cien años y es todavía un tema no resuelto, tal como lo señaló Johannes Verkuyl. Verkuyl ofreció una excelente visión de conjunto con respecto a este tema, mencionando a Friedrich Schleiermacher, Abraham Kuyper, J. H. Bavinck, Karl Graul, Gustav Warneck, Walter Freytag, J. C. Hoekendijk, Charles Forman, Creighton Lacy y William Richey Hogg.[166]

Olav G. Myklebust y James Scherer, entre otros, se concentraron en la cuestión de la relación de la misiología como disciplina con el resto de la educación teológica tradicional, preguntando si la misiología debería permanecer independiente de la educación teológica o, de alguna manera, debería incorporarse como parte de ella.[167] James Scherer resumió esta cuestión en 1987.

> Como lo han demostrado los estudios de Myklebust, la misiología continental temprana se estableció básicamente sobre el "modelo independiente," diseñado para dar nivel y reconocimiento a la autonomía y merecimiento de la entonces no probada disciplina, al lado de los campos más venerables y reconocidos de la instrucción teológica (Myklebust 1955).[168] En contraste, la misiología continental reciente ha

---

[166] J. Verkuyl 1978, 6ss. Las perspectivas de fondo para la discusión en este capítulo son extraídas de lo que aprendí del pensamiento de Johannes Verkuyl con respecto al lugar y el rol de la misiología en la educación teológica. Aunque tiene fecha, esta porción de la *magnum opus* de Verkuyl es un tesoro oculto de información sin parangón, acerca de la disciplina de la misiología. Aunque no tenemos espacio para tratar esto en este capítulo, otra manera de mirar al tema de la especialización/integración es examinar a las personas que han estado involucradas en la enseñanza misiológica, en la reflexión, en la administración y en la praxis. El capítulo de Verkuyl sobre "The History of Missiology During the Nineteenth and Twentieth Centuries" es una excelente reseña con respecto a esto, que no tiene paralelo en el campo. Ver *Contemporary Missiology* 1978, 26-88.

[167] Noten que el tema de la independencia de la educación misiológica versus la incorporación al curriculum teológico regular es una variación disciplinaria de la cuestión de la especialización (es decir, independencia) por sobre la integración (es decir, incorporación).

[168] Uno debe recordar que el modelo predominante para hacer misión en Europa occidental y (levemente en menor grado) en Norteamérica, a comienzos del siglo pasado, era a través de agencias de misión ligeramente asociadas con las iglesias y no a través de estructuras eclesiásticas como tales. Entonces, sería natural asumir que los estudios sobre

elegido un abordaje decididamente más integrador e interdisciplinario. La Misiología en el Reino Unido, hasta donde se llevó a cabo, mostró una preferencia por una completa integración dentro del campo de los estudios históricos de la Iglesia (Myklebust 1959), presuponiendo que la eclesiología propiamente entendida generaría una reflexión misiológica. Aquí, la disciplina nunca fue realmente establecida a nivel universitario, y sólo en escuelas de entrenamiento como Selly Oak es la misiología tomada con seriedad. La reflexión misiológica en el Reino Unido se llevó a cabo principalmente en oficinas ejecutivas, por parte de administradores hábiles como Max Warren y John V. Taylor. . . . En nuestra visión, la misiología necesita liberación del abrazo demasiado estrecho por parte de estructuras eclesiásticas, como para que no tenga impedimento para cumplir su tarea principal de permear el mundo entero con el conocimiento de los hechos salvíficos de Dios (J. Scherer 1987a, 520).

A. Universidades

El resultado de esto fue que, durante las últimas décadas, la educación misiológica siguió cuatro modelos generales en su lucha por encontrar un lugar bajo el sol. En primer lugar, mucha educación misiológica se hizo residente en facultades universitarias (Holanda, Alemania y Escandinavia), como una "ciencia de las misiones" o como "estudios sobre la misión." Se llame como se llame, en el ambiente universitario, la educación misiológica enfatizó la perspectiva integradora, más bien que la especialización para la acción misionera, orientada a la tarea. La especialización sólo tuvo lugar como un tema secundario principalmente mediante las particulares orientaciones que los individuos eligieron para sus estudios doctorales. No obstante, éstos estaban ubicados más generalmente dentro de una perspectiva integradora de reflexión misiológica.

---

la misión también serían llevados a cabo aparte de los carriles tradicionales regulares de la educación teológica.

B. Seminarios

Un segundo modelo ubicó a la misiología dentro de seminarios teológicos que entrenaban al clero profesional para los ministerios en la Iglesia en los Estados Unidos y Canadá. Este patrón también es seguido en muchos lugares de África, Asia y Latinoamérica. Pero aquí también la misiología lucha para saber a qué departamento o división pertenece y cómo puede insertarse en el curriculum más amplio de la educación teológica común.[169]

Hace veinte años, en Norteamérica, se desarrolló un nuevo tipo de relación de la misiología con la educación teológica tradicional, alrededor del interés en la "globalización," disparada por la Association of Theological Schools.[170] (Ver, Norman Thomas 1989, 103-7).[171] Aun así, la educación misiológica permaneció subsumida bajo las agendas más amplias de la educación teológica en general. Y aunque muchas personas que se graduaron de estos programas se fueron como misioneros transculturales de tiempo completo, su

---

[169] Ver, O. G. Myklebust 1959; Josef Glasik 1968; Ralph Winter 1969; 1979; Charles Forman 1974; R. Pierce Beaver 1976; David Hesselgrave, ed. 1978, 1979; Ross Kinsler 1983; 1985; William Richey Hogg 1987; Addison Soltau 1988; Harvie Conn 1983; David Bosch 1982. Una de las colecciones de ensayos más útiles en esta línea fue el producto de una mini consulta sobre "Missions in Theological Education," patrocinada por la World Evangelical Fellowship, marzo 17-20, 1980 en el High Leigh Conference Center. Recopilados de una cantidad de publicaciones, los ensayos aparecieron juntos en Harvie Conn y Samuel Rowen, eds. 1984. En 1987, James Scherer presentó una excelente visión de conjunto de "Missiology as a Discipline and What It Includes" en la reunión anual de la Association of Professors of Mission, subsiguientemente publicada en *Missiology* 13:4 (oct. 1987): 445-60. En esa presentación, recordó esfuerzos previos para definir la naturaleza y el alcance de la misiología. Estos incluyen a Myklebust (1955, 1957, 1961), Wilbert Shenk (1987), Alan R. Tippett (1973, 1974), junto con las propias presentaciones anteriores de Scherer sobre el tema (1971, 1985). Una de las discusiones más recientes sobre esto se puede encontrar en David Bosch: 1991, 489-498. Ver también "Inleiding: Wat Verstaan Wij Onder Missiologie" en F. J. Verstraelen 1988, 17-23.

[170] Norman Thomas ofreció una excelente presentación de este tema a la Association of Professors of Mission en Chicago, junio, 1989, sobre "Globalization and the Teaching of Mission," subsiguientemente publicada en *Missiology* 18:1 (enero, 1990) 13-23. Ver también Alan Neely 1993.

[171] Por favor, noten en lo que sigue que algunos misiólogos trabajan para definir la "misión" y de allí derivan el significado de la disciplina de la misiología, mientras que otros definen la "misiología" y luego derivan lo que quieren decir por "misión." No tengo espacio aquí para evaluar las implicaciones de cualquiera de las dos elecciones. Más bien, asumiré que los misiólogos en cuestión están queriendo ser consistentes y que, en el análisis final, las dos cuestiones están demasiado estrechamente conectadas como para hacer una diferencia en los términos de nuestro propósito aquí.

preparación estaba ampliamente orientada hacia las agendas y formas de la educación teológica tradicional y no hacia la especialización para la acción misionera transcultural. Así es que estos programas usualmente proveían un mínimo de familiarización con la misiología, desde un punto de vista integrador, con poca formación para la misión en términos de una especialización específica orientada a la tarea.

C. Escuelas bíblicas

Un tercer modelo encontrado en Europa y en Norteamérica tuvo que ver con el movimiento de escuelas bíblicas, que ofrecían rudimentos, entrenamiento bíblico práctico para el ministerio cristiano y la misión. Durante los últimos cien años, surgieron colegios bíblicos, institutos bíblicos y escuelas bíblicas en todo el mundo, específicamente orientados a equipar a la gente para las tareas del ministerio y de la misión. Ken Mulholland habló acerca de este fenómeno, un desarrollo que cambió radicalmente el aspecto de la formación para el ministerio, de la educación para la misión y de la praxis de la misión.[172]

El movimiento de escuelas bíblicas estaba fuertemente orientado a la práctica del ministerio y de la misión. De modo que, no sorprende encontrar que en el enfoque del movimiento sobre la educación misiológica surgió una cantidad de especializaciones en misión, para las variadas tareas de las misiones. Los estudios bíblicos eran considerados fundacionales y proveían un grado de integración en educación para la misión, aunque el propósito final era praxeológico y activista. La reflexión era considerada importante, aunque la acción correcta era esencial.

Se pueden encontrar estos tres modelos hoy en día en África, Asia, América Latina y en otras partes. Los tres modelos fueron representados por oradores en la conferencia de 1995, la cual se transformó en el libro de Woodberry. Va más allá de mi alcance aquí, el delinear las diferencias resultantes que ellos representan en términos de su comprensión de la misión, de su perspectiva de la misiología y de los pros y los contras de sus respectivos modos de educación misiológica.

D. Escuelas de misión mundial

Más recientemente, un cuarto modelo ha surgido. Durante la segunda mitad del último siglo, más o menos, hemos visto el nacimiento de escuelas de misión mundial o centros de estudios de la misión. Aunque estos han dependido

---

[172] Woodberry 1996, 43-56.

de los tres modelos que vimos anteriormente y han interactuado con ellos, crearon algo nuevo que difería de todos ellos. Más que optar por la especialización o por la integración, este cuarto modelo es dialéctico y está orientado en ambas direcciones. Estructuralmente semi-independiente de los canales regulares de la educación teológica, estas escuelas de misión se dedican a la investigación, a la reflexión, al registro histórico o a la recolección de datos sobre la misión, y, simultáneamente, procuran avanzar en el entrenamiento de misioneros profesionales para hacer misión más efectivamente. Estas escuelas de misión mundial han tendido a reunir un grupo de eruditos altamente especializados, que contribuya con sus pericias individuales tanto a impulsar las percepciones misiológicas de sus estudiantes, como a entrenar a los que practican la misión.

Pero el paradigma de la escuela de misión contiene en sí mismo una tensión dialéctica entre especialización e integración, tensión que no ha sido mayormente examinada ni resuelta. Como una escuela activa con agendas específicas, el Instituto de Crecimiento de la Iglesia/Escuela de Misión de Fuller (ICG/SWM), donde yo enseñé por veintisiete años, pertenece a este cuarto tipo. Esto tiene que ver con la relación entre especialización e integración en misiología.

No obstante, antes de proceder a examinar la ICG/SWM necesitamos examinar la manera en que definimos misión y misiología. Porque la manera en que uno define misión (y, por lo tanto, misiología) influye sobre el énfasis que uno adopta en términos del continuo de especialización/integración, lo cual a su vez afecta la manera en que uno lleva a cabo la educación misiológica. Este continuo puede ser apreciado mejor, al examinar tres definiciones a modo de muestra de misión y/o de misiología.

Especialización/integración y la definición de misión o de misiología

Hay una relación íntima entre el tema de la especialización versus la integración, y la manera en que se define misión. En esta sección, primero voy a explicar cómo veo el continuo entre especialización e integración, en cuanto influye sobre la misiología. Luego, voy a dar tres ejemplos de definiciones de misión (o misiología), que difieren marcadamente en su relación con el continuo. Eso nos preparará para la próxima sección, donde examinaré cómo las tensiones inherentes al continuo afectan a la educación para la misión y, por extensión, a la teología de la misión.

Tal como lo veo, la misiología lucha para vivir entre dos extremos radicalmente diferentes de un continuo que se parece a lo que sigue:

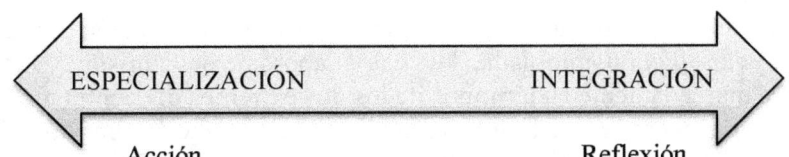

ESPECIALIZACIÓN	INTEGRACIÓN
Acción	Reflexión
Misión definida por acción/metas	Misión definida por conceptos
Resultados	Nuevas percepciones
Orientada a la tarea	Orientada a la comprensión
Orientada al presente/futuro	Orientada al pasado/presente
"Estrategias/métodos"	"Estudios sobre la misión"
"Instituto de . . ."	"Escuela de . . ."

En un extremo están los misiólogos que están interesados en preguntar acerca de las presuposiciones detrás de los conceptos de misión. Están comprometidos a descubrir nuevas percepciones acerca de la misión y de la misiología. Están dedicados a una reflexión profunda acerca de la misión y a escuchar a los que han estado involucrados en la empresa misionera y han reflexionado sobre ella. La investigación, en este extremo del continuo, implica predominantemente el pasado reciente o distante: quién hizo qué, qué hicieron, por qué lo hicieron y cómo articularon la visión que dio forma a su misión. La investigación en este extremo procura comprensión y una sabiduría más profunda. La misión se define en términos de una relación consistente, coherente, apropiada y clara con varios conceptos, perspectivas y presuposiciones con respecto a lo que debería ser la misión.

En el otro extremo del continuo, uno encuentra a los misiólogos activistas. A los efectos de ser más claro, voy a describirlos en comparación con el otro extremo del continuo. Vistos así, los activistas parecen preocupados por hacer la misión. Están comprometidos con descubrir nuevos métodos y estrategias para la misión y la misiología. Están dedicados a una evangelización más efectiva y quieren movilizar a las iglesias para la misión. La investigación en este extremo del continuo implica predominantemente un examen de los resultados de la acción misionera: si los métodos produjeron las metas misionales deseadas. Esta misiología está predominantemente orientada hacia el futuro. Se interesa también en el pasado y en el presente principalmente en cuanto señalan hacia una acción más efectiva. En este extremo hay una búsqueda por un aumento de la transformación, producida por una acción misional efectiva. La manera de definir la misión es importante no tanto en términos de la idea de misión, sino en relación a las acciones y los efectos resultantes de la misión.

Ahora, por supuesto, esto es un continuo. Los misiólogos en el extremo de la "integración-reflexión" desearían que yo clarificara que ellos están interesados en la acción; y los del extremo de la "especialización para la acción" querían que yo afirmara que ellos están interesados en la acción correcta, basada sobre una reflexión apropiada. Aun así, el abordaje de la misión y la misiología difiere marcadamente en términos de los dos extremos del continuo.

La tensión entre integración y especialización en misiología está estrechamente relacionada con la manera en que uno define a la misión o a la misiología. David Bosch y James Scherer han escrito acerca de la dificultad de tal definición. En 1987, James Scherer afirmó lo siguiente:

> La búsqueda de una definición acordada de *misiología* todavía es ilusoria y ni la American Society of Missiology, ni la fraternidad de enseñanza representada por la APM han podido elaborar una. Las razones, sugeriría, se atribuyen en parte a diferencias *internas* en cuanto a propósitos y a puntos de vista entre los que enseñan la disciplina, y en parte a factores *externos* tales como relaciones no resueltas entre la misiología y las metas de la educación teológica en general, así como también a profundos cambios en las orientaciones y las actitudes teológicas en los pasados 25 años, las cuales han tenido su impacto sobre el pensamiento, tanto sobre la misión como sobre la misiología. En realidad, lo más serio para la misiología . . . es la indecisión corriente, o por lo menos la divergencia de opinión, acerca de lo que la misión es fundamentalmente.[173]

Anteriormente, David Bosch hizo sonar la misma nota cuando escribió: "En muchos círculos, hay una gran incertidumbre acerca de lo que la misión es realmente. . . . El cuadro es de cambio y de complejidad, de tensión y de urgencia y no es poca la confusión que existe sobre la naturaleza misma de la misión. Nuestra tarea es entrar al debate contemporáneo y buscar respuestas que estén en consonancia con la voluntad de Dios y relevantes para la situación en la que nos encontramos" (1980, 8-9).[174]

Aquí permítanme resaltar tres definiciones que, aunque no se contradicen, difieren marcadamente en sus perspectivas. He elegido estas tres porque, a pesar de sus diferencias, todas han impactado y continuarán impactando la naturaleza de la educación misiológica. Los ejemplos que he

---

[173] En el mismo artículo, Scherer cita a O. G. Myklebust cuando dice: "Tal como lo veo, la pregunta no es principal y fundamentalmente 'lo que es la misiología,' sino 'lo que es la misión.' La incertidumbre presente se debe, no en menor grado, al fracaso de muchos misiólogos de hacer del TEXTO y no del CONTEXTO el punto de orientación. Se le presta demasiada atención, sólo para poner un ejemplo, al pluralismo religioso y muy poca a la revelación de Dios y a los actos salvíficos de Jesús, tal como están registrados en la Sagrada Escritura" (Myklebust 1987).
[174] También citado en Scherer 1987, 519.

elegido no son extremos. Sería inexacto colocar cualquiera de estas definiciones en un extremo o en otro del continuo. No obstante, al colocarlas una al lado de otra, podemos tener un sentido más claro de cómo tienden a enfatizar uno y otro extremo.

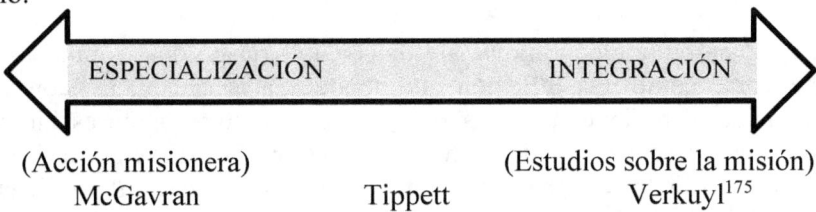

(Acción misionera)   (Estudios sobre la misión)
McGavran   Tippett   Verkuyl[175]

A. Johannes Verkuyl

Ubicada en el extremo de los "estudios sobre la misión," la definición de Johannes Verkuyl demuestra una perspectiva "desde arriba," que tiende a ser más reflexiva, aunque todavía está orientada hacia la participación misional.[176]

> La misiología es el estudio de las actividades salvíficas del Padre, del Hijo y del Espíritu Santo, por todo el mundo, orientadas a hacer realidad el reino de Dios. La tarea del misiólogo en todas las épocas es investigar científica y críticamente las presuposiciones hechas de las estructuras, los métodos, los patrones de cooperación y el liderazgo que las iglesias aportan a su mandato. Además, la misiología debe examinar todo otro tipo de actividad humana que combata contra los variados males, para ver si se adapta a los criterios y las metas del reino de Dios, el cual ya ha venido y todavía está viniendo. . . . La misiología nunca puede llegar a ser un sustituto de la acción y la participación. . . . Si el estudio no

---

[175] Es importante notar la diferencia entre estos tres en términos de los títulos de sus obras más importantes. La obra de Johannes Verkuyl se titula *Contemporary Missiology: An Introduction;* la de Alan Tippett se llama, *Introduction to Missiology*; pero la de Donald McGavran es *Understanding Church Growth*. Una comparación de las tres mostrará que difieren marcadamente en sus enfoques, principalmente en relación con la dinámica de especialización/integración. Es interesante que la obra de David Bosch se titula, *Transforming Mission* – y uno se siente fuertemente presionado a encontrar una definición concisa ya sea de misión o de misiología en sus 534 páginas.

[176] Noten que no he incluído en esta discusión otras definiciones ofrecidas en el campo, que reducen a la misiología a una investigación puramente descriptiva, a una recopilación de datos a un limitado registro escrito de la historia y a una reflexión teológica. Aunque estas maneras de definir a la misiología son claramente válidas, están más allá del alcance de la discusión en este capítulo.

conduce a la participación, ya sea en casa o afuera, la misiología habrá perdido su humilde llamado (Verkuyl 1978, 5-6).

B. Alan Tippett

El enfoque de Verkuyl de la misiología y de la misión podría caracterizarse como una reflexión que conduce a la acción. En contraste, la definición de Alan Tippett tiene las marcas de un investigador que está interesado en investigar y en analizar reflexivamente las acciones y los eventos de la práctica misionera, especialmente en cuanto son impactados (e impactan) por las culturas en las cuales ocurren. Así es que Tippett dice:

> La misiología es definida como la disciplina o ciencia académica que investiga, registra y aplica la información relacionada con el origen bíblico, la historia (incluyendo el uso de materiales documentales), las técnicas y los principios antropológicos y la base teológica de la misión cristiana. La teoría, la metodología y el banco de datos se direccionan particularmente hacia:
> 1. Los procesos por los cuales el mensaje cristiano se comunica;
> 2. Los encuentros que ocurren por medio de su proclamación a los no-cristianos;
> 3. La plantación de la Iglesia y la organización de congregaciones, la incorporación de conversos a esas congregaciones y el crecimiento y la relevancia de sus estructuras y de su comunión, internamente para la madurez, externamente en alcanzar a otros como cuerpo de Cristo, en situaciones locales y más allá, en una variedad de patrones de cultura (Tippett 1987, xiii).

La definición de Tippett yace levemente más hacia el extremo activista que la de Verkuyl. Pero Tippett no va tan lejos en la dirección activista como Donald McGavran. Noten en lo que sigue que, aunque Verkuyl y Tippett elaboraron definiciones de "misiología," la de Donald McGavran es una definición de "misión."[177] No he podido encontrar en ninguna parte una definición de Donald McGavran de "misiología" como tal.

C. Donald McGavran

---

[177] Es interesante notar que un libro publicado en español, que es esencialmente un desarrollo de la teoría del crecimiento de la iglesia de Donald McGavran y Peter Wagner fue titulado, *Misionología* (misiología), un tema que no presentó ninguna objeción aparente de parte de McGavran o de Wagner. Cf. Larry Pate 1987.

La definición de misión de Donald McGavran (la base para lo que podríamos asumir que es su visión de la misiología) es similar a las dos anteriores, pero difiere de ellas de manera importante. Aunque McGavran comienza su pensamiento "desde arriba," con respecto a los deseos y planes de Dios, el corazón de su perspectiva es "desde abajo" en el sentido de estar más acabadamente preocupado por los resultados de la acción de la misiología en cuestión.

> Para muchos, la misión se define de manera amplia como, "El plan total de Dios para los seres humanos," y hemos considerado las alternativas que surgen de esta definición. La misión ahora puede definirse de manera mucho más estrecha. Dado que Dios, como está revelado en la Biblia, ha asignado la más alta prioridad a llevar a hombres y mujeres a vivir en relación con Jesucristo, podemos definir misión de manera ajustada como *una empresa dedicada a proclamar las buenas nuevas de Jesucristo y a persuadir a hombres y mujeres a transformarse en sus discípulos y en miembros responsables de su Iglesia* (McGavran 1990, 23-24).

La definición de misión de Donald McGavran es acabadamente activista. Su preocupación es la estrategia y la acción misional efectivas que rinden resultados específicos. La razón para la investigación y la reflexión está en la movilización y en la acción.

El inter-juego de las tres definiciones presentadas provee un buen trampolín para considerar la tensión dialéctica entre la especialización y la integración que impacta la misiología de la ICG/SWM de Fuller, como un caso de estudio del tema en el que me estoy enfocando en este capítulo.

Especialización/integración en tensión dinámica en la ICG/SWM

Cuando Donald McGavran se mudó desde Eugene, Oregón, a Pasadena, California, fundó un instituto dedicado a fomentar el crecimiento de las iglesias. En un profundo artículo acerca de "Church Growth at Fuller,"[178] Arthur Glasser recuerda a su audiencia que el libro de McGavran, *Bridges of God*, fue publicado en 1955 y que algunos dijeron que fue "el libro misionero más leído en 1956." Aun así, Glasser dice: "A mi juicio, el movimiento de crecimiento de la Iglesia realmente comenzó en enero de 1961, cuando McGavran fundó lo que denominó

---

[178] Este artículo fue primero presentado verbalmente por Arthur Glasser frente a la American Society of Missiology en Chicago, junio, 1986.

el *Institute of Church Growth* (ICG) en un rincón sin uso de la biblioteca de un pequeño colegio cristiano de la remota Eugene, Oregón" (Glasser 1987, 403)[179]

A. Especialización

La fundación por parte de McGavran de un Institute of Church Growth especializado lo colocó en el extremo de la "especialización-activista" de nuestro continuo. Era muy claro, en esos primeros años, que había que investigar, escribir, hablar y pensar para movilizar a la gente para el crecimiento de la Iglesia.[180] El crecimiento de la Iglesia definió el centro integrador y determinó los límites exteriores de la misiología del Instituto. Los que se preocupaban por la misma actividad misional pudieron unirse a McGavran en la investigación sobre el crecimiento de la Iglesia. La misión, la educación para la misión y la misiología, eran todas vistas a través de la lente de los principios del crecimiento de la Iglesia, que debían fomentar el numéricamente verificable crecimiento de las iglesias. Las publicaciones de McGavran desde mediados de los años de 1960, hasta los primeros años de 1970 fueron claras, enfocadas e insistentes sobre este punto. Aquí no había tensión ni dialéctica. La integración sólo era relevante en cuanto incorporaba varias disciplinas afines, que fomentaban la agenda principal: el crecimiento de la Iglesia. Se necesitaba un foco tan específico, si es que uno iba a lograr ser oído por la comunidad misionera más amplia, no iba a ser ignorado e iba a comenzar un movimiento. McGavran tenía todo lo necesario para hacer exactamente eso.

Aun así, este no es el cuadro completo. Ver a McGavran y a sus asociados en el ICG exclusivamente como entusiastas del crecimiento de la Iglesia es una caricatura inexacta. El que McGavran fundara un instituto especializado en el crecimiento de la Iglesia no lo eximió de la naturaleza integradora de la misiología.[181]

---

[179] Para una historia del movimiento del crecimiento de la Iglesia, ver, Charles Van Engen 1981, 325-34; Thom S. Rainer 1993, 19-71; Gary McIntosh 2015; Gary McIntosh 2016, 19-27; entre otros.

[180] Ver mi libro *The Growth of the True Church* (1981), capítulo seis, para una visión de conjunto de este tema. Durante los últimos años de 1960 y de 1970, McGavran debatió no sólo con su gente del Consejo Mundial de Iglesias, sino también con los evangélicos en Norteamérica, así como también con los administradores y practicantes de la misión en todo el mundo. En términos de crecimiento de la Iglesia, él tenía una profunda influencia sobre los bautistas de sur y sobre los pentecostales, entre otros.

[181] Una cosa que se hace clara en la biografía definitiva de McGavran por parte de Middleton es este cuadro más amplio de McGavran como un misiólogo de instintos amplios, profundos, perceptivos e integradores. Ver Vernon J. Middleton *The*

B. Integración

Para ver a McGavran como un misiólogo integrador, debemos mirar los antecedentes de los que extrajo su misiología. Aquí tenemos espacio sólo para unos pocos ejemplos. Podemos retrotraernos a Gisbertus Voetius, el misiólogo holandés. Voetius (1589-1676) habló de una meta triple para la misión: la conversión de los "paganos," la plantación de la Iglesia y la glorificación y manifestación de la gracia divina.[182] Yo creo que Donald McGavran era consciente de Voetius, aunque nunca pude encontrar a McGavran citando a Voetius. Pero, en sentido real, la misiología de McGavran era un restablecimiento de Voetius, 375 años más tarde, de una manera que representó lo mejor de una comprensión histórica y bíblica de la misión. Pero incluso Voetius, en la combinación de esas tres metas, se involucró en una tensión entre la especialización de los medios y la integración de las metas.

La bien conocida dependencia de McGavran de la Gran Comisión de Mateo 28 lo colocó como heredero de William Carey.[183] Aun cuando Carey fue a la India para trabajar por la conversión de los que no conocían a Jesucristo, en realidad se transformó más en un misiólogo integrador que en un especialista: granjero, mercader, lingüista y traductor, entrenador de líderes y así sucesivamente.

El misiólogo alemán, Gustav Warneck (1834-1919), considerado por muchos como el padre de la misiología, fue muy influyente en la escena europea. Aunque pudo haber tenido poca influencia directa sobre Donald McGavran, algunos ecos de la preocupación de Warneck por la integración de la misiología se pueden encontrar en los escritos de McGavran. Esto es especialmente así al ser estos mediados a través de la misiología administrativa de Henry Venn y de Rufus Anderson. Su fuerte énfasis sobre las que luego serían conocidas como "iglesias autóctonas"[184] muestra la influencia sobre McGavran del concepto de "los tres autos" de Venn y Anderson, que refuerza el énfasis eclesial del enfoque de McGavran. Pero esto también involucraba a McGavran y a sus amigos en una

---

Development of a Missiologist: The Life and Thought of Donald Anderson McGavran, 1897-1965. Pasadena, School of World Mission, PhD Dissertation, 1990. Ver también Gary McIntosh 2015.

[182] Ver J. H. Bavinck 1977, 155.
[183] La carrera misionera de McGavran en la India, junto con el impacto del contexto indio sobre su misiología, también lo ligan estrechamente a Carey.
[184] Uno de los primeros volúmenes de simposio de McGavran (1965) con contribuciones de sus muchos amigos, contiene un capítulo escrito por Melvin Hodges sobre "Developing Basic Units of Indigenous Churches."

tensión entre la integración de todo lo que significaba para sus iglesias el ser "autóctonas." Y la especialización de metodologías para producir los resultados deseados.

Luego vino el Student Volunteer Movement y John R. Mott, junto con Roland Allen, quienes influyeron profundamente sobre McGavran.[185] Podríamos continuar mencionando a Hendrick Kraemer y a John Mackay, junto con J. H. Bavinck, Arthur Brown y muchos otros, cuya influencia sobre McGavran se puede rastrear en sus escritos. En cualquier caso, McGavran, el misiólogo integrador está en tensión con McGavran, el "padre del crecimiento de la Iglesia."[186]

Cuando McGavran comenzó el Institute of Church Growth, inmediatamente trajo a Alan Tippett, un antropólogo de profesión, pero también un misiólogo reflexivo, como lo vimos anteriormente en su definición de la misiología. Luego, la Escuela comenzó a agregar profesores: Peter Wagner, Ralph Winter, Charles Kraft, Arthur Glasser, J. Edwin Orr y así sucesivamente. Se estaba desarrollando la "School of World Mission," multidisciplinaria, más reflexiva y más integradora. Parece que McGavran pudo mantener los dos aspectos (acción/especialización y reflexión/integración) funcionando, apoyándose mutuamente. Aun así, el dominio de McGavran sobre ICG/SWM significó que la base era que la misión debía fomentar el crecimiento numérico de las iglesias. En el análisis final, McGavran fue un activista.

Para 1973, los dos lados de la Escuela se podían ver balanceados delicadamente en el volumen de Alan Tippett editado en honor de Donald McGavran, *God, Man and Church Growth* (Tippett 1973). Este volumen, con la contribución de toda la facultad de ICG/SWM fue una interesante representación de los dos extremos del continuo, mostrando cuán cuidadosamente la gente luchaba para preservar una tensión dinámica entre las dos perspectivas de la misiología. No obstante, es claro que el activismo del crecimiento de la Iglesia era central.

Otro ejemplo de esta tensión fue el Pacto de Lausana. La fuerte influencia de ICG/SWM sobre el congreso de evangelismo en Lausana, 1974, es bien conocida y el énfasis activista, orientado a los resultados sobre el crecimiento de la Iglesia está claramente en el centro del Pacto. No obstante, lo que algunos pueden no notar es la tensión evidente en los documentos de la conferencia entre la especialización para una tarea y la integración para la comprensión. Yo creo

---

[185] William Burkhalter escribió una disertación doctoral, demostrando hábilmente la estrecha afinidad de la misiología de McGavran con la de Roland Allen. Ver Burkhalter 1984.
[186] Cf. Tim Stafford, "The Father of Church Growth." *Christianity Today* (feb. 21, 1986) 19-23; reimpreso en *Mission Frontiers* 8:1 (ene. 1986), 5-13.

que esta tensión es el resultado directo del impacto que la facultad de ICG/SWM tuvo sobre Lausana y sobre el movimiento subsiguiente.

Cuando Arthur Glasser leyó un trabajo sobre "Church Growth at Fuller" en la reunión de 1986 de la American Society of Missiology, él habló sobre la relación del Institute of Church Growth con la School of World Mission. Fue sólo un par de años después que David Bosch fue invitado a hacer una presentación oral ante la facultad de ICG/SWM y resaltó aspectos similares.[187] En ambos casos, el tema fundacional tenía que ver con el balance del lado activista ICG del crecimiento de la Iglesia y del integrador SWM de la misiología de la Escuela. Una comparación de estos dos trabajos es interesante. Arthur Glasser estaba preocupado porque no se perdiera el foco del crecimiento de la Iglesia, preocupación que yo compartí en ese momento. La preocupación de David Bosch era que el activismo del crecimiento de la Iglesia (el cual respaldaba) no desviara las percepciones y las valoraciones que integraban la misiología de la Escuela.

C. Tensión creativa

Claramente, este es un continuo importante y la teología de la misión debe mantener unidos los dos extremos. De modo que, el tema del balance es crucial. Durante los últimos años de 1970 y los de 1980, como se agregaron otros profesores y otros programas, ICG/SWM continuó multiplicando sus campos de investigación y de especialización. Eventualmente, "el crecimiento de la Iglesia" como tema de interés comenzó a aparecer como una parte de un todo misiológico más amplio. Para 1993, ICG/SWM contaba con, por lo menos, dieciocho especializaciones diferentes, conocidas como "concentraciones," estructuradas en una cantidad de programas de maestría y doctorales.[188] Esto puede verse como provocando una reducción en el lado activista del continuo, resultando en una disminución de la tensión creativa y dinámica en ambos extremos del continuo.

La tensión creativa entre "instituto de" y "escuela de misiones mundiales" puede ser una de las fuerzas más poderosas que impulsa la misiología. La tensión misma puede dar lugar a la creatividad. Si la misiología

---

[187] Cf. D. Bosch 1988.
[188] Para 1996, ICG/SWM estaba ofreciendo las siguientes concentraciones, en una lista por orden alfabético: Antropología, Estudios chinos, Crecimiento de la Iglesia, Comunicaciones, Contextualización, Familia en misión, Misiología General, Desarrollo Internacional, Estudios Islámicos, Estudios Judíos, Estudios Coreanos, Liderazgo, Investigación en Misiología, Espiritualidad y Ministerios de Poder, Teología de la Misión, Traducción, Misión Urbana. Después de 2000, se agregó una cantidad de otras concentraciones.

perdiera la tensión, si se fuera para cualquiera de las direcciones, podría perder su filo creativo e innovador. Las consideraciones curriculares, el modo de integración y los profundos valores en realidad sí difieren entre las dos perspectivas. El "instituto de" tiene como su tema más básico el hacer misión y mide su éxito en términos de resultados tangibles. La perspectiva de la "escuela de misiones mundiales," por otra parte, tiene como su línea de base el hacer una misión apropiada y mide su éxito por su percepción, comprensión y fidelidad bíblica/teológica.

¿Hay alguna manera de afirmar el todo del continuo? ¿Hay alguna manera por la cual la teología de la misión pueda, específicamente, servir a las agencias misioneras que quieren entrenamiento profesional para su personal, dentro de sus propias agendas y tareas misionales y, al mismo tiempo, servir a la Iglesia mundial que necesita profesores de integración misiológica reflexiva, con relación a la academia misiológica más amplia y participando en el teorizar misiológico global?

Especialización/integración en un enfoque de cuatro áreas de la educación para la misión

Una manera de comenzar a abordar las tensiones inherentes entre la especialización y la integración es mirar las cuatro áreas de investigación misiológica (Palabra, mundo, Iglesia y peregrinaje personal) que examinamos en capítulos anteriores de este libro y considerar lo que incluyen y cómo se relacionan unas con otras. Al hacerlo, podemos afirmar las tres definiciones de misiología dadas anteriormente, sin perder sus énfasis individuales. La integración de cuatro áreas puede mostrarnos cómo, tanto el punto de vista especialista-activista como el reflexivo-integracionista pueden unirse para formar una síntesis creativa.

Una misiología con todas las galas necesita eventualmente emanar en una acción misional bíblicamente informada y contextualmente apropiada. Si no emana en una acción informada, somos meramente "un metal que resuena o un platillo que hace ruido" (1 Co 13.1). La conexión íntima de la reflexión con la acción es absolutamente esencial para la misiología y, específicamente, para la teología de la misión. Al mismo tiempo, si nuestra acción misiológica en sí misma no transforma nuestra reflexión, hemos sostenido grandes ideas, pero pueden ser irrelevantes o inútiles, algunas veces destructivas o contraproducentes, e incluso nuestros compromisos con "actos de fidelidad" pueden quedar en la nada porque derivan de una reflexión desinformada.[189]

La discusión que antecede condujo a los que estábamos en ICG/SWM en el Seminario Teológico Fuller, en los últimos años de los 1990's a experimentar con llevar la perspectiva de las cuatro áreas un paso más adelante, para percibir un todo unificado, el cual es a la vez integrador y activista. Hemos descubierto que una pirámide parece representar más claramente el modo en que podemos reunir a las cuatro áreas de la misiología, ligarlas a especializaciones específicas e integrarlas dentro de nuestro propósito en la misión.

En la Figura 7 que sigue, la pirámide tiene cuatro caras y una base en una relación tridimensional, que reúne a las tres cosas: las cuatro caras de una misiología integracional, la particular especialización del practicante de la misón y el fundamento ubicado en el contexto. De esta manera, las especializaciones en la misión están arraigadas en una base más amplia de misiología integradora, dirigida hacia metas específicas de misión y afirmadas en sus tareas específicas en la misión. En el mismo sentido, la estructura de cuatro áreas de la misión necesita expresarse en una acción concreta (generalmente a través de tareas especializadas), para beneficio de la misión. La idea integradora de un propósito misionero central de un practicante de la misión se transforma en la médula central que integra toda la pirámide, junta los bordes hacia el centro y ofrece las motivaciones y metas de base de la misiología particular del practicante. La interrelación dinámica de estos varios aspectos puede ser más claramente entendida, si miramos a la pirámide como siendo a la vez praxis, integración y formación de paradigma.

---

[189] Este concepto estuvo en el centro de la misiología del encuentro de la Comisión de Misiones Mundiales y Evangelismo de 1989, en San Antonio, Texas. Ver World Council of Churches 1989; Wilson 1990; David Bosch 1992.

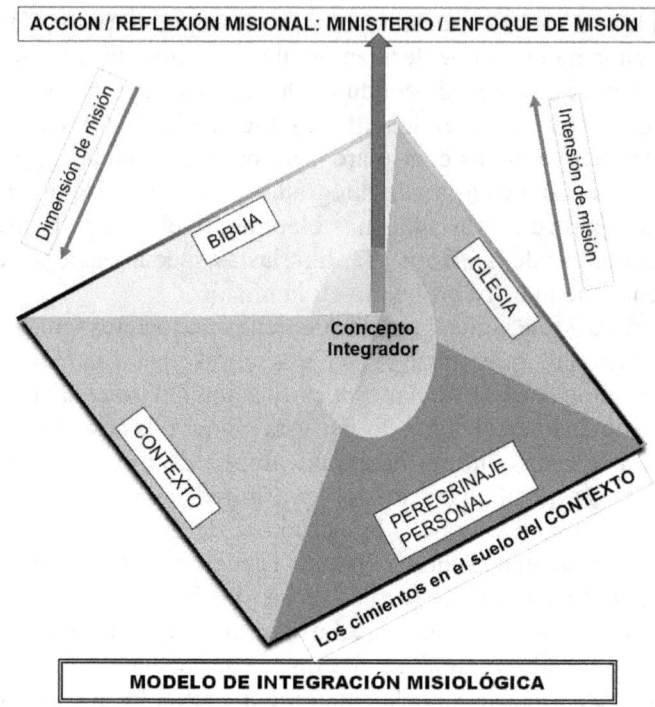

Figura 7: Viendo a la misiología como una pirámide

A. Praxeológica

Primero, como lo visualisamos en la pirámide que antecede, la misiología es *praxeológica*. Una de las maneras más útiles para relacionar reflexión y acción es por medio del proceso conocido como "praxis." Aunque ha habido una cantidad de significados diferentes descriptos por esta idea,[190] yo creo que la formulación de Orlando Costas es una de las más constructivas. Costas dice:

---

[190] Ver, Robert McAfee Brown 1978, 50-51; Raúl Vidales 1975, 34-57; Spykman, et al 1988, xiv, 226-231; Robert Schreiter 1985, 17, 91-93; Orlando Costas 1976, 8-9; Leonardo y Clodovis Boff 1987, 8-9; Waldron Scott 1980:xv; Leonardo Boff 1979: 3; Deane Fern 1986, 15; René Padilla 1985, 83; Rebecca Chop 1986, 36-37, 115-117, 120-121; Gustavo Gutiérrez 1894a, 19-32; Clodovis Boff 1987, xxi-xxx; y Gustavo Gutiérrez 1984b, vii-viii, 50-60.

> La misiología es fundamentalmente un fenómeno praxeológico. Es una reflexión crítica que tiene lugar en la praxis de la misión. . . . [Ocurre] en la situación misionera concreta, como parte de la obediencia misionera de la Iglesia a participar en la misión de Dios y se actualiza a sí misma en esa situación. . . . Su objeto es siempre el mundo, . . . los hombres y las mujeres en sus múltiples situaciones de vida. . . . Con referencia a esta acción de testimonio, saturada y guiada por la acción soberana y redentora del Espíritu Santo, . . . se usa el concepto de praxis misionera. La misiología surge como parte de un compromiso de testimonio con el evangelio, en las múltiples situaciones de la vida (Costas 1976, 8).

El concepto de "praxis" nos ayuda a entender que no sólo la reflexión, sino que también la acción, de manera profunda, son parte de la "Misiología en el camino," que procura descubrir cómo la Iglesia puede participar en la misión de Dios en el mundo de Dios. Así como en la Escritura la palabra y la acción se unen en la narrativa de la revelación de Dios a los seres humanos, así también la acción misional es vista como teológica en sí misma y sirve para informar la reflexión, la cual a su vez interpreta, evalúa, critica y proyecta una nueva comprensión en una acción transformada. Así es que el entretejido de la reflexión y de la acción en un peregrinaje constante en forma de espiral ofrece una transformación de todos los aspectos de nuestro compromiso misiológico con nuestros contextos. Describí esto en un capítulo anterior.

B. Integradora

Segundo, la misiología es *integradora*. Lo que nos llama la atención cada vez más es la manera en que las varias caras de la pirámide, *en sus diferencias*, se reúnen *en su integración*, para que funcione la misiología transformacional. La Biblia, la Iglesia y el Mundo (o el texto, la comunidad y el contexto) no pueden ser afirmados integral y simultáneamente, a menos que seamos muy claros sobre cómo definir el tema integrador que mantiene el todo unido. Los varios rincones de la pirámide son reunidos por medio de un tema integrador.[191] Debido a la complejidad de la tarea misiológica interdisciplinaria y multidisciplinaria, los misiólogos han hallado útil enfocarse en una idea integradora específica, que pudiera servir como centro alrededor del cual uno puede abordar la relectura de la Escritura. Este tema integrador se selecciona sobre la base de ser contextualmente apropiado y significativo, bíblicamente relevante y fructífero y misionalmente activo y transformacional. Como lo discutí

---

[191] Cf. Van Engen 1987 y 1991, 59-71; H. Berkhof 1979, 14-15; 409; y Van Engen 1981, 237-39.

anteriormente, una cantidad de temas integradores diferentes son posibles, pero deben estar unidos en términos de su proximidad a Jesucristo, la cabeza del cuerpo, la Iglesia.

Claramente estamos tratando de evitar poner nuestras propias agendas en las Escrituras e imponerlas sobre ellas. Este fue el error de los teólogos de la liberación, del cual no se recuperaron. Más bien, lo que se procura es una manera de traer una nueva serie de preguntas al texto, preguntas que podrían ayudarnos a ver en las Escrituras lo que antes no vimos. Este nuevo abordaje de la Escritura es lo que David Bosch llamó, "hermenéutica crítica."[192]

Al releer la Escritura, nos confrontamos con nuevas percepciones, nuevos valores y nuevas prioridades que nos llaman a reexaminar las motivaciones, medios, agentes y metas de nuestra misiología. Esto, a su vez, demandará re-pensar cada uno de los *loci* teológicos tradicionales. Así es que nos encontraremos envueltos en una relectura contextual de la Escritura, para descubrir de nuevo los que significa conocer a Dios en contexto. Robert McAfee Brown llamó a este tipo de reflexión, "Theology in a New Key" (1978) y "Unexpected News" (1984).

En América Latina, por ejemplo, este proceso misiológico y praxeológico se ha enfocado especialmente en cuestiones de cristología y de eclesología.[193] En la empresa misionera del día de hoy, parece que necesitamos permitir que nuestra relectura nos ofrezca nuevas percepciones dentro del alcance y del contenido de nuestra misiología, derivadas de un profundo re-pensar de todos los *loci* teológicos tradicionales.[194]

En 1987, la Association of Professors of Mission discutió en detalle lo que es la misiología y cuándo hace su reflexión.[195] En una sub-sección que trata de la teología de la misión, se dijo lo siguiente:

> El teólogo de la misión hace teología bíblica y sistemática de manera diferente que el erudito bíblico o el dogmático, en que la teología de la misión está en búsqueda del "habitus," de la manera de percibir, de la comprensión intelectual unida a la percepción espiritual y a la sabiduría, lo cual conduce a ver las señales de la presencia y el movimiento de Dios

---

[192] Ver David Bosch 1991, 20-24.

[193] Harvie Conn nos ha dado un resumen de este tipo de asuntos en 1993a, 102-3.

[194] Orlando Costas fue uno de los misiólogos praxeológicos más creativos, integradores y bíblicamente enfocados, a este respecto. Su concepto de "crecimiento integral de la Iglesia" todavía tiene que permear la educación teológica y misiológica tan profundamente como sea necesario. Ver Costas 1974, 90-91; 1975, 68-70; 1979, 37-60; y 1992, 116-122.

[195] Cf. Van Engen 1987, 523-25.

en la historia y a través de su Iglesia, de modo de ser afectada espiritual y motivacionalmente y, de esta manera comprometerse con la participación personal en ese movimiento. . . . Tal búsqueda por el "por qué" de la misión fuerza al teólogo de la misión a procurar articular el centro integrador vital de la misión hoy en día. . . . Cada formulación del "centro" tiene implicaciones radicales para cada una de las disciplinas afines de las ciencias sociales, para el estudio de las religiones y para la historia de la Iglesia, en la manera en que son corregidas y modeladas teológicamente. Cada formulación respalda o llama la atención sobre diferentes aspectos de todas las otras disciplinas. . . . Por lo tanto, el centro sirve como contenido teológico y como proceso teológico, como reflexión disciplinada sobre la misión de Dios en contextos humanos. El rol del teólogo de la misión es, por lo tanto, articular y "custodiar" el centro, al mismo tiempo que explicar detalladamente, de manera integradora, las implicaciones del centro para todas las otras disciplinas afines (Van Engen 1987, 524-52).

Cuando miramos el centro medular de la pirámide, vemos la "idea integradora" o el "habitus" de la misiología, como una disciplina interdisciplinaria. David Bosch usó el término "elementos" en el mismo sentido, para describir (en *Transforming Mission*) las partes componentes de un "paradigma ecuménico misionero emergente."[196] Yo creo que una manera de ver trece "elementos" diferentes es verlos como trece "ideas integradoras" interrelacionadas pero diferentes, cada una procurando, a su propio y único modo, aplicar las tres áreas generales a un contexto particular en tiempo y espacio. Entonces, podríamos ver a cada una de ellas como si fueran diferentes órbitas elípticas, cada una de ellas trazando de manera propia y única un único camino hacia el centro, Jesucristo. Pero todas ellas están también, de alguna manera, relacionadas unas con otras.[197] Como Bosch dijo:

> Los elementos discutidos a continuación de ninguna manera deberían ser vistos como componentes distintos y aislados de un nuevo modelo; están todos íntimamente interrelacionados. Esto significa que al discutir un elemento específico, los otros están en algún lugar en el fondo. Por lo tanto, el énfasis siempre debería estar sobre el todo y la indivisibilidad del paradigma, más que sobre sus ingredientes por

---

[196] Bosch 1991, 368ss.
[197] Lo que Karl Barth preguntó acerca de la Iglesia, se debe preguntar también acerca de nuestra misiología. "¿Hasta qué punto (la Iglesia) se corresponde con su nombre? ¿Hasta qué punto existe en una expresión práctica de su esencia? ¿Hasta qué punto es, en realidad, lo que parece ser? ¿Hasta qué punto cumple con la demanda que hace y con la expectativa que provoca?" (1958, 641).

separado. Al enfocar nuestra linterna sobre un elemento por vez, todos los otros elementos también estarán presentes y visibles inmediatamente afuera del rayo de luz (1991, 369).

¿No podría esto ofrecer una manera por la cual la misiología, con sus muchas especializaciones, pudiera mantenerse unida, integrada, mientras cada agenda específica de acción misional traza su propia órbita elíptica alrededor de la pirámide de Palabra, Mundo e Iglesia y peregrinajes personales?

Posiblemente, una de las fuentes de nuestra confusión al definir misiología, y por lo tanto educación misiológica – y una razón por la cual tal definición es tan ilusoria – es que los misiólogos, demasiado fácilmente, han hablado unos sobre otros, unos contra otros y se han opuesto unos a otros en términos de las "ideas integradoras," que mantienen unidas sus propias misiologías. En realidad, ya sea que nuestras metas misionales sean el crecimiento numérico de la Iglesia o la traducción de la Biblia, la liberación socioeconómica o el diálogo interreligioso, el evangelismo de proclamación transcultural o la ayuda internacional y el desarrollo, cada agenda misiológica se puede ver como representando una órbita diferente alrededor del centro de la pirámide. Entonces, la cuestión es la proximidad o la distancia de esa órbita de Jesucristo.

C. Formación de paradigmas

En tercer lugar, la misiología implica la formación de paradigmas. La idea integradora central que une todos los rincones de la pirámide es la que sirve de foco para nuestra misiología. No obstante, también debemos preocuparnos por los límites de nuestra misiología, de manera de prevenir que nuestra educación misiológica se torne tan amplia que carezca de significado. La idea integradora pregunta: "¿Cuál es nuestra agenda base?" Pero todavía debemos trabajar para evitar la trampa que Stephen Neill resaltó tan bien cuando dijo: "Si todo es misión, nada es misión."[198] Eso implica algo que la filosofía de la ciencia ha dado el llamar "construcción de un paradigma" o "cambio de paradigma."

Sabemos que un cambio de paradigma es normalmente entendido (especialmente en la filosofía de la ciencia) como un fenómeno corporativo que ocurre en el transcurso de un período largo de tiempo e implica a la comunidad reflexiva interactuando con referencia a un tema en particular. No obstante, David Bosch nos ha iniciado a muchos de nosotros en ver la formación de un

---

[198] Esta frase tan conocida se puede encontrar en muchas partes. Ver, Stephen Neill 1959, 81; Johannes Blauw 1962, 109. Ver también Van Engen 1993b.

paradigma como una manera poderosa de ayudarnos a re-conceptualizar nuestra misión con referencia a comunidades específicas, en contextos específicos.

Un paradigma se transforma en "una herramienta conceptual usada para percibir la realdad y ordenar esa percepción en un patrón comprensible, explicable y algo predecible" (Van Engen 1992b, 53). Es "una constelación entera de creencias, valores y técnicas. . . compartida por los miembros de una comunidad dada" (Küng y Tracy, eds., 1989, 441-42). Así es que, un paradigma consiste en "toda la serie compuesta de valores, cosmovisión, prioridades y conocimiento que hace que una persona, un grupo de personas o una cultura vea la realidad de cierta manera. Un paradigma es una herramienta de observación, de comprensión y de explicación" (Van Engen 1992b, 53).

Así es que, un paradigma misiológico trinitario, moldeado por una comprensión bíblica del reino de Dios fluirá del hecho que la misión de la Iglesia deriva su motivación, sus medios, su agencia y sus metas de la *missio Dei,* de la misión trinitaria de Dios, a través de la agencia humana, principalmente por medio de la Iglesia, dirigida hacia toda la tierra habitada. Este punto de vista más grande podrá ayudarnos a entender la amplitud de todas las variadas cuestiones que influyen sobre la construcción de nuestro paradigma misional y le dan color a nuestra hermenéutica del texto, de la comunidad del contexto y de nuestro peregrinaje personal. Pero también nos ayudará a entender los límites de nuestra praxis, la periferia más allá de la cual ya no estamos en contacto con Jesucristo y por lo tanto ya no estamos participando en la misión de Dios.

D. Limitada

Así que, en cuarto lugar, la misiología es *limitada*. La pirámide, tomada como un todo, representa la frontera más allá de la cual nuestra educación misiológica se ensancha tanto, que deja de tener significado. Sabemos que la misiología tiene que ver con una cantidad de disciplinas afines. Pero, ahora también somos conscientes de que no todo, en todas estas disciplinas, es misiología. Estar "siempre preparados para responder a todo el que les pida razón de la esperanza que hay en ustedes" (1 P 3.15), eso es misión. Estudiar los fenómenos de las religiones humanas no lo es. Usar la lingüística para la traducción de las Escrituras y dar testimonio de nuestra fe, eso es misión. Sólo estudiar lenguas no lo es. Procurar mejorar la manera en que hacemos nuestra contabilidad, nuestra práctica de negocios, la administración y gerenciamiento en nuestras organizaciones misioneras está relacionado con la misiología. Pero no toda teoría administrativa y de gerenciamiento es misiológica. Buscar nuevas maneras en que la Iglesia pueda ser el pueblo de Dios en las ciudades de nuestro mundo, eso es misión. Pero no toda la sociología de la urbanización es misión.

No obstante, incluso aquí varios teóricos y practicantes de la misión van a diferir. Algunos se aferrarán a un paradigma que es mucho más amplio que otros. Por un lado, el alcance de la misión de Dios es tan amplio como podamos dibujarlo. Pero, por otro lado, los límites están más circunspectamente definidos por aquello que llama a la conversión y a una nueva relación con Jesucristo. En el análisis final, Jesucristo quiere atraer "a todos a [sí] mismo" (Jn 12.32), y "no quiere que nadie perezca" (2 P 3.9). Esa es la amplitud y ese es el límite de lo que constituye la misión.

Si estudiáramos Lucas 4, por ejemplo, como una descripción paradigmática de la misión de Jesús, desde este punto de vista, podríamos encontrar algunas pistas de cómo nuestra pirámide misiológica es tanto integrada como limitada. Aunque la misión de Jesús es tan amplia y grande como Lucas 4.18-19, está circunscripta por lo que se encuentra en Lucas 4.1-13. La misión de Jesús no incluye sólo alimentar al hambriento o sólo el poder político o sólo el espectáculo. Hay límites más allá de los cuales Jesús, y por lo tanto, la Iglesia, no pueden ir. Pero dentro de estos límites, la comunidad necesita ser tan creativa como le sea posible, en su lectura del texto, como para traer dentro de su contexto el ancho, el largo, lo alto y lo profundo del amor de Dios en Jesucristo (Ef 3).[199] Y estos tres se hacen concretos en la acción misional de los agentes de la misión. Así, la tensión persiste y el proceso continúa, en el poder del Espíritu Santo.

Este capítulo fue originalmente escrito como una reflexión sobre la educación misiológica como la que estaba teniendo lugar en la Escuela de Misión Mundial/Instituto de Crecimiento de la Iglesia del Seminario Fuller y publicado como "Specialization/Integration in Mission Education" en Dudley Woodberry, Charles Van Engen y Edgar J. Elliston, eds, Missiological Education for the 21st Century: The Book, the Circle and the Sandals, *Maryknoll: Orbis, 1996, 208-31. Usado con permiso. He ampliado el tratamiento aquí, para considerar al tema más generalmente, dado que impacta sobre todos nosotros en todo lugar en el mundo, cuando luchamos con el lugar y el rol de la misiología (especialmente la teología de la misión) en la educación teológica.*

---

[199] Para una mayor reflexión sobre el tópico de este capítulo, el lector puede consultar Charles Van Engen, "Biblical Theology of Mission's Research Method," en Edgar Elliston, eds., con Pablo Deiros, Viggo Sogaard y Charles Van Engen; *Introducing Missiological Research Design,* Pasadena: WCL, 2011, 113-18.

PARTE IV

LAS METAS DE LA TEOLOGÍA DE LA MISIÓN

CAPÍTULO 10

LA TEOLOGÍA DE LA MISIÓN CON RESPECTO A LOS RESISTENTES

Tesis

Una comprensión misiológica y teológica de "resistencia" o de "gente resistente" debe estar arraigada bíblicamente en un reconocimiento de la pecaminosidad humana, la cual refleja la manera en que la humanidad, espiritual y relacionalmente, rechaza la auto-revelación amorosa de Dios a la humanidad. Esto implicaría que una discusión misiológica de "receptividad/resistencia" primariamente debería tratar con cuestiones de espiritualidad, de teología y de reconciliación con Dios, con uno mismo, con otros y con el mundo, y secundariamente con temas como cosmovisión, sociología, contextualización o estrategia.

Introducción

Cuando mis hijas tenían doce y catorce años, mi esposa Jean y yo nos mudamos de Michigan a California. En ese tiempo, las hice sentar (y lo mismo hice con mi hijo más tarde) y muy seriamente informé a las niñas:

"Miren, quiero que sepan que por los próximos diez años, más o menos, papá se va a tornar cada vez más estúpido. Cada año se van a sorprender de cuánto más tonto se torna."

Las niñas, con ojos desorbitados respondieron: "Realmente, papá, ¿qué pasa? ¿Es un tumor?"

"No, no se preocupen," les dije. "No les puedo explicar todo ahora. Sólo quiero que sepan que esto va a ocurrir en la percepción de ustedes, y no se preocupen demasiado por ello. Porque más tarde, cuando ustedes tengan entre 23 y 35 años, van a pensar que cada año me voy tornado más inteligente. De modo que en unos 25 años, para ustedes, voy a ser tan inteligente como soy ahora. Así que no se preocupen."

Ahora, el lector se preguntará qué tiene esto que ver con el tópico de este capítulo. Bueno, cualquier persona con hijos adolescentes podría explicarlo. Cuando todos mis hijos cumplieron 12 o 13 años, se tornaron *resistentes*. Aunque yo jugué al básquet por más de un cuarto de siglo, de repente no podía entrenarlos, no podía enseñarles y parecía que no sabía nada de básquet. Jugué al fútbol (soccer) en la escuela secundaria y a nivel universitario, y entrené a mi hijo por una cantidad de años. Pero cuando cumplió trece, papá parecía no saber nada de fútbol. ¡Parecía que papá no sabía nada de nada, incluídas las chicas! De manera similar, descubrí que, aunque había servido como consultor para iglesias, presbiterios y agencias misioneras, claramente no sabía absolutamente nada sobre relaciones, sobre organizaciones, sobre la manera en que los amigos de mis hijos enfrentaban situaciones o sobre cualquier cosa que tuviera que ver con relaciones humanas. ¡Mis hijos se habían transformado en *un grupo de gente resistente*!

De modo que, habiendo aprendido de ellos, he llegado a darme cuenta de que no puedo hacer una "Teología de los resistentes,"¡ porque no sé nada acerca de ello! ¡Van a tener que preguntarles a los resistentes! Pero, tal vez pueda ofrecer algunos pensamientos sobre el tema, que el lector hallará útil.

La necesidad de una reflexión teológica con respecto a los resistentes

Este capítulo se divide en dos secciones principales. En la primera sección, repaso el desarrollo de los conceptos de resistencia y de receptividad en la misiología evangélica. Esto es importante si es que vamos a entender el marco misiológico del concepto sobre el que estamos reflexionando teológicamente. Esta clarificación debe incluir el que uno no puede considerar el concepto de "pueblos resistentes" aparte de su asociación con la idea de pueblos "receptivos." En la segunda sección, ofreceré un bosquejo de las reflexiones teológicas que parecerían ser apropiadas con respecto a estos conceptos.

El origen de los conceptos "responsivo" y "resistente" se encuentran en la teoría del crecimiento de la Iglesia predominantemente basada sobre la sociología y la estrategia. El concepto de "pueblos resistentes" fue popularizado, por primera vez, por Donald McGavran. En los últimos años de 1930 y en los de 1940, junto con J. Waskom Pickett, McGavran comenzó a preguntarse por qué las iglesias en India parecían crecer en algunos grupos de personas y no en otros.

A. El concepto de grupo

Primero, aunque está más allá del alcance de este capítulo el tratar los conceptos de McGavran sobre "pueblo," "grupo de gente," "conversión de grupo" y "conversión multi-individual," aun así es importante notar que el concepto de "resistente" fue usado muy temprano por Donald McGavran, como un término que modificaba a "pueblo" o "gente." McGavran creció en India y fue un misionero transcultural allí durante toda su vida. Ése fue el contexto en el que desarrolló su teología de la misión. Hay un desarrollo en los escritos de

McGavran, en la manera en que definió el término, aunque a lo largo del tiempo, el concepto de agrupamiento, de corporatividad y de cohesión social permanecieron constantes. Uno debe recordar que para McGavran este tema era absolutamente básico y que incluso influyó sobre su hermenéutica de Mateo 28.18, donde él leía *matheteusate panta ta ethne* como "discipulen a los pueblos" del mundo. Aquí hay algunos ejemplos de la manera en que McGavran definió a un "pueblo."

> En el Occidente, la cristianización es un proceso extremadamente individualista. . . . Los pueblos eran pensados como sumas de individuos, cuya conversión ocurría uno por uno. El factor social en la conversión de los pueblos pasaba desapercibida porque los pueblos no eran identificados como entidades separadas.
>
> No obstante, un pueblo no es una suma de individuos. En un verdadero pueblo, el inter-casamiento y los detalles íntimos de las relaciones sociales tienen lugar dentro de la sociedad. En un verdadero grupo de pueblo, los individuos se aglutinan no meramente por prácticas sociales comunes y por creencias religiosas, sino por una sangre en común. Un verdadero pueblo es un organismo social el cual, en virtud de que sus miembros de casan entre ellos, mayormente dentro de sus propios confines, llega a ser una raza separada en sus mentes. Dado que la familia humana, salvo en el Occidente individualista, está mayormente compuesta por tales castas, clanes y pueblos, la cristianización de cada nación implica la anterior cristianización de sus variados pueblos como pueblos (McGavran 1955, 8-10).
>
> Una nación es usualmente un conglomerado de pueblos, algunas veces unidos por la lengua, la religión y la cultura y a veces dividido justamente por los mismos factores (McGavran 1959, 41).
>
> (Un pueblo) se encuentra con la Iglesia no sólo como individuos aislados sino como sociedades multitudinarias, cada una constituida por individuos interrelacionados, que con frecuencia tienen la misma sangre, el mismo idioma, el mismo dialecto o son una sección del país. . . . Entre los muchos aspectos de la sociedad humana, ninguno es más importante para el crecimiento de la Iglesia que estas unidades homogéneas de (hu)manidad. . . . La población en general se puede comparar a un mosaico. Cada parte del mosaico es una sociedad, una unidad homogénea. Tiene su propio estilo de vida, sus propios niveles y grados de educación, su propia auto-imagen y sus propios lugares de residencia. . . . Este punto de vista sociológico es fáctico y razonable. (Los seres humanos) sí viven en sociedades. . . . Lo que comúnmente se llama conversión en grupo es en realidad una *conversión multi-individual*. Son muchos individuos que creen en el Señor al mismo tiempo, en un conocimiento compartido de la acción conjunta y en dependencia mutua unos de otros. Tal acción multi-

individual tiene significados y resultados marginales muy diferentes de la acción individual solitaria tomada dentro de la desaprobación grupal. Reconocer las unidades homogéneas y reclamarlas para Cristo enfatiza la meta bíblica de discipular a las tribus (McGavran 1965, 69, 61-73).

Así es que, esencialmente, el punto de partida para la reflexión sobre "pueblos resistentes" debe ser el concepto de "pueblos," del cual luego podemos pasar a observar que un grupo de pueblo particular puede ser "resistente." El concepto de "resistente" procuraba describir, la manera en que un grupo corporativo respondía a acciones misioneras llevadas a cabo en y con el grupo (McGavran 1974, 2-5, 38-40; 1977, 74-76).

B. El concepto de grupos "responsivos"

En segundo lugar, deberíamos darnos cuenta de que originalmente el énfasis de McGavran y de Alan Tippett no cayó sobre pueblos "resistentes," sino más bien sobre pueblos "responsivos." En *Bridges of God*, McGavran dijo:

> Al buscar luz sobre cómo los *pueblos* se hacen cristianos, la historia de la Iglesia primitiva tiene una gran contribución para hacer. . . . Quizás más importante que todo es que veamos cómo las labores misioneras intencionales de la Iglesia primitiva, encabezadas por Pablo, estuvieron dedicadas, en gran medida, a seguir deliberadamente a pueblos responsivos y a expandir los impulsos hacia Cristo existentes en los corazones de la gente (McGavran 1955, 36; ver también McGavran 1959, 52).

Quince años más tarde, en su *magnum opus*, McGavran desarrolló este concepto aún más.

> La receptividad o respuesta de los individuos crece y mengua. Ninguna persona está igualmente dispuesta en todo momento a seguir "el Camino. . . ." Esta variación en las personas se conoce tan bien, que no necesita más exposición.
> Los pueblos y las sociedades también varían en la manera de responder. Segmentos enteros del género humano se resisten al evangelio por períodos, con frecuencia períodos largos, y luego maduran para las Buenas Nuevas. En poblaciones resistentes, sólo congregaciones individuales y pequeñas se pueden crear y mantener vivas, mientras que en las responsivas se pueden establecer muchas congregaciones que reproduzcan libremente a otras (McGavran 1970, 216; ver también McGavran y Hunter III 1980, 30-31, 112).

Anteriormente, en 1972, Alan Tippett había escrito un capítulo titulado, "The Holy Spirit and Responsive Populations," enfatizando que el concepto de "pueblo" es útil en tanto permite que el misiólogo avance un paso más y pregunte acerca de la capacidad de respuesta.

> Cuando hablamos de "poblaciones responsivas" estamos pensando en grandes unidades homogéneas de personas que, una vez que han tomado la decisión, actúan al unísono. . . . No todas las poblaciones son responsivas. Los campos *llegan* a estar listos para la cosecha. El tiempo de la cosecha debe reconocerse y los cosechadores deben ser enviados en la estación correcta. . . . Las poblaciones responsivas deberían significar muchos movimientos de personas y un gran crecimiento numérico de la Iglesia. Hay grupos identificables que están esperando ser ganados para Cristo. Cuando el grupo responde, se debe crear una congregación, preferentemente con la misma estructura del grupo mismo. . . . Los responsables de la convocatoria, necesitan sentido común, humildad, comprensión antropológica y una fuerte fe personal para ser buenos mayordomos. Pero, sobre todo, necesitan una sumisión obediente al Espíritu Santo, sin cuyo poder y bendición no puede haber misión para nada (Tippett 1972, 77-78, 97-98).

Así que el énfasis temprano de McGavran y de sus asociados fue positivo, procurando identificar aquellos grupos de pueblo responsivos, y, habiéndolos identificado, responder apropiadamente en términos de estrategia y de acción misionera. Esto nos trae al tercer paso más importante en el proceso de la construcción teórica (ver McGavran 1973, 47-48).

C. Direccionamiento selectivo hacia grupos responsivos

En tercer lugar, McGavran procedió a afirmar una regla fundamental de la estrategia misionera: que las misiones deberían invertir mucho en grupos que han sido encontrados responsivos y "ocuparse poco" de las áreas donde los pueblos no han resultado responsivos [McGavran incluso usó el término "irresponsive" (McGavran 1955, 120), ¿quiso significar "no responsivo"?)]. C. Peter Wagner y otros siguieron ese pensamiento hasta el próximo paso aparentemente lógico, acentuando que una vez que las poblaciones responsivas han sido identificadas, las misiones deberían aprender el arte de dirigirse selectivamente a esos grupos de personas identificados como receptivos.

Eddie Gibbs nos advierte acerca de esto, que él llama un "axioma" de la teoría del crecimiento de la Iglesia.

> Es un axioma del pensamiento en torno al crecimiento de la Iglesia, que la más alta prioridad se debe dar a la presentación del evangelio a los receptivos, más que derrochar esfuerzos en intentos fútiles de convencer a los resistentes. Para ayudar al evangelista y al plantador de iglesias a identificar el suelo receptivo, hay una cantidad de indicadores, la mayor parte de los cuales señalan a gente en transición o bajo trauma. Pero, a menos que se le preste la consideración correspondiente a la obra del Espíritu Santo, este principio de crecimiento de la Iglesia corre el peligro de ser explotado de modo inescrupuloso, en lugar de ser aplicado de manera responsable. . . . Lo que es claro es que, en esos momentos (de transición y de trauma), debe haber una presencia cristiana afectuosa y articulada, a disposición del Espíritu, para presentar las riquezas y las demandas de Cristo (Gibbs 1986, 192).

A lo largo del tiempo, esta idea como "axioma" de la práctica de la misión ha sido criticada y correctamente desacreditada en círculos misiológicos. No obstante, también sabemos que los seres humanos tienden a agruparse con otros que tienen una cosmovisión y una cultura similar, y sabemos que los seres humanos tienden a hacer su nivel de reflexión y de pensamiento más profundos (incluído el amar a Dios con sus mentes) en su (primer) lenguaje del "corazón." De modo que, es importante considerar cuidadosamente el tema del agrupamiento, cuando pensamos acerca de la comunicación del evangelio orientada al receptor.

D. Reconocer el mosaico de una receptividad variada

En cuarto lugar, estamos en deuda con McGavran, con Tippett, con Wagner y con otros porque nos han ayudado a ver que en cualquier nación dada y, específicamente, en cualquier ciudad o área particular, puede realmente haber un mosaico de varios grupos de pueblo y que la receptividad o resistencia puede variar de un grupo a otro. A su vez, los factores que contribuyen a su receptividad o resistencia también pueden diferir marcadamente. Así es que McGavran afirmó:

> A menos que los creyentes en las iglesias estén alertas a los cambios en la receptividad de las unidades homogéneas dentro de la población en general, y que estén preparados para buscar y traer al redil a personas y a grupos pertenecientes a estas unidades, ni siquiera van a discernir qué es lo que se debe hacer en la misión. Continuarán haciendo un "trabajo de la iglesia y de la misión" generalizado lo cual, envuelto en

una bruma con respecto al fin principal de la misión, no puede servir a la misión para aumentar la receptividad. Una tarea esencial es discernir la receptividad y, cuando esto se ve, ajustar los métodos, las instituciones y el personal hasta que los receptivos se hagan cristianos y que éstos ganen a otros para la vida eterna (McGavran 1970, 232).

Más tarde, McGavran escribió: "En casi todo lugar, algunos pedazos del mosaico son receptivos al evangelio. La gente del crecimiento de la Iglesia continúa señalando que vivimos en un mundo responsivo" (McGavran en Priest 1984, 252-53). La conclusión inevitable que se extrajo de esta observación fue el direccionamiento selectivo. Los estrategas de la misión deberían dirigir la mayor parte de sus esfuerzos hacia los mosaicos receptivos y "ocuparse poco" de los grupos de pueblo o de las partes de mosaicol que son todavía resistentes (McGavran 1970, 220-30).[200]

Como Delos Miles lo dijo en *Church Growth: A Mighty River*:

La prioridad en el crecimiento de la Iglesia se debería dar a los que son más receptivos al evangelio. Deberíamos poner nuestros recursos más grandes donde estos produzcan la mayor cosecha en el momento. McGavran llama a esto "Ganar a los ganables mientras son ganables." George Hunter está convencido de que "la mayor contribución del movimiento del crecimiento de la Iglesia para la evangelización mundial de esta generación es el acento sobre la receptividad." De ahí que, el crecimiento de la Iglesia nos ofrece ¡una prioridad de prioridades! La mayor prioridad se debe dar a la evangelización. Dentro de esa prioridad se debe dar una atención principal a ganar a los ganables. Los que aceptan el evangelio deben tener prioridad sobre los que lo rechazan (Miles 1981, 90-91; Miles está citando a McGavran 1970, 256 y Hunter III 1979, 104).

Peter Wagner lo explicó de esta manera:

Virtualmente toda discusión acerca del principio de la cosecha o de la resistencia y la receptividad levanta la preocupación por los resistentes. Los misioneros han estado trabajando entre grupos de pueblo específicos por años, con poca o ninguna cosecha. Tampoco anticipan cosecha alguna en un futuro cercano. ¿Están fuera de la voluntad de Dios? ¿Deberíamos abandonar a gente como los musulmanes? ¿Deberíamos pasar por alto a los que no son responsivos? Estas excelentes preguntas

---

[200] Va más allá del alcance de este capítulo evaluar que la incursión de agencias misioneras en ciertas partes del mundo y en contextos específicos, en algunos casos, produjo resultados muy desastrosos. La historia de la incursión en Indonesia y en la Unión Soviética sirven de ejemplos.

necesitan ser abordadas. Es exactamente en este punto que algunos han rechazado no sólo el principio de la cosecha, sino también todo el movimiento del crecimiento de la Iglesia. Nadie que esté a favor del crecimiento de la Iglesia, que yo conozca, alguna vez ha sugerido que debemos pasar por alto a los resistentes. La Gran Comisión dice que debemos predicar el evangelio a toda criatura. Donald McGavran, desde el principio, ha enseñado que debemos "tener poca presencia en los campos de baja receptividad" (Donald McGavran 1980, 176-78). En muchos casos, los obreros cristianos no pueden hacer nada más que establecer una presencia amigable y sembrar la semilla silenciosamente. Dios continúa llamando a muchos de sus siervos a hacer exactamente eso, y soy uno de los que los respalda y los alienta" (Wagner 1987, 88-89).

Aquí Wagner se está haciendo eco de la fuerte postura de McGavran sobre este tema. McGavran afirmó categóricamente: "Nadie debería concluir que si la receptividad es baja, la Iglesia debe retirar su misión" (McGavran 1970, 229).

E. Respaldo bíblico para un direccionamiento selectivo: la parábola del sembrador

El direccionamiento selectivo fue respaldado apelando a la parábola del sembrador (Mt 13.1-23). Hasta donde yo pude investigar, esta parábola fue mencionada por primera vez en un contexto misiológico contemporáneo por Ralph Winter, seguido de Peter Wagner y otros. Subsiguientemente, la parábola del sembrador llegó a ser conocida, en la literatura del crecimiento de la Iglesia, como la parábola de los suelos, con un abordaje hermenéutico que concluía que la parábola proveía un respaldo bíblico para el direccionarse selectivamente hacia grupos de pueblos y hacia contextos en los que uno escogía llevar a cabo la actividad misionera.

Ya en 1971, Ralph Winter afirmó: "La relevancia misionera última de (la parábola de los suelos) emerge con claridad cristalina: esta parábola es la base bíblica más firme para buscar a pueblos receptivos e invertir nuestro tiempo con los que se van a reproducir" (Winter 1971, 146). Esto fue repetido por Peter Wagner, en el mismo año. "Sembrar la semilla es necesario, pero la parábola (de los suelos) refina el concepto y enseña que la siembra inteligente es necesaria, si es que va a venir como resultado una cosecha apropiada. El principio obvio para la estrategia misionera es que, antes de sembrar la semilla de la Palabra, haríamos bien en probar el suelo. . . . Tanto como sea posible, los estrategas misioneros responsables deberían bregar por eliminar la siembra descuidada y al voleo" (Wagner 1971, 42). En 1987, C. Peter Wagner afirmó:

> La parábola dice que la semilla que cayó en buen terreno dio una cosecha que rindió treinta, sesenta y hasta cien veces más de lo que se había sembrado. Entonces, la fertilidad del suelo es la variable independiente más importante. Este "suelo," de acuerdo con la interpretación, es la gente que ha sido preparada de tal manera, que escucha la palabra y la entiende (ver Mt 13.23). De modo que, una manera de aumentar la efectividad del planeamiento de la estrategia evangelizadora es determinar, anticipadamente, qué individuos o grupos de individuos tienen los corazones preparados por el Espíritu Santo para recibir la Palabra. . . . La siembra descuidada del mensaje del evangelio no es generalmente el procedimiento evangelístico más efectivo. Hasta el grado que sea posible . . . deberíamos probar el suelo evangelístico. Una vez que probamos el suelo, podemos usar la energía, el tiempo y otros recursos disponibles para nuestra tarea evangelística, de una manera mucho más productiva (Wagner 1987, 61-62).[201]

En la misiología evangélica, esta parábola ha sido un texto de prueba estándar para el direccionamiento selectivo. Volveré a considerar la parábola del sembrador más adelante en este capítulo.

F. Definiendo la "receptividad"

A esta altura, necesitamos retroceder y preguntar cómo fue determinada la "receptividad" en un principio. ¿Sobre qué base debía uno juzgar que un grupo particular era "receptivo?" La respuesta parece obvia e inocua: en la literatura del crecimiento de la Iglesia, la base predominante para juzgar que un pueblo es "receptivo" parece haber estado afirmada sobre el hecho de que, en medio de un grupo particular, algunas iglesias crecían rápidamente. Para McGavran, esto significó que alguien había podido ver el comienzo de un movimiento de pueblo. Para McGavran y para Wagner, esto significaba que cuando uno hacía un análisis estadístico comparativo del crecimiento de la Iglesia en varias denominaciones, las congregaciones o misiones que trabajaban dentro de un pueblo particular, uno descubría que las iglesias (o por lo menos algunas de ellas) estaban creciendo rápidamente. Wagner expresó:

> Años de investigación han demostrado que, entre muchos otros, tres indicadores de resistencia-receptividad sobresalen y deberían ser considerados cada vez que determinemos dónde trazar un grupo de pueblo

---

[201] Ver también J. Robertson McQuilkin 1973, 24-32; George Peters 1981, 68-71; Donald A. McGavran 1970, 215 ss; 1990; y Thom Rainer 1993, 250.

dado sobre el eje. Estos son: (1) donde las iglesias ya están creciendo, (2) donde la gente está cambiando, y (3) entre las masas. . . . Suena casi demasiado elemental decir que la receptividad se puede esperar donde las iglesias ya están creciendo. Pero es necesario resaltar esto, porque muchos planeadores evangelísticos desarrollan su estrategia considerando lo opuesto. Determinan, por principio, evangelizar en lugares donde las iglesias no han estado creciendo. Para los que tienen una visión de la cosecha, tal enfoque puede no ser el más eficiente (Wagner 1987, 78)[202]

G. El eje de resistencia-receptividad

Esta definición fundacional (pueblos "receptivos" son aquellos en medio de los cuales muchas iglesias están creciendo rápidamente) procedió a dar origen al "eje de receptividad-resistencia" por parte de McGavran, de Dayton, de Wagner y de otros. Este eje aparece más abajo. En *Evangelism and Church Growth: A Practical Encyclopedia,* Elmer Towns define este eje como sigue: "Una escala de medida, por la que la gente es designada de acuerdo a su apertura al evangelio" (Towns 1995, 340).

Altamente resistente al evangelio								Altamente receptivo al evangelio	
-5	-4	-3	-2	-1	0	1	2	3	4	5
Fuertemente opuesto	Algo opuesto			Indiferente			Algo favorable		Fuertemente favorable

Figura 8: El eje de resistencia-receptividad

Como veremos luego, el "eje de resistencia-receptividad" plantea la pregunta de a qué puede ser receptivo o resistente un grupo. En respuesta, varias personas en el movimiento de crecimiento de la Iglesia desarrollaron un análisis bastante sofisticado de varios factores que podrían contribuir a la resistencia o a la receptividad. Trabajando especialmente con temas relacionados con factores contextuales locales, institucionales locales, contextuales nacionales, e institucionales nacionales, uno puede, de manera muy útil, escoger varias

---

[202] En este volumen, Wagner pasó luego a elaborar, sobre su comprensión con respecto a estos tres indicadores importantes, dónde un grupo de pueblo particular caía dentro del eje de resistencia-receptividad. Ver Wagner 1987, 78-88.

cuestiones que pueden estar contribuyendo con el lugar que tiene un grupo en la escala, en un momento particular y en un contexto particular. En mi opinión, este análisis de factores que mejoran o inhiben el crecimiento ha sido uno de los elementos más creativos, constructivos y útiles de la teoría del crecimiento de la Iglesia.

H. "Resistencia/receptividad" como términos de segundo nivel

¿Qué es lo que estamos diciendo exactamente, si la base para llamar a un grupo de pueblo "receptivo" se debe a que encontramos iglesias que crecen rápidamente en su medio? Yo sugeriría que al usar tales términos, el movimiento de crecimiento de la Iglesia no estaba diciendo nada específico acerca del grupo mismo. No creo que los términos nos digan algo de la cosmovisión del grupo, de sus sistemas culturales o religiosos, de su fe, de su apertura espiritual o de su disposición psico-emocional para recibir nuevas ideas. Más bien, los términos son, en mi opinión, observaciones derivadas de segundo nivel. La lógica sería así:

- Con base en el hecho de que algunas iglesias están creciendo rápidamente y
- Con base en la presuposición de que las iglesias crecen más rápidamente entre gente que hemos denominado "receptiva,"
- Concluimos que esa gente es receptiva.

Un concepto asociado que sirve para demostrar lo dicho anteriormente tiene que ver con los esfuerzos recientes, dentro del movimiento del crecimiento de la Iglesia, dirigidos hacia cuestiones espirituales, en los años de 1990. Comenzando a mediados de esa década, algunas personas como Wagner y otros trabajaron en áreas de "guerra espiritual estratégica" y parecieron estar diciendo que "receptivo" o "resistente" pueden ser términos que deberían ser entendidos como hablando de fuerzas espirituales, a nivel cósmico, operando sobre y dentro de un pueblo. En este caso, otra vez, los términos nos dirían poco acerca de la gente misma. En cambio, podrían ser entendidos como refiriéndose a las fuerzas espirituales o al ambiente espiritual operando dentro del grupo y sobre el grupo de pueblo, en ese momento particular.

Así es que, sugeriría que, visto teológicamente, el uso primitivo de "responsivo" o "receptivo" como en el caso de McGavran, era predominantemente descriptivo de las iglesias y de su crecimiento, y no algo inherente o intrínseco al grupo mismo. Estoy comenzando a ver que "receptivo" o "resistente" son esencialmente términos sociológicos, descriptivos de un fenómeno observable (el crecimiento numérico de las congregaciones), y no términos teológicos que hablan acerca del estado espiritual de un grupo de gente.

I. Desarrollos misiológicos

Tres desarrollos importantes, poderosos e influyentes en la misiología evangélica surgieron del marco teórico de grupos de pueblo resistentes/receptivos.

Pueblos escondidos/no alcanzados

La primera implicación misiológica relevante que fluyó a partir del marco teórico que acabo de describir tiene que ver con el concepto de "pueblos escondidos" y de "pueblos no alcanzados" que Ralph Winter resaltó. Esto llegó a ser muy importante en la misiología evangélica, primero en Lausana, 1974 (Douglas, ed., 1975), después en Pattaya, 1980 (Douglas 1980, 43-44; Scott 1981, 57-75; Coggins 1980, 225-32; Winter 1980, 79-85), luego en la World Consultation on Frontier Missions llevada a cabo en Edimburgo, 1980 (Starling, ed. 1981) y más recientemente en el énfasis del movimiento "Adopte-un-Pueblo" y del movimiento "AD2000" sobre la Ventana 10-40. Todo esto, de alguna manera, derivó del marco teórico bosquejado anteriormente. Uno podría incluir también la investigación de MARC (Dayton y Wagner, *et al*) sobre pueblos no alcanzados, y las presuposiciones específicas detrás de una parte de la investigación de David Barret, que también partió de este complejo teórico. No importa si uno (yo soy un ejemplo) respalda fuertemente las iniciativas misionalmente activistas representadas por estos movimientos en la misiología evangélica. Ese no es mi punto aquí. Más bien, deseo que veamos que hemos dejado sin respuesta una de las preguntas teológicas y misiológicas más relevantes y fundacionales: ¿qué estamos diciendo cuando decimos "receptivo" o "resistente"?

Contextualización

Un segundo desarrollo misiológico que surgió de este complejo teórico fue el deseo de una cuidadosa contextualización del evangelio, de tal manera que la resistencia pudiera evitarse o, por lo menos, disminuirse. Como Donald McGavran lo sugirió: "Cada población, por lo tanto, debe tener su propia fórmula. . . . Lo esencial del evangelio, la autoridad de la Biblia y el Cristo que no cambia son iguales para todas las poblaciones. Pero los acompañamientos pueden y deben cambiarse libremente, para adaptarse a cada caso particular" (McGavran 1970, 231). Según McGavran:

Los planes firmes y audaces para proclamar a Cristo y persuadir (al pueblo) para hacerse sus discípulos y miembros responsables de su Iglesia son un *sine que non* de la misión cristiana. La audacia se verá mejorada por el abordaje empático de las desconcertantes multitudes de todas las naciones. Son esenciales para la estrategia correcta.

La estrategia correcta divide al mundo en unidades culturales (aquellas en las que la misión cristiana está sembrando la semilla correctamente y aquéllas en las que está cosechando correctamente). Se encuentran ambas clases de culturas y no hay una línea clara entre ellas. La estrategia incorrecta fracasa en notar la diferencia entre segmentos de la sociedad responsivos y resistentes. La estrategia correcta no sólo nota la diferencia, sino que constantemente explora para descubrir maneras de identificar cada variedad de población y de adaptar correctamente el esfuerzo misionero de cada iglesia a cada variedad (McGavran 1972a, 105-6).

De modo que, al crear la School of World Mission/Institute of Church Growth en Fuller Theological Seminary, Donald McGavrn trajo a Alan Tippett, luego a Charles Kraft, a los que se unieron también Dean Gilliland y Dan Shaw, todos expertos en antropología cultural y en la teoría de la contextualización (e.g., Dean Gilliland, ed., 1989). Su presuposición era que la acción misionera efectiva debe estar basada sobre una comprensión de nivel profundo de los receptores.[203]

Plantación de iglesias de unidades homogéneas

Aunque esto va más allá del alcance de este capítulo, es importante notar aquí que un tercer desarrollo misiológico se transformó en un fuerte énfasis en el movimiento norteamericano del movimiento de crecimiento de la Iglesia, sobre la plantación de iglesias según el principio de unidades homogéneas (HUP según su sigla en inglés). Sólo tengo espacio para mencionar, a modo de ejemplos, algunas publicaciones producidas por Donald McGavran, por Win Arn, por Peter Wagner y por otros que explicaron, respaldaron fuertemente y contextualizaron para Norteamérica el concepto de plantar iglesias de unidades homogéneas, una corriente de pensamiento misiológico que fluye de la fuente conceptual de medir y de responder a la resistencia/receptividad de un grupo de pueblo particular. Aquí hay algunos ejemplos:

1971 C. Peter Wagner, *Frontiers of Mission Strategy*;
1973 Donald McGavran y Win Arn, *How to Grow a Church*;

---

[203] Ver, Charles Van Engen, Darrell Whiteman y J. Dudley Woodberry, eds., 2008, 3-46.

1976 C. Peter Wagner, *Your Curch Can Grow: Seven Vital Signs of a Healthy Church*;
1977 Donald McGavran y Win Arn, *Ten Steps for Church Growth*;
1979 C. Peter Wagner, *Our Kind of People*;
1980 Donald McGavran y George Hunter, *Church Growth Strategies that Work*;
1981 Donald McGavran, "Why Some American Churches are Growing and Some are not," (in Elmer Towns, John N. Vaughan y David J. Seifert, eds., 1981, 285-294);
1981 Donald McGavran, *Back to Basics in Church Growth*;
1981 C. Peter Wagner, *Church Growth and the Whole Gospel*;
1984 Donald McGavran, *Momentous Decisions in Mission Today*;
1984 C. Peter Wagner, *Leading Your Church to Growth*;
1986 C. Peter Wagner, "A Vision for Evangelizing the Real America;"
1987 C. Peter Wagner, *Strategies for Church Growth*;
1990 C. Peter Wagner, *Church Planting for a Greater Harvest*;
1996 C. Peter Wagner, *The Healthy Church*; y
1996 Thom Rainer, *The Book of Church Growth*.

Podríamos extraer dos observaciones, a partir de analizar los títulos anteriores. Primero, la cuestión de "resistencia/receptividad" ha tenido una gran influencia sobre la misiología evangélica, durante los últimos treinta años y demanda una crítica, un pensamiento y un examen cuidadosos. Segundo, los conceptos mismos son muy poco claros en términos de a qué se refieren, especialmente con referencia a una comprensión espiritual y teológica. Los términos se han referido mayormente a que, en medio de iglesias de un grupo de gente particular, se puede observar crecimiento y por lo tanto, ese grupo debe ser abordado y se deben considerar cuestiones culturales específicas en las estrategias misiológicas dirigidas hacia él. Pero la falta de claridad teológica es especialmente llamativa, cuando uno se enfoca en la parte "resistente" de la fórmula. La razón es que, a pesar de los calificativos y de las explicaciones que podamos aplicar a lo "resistente," la conclusión será el opuesto de todas las afirmaciones previamente hechas con respecto a lo "responsivo." Es decir que, en medio de lo resistente deberíamos llevar a cabo poca empresa misionera, que deberíamos ser especialmente cuidadosos acerca de la contextualización del evangelio y que no deberíamos preocuparnos por abordar grupos resistentes, hasta que se tornen "receptivos."

No obstante, significativamente, y en contradicción con la perspectiva anterior, en énfasis recientes en el movimiento de AD2000, en los ministerios de Wagner y de otros y en muchas iniciativas misioneras relacionadas con la

Ventana 10-40, uno encuentra líderes misioneros que demandan que se lleve a cabo una misión intencional y agresiva precisamente en medio de los pueblos más resistentes del mundo.

Todo esto es para decir que necesitamos repensar profundamente el significado teológico del término "resistente." Entonces, esta es la sustancia de la próxima parte.

Un bosquejo de reflexión teológica acerca de lo resistente

En lo que sigue, me gustaría desarrollar, en forma de una especie de bosquejo, una progresión de afirmaciones teológicas y bíblicas, que puedan ayudarnos a clarificar el tema que tenemos en mano. El punto de partida, tal como yo lo veo, debe ser positivo (siguiendo al McGavran de los primeros tiempos), no negativo. De modo que la progresión de ideas sería la siguiente:

A. Todos los seres humanos son siempre amados por Dios

Dios reconoce y valora a todos los pueblos en su diversidad cultural y étnica. Dentro de su etnicidad particular, Dios ama a todos los pueblos e invita a todos a la fe en Jesucristo, a cada uno dentro de su maquillaje cultural y étnico especial. Ya sea que respondan o no, Dios igual ama a todos los pueblos. "Porque tanto amó Dios al mundo, que dio a su Hijo unigénito, para que todo el que cree en él no se pierda, sino que tenga vida eterna" (Jn 3.16).

De modo que, la primera afirmación que la Biblia nos llama a hacer tiene que ver con la complementariedad entre la particularidad cultural y la universalidad misional de Dios. A lo largo de las Escrituras, encontramos al pueblo de Dios acentuando la sensibilidad cuidadosa de Dios a las diferencias culturales, reconociendo la existencia de diferentes pueblos y de grupos de gente. Las "naciones" no son simplemente una amalgama amorfa de individuos atrapados en diversas telarañas de dominación política. Más bien, son "familias, tribus, lenguas," cada una especial en su particularidad. No obstante, al mismo tiempo, se afirma una y otra vez que Dios ama a *todos* los pueblos, que Dios desea estar en pacto con todos los pueblos y extender una invitación a todos ellos. Así que, todos los pueblos serán benditos en Abraham y a través de él. Entonces, aquí podemos reconocer la insistencia de McGavran sobre los grupos de pueblo, pero también debemos ver aquí una profunda re-definición de "receptividad" y de "resistencia."

Las palabras de Jesús a Nicodemo se enfocan en la narrativa bíblica de la universalidad del amor de Dios por todos los pueblos, y la particularidad de Dios de amar a una pluralidad de pueblos específicos y diferentes. Uno sólo necesita rastrear el tema a lo largo de la Escritura para ver lo muy importante que es en la comprensión de la misión de Dios. A riesgo de exagerar, simplemente voy a señalar unas pocas referencias bíblicas ilustrativas, que pueden ayudarnos a ver la misión de Dios como la expresión de la universalidad del amor de Dios por todos los pueblos en su particularidad cultural e histórica.

Génesis

Tres veces, en los primeros once capítulos de Génesis, se nos dice que Dios es el creador y el juez de todos los pueblos. Todos los pueblos son creados en Adán y Eva; todos los pueblos descienden de Noé; a todos los pueblos se les confunden sus lenguas y luego son esparcidos por toda la tierra después del episodio de Babel. En cada caso, hay un reconocimiento de la particularidad y de la diferencia de los variados pueblos, tal como lo indica la inclusión de la lista de las naciones en Génesis 10. Y aun así, en cada caso, esta multiplicidad de pueblos es considerada de manera colectiva y unida como objetos de la preocupación de Dios.

Abraham

Cuando Dios llama a Abraham, su llamado involucra ser una bendición para una pluralidad de naciones, pero a través de la particularidad de un clan, cuyos orígenes se retrotraen a Nacor y a Taré de Ur de los caldeos. Ellos son instrumentos particulares de la misión de Dios, elegidos con la intención de ser de bendición para muchos pueblos particulares dentro de la universalidad de la preocupación, el cuidado, el amor y el juicio de todos los pueblos por parte de Dios.

Deuteronomio y 2 Crónicas

El amor de Dios por todos los pueblos se repite en Deuteronomio, por ejemplo, y también en 2 Crónicas. 1 Pedro se basa en Deuteronomio 10.14-22. El Señor Dios creador (a quien "le pertenecen los cielos y lo más alto de los cielos, la tierra y todo lo que hay en ella") eligió a Israel, de entre todas las naciones, y ahora llama a Israel para mostrar compasión y cuidado por los huérfanos, las viudas y los extranjeros, que representan la pluralidad de naciones particulares. Así es que años más tarde, incluso en la dedicación del templo de Salomón, el símbolo de la forma más centralizada de la fe de Israel, incluso aquí, Salomón ora: "Trata de igual manera al extranjero que no pertenece a tu pueblo Israel, pero que atraído por tu gran fama y por tus despliegues de fuerza y poder ha venida de lejanas tierras. Cuando ese extranjero venga y ore en este templo, óyelo tú desde el cielo donde . . . concédele cualquier petición que te haga. Así todos los pueblos de la tierra conocerán tu nombre y tendrán temor de ti" (2 Cr 6.32-33).

Jesús e Isaías

De modo que, no es un accidente que Jesús el Mesías de Israel, usara el lenguaje de Isaías al hablar del templo de Herodes como "casa de oración para todos los pueblos" (Is 56.7; Mr 11.17). En realidad, la complementariedad de la universalidad y la particularidad es muy fuerte en el ministerio de Jesús. En un momento, Jesús envía a sus discípulos "a las ovejas descarriadas del pueblo de Israel" (Mt 10.6). Aun así, este es el mismo Jesús y el mismo Evangelio de Mateo que enfatizan con fuerza que los discípulos deben encontrarse con él en el entorno cosmopolita y multicultural de Galilea. Allí, el dice: "Se me ha dado toda autoridad en el cielo y en la tierra. Por tanto, vayan y hagan discípulos de todas las naciones" *ta ethne* (Mt 28.18-19).[204] Los evangelios respaldan fuertemente la visión articulada por Simeón, en ocasión de la dedicación de Jesús en el templo: Jesús es el Señor de señores y el Mesías de Israel y es la "salvación que [Dios ha] preparado a la vista de todos los pueblos: luz que ilumina a las naciones y gloria de tu pueblo Israel" (Lc 2.30-32). Más tarde, cuando Jesús describe su propia misión, con base en Isaías 35, 49 y 61, proclama su misión en Nazaret, hablando de ella como una misión de predicar buenas nuevas a los pobres, libertad a los cautivos, recuperación de la vista para los ciegos, de libertar a los oprimidos y de pregonar el año del favor del Señor, en términos globales, universales que tienen una relevancia contextual específica y local en Galilea (Lc 4.18-19; 7.22-23).

---

[204] Esta combinación de universalidad y particularidad, con énfasis especial en el Evangelio de Mateo, fue el tema de la disertación doctoral de Paul Hertig, presentada en la School of World Mission del Seminario Fuller ("Matthew's Narrative Use of Galilee in the Multicultural and Missiological Journeys of Jesus," Lewiston, NY: Edwin Mellon Press, 1998).

Pablo

Pablo enfatizó el amor de Dios hacia todos los pueblos. Incluso en los muy citados pasajes universales como Gálatas 3.28 ("Ya no hay judío ni griego, esclavo ni libre, hombre ni mujer . . .") y Colosenses 3.11("no hay griego ni judío, circunciso ni incircunciso, culto ni inculto, esclavo ni libre . . ."), los distintivos culturales no se borran. La particularidad de la etnicidad, de la sexualidad y de lo socioeconómico no se ignora. Así y todo, en medio de tales formas homogéneas específicas, hay universalidad de unión (no uniformidad de cultura). Es una universalidad de unicidad en Jesucristo: "todos ustedes son uno solo en Cristo Jesús" (Gá 3.28); "sino que Cristo es todo y está en todos" (Col 3.11). Así es que, en Efesios, la eclesiología de Pablo reconoce las diferencias distintivas de ser gentil o judío ("Este misterio . . . es . . . que los gentiles son, junto con Israel, beneficiarios de la misma herencia, miembros de un mismo cuerpo y participantes igualmente de la promesa en Cristo Jesús mediante el evangelio" [Ef 3.6]. Aun así, Pablo también afirma que son reunidos para formar una nueva familia en Cristo Jesús (Ef 3.15). Esto no significa que los judíos deben vivir como los gentiles, tampoco que los gentiles deben vivir como judíos. Pablo sigue el dictado del Concilio de Jerusalén en Hechos 15, al afirmar las diferencias culturales y a la vez crear una nueva unicidad en Jesucristo. En Hechos 21, Pablo participa en un rito judío de purificación en el templo de Jerusalén, sabiendo que iba a ser arrestado, pero haciendo una declaración pública de que los judíos que ahora creen en el Mesías pueden seguir la costumbre judía. Así es que, aunque "No hay diferencia entre judíos y gentiles, pues el mismo Señor es Señor de todos" (Ro 10.12), todavía la proclamación del evangelio, de acuerdo a Pablo, es para "los judíos primeramente, pero también [para] los gentiles" (Ro 1.16). A este respecto, he ofrecido un bosquejo de la misiología de Pablo en Romanos, en "The Effect of Universalism on Mission Theology" en *Mission on the Way*.[205]

Juan y Apocalipsis

En Apocalipsis, Juan expresa la misma clase de complementariedad de la particularidad y la universalidad. A lo largo de Apocalipsis, Juan continúa enfatizando que Cristo está reuniendo a "gente de toda raza, lengua, pueblo y nación" (Ap 5.9; 7.9). En Apocalipsis 21, en la visión de la Nueva Jerusalén, la cual es un cuadro de la Iglesia, hay una pluralidad de "naciones" que "caminarán a la luz de la ciudad, y los reyes de la tierra le entregarán sus espléndidas riquezas.

---

[205] Van Engen, *Mission on the Way: Issues in Mission Theology*, Grand Rapids: Baker, 1996, 159-68.

Y llevarán a ella todas las riquezas y el honor de las naciones" (Ap 21.24-26). De modo que, hay un reconocimiento y una celebración de las diferencias y de las características distintivas de una pluralidad de pueblos y de culturas diferentes. Y, aun así, una unicidad en su entrada a la misma Nueva Jerusalén, para estar en la presencia del único Cordero de Dios que quita el pecado del mundo. En *Mission on the Way*, hablé de esto como una misiología que es "particularista en cuando a la fe" (en Jesucristo), "pluralista culturalmente" (tratando con todos los variados pueblos de la tierra) e "inclusiva eclesiológicamente" (todos los pueblos están invitados al banquete de bodas del Cordero).[206]

Este breve repaso de la complementariedad de la universalidad y la particularidad puede parecer innecesario y tal vez incluso redundante para algunos lectores. No obstante, creo que es de máxima importancia que esta orientación bíblica influya fuertemente el resto de nuestra reflexión concerniente a la resistencia y la receptividad. La manera en que entendemos el amor de Dios por todos los pueblos influirá nuestra orientación misiológica hacia las cuestiones que nos confrontan en la misión alrededor del mundo, en medio de los pueblos, algunos de los cuales son responsivos y otros resistentes. Un énfasis demasiado grande sobre la universalidad nos llevará a la uniformidad y nos hará ciegos a las distinciones culturales y las diferencias en la particular respuesta/resistencia representada por un particular grupo de gente. Un énfasis demasiado fuerte sobre la particularidad nos impulsará a limitar nuestra empresa misionera sólo a ciertos grupos de pueblo, rotulados como "receptivos," ignorando o dejando de lado a otros. Las dos opciones tienen serias consecuencias para seguir a Cristo en la misión.

A medida que leo la Escritura, veo a Dios afirmando las distinciones culturales. Veo a Babel como un juicio, sí, pero también como gracia. La belleza de la creatividad resplandeciente brilla en la maravillosa multiplicación de las familias, tribus, lenguas y pueblos de la humanidad. En lugar de destruir a la humanidad (lo cual Dios prometió no hacer en el pacto con Noé), Dios elige confundir las lenguas. Esta confusión, aunque un acto de juicio, preserva misericordiosamente a toda la humanidad en sus distinciones culturales y étnicas, diferencias tan significativas que se nos da una lista de naciones para enumerar a las civilizaciones que les eran conocidas a los compiladores del Pentateuco. Estas diferencias son tan relevantes, que cuando el Espíritu Santo viene en Pentecostés, uno de sus primeros actos extraordinarios es permitir a personas de muchas lenguas diferentes escuchar la proclamación del evangelio en su propia lengua. No obstante, estas características distintivas de múltiples culturas no pueden

---

[206] *Ibid.*, 183-84.

dividir la relación de la humanidad con YHWH, ni respaldar el concepto de una pluralidad de dioses nacional o étnica. Hay un solo Dios, creador y sustentador de todos los pueblos. Unicidad en pluralidad, pluralidad en unicidad. Universalidad particular, particularidad universal. ¿Cómo podemos dar una forma completa y vívida a esta visión bíblica de la realidad, tal como Dios la ve? ¿No debería esta teología de la humanidad ser normativa para nosotros, al considerar el significado del concepto de "pueblos resistentes?" Creo que sí.

Podríamos compilar una larga lista de motivaciones teológicas, misiológicas y estratégicas válidas para la misión en medio de pueblos "responsivos" y de por qué es legítimo "tener poca presencia" en las áreas donde viven "pueblos resistentes." No obstante, yo sugeriría que nuestras motivaciones misiológicas más básicas y penetrantes deben derivar del alcance universal de la misión de Dios, tal como está descripta en la Escritura y presentada por un Mesías particular (Jesús) a un particular maestro de la ley judío (Nicodemo): "Porque tanto amó Dios al mundo (de muchos pueblos, tribus, lenguas y naciones), que dio a su Hijo unigénito" (Jn 3.16). Dios ama a todos los pueblos y quiere desarrollar una relación de pacto con todos los pueblos.

B. Todos los seres humanos son receptivos: tienen un hambre espiritual profunda por conocer a Dios

La afirmación que Dios ama a todos los pueblos tiene un lado complementario en el hambre espiritual evidente en todos los seres humanos. Tal como lo prueba la multiplicación continua de formas y sistemas religiosos a lo largo de los siglos y en todas las culturas, los seres humanos son incurablemente religiosos. Aun frente al ateísmo materialista, como el que prevaleció por tanto tiempo en la Unión Soviética, (o en el secularismo ateo post cristiano en el Occidente o en la Revolución Cultural en China), incluso en estos ambientes uno puede ver evidencias de un hambre espiritual profunda, que eventualmente estimula un mayor levantamiento social. Ya sea que vinculemos esto con la revelación en general o con la gracia previniente o con la gracia común, es muy básico afirmar que todos los pueblos son receptivos en su deseo y necesidad de un encuentro con lo divino.

Lo que tengo en mente aquí no es la teología natural católica romana en línea con Tomás de Aquino. Tampoco me refiero a una construcción humana vaga de la religión como expresión del más alto valor de la cultura. Tampoco quiero significar la versión protestante europea del siglo diecinueve de la teología natural, en contra de la cual habló Karl Barth con tanta fuerza. No estoy hablando del enfoque pluralista, ya sea mediante las religiones comparadas, mediante la fenomenología de la religión, mediante la psicología religiosa o mediante un pluralismo teocéntrico, todo lo cual se basa de alguna manera en la presunción de un hilo en común en el interés de la humanidad en lo numinoso. Tampoco me refiero exactamente al "punto de contacto" entre la razón y la revelación advocado por Emil Brunner cuando habló de "la humanidad (que tiene) dentro de sí misma 'una capacidad para la revelación' o 'una posibilidad de . . . ser abordada,' lo cual permite a una persona aprehender y recibir la revelación de Dios.[207] No siquiera me refiero a un enfoque revelatorio demasiado fácil de la revelación general acerca del cual Juan Calvino, Hendrik Kraemer, Karl Barth, G. C. Berkouwer, Hendrikus Berkhof, Donald Bloesch, Milliard Erickson, Stanley Grenz y Alistair McGrath, entre otros, han expresado ansiedad e incomodidad.[208]

---

[207] Emil Brunner 1946; citado en Donald Bloesch 1992, 153.

[208] Donald Bloesch nos ha dado una visión útil sobre esta discusión en Bloesch 1992, 161-65. Donald Bloesch probablemente estaba en lo correcto cuando escribió lo siguiente: "La revelación, tal como la concibo, ofrece un conocimiento real de Dios, pero un conocimiento que es personal y concreto, y no especulativo y abstracto. Más aún, estoy de acuerdo en que la revelación, incluso entendida como ocurriendo exclusivamente en Cristo, no implica necesariamente la aceptación de la salvación, pero lo que sí nos presenta es la realidad de la salvación. . . . Estoy llegando a concordar con Hendrikus Berkhof en que 'la revelación general' es una expresión que probablemente ahora debiera abandonarse debido a su ambigüedad e imprecisión. [Aquí Bloesch se refiere a Hendrikus Berkhof 1979, 74-77.] Si la revelación es esencialmente un encuentro personal, la revelación general pareciera contradecir esta dimensión esencial de la revelación. Si la revelación se define como la comunicación efectiva por parte de Dios de su voluntad y propósito para la humanidad, entonces no tenemos ninguna revelación en la naturaleza que pueda ser positivamente relacionada con los significados bíblicos 'revelación' (*apokalypsis*) y 'manifestación' (de *phaneroo*). . . . Es probablemente mejor considerar esta obra general de Dios como una exhibición o muestra de su poder y bondad más que como una revelación que pone de manifiesto o transmite, de manera efectiva, su plan y propósito para nuestras vidas. A través de su obrar general en la naturaleza y en la consciencia, somos expuestos a la misericordia de Dios tanto como a su ira y a su juicio, pero la luz y la verdad de Dios nos son reveladas solamente en el encuentro con Jesucristo, tal como está presentado en la Escritura santa. Es apropiado hablar de una presencia general de Dios en la naturaleza y en la historia, pero esta presencia general no llega a ser una revelación de su gracia y de su misericordia hasta que se percibe a la luz de Jesucristo. Sólo a la luz de Cristo, dijo Karl Barth sobre la base del Salmo 39.9, podemos discernir apropiadamente la luz general de Dios en la naturaleza. Aun así, la luz en la naturaleza es una luz reflejada o derivada. No es una fuente de la luz de Cristo, sino un testimonio de ella, un testimonio que se reconoce sólo a los ojos de la fe. . . . En resumen, mientras las maravillas de la naturaleza manifiestan la deidad y el poder de Dios, debido al pecado humano no pueden darnos un conocimiento real. Sí provocan una profunda consciencia de Dios – que, no obstante, es suficiente para condenarnos y no

Más bien, me estoy refiriendo a que, en las palabras de Alvin Plantinga, "Dios ha implantado en nosotros una tendencia innata . . . o una disposición a creer en Dios" (Plantiga 1992, 67). Juan Calvino llamó a esta disposición *sensus divinitatis* o *semen religionis*, por medio de lo cual, en palabras de Calvino, "hay dentro de la mente humana, y en realidad por instinto natural, una consciencia de la divinidad . . . Dios mismo ha implantado en todos (las personas) una cierta comprensión de su majestad divina. . . . Como lo muestra la experiencia, Dios ha sembrado una semilla de religión en todos [las personas].[209] O como G. C. Berkouwer lo ha expresado:

> "El *sensus divinitatis* no es un órgano del conocimiento de Dios que trasciende a la corrupción de la naturaleza humana; es una impresión inevitable dejada sobre [los seres humanos] por el poder prevaleciente de Dios. . . . Todas [las personas] tienen un sentido de la religión y 'no hay nación tan bárbara, ni raza tan salvaje como para no ser persuadida firmemente del ser de Dios'" (Berkouwer 1955, 152).[210]

Luego, Berkouwer dice:

---

para salvarnos"(Bloesch 1992, 164-65). Estas consideraciones llevaron a Bloesch a no concordar con los puntos de vista protestantes conservadores prevalecientes de la teología natural como fue ejemplificada por Bruce Demarest cuando dijo: "Sólo cuando uno se ve a sí mismo como pecador delante del Dios de la creación es que la oferta de reconciliación en el evangelio tiene sentido. Si el conocimiento intuitivo e inferencial de Dios no estuvieran presentes, la comunicación por gracia con el hombre en la forma de una revelación especial permanecería como una abstracción sin sentido. La revelación especial, entonces, comienza en el punto donde el conocimiento de Dios por parte del hombre natural termina. La teología natural es propiamente el vestíbulo de la teología revelada. . . . La revelación especial completa y no niega la revelación de Dios en la naturaleza, en la providencia y en la consciencia" (Bloesch está citando aquí a Bruce Demarest 1982, 250-51). Donald Bloesch continúa diciendo: "Al contrario de Demarest, yo sostengo que anteponer la receptividad humana al evangelio es hacer de la salvación algo contingente tanto a la voluntad humana como a la gracia divina. Y sugerir que podemos vernos como pecadores antes de ser despertados a la verdad de la reconciliación de Dios para nosotros en Cristo es atribuirle a los seres humanos un poder que, simplemente, no está reflejado por el testimonio bíblico ni por el testimonio de la Reforma. Tampoco concuerdo en que la revelación especial complete el conocimiento de Dios derivado de la naturaleza y de la consciencia, porque esto transmite la impresión errónea de que los dos conocimientos son de la misma naturaleza y por lo tanto pueden unirse" (Bloesch 1992, 162).

[209] Juan Calvino 1960, 43, 47. Ver también Alvin Plantiga 1992, 67-68.
[210] Berkouwer está citando aquí a Calvino 1960, 44.

"El *semen religionis* es preservado por Dios en el corazón humano. Esto no disipa la oscuridad, pero sí ayuda a explicar cómo es que las religiones todavía surgen en un mundo caído y cómo es posible que estas falsas religiones tengan una marcada imagen de orden" (Berkouwer 1955, 169).

El Salmo 19 y Romanos 1 son pasajes de las Escrituras comúnmente mencionados para hablar de esta disposición a creer en Dios. El Salmo 19.1-4 dice:

"Los cielos cuentan la gloria de Dios, el firmamento proclama la obra de sus manos. Un día comparte al otro la noticia, una noche a la otra se lo hace saber. Sin palabras, sin lenguaje, sin una voz perceptible, por toda la tierra resuena su eco, ¡sus palabras llegan hasta los confines del mundo!"

En Romanos 1.19-20, Pablo afirmó:

"Me explico: lo que se puede conocer acerca de Dios es evidente para ellos, pues él mismo se lo ha revelado. Porque desde la creación del mundo las cualidades invisibles de Dios, es decir, su eterno poder y su naturaleza divina, se perciben claramente a través de lo que él creó, de modo que nadie tiene excusa."

Pablo articuló todavía más acabadamente este concepto en su bien conocido sermón en el areópago de Atenas, aplicándolo a la adoración ateniense del "Dios no conocido," a quien Pablo declara conocer y proclamar.

Así es que, Donald Bloesch, con su profunda incomodidad con respecto a la revelación general, habló de "este obrar general de Dios como una exhibición o muestra de su poder y bondad. . . . Mediante su obrar general en la naturaleza y en la consciencia, somos expuestos a la misericordia de Dios tanto como a su ira y a su juicio. . . . Es apropiado hablar de una presencia general de Dios en la naturaleza y en la historia" (1992, 164). Stanley Grenz dice:

Compartimos una dependencia común de algo externo o más allá de cualquier forma que podamos darle a nuestro "mundo." El vacío con forma de Dios dentro de nosotros, de lo cual esta dependencia da un testimonio silencioso, es un testimonio en el corazón humano de la realidad de Dios. . . . En virtud de que somos seres creados, Dios nos ha direccionado hacia un destino humano en común. De la misma manera que nuestra dependencia humana en común da testimonio de la realidad de Dios, así también el resabio de la imagen divina dentro de nosotros es una dimensión de (lo que él llama) la revelación general. Nuestra consciencia de que somos direccionados más allá del presente yace como un testigo silencioso de la realidad de Dios, para quien somos creados (1994, 179).

McGrath expresa:

> Dios ha dotado a los seres humanos con algún sentido innato o presentimiento de la existencia divina. Es como si algo acerca de Dios hubiera sido grabado en el corazón de todos los seres humanos. Calvino identifica tres consecuencias de esta consciencia innata de la divinidad: la universalidad de la religión (la cual, si no está informada por la revelación cristiana, degenera en idolatría), una consciencia atribulada y un temor servil de Dios (1994, 160).

Hendrikus Berkhof habla de esta disposición innata.

> Entonces, la primera cosa que tenemos que decir es que el hombre (sic)[211] aparentemente es un ser hecho para encontrarse con Dios, para responder a su Palabra. El hombre es una criatura que responde.... Quiero describir al hombre como un ser "responsivo."... Desde el punto de vista de la teología, debe decirse que el hombre llegó a ser completamente hombre cuando tomó consciencia de la presencia de Dios y aprendió a orar. Al describir al hombre como "responsivo" lo delimitamos desde el comienzo en su madurez y en su autonomía. La primera palabra no viene de él. Es hecho hombre por una iniciativa que viene desde afuera o desde arriba de él. Su creatividad está basada sobre la re-creatividad. No es menos importante que con esta descripción hemos descubierto que la esencia del hombre yace en una relación, es decir, en la relación con Dios. Desde la postura de la fe cristiana, está fuera de la cuestión considerar al hombre como un ser auto-contenido, quien luego resulta que entra en relación con otros seres. El hombre es esa criatura hecha para vivir con Dios.... Mientras tanto, al caratularlo como "responsivo" sólo hemos dado una descripción formal. Está hecho para responder a la Palabra de Dios. Pero el contenido de esa Palabra es el amor santo con el cual Dios, de manera beneficiosa, se vuelve a sus criaturas humanas. El hombre no está hecho sólo para responder, sino para responder a su Palabra, es decir, al amor de Dios. Sólo se puede responder al amor con un amor recíproco. El hombre está hecho para el *amor*. No puede estar sin ese amor exterior que nutre, ni puede estar sin responder a ese amor.... En esta relación de recibir y de dar amor, el hombre presta atención a su llamado más

---

[211] He elegido no volver a escribir lo que dijo Hendrikus Berkhof usando lenguaje inclusivo. Cuando usa la palabra "hombre," se refiere a "humanidad."

importante y hace realidad su verdadera esencia. En el amor, el hombre llega a transformarse en sí mismo (1979, 181-85).[212]

La importancia de esta disposición innata no puede ser subestimada en su influencia como una presunción que opera en mucha de nuestra misiología evangélica. Permítanme mencionar brevemente cuatro áreas misiológicas relacionadas, donde esta presunción parece ser operativa. Primero, las teorías de Donald McGavran sobre la conversión de grupos, sobre las formas de iglesias autóctonas y sobre lo culturalmente apropiado asume esta disposición innata. El axioma de McGavran era: "A [las mujeres y a] los hombres les gusta hacerse cristianos sin necesariamente cruzar barreras raciales, lingüísticas y de clase" (McGavran 1970, 198).[213] Basado sobre esta presunción, McGavran desarrolló un análisis extenso de lo que él llamó *Bridges of God* (1955), promoviendo el uso intencional de redes naturales, culturales y sociales para la proclamación del evangelio. La fe se desparrama más naturalmente y de manera más contagiosa siguiendo las líneas de la red social de cristianos vivos, especialmente nuevos cristianos. . . . Hombres y mujeres receptivos y no discipulados usualmente reciben la posibilidad (de fe en Jesucristo) cuando la invitación proviene de amigos cristianos, de familiares, de vecinos y de compañeros de trabajo confiables, dentro de su red social (McGavran y Hunter 1980,30). La presunción detrás del axioma de McGavran es que una vez que podamos trasponer las barreras sociales, culturales y relacionales, la gente estará dispuesta a recibir el evangelio. Su hambre de Dios innata se pondrá en juego.

Segundo, la presunción de esta disposición innata hacia Dios también se construye sobre teorías de indigenización, de contextualización y de comunicación en la misiología evangélica. Tal como lo señaló Charles Kraft en *Communication Theory for Christian Witness* (1983, 1991), el significado en la comunicación es atribuido por el oyente y no por el que habla. "El participante clave (es) el receptor" (1991, capítulo 6). Así es que, si podemos aprender el arte de escuchar bien y podemos comenzar a desarrollar una comunicación orientada al receptor, el deseo innato por Dios hará que el receptor esté abierto a una relación con Dios en Jesucristo. "Amar comunicacionalmente," dice Kraft, "es exponerse a cualquier inconveniente necesario para asegurar que los receptores entiendan" (1991, 15).

Va más allá del espectro de este capítulo delinear los varios modelos y enfoques de la contextualización por parte de protestantes evangélicos como

---

[212] Ver también Robert K. Johnston, *God's Wider Presence: Reconsidering General Revelation*, Grand Rapids: Baker, 2014.
[213] Ver también George Hunter III, 1979, 121; Eddie Gibbs, 1981, 117; Donald McGavran, 1984, 100; Wayne Zunkle 1987, 100; Thom Rainer 1993, 254.

David Hesselgrave (1978), David Hesselgrave y Edward Rommen (1989); Harvie Conn (1977, 1978, 1984), Paul Hiebert (1978, 1985, 1987, 1989, 1994), Charles Taber (1979a, 1979b, 1979c), Charles Kraft (1979, 1983), Dean Gilliland (1989), Krikor Haleblian (1982a, 1982b, 1983), Daniel Shaw (1988, 1989) y otros. La teoría de la contextualización sigue este derrotero, asumiendo que si uno puede presentar el evangelio de modo (y con contenido bíblico) culturalmente apropiado para un grupo de personas, los miembros del grupo tendrán entonces la libertad de responder positivamente al mensaje, debido a su deseo innato por Dios.[214] Esta presunción fundacional puede encontrarse en la teoría de la contextualización, sin importar si el modelo es de comunicación, de relevancia cultural, de liberación, de diálogo interreligioso o de conocer a Dios en contexto (Van Engen 1996, 74-75).

Tercero, la disposición innata de la gente hacia Dios también se presupone en la búsqueda de los varios factores de la receptividad y de la resistencia, tal como se han desarrollado en la misiología evangélica (particularmente en la teoría del crecimiento de la Iglesia). Aquí se supone que ciertas experiencias harán que la gente se torne más responsiva hacia su deseo innato y su necesidad de Dios. C. Wayne Zunkel, por ejemplo, hace una lista de 191 "situaciones en la vida que causan estrés," las cuales pueden ser tiempos de mayor receptividad al evangelio (Zunkel 1987, 149-56). Volveremos a esto cuando nos preguntemos *a qué* puede cierto pueblo ser resistente o responsiva.

Cuarto, el lenguaje comúnmente usado en la misiología evangélica concerniente a las "analogías redentoras," que se encuentra en una cultura receptora, también parece asumir que están presentes en todas las culturas las que Karl Barth llamó "luces," que dan testimonio de la existencia, del poder y de la provisión de Dios. La suposición de que uno puede encontrar esas analogías en un contexto cultural dado y luego usarlas como "puntos de contacto" o como puentes comunicacionales para la proclamación del evangelio presupone, de parte de las personas en esa cultura, un deseo de conocer a Dios y de estar en relación con Él.

De modo que, dada esta predisposición innata, con referencia tanto a los resistentes como a los receptivos, tenemos una necesidad de afirmar que todos los seres humanos son receptivos. No obstante, esto nos empuja inmediatamente a una tercera afirmación importante acerca de la resistencia-receptividad: todos los seres humanos son resistentes.

C. Debido al pecado y a la caída, todos los seres humanos son resistentes a Dios todo el tiempo

---

[214] Ver, David Hesselgrave y Edward Rommen 1989, 211.

Es un error pensar que la revelación general provee un conocimiento natural de Dios, aparte de la obra del Espíritu Santo por gracia, por medio de la fe en Jesucristo. El punto de Pablo en Romanos 1 no es que hay un conocimiento revelador de Dios aparte de Jesucristo, sino más bien que la humanidad está condenada y sin excusa, debido a su rechazo de la grandeza y de la bondad de Dios, tal como se pueden ver en la creación. De modo que, la revelación general es una razón para el juicio y una prueba de la pecaminosidad de la humanidad y no una base para enfoques inclusivos o pluralistas de la teología de la religión, en contra de Clark Pinnock, John Sanders y de otros.[215] Tal como lo he demostrado en otra parte,[216] el punto fundacional de Pablo en Romanos 1-3 es que, aunque los judíos separaban al mundo en dos clases de personas (judíos y gentiles), en el análisis final, "todos han pecado y están privados de la gloria de Dios" (Ro 3.23). Así es que Pablo construye una nueva universalidad y una nueva particularidad en los primeros ocho capítulos de Romanos, las cuales no están basadas sobre la etnicidad, sino sobre la fe en Jesucristo. En otras palabras, la disposición innata de creer en Dios que vimos anteriormente es muy débil y limitada, precisamente debido a la penetración del pecado y a la caída. Así que Juan Calvino distinguió adecuadamente entre el conocimiento de Dios como Creador y el conocimiento de Dios como Redentor. Tal como lo expresa Stanley Grenz:

> Aunque el concepto de revelación general es válido y útil, también es limitado. Es restringido en cuanto a su alcance. Lo que Dios ha puesto al alcance de todas las personas mediante la revelación general no provee una auto-revelación completa de Dios. Al contrario, la revelación general sirve sólo como un testimonio de la presencia de Dios, quien es la realidad que está tanto detrás como dentro del mundo. . . . El uso limitado del concepto es evidente en la Biblia misma. El propósito principal de Pablo no es presentar la tesis de que la creación testifica de la realidad de Dios. Más bien, su punto es que los seres humanos pecadores suprimen incluso el testimonio dado por la creación natural. Debido al pecado humano, la gente en realidad no presta oídos a este testimonio a su disposición. . . . Todos los seres humanos están justamente condenados delante de un Dios santo (Grenz 1994, 180-81).

"Un conocimiento natural de Dios," dice McGrath, "sirve para quitar a la humanidad cualquier excusa para ignorar la voluntad divina; a pesar de ello,

---

[215] Ver Van Engen 1996, 169-90.
[216] Ver Van Engen 1991b, 191-194 y 1996, 159-168.

es inadecuado como base para un retrato pleno de la naturaleza, del carácter y de los propósitos de Dios. . . . El conocimiento de Dios el redentor, el cual para Calvino es un conocimiento de Dios distintivamente *cristiano*, sólo puede tenerse por medio de la revelación cristiana, en Cristo y por medio de la Escritura" (McGrath 1994, 16). Donald Bloesch comenta: "Mientras las maravillas de la naturaleza manifiestan la deidad y el poder de Dios, debido al pecado humano fracasan en darnos un conocimiento real. Sí nos llevan a una conciencia arraigada de Dios, suficiente, no obstante, para condenarnos y no para salvarnos" (Bloesch 1992, 165). G. C. Berkouwer enfatizó la perspectiva de Karl Barth en este punto. Barth estableció una aguda distinción entre la revelación y la religión. Berkouwer explica:

> [Karl Barth] ha reaccionado violentamente en contra de casi toda teoría de la psicología de la religión y del historicismo religioso. Su razón es que todas impugnan seriamente lo absoluto de la revelación. Lejos de honrar a la religión humana, Barth habla de la religión como de falta de fe. La revelación es la abolición de la religión. . . . "La religión es . . . un asunto, más bien *el* asunto, del hombre sin Dios." Toda religión está abruptamente separada de la fe. La religión no es otra cosa que el intento de conocer a Dios mediante las propias habilidades del hombre, un intento que es desenmascarado por la revelación, como resistencia a la revelación y a la gracia. Constituye una empresa del hombre, por la cual este invade con sus propios medios y su poder lo que Dios desea hacer y hace en su revelación. . . . Dado que la religión natural es la religión del hombre caído, explica lo normal de la falta de fe, de la resistencia a la revelación y a la gracia (Berkouwer 1955, 158-59).[217]

Como lo demuestra Berkouwer, uno no necesita indispensablemente aceptar la diferenciación radical que hace Barth entre religión y revelación, para todavía entender que los seres humanos se han rebelado, se rebelan y rechazan la luz que Dios ofrece. En palabras de Juan, "Vino a lo que era suyo, pero los suyos no lo recibieron" (Jn 1.11). Así es que Calvino afirmó que los seres humanos "no . . . captan a Dios tal como se ofrece a sí mismo, sino que lo imaginan tal como lo han elaborado en sus propias presuposiciones" (Calvino 1960, 47).[218]

---

[217] Berkouwer está citando de *Kirchliche Dogmatik* 1, 2, 327 de Karl Barth. Berkouwer también cita de Barth, *The Epistle to the Romans*, Londres, Oxford University Press, 1933, 24,6 cuando dice: "Mediante la religión percibimos que los hombres se han rebelado en contra de Dios y que su rebelión es una rebelión de esclavos."
[218] Calvino continúa haciendo una serie de comentarios sobre el Salmo 14.1 y 53.21 a los efectos de que los seres humanos "después de haberse endurecido en un pecar insolente y habitual, repelen furiosamente todo recuerdo de Dios. . . . Pero, para hacer esta locura

Hay varias implicaciones de valor que se pueden extraer de esta reflexión importante sobre la "resistencia." Primero, cualquier teología de la conversión en la misiología evangélica debe comenzar hablando de la obra milagrosa del Espíritu Santo, por gracia, mediante la fe en Jesucristo. Ninguna clase de efectividad en relación con la contextualización puede prometer que los seres humanos le van a decir que sí a Dios. Muy por el contrario. Incluso si los seres humanos llegan a comprender el evangelio que se les ofrece, o precisamente *cuando* ocurre esto, incluso si lo entienden de maneras culturales, relacionales y sociales muy apropiadas, los seres humanos todavía le van a decir que no a Dios, aparte de la obra del Espíritu Santo. Así es que, debemos escuchar cuidadosamente a los que han estado enfatizando el tema de las cuestiones espirituales en el crecimiento de la Iglesia y en la misiología, porque la conversión no se promete y mucho menos se garantiza sobre la base de una buena metodología contextual.

Segundo, el que todos los seres humanos sean pecadores y resistentes debiera aumentar nuestra toma de consciencia y nuestro cuidado en relación con algunos énfasis contemporáneos sobre guerra espiritual. De la misma manera en que vemos la mentira en la perspectiva sostenida por el humanismo del Iluminismo, de que todos los seres humanos son buenos y santos, así tenemos que entender la inexactitud de presentar a la humanidad como un campo de batalla neutral, sobre el que fuerzas espirituales opuestas pelean su guerra. Si todos los seres humanos eligen oponerse a Dios, si todos los seres humanos han pecado y han caído en Adán y Eva, entonces la humanidad no es neutral. Así es que, la misión no es simplemente una cuestión de tirar nuestro peso hacia la derecha del conflicto. Más vale, nuestra misión implica la proclamación en palabra y en hechos que Jesucristo es el Señor, llamando a todos los seres humanos a una conversión radical y a una transformación total de modo que, en las palabras del Evangelio de Juan, "Mas a cuantos lo recibieron, a los que creen en su nombre, les dio el derecho de ser hijos de Dios. Estos no nacen de la sangre, ni por deseos naturales . . . sino que nacen de Dios" (Jn 1.12, 13). Estamos envueltos en una guerra espiritual. Pero esa guerra incluye la transformación del corazón humano de muerte a vida (lo cual sólo el Espíritu Santo puede hacer), de la rebelión en contra de Dios a una obediencia a Dios amorosa y fiel (Ro 7).

Tercero, el que "todos han pecado y está privados de la gloria de Dios" quiere decir que una comprensión bíblica de la "resistencia" indica que ya no es un término sociológico, que simplemente se refiere a que han crecido pocas iglesias dentro de un pueblo particular. Más bien, el término ahora adquiere un

---

más detestable, David los representa como lisa y llanamente negando la existencia de Dios" (1960, 48).

significado bíblico. La "resistencia" implica decir *no* a la iniciativa de pacto de Dios. Esto es una cuestión de fe. Dios es el Dios que se "auto-revela," usando la expresión de Hendrikus Berkhof (Berkhof 1979, 105). Dios es el Dios del pacto, un Dios amoroso que se acerca a todos los seres humanos y dice: "Yo seré su Dios y ustedes serán mi pueblo" (Van Engen 1989, 1996). La "resistencia" es rechazar la invitación que Dios extiende. Entonces, si la "resistencia" representa una respuesta de fe negativa a la iniciativa de Dios, esto señala hacia las dos reflexiones siguientes: algunos seres humanos son resistentes todo el tiempo y algunos seres humanos son resistentes parte del tiempo y a algunas cosas.

D. Algunos seres humanos son resistentes todo el tiempo, a todos los enfoques misionales

Si la "resistencia" es entendida bíblica y teológicamente como seres humanos diciendo "no" a la invitación por gracia de parte de Dios, entones para entender la "resistencia" más profundamente debemos re-examinar la parábola del sembrador (Mt 13.1-23; con paralelo en Mr 4.1-12; Lc 8.4-10). Esta parábola, específicamente aborda el tema de las variadas respuestas a la Palabra de Dios. Como vimos antes, esta parábola ha sido usada por algunos para respaldar el concepto de un direccionamiento selectivo en la evangelización. Yo sugeriría que el tema del direccionamiento selectivo no es para nada el tema de la parábola. Pero la parábola tiene que ver con reconocer que, dada la misma invitación por gracia de parte de Dios, diferentes personas van a responder de diferentes maneras.

La parábola del sembrador aparece en los tres Evangelios Sinópticos. Sin entrar en los detalles de la redacción particular del escritor de cada Evangelio y del lugar y del énfasis que cada uno le da a la parábola, es suficiente notar que el contexto de la parábola es fuertemente misiológico. Los tres Evangelios mencionan que la parábola es contada por Jesús, mientras estaba rodeado de grandes multitudes, la audiencia de la misión de Jesús (Mt 13.2). No obstante, la explicación de la parábola está dirigida a los discípulos (Mt 13.10). Ahora, aunque un tratamiento exegético detallado está más allá del alcance de este capítulo, permítanme sugerir los énfasis básicos que yo creo se encuentran en ella.[219]

En contra de los que usan esta parábola como fundamento para un direccionamiento selectivo de la empresa misionera (re- nombrándola "Parábola de los Suelos"), sugeriría que la parábola del sembrador en realidad se refiere al sembrador, a la misión de Jesús y, por extensión, a la misión de los discípulos.

---

[219] La sección que sigue está adaptada de Van Engen 1981, 356.

Como tal, es realmente una explicación, por parte de Jesús, de por qué habla en forma de parábolas misteriosas y no de manera simple, y de por qué algunos responden positivamente (son receptivos) y por qué otros responden negativamente (son resistentes). La parábola habla de que Jesús presentaba su mensaje *a todos por igual*, pero que algunos querían oír y otros no. La diferencia en los suelos puede tener algo que decirnos acerca de la receptividad. Pero si es así, no nos va a decir que nos concentremos en el buen suelo. Eso puede ser bueno para la agricultura, pero es totalmente extraño al texto de la parábola.

La parábola del sembrador habla acerca de los que son demasiado ciegos para ver, demasiado sordos para oír, cuyos corazones son demasiado duros para responder (ver Mt 13.14-15 donde la profecía de Isaías es mencionada, la cual se hace eco de Dt 29.4, y se puede encontrar en Is 42.19, 20; Jer 5.21; y Ez 12.2). El problema que aborda la parábola es este: en vista de la ceguera, de la sordera y de la dureza de corazón de la gente, ¿por qué Jesús habla por medio de parábolas misteriosas y no usa lenguaje simple (Mt 13.10)? La diferencia de suelos es la clave para la respuesta dada (Mt 13.11). Lo que se presenta es el "misterio" del reino de Dios, el cual debe ser percibido por fe (como lo hicieron los profetas de la antigüedad, incluido Isaías), no por vista (Mt 13.17). La fe es reconocida en el que "oye la palabra y la entiende. Este sí produce una cosecha" (Mt 13.23). De modo que, dada la palabra proclamada por Jesús a todos, ¿por qué algunos reciben la palabra y por qué algunos la rechazan?

Aquí, por lo menos debemos tomar nota del contexto sociocultural de la parábola. Lo podemos ver con los ojos de nuestra mente. Hay un campo, rodeado de cactus (espinas) que sirven como cerco alrededor del perímetro exterior del campo. Hay un sendero que cruza el campo, donde la gente quiere que Lucas camine de un extremo a otro. En una parte del campo hay una sección que, aunque parece excelente en la superficie, tiene roca a unos pocos centímetros de profundidad. Y hay una parte del campo que tiene un suelo profundo y fértil. El sembrador, en la metodología de esos días, ha arado el campo con un arado de madera que solo penetra unos pocos centímetros la superficie del suelo. Ahora, el sembrador toma su bolsa de semillas, se la cuelga del hombro y comienza a caminar de un lado al otro del terreno. Su siembra se hace metiendo la mano en la bolsa y esparciendo la semilla haciéndola caer donde sea, por todo el campo. La enseñanza y el ministerio de Jesús fueron iguales. En palabras de Lucas, Jesús iba por pueblos y aldeas, predicando el evangelio y sanando (Lc 4.43; 8.1).

Dada esta imagen mental, es claro que la parábola no tiene que ver con una siembra selectiva, sino con diferencias en la siega. Es una orden para una proclamación universal, inclusiva e indiscriminada, sabiendo que el "campo" (el mundo, o posiblemente un grupo de personas en particular en un contexto particular) contiene muchas clases de "suelos," todos mezclados. La evaluación del que siembra es la de un realista crítico. Sabe que parte de la semilla va a "dar fruto," pero otra parte no. El sembrador en la parábola puede no conocer cuál es el buen suelo (dado que su arado de madera no puede ir lo suficientemente profundo como para encontrar la roca). El sendero donde camina la gente a través del campo es un punto duro inevitable, donde la semilla desparramada, que no fue sembrada una por una durante el día o usando métodos modernos, seguramente va a caer. Para el sembrador, tratar de restringir su siembra sólo a la "buena tierra" no sólo sería difícil, sino absurdo. Para ello, tendría que permanecer lejos del cercado de cactus, debería tratar de evitar que las semillas cayeran sobre el sendero que atraviesa el campo, y pasar mucho tiempo cavando profundo bajo la superficie para saber dónde está la roca. Para hacer eso, terminaría dejando de lado mucho buen suelo. En otras palabras, si algo es claro como el agua acerca de esta parábola, es la siembra *indiscriminada* de la semilla y no la proclamación selectiva del evangelio.

Pero hay otras cuatro lecciones muy importantes que yo creo Jesús quería que aprendieran sus discípulos. Primero, el sembrador siembra indiscriminadamente, *a pesar de saber que las respuestas van a variar*. El sembrador entiende su campo y sabe (en realidad espera) que habrá diferencias en la respuesta. Segundo, la respuesta de la semilla no es al sembrador, sino más bien consiste en crecer, desarrollarse, dar fruto – es respuesta a la Palabra, al reino y a Dios. Tercero, noten que en la explicación que da Jesús de la parábola (Mt 13.19-23) hay una variedad de agentes que crean una mayor resistencia, además de las condiciones del campo. Una cosa es la condición del campo (el corazón humano), el cual contribuye a una variedad de respuestas. Pero hay otros en el cuadro. El "maligno" está aquí. Hay problemas y persecución. Las preocupaciones de esta vida y el engaño de la riqueza también están presentes. En otras palabras, el mundo, la carne y el diablo, contribuyen a la falta de respuesta (es decir, a la "resistencia") de parte de los que oyen. Cuarto, hay un trasfondo para esta parábola, que tiene que ver con la *providencia* de Dios. Más tarde, Pablo diría: "Yo sembré, Apolos regó, pero Dios ha dado el crecimiento. Así que no cuenta ni el que siembra ni el que riega, sino Dios quien es el que hace crecer" (1 Co 3.6-7). En la providencia de Dios (quien a lo largo de las Escrituras es el que da la cosecha de grano) la semilla que cae en buena tierra (y el que oye la palabra y la entiende) "produce una cosecha." No está en la semilla multiplicarse "al treinta, al sesenta y hasta al ciento por uno." Más bien, Dios, de un modo misterioso, providencial y amoroso, que le es propio, la hace crecer y multiplicarse (como la "semilla de mostaza" en la parábola que sigue a esta en Mateo).

Este tema de otros agentes que exacerban la resistencia, es decir, que disminuyen la receptividad, nos dirige naturalmente a nuestra proposición final:

algunos seres humanos son resistentes parte del tiempo a algunas cosas. Pero antes de continuar, permítanme agregar una salvedad. Por favor, no me entiendan mal. Aunque no creo que la parábola del sembrador pueda ser usada legítimamente para respaldar un direccionamiento selectivo de la misión, esto no significa que me opongo a un direccionamiento selectivo. Dirigir los recursos de nuestra misión hacia una audiencia particular en un tiempo particular de manera intencional y concertada es no sólo una buena planificación de la misión, sino que también demuestra un alto grado de sensibilidad contextual y orientada al receptor. Pero hay otros modos de proveer respaldo bíblico para la orientación selectiva. Algunos textos posibles podrían incluir: Mateo 9.37-38 (los obreros en la cosecha); Mateo 10.11-14 ("sacúdanse el polvo de los pies"); Mateo 10.6 ("Vayan más bien a las ovejas descarriadas del pueblo de Israel"); Mateo 15.24 ("sino a las ovejas perdidas del pueblo de Israel," con referencia a la misión de Jesús). El ministerio de Jesús está enfocado sobre personas y lugares específicos. En Juan 4, él "tenía que pasar por Samaria," por ejemplo. Y la misión de Pablo está altamente orientada y es muy específica. La orientación selectiva también es importante si uno considera *a qué* es resistente o receptivo un grupo particular de personas.

E. Algunos seres humanos son resistentes parte del tiempo a algunas cosas

Con la historia de Abraham, en Génesis 12, se nos informa de la decisión de Dios de usar agentes humanos como instrumentos (*missio hominum*) para la misión de Dios (*missio Dei*) de revelarse a sí mismo, amor de pacto que alcanza a la humanidad para restablecer la relación quebrada entre los seres humanos y Dios. Dios elige a Abraham, de modo que a través de él, todas las naciones de la tierra sean bendecidas. Pero la *missio hominum* complica las cosas con respecto a la "resistencia" y a la "receptividad." Al elegir usar una agencia humana, Dios ha escogido usar seres humanos pecadores, falibles, con sus motivaciones mezcladas, con métodos mezclados, con metas mezcladas y con una autenticidad mezclada, a los efectos de extender la invitación de Dios. Pero precisamente debido a tal agencia humana, la respuesta del receptor a la invitación de Dios (ahora extendida a través de otros seres humanos), puede ser menos una cuestión de decir *sí* o *no* a la iniciativa divina, y más una cuestión de respuesta al instrumento humano. Por lo tanto, puede haber ocasiones cuando la "resistencia" a la invitación de Dios disminuya o aumente, debido a los agentes humanos, los mensajeros de la invitación de Dios. De modo que, cuando pensamos en la "resistencia" con relación a la teología de la misión, debemos considerarla no sólo en términos de la respuesta del receptor a la iniciativa divina, sino también en términos de la respuesta del receptor al instrumento humano. Debemos ser cuidadosos para con confundir esas dos cosas. Simplemente porque haya una respuesta negativa a mi particular enfoque o mensaje, no necesariamente significa que el grupo receptor sea "resistente" en el sentido de decir *no* a Dios. En realidad, su respuesta negativa a mi instrumentalidad puede ser más un comentario sobre mi propia ineficiencia, mi pecaminosidad, a mi condición de *extranjero* o a mi falta de propiedad como transmisor de las buenas nuevas. Tal vez, mi iglesia o agencia y yo somos malas nuevas en lugar de buenas. Este tema nos fuerza a preguntarnos *a qué* son "resistentes" los seres humanos.

Roy Pointer enmarcó esta cuestión en dos preguntas complementarias. "Cuando no hay una respuesta (favorable) a la predicación del evangelio," escribió, "hay dos preguntas básicas que deben formularse. '¿Es el grupo resistente?' y '¿Es el grupo receptivo, pero lo estamos evangelizando de manera errónea?'" (Pointer 1984, 159). Refiriéndose positivamente a la obra de Pointer sobre esta cuestión, C. Peter Wagner afirmó lo siguiente:

> Debido a la necesidad crucial de balancear las pruebas de una metodología correcta, por encima de una presunta resistencia, es útil distinguir, como lo hace Roy Pointer, entre resistencia émica y resistencia ética, (Pointer 1984, 159), o para usar términos más familiares resistencia general y resistencia específica. La resistencia general (o émica) está causada por factores dentro del grupo o del individuo que estamos tratando de alcanzar. En muchos casos, hay poco o nada que podamos hacer acerca de esa resistencia. Pero la resistencia específica (o ética) tiene que ver con el individuo o el grupo que lleva a cabo la evangelización. Es aquí donde podemos ejercer algún control cambiando a los evangelistas o cambiando los métodos. Si se hacen ajustes sabios, la resistencia puede disolverse (Wagner 1987, 92).[220]

Va más allá del alcance de este capítulo el revisar la multitud de factores que la teoría del crecimiento de la Iglesia ha descubierto a lo largo de los pasados sesenta años, que contribuyen a la resistencia o a la receptividad de un grupo con respecto a la proclamación del evangelio. El eje resistencia/receptividad consiste en muchos factores complejos y entretejidos, que impactan sobre la apertura de un grupo (o la falta de la misma) a la invitación de Dios.

Dado que el tema de la instrumentalidad humana afecta a nuestra teología de la "resistencia" tan profundamente, permítanme simplemente hacer mención de cuatro grupos de factores que afectan la resistencia/receptividad de un grupo

---

[220] Esto es parte de un capítulo titulado, "Testing the Soil."

al evangelio y comentar brevemente sobre las cuestiones teológicas que representan.

- Factores encontrados dentro del grupo receptor y en su cultura (émicos, generales, intrínsecos del grupo). Se incluyen factores contextuales nacionales y locales.
- Factores encontrados dentro de la Iglesia y de los agentes de la misión (éticos, específicos, extrínsecos al grupo). Se incluyen factores nacionales e institucionales locales.
- Factores implicados en la manera en que el grupo receptor percibe el testimonio de la Iglesia.
- Factores espirituales que afectan tanto al agente misionero como al grupo receptor.

Algunos grupos son resistentes debido a factores contextuales

Uno de los productos más útiles de la investigación sobre el crecimiento de la Iglesia durante los últimos sesenta años ha sido identificar la miríada de factores contextuales (tanto nacionales como locales) que afectan a la resistencia/receptividad de un grupo particular de personas. Estos incluyen factores de la cosmovisión, religiosos, socioeconómicos, políticos e históricos. Hay una cantidad de cambios que pueden ocurrir en el desarrollo histórico de un grupo de pueblo, que comenzarán a hacer que los miembros del grupo sean receptivos a oír el evangelio y deseosos de responder positivamente a lo que oyen. Y una teología desarrollada de los "resistentes" será sensible a desarrollar una hermenéutica apropiada del contexto, leyendo cuidadosamente las señales de los tiempos al impactar sobre un grupo de pueblo particular y luego respondiendo a la oportunidad tal como se presenta.

No obstante, además de estudiar y de entender los factores contextuales, necesitamos desarrollar una teología de análisis contextual (aquí me refiero a algo diferente a la "contextualización"). Tal análisis teológico del contexto incluye una teología de la cultura, que se abra a todos los elementos encontrados en la cosmovisión del grupo, que puedan ser consistentes y coherentes con la revelación bíblica. Esto implica una teología de la cultura que re-examine los factores contextuales, a la luz del conocimiento de Dios, que Dios haya puesto en el contexto y el cual provea puentes para una proclamación encarnacional. Segundo, tal reflexión sobre el contexto demanda una teología completa de la providencia, donde uno procure entender lo que Dios está haciendo en el mundo, en términos de llevar a un grupo de la resistencia a la receptividad, mediante medios históricos y creacionales. No obstante, esto demandará, en tercer lugar, de una cuidadosa teología del sufrimiento, porque nunca debemos excusar la opresión, el sufrimiento, subsumiéndolo a una visión utilitaria, que acepta el sufrimiento porque produce mayor apertura a nuestra empresa misionera. En cuarto lugar, una hermenéutica teológica del contexto de la resistencia también requiere de un re-examen profundo del ministerio del Espíritu Santo y de la presencia de la Iglesia como agentes por medio de los cuales Dios, en su providencia, puede llevar a un grupo de la resistencia a la receptividad. Quinto, aquí hay implicada una teología de la oración intercesora, que pide a Dios, en su providencia, en medio del ya/pero todavía no del gobierno de Cristo el Rey, mediante la operación del Espíritu Santo, que dé a un grupo particular un corazón de carne en lugar de un corazón de piedra (Ez 11.19; 36.26).[221]

Algunos grupos se hacen resistentes debido a factores dentro de la Iglesia

Un segundo grupo de cuestiones tiene que ver con factores institucionales internos o intrínsecos dentro de la Iglesia. Primero está el tema de la espiritualidad de la Iglesia misma. A lo largo de los siglos, creo que el nominalismo y secularización de la Iglesia misma ha sido el mayor obstáculo para la evangelización mundial, y uno de los factores que creo ha contribuido en gran manera a la resistencia de parte de grupos fuera de la Iglesia. Este ha sido el caso de las iglesias oficiales en Europa, de las denominaciones históricas en Norteamérica, de la jerarquía católica romana tradicional en Latinoamérica y de

---

[221] Otro abordaje de la contextualización implica examinar la interrelación de un grupo de seguidores de Jesús *vis-á-vis* su contexto cultural y religioso. John Travis creó un espectro desde C1 hasta C6, que describe estas relaciones complejas. Travis describe este espectro de la manera siguiente: "El Espectro C1-C6 compara y contrasta tipos de 'comunidades centradas en Cristo' (grupos de creyentes en Cristo) que se encuentran en el mundo musulmán. Los seis tipos en el espectro se diferencian por el lenguaje, la cultura, las formas de adoración, el grado de libertad para adorar con otros y la identidad religiosa. Todos adoran a Jesús como Señor y los elementos medulares del evangelio son iguales en todos los grupos. EL espectro intenta abordar la enorme diversidad que existe dentro del mundo musulmán, en términos de etnicidad, historia, tradiciones, lengua, cultura y, en algunos casos, teología. Esta diversidad significa que se necesita una miríada de enfoques para compartir con éxito el evangelio y plantar comunidades centradas en Cristo, en medio de los mil millones de seguidores del Islam en el mundo. El propósito del espectro es asistir a los plantadores de iglesias y a los creyentes de trasfondo musulmán a determinar qué tipo de comunidades centradas en Cristo puede atraer a él una cantidad mayor de personas del grupo fijado como objetivo y adaptarse mejor a un contexto dado. Los seis tipos se encuentran actualmente en alguna parte del mundo musulmán." *Evangelical Missions Quarterly* (octubre 1998): 407-408). Ver también https://www.thepeopleofthebook.org/about/strategy/c1-c6-spectrum.

las iglesias colonialmente guetificadas de África, por ejemplo. Cuando la Iglesia no tiene nada nuevo o diferente que ofrecer a un grupo particular, o cuando la Iglesia es parte del problema, en contextos opresivos, creo que aumenta la resistencia de parte de los grupos receptores.

Segundo, las iglesias en el contexto pueden haber perdido su intención misional. Pueden haberse tornado hacia adentro a tal punto, que no tienen ningún compromiso con la presentación de un evangelio creíble, a un grupo particular, ya sea cruzando la calle o alrededor del mundo. Otra vez, las iglesias más antiguas en Europa y en Norteamérica exhiben esta pérdida de compromiso, con un grado alarmante. En ese caso, etiquetar a un grupo particular de "resistente," es muy inexacto. Sería mucho más exacto hablar de que son "ignorados," con referencia especial a la intencionalidad de la Iglesia, más bien que de la receptividad del grupo receptor. Por ejemplo, el énfasis en los círculos de crecimiento de la Iglesia norteamericanos, en los años de 1980 y en los de 1990, de plantar iglesias blancas suburbanas de clase media alta tendió a dar la impresión de que grupos de personas en las ciudades centrales norteamericanas eran "resistentes" al evangelio. Nada más alejado de la verdad. Simplemente estaban siendo ignorados por un movimiento, cuyo enfoque principal era el gueto suburbano blanco, anglosajón, de clase media alta.

En situaciones de nominalismo y de pérdida de la visión misionera, la renovación y la reforma llegaron a ser cuestiones claves en cuando a la resistencia y la receptividad. Esto ha sido confirmado en tantísimos casos a lo largo de la historia de la Iglesia. Pero esto también va más allá del alcance de este capítulo. Baste decir que la renovación y la revitalización de la Iglesia, de manera interna, puede ser uno de los factores más significativos para ayudar a un grupo particular de personas a estar abierto a decirle sí a Dios. Este tema es hoy relevante en todas partes del mundo.

Tercero, nuestra teología de la conversión puede, en sí misma, crear resistencia. Como McGavran y Pickett lo señalaron hace décadas, la expectativa occidental típica de una forma particular de conversión puede crear barreras innecesarias. Tal expectativa puede incluir una cantidad de cuestiones culturales que no son intrínsecas al evangelio. Así es que, el axioma de McGavran se pone en juego: "a (las mujeres y a) los hombres les gusta hacerse cristianos sin cruzar barreras raciales, lingüísticas o de clase (innecesarias)" (McGavran 1970, 198). Este tema es central en la misión a los gentiles del libro de Hechos. Con demasiada frecuencia, las iglesias y las misiones modernas han insistido en imponer un estilo o forma particular de conversión a los que dicen *sí* a Dios. Necesitamos un trabajo misionero mucho más cuidadoso de reflexión sobre la teología de la conversión: individual y/o multi-individual; puntual, un proceso o serie de momentos transformadores; sólo vertical en relación con Dios o también incluyendo reconciliación con uno mismo, con los demás y con el mundo; sólo un asentimiento racional/mental a una serie de proposiciones, o incluyendo eventos de la experiencia profundamente participativos. Éstas son sólo unas cuantas de las preguntas que debemos formularnos, si es que vamos a evitar crear una resistencia innecesaria. Durante varias de las décadas pasadas, los estudios de la conversión de jóvenes mileniales en Norteamérica y en Europa han mostrado que en su caso la participación frecuentemente viene antes del compromiso. Gente como Eddie Gibbs y Ryan Bolger han estudiado este fenómeno de manera extensiva.

Cuarto, la relación de la Iglesia con la cultura que la circunda y con las estructuras políticas debe ser estudiada cuidadosamente, si es la Iglesia no va a aumentar la resistencia. Una iglesia que insiste en ser fuertemente contracultural puede crear resistencia. Un ejemplo de esto ha sido la discusión tensa y algunas veces conflictiva acerca de los estilos de adoración en las iglesias de Norteamérica y de Europa.

Yo sospecho que esto ha sido parte de nuestra dificultad en la evangelización de Japón, por ejemplo. Las iglesias más antiguas en Japón han insistido en basar su reflexión teológica y su formación ministerial sobre la teología alemana. Por otro lado, han hecho un uso exagerado de su modelo educacional de ser la Iglesia. Junto con esto, han hecho un énfasis fuerte sobre evitar interactuar teológicamente con cuestiones sintoístas relacionadas con santuarios, lugares santos, la veneración de los ancestros y el mundo de lo invisible. Parecería que todo esto ha contribuido a la sensación de que las iglesias más antiguas en Japón son foráneas, a los ojos del pueblo japonés. Así es que, en un tiempo de búsqueda religiosa profunda, especialmente de parte de los jóvenes japoneses, las iglesias más antiguas de Japón parecen aisladas y fuera de contacto, posiblemente aumentando la resistencia, en lugar de ayudar a la receptividad.

Otro ejemplo en relación con el Islam puede ser que las iglesias, a lo largo de los siglos, han insistido en que nuestra teoría predominante de expiación debe derivar de una forma de la teoría de la satisfacción de Anselmo y de una comprensión forense de la justificación por la fe, basada en presuposiciones legales. Esta construcción teológica de parte de las iglesias y de las misiones, evidente también en la misiología evangélica, crea una dificultad intrínseca para que los musulmanes acepten el evangelio. Aun así, al estudiar las palabras de Jesús, y la predicación y enseñanza de Pablo y de la Iglesia del primer siglo, descubro una amplia gama de maneras de presentar la invitación al pacto de Dios: Yo seré su Dios y ustedes serán mi pueblo. Estas presentaciones no necesariamente requieren de una teoría de la expiación basada en la satisfacción, para ser formas válidas de la conversión y de la reconciliación.

Así es que, en realidad, la "resistencia" puede ser el resultado de cuestiones teológicas y culturales no examinadas, no resueltas e innecesarias, dentro de la Iglesia misma. Noten que digo "innecesarias." También está el "escándalo de la cruz," un escándalo que nunca debe ser ignorado ni minimizado, al llamar a los pecadores al arrepentimiento. Pero asegurémonos de que las barreras difíciles para la conversión tienen que ver con el "escándalo de la cruz" y no con innecesarias paredes culturales, teológicas e históricas de nuestra propia construcción. La misión *vis-á-vis* los resistentes debería comenzar examinando la viga en nuestro propio ojo, antes de tratar de extraer la paja en el ojo del receptor.

Algunos grupos se tornan resistentes debido a la falta de interrelación cultural y espiritual entre la Iglesia y el grupo receptor

El aumento de la resistencia también puede ser el producto de una relación cultural o espiritual inapropiada entre la Iglesia y el grupo receptor. Aquí no estamos tratando ni con el grupo como tal, ni solamente con la Iglesia. Más bien, debemos examinar las cuestiones que pueden elevar la barrera entre la Iglesia y el grupo receptor, debido a la falta de una relación apropiada entre ambos. Tal falta creará una resistencia innecesaria.

El primer elemento que podríamos señalar en esta interrelación misiológica tiene que ver con la particular historia del encuentro de la Iglesia con un grupo de personas específico. En todas partes del mundo de hoy, donde sea que la Iglesia está involucrada en la misión, hay un trasfondo histórico (algunos inmediatos, algunos más remotos) del encuentro del grupo receptor con la Iglesia. Para nuestro peligro, ignoramos esta información histórica. Aquí podría hacer una lista de cientos de ilustraciones. Los casos más obvios podrían ser el encuentro del Islam con el cristianismo, la conquista de los pueblos pre-colombinos de Latinoamérica por parte de España, el bagaje colonial europeo alrededor del encuentro de los pueblos de África con las iglesias europeas, la historia de la cristianización de los aleutianos por parte de antiguos misioneros ortodoxos rusos (comparada hoy con el encuentro aleutiano con el gobierno de los Estados Unidos), y el encuentro de los pueblos de Hawaii con cristianos antiguos, con misioneros y con otros, y más recientemente, el lugar del cristianismo en el capitalismo occidental al relacionarse con pueblos de Europa oriental y con China. Necesitamos una reflexión mucho más cuidadosa, arrepentida, auto-crítica y regada de oración sobre estas historias, si es que vamos a entender más profundamente cómo la "resistencia" puede involucrar no tanto a un pueblo particular que dice *no* a Dios, sino que más vale rechaza la manera en que los cristianos han interactuado con ellos, a lo largo de los siglos.

Esto también puede incluir cuestiones relacionadas con animosidades históricas y culturales de larga data que necesitan de reconciliación y de redención, antes que la proclamación del evangelio pueda tener lugar. Por ejemplo, hace algunos años, estaba hablando con un misionero brasilero quien, en los once años anteriores había plantado cuatro iglesias en París, entre parisinos franceses. Cuando me relató su exitoso trabajo le expresé gran sorpresa, dado que yo siempre había asumido que el pueblo francés era "resistente" al evangelio. Con una sonrisa de gozo, el misionero brasilero remarcó: "Ustedes los americanos, caucásicos y angloparlantes no pueden hacer esto, pero los brasileros de habla portuguesa sí." La torre de Babel siempre está con nosotros de un modo u otro.

Un segundo elemento de esta interrelación entre la Iglesia y su contexto tiene que ver con la propia intencionalidad misionera de la Iglesia, en relación con un pueblo en particular. Como lo señaló David Liao hace algunos años, puede ser que un pueblo no sea tanto "resistente" como que esté "dejado de lado." Muy fácilmente, nos vemos tentados a etiquetar como "resistente" a un grupo que no responde a nuestra forma de evangelización, cuando en realidad puede ser la falta de sensibilidad cultural y espiritual de la Iglesia la que ha aumentado la resistencia a través de dejar al grupo de lado.

En 1972, David Liao estudió la situación de los chinos hakkas en Taiwan, un pueblo que algunos habían considerado "resistente." El resultado de la investigación de Liao es un maravilloso estudio de caso, para mostrar que los que algunos denominan "resistentes," en realidad pueden simplemente haber sido *dejados de lado* por la Iglesia. "La tesis de este libro," escribió Liao, "es: muchos pueblos en el mundo, aparentemente resistentes, como los hakkas, están siendo realmente dejados de lado" (Liao 1972, 15). En la introducción de su libro, Donald McGavran escribió lo siguiente:

> A medida que la Iglesia lleva a cabo el mandato de su Señor de discipular a las naciones, se encuentra continuamente con pueblos no responsivos. Mientras los misioneros llevan las buenas nuevas a los dos mil millones que todavía no creen, frecuentemente se encuentran con poblaciones indiferentes o resistentes.
>
> Algunas veces la no respuesta se debe a la dureza del corazón, al orgullo o a la distancia; pero con más frecuencia de lo que nos agrada, se debe al abandono. El evangelio ha sido presentado a una unidad étnica "no responsiva" en una lengua que no es la vernácula. La única iglesia a la que sus miembros pueden unirse está integrada por gente de una cultura diferente. Los únicos pastores que pueden tener sus congregaciones pertenecen a otra unidad étnica o subcultura. . . .

Es un gran mérito el del libro de David Liao, *The Unresponsive Resistant or Neglected?* que enfoca la atención sobre este problema de la Iglesia, que se encuentra comúnmente en los seis continentes. . . . El Sr Liao está convencido de que el fracaso de la Iglesia en crecer entre los hakkas se explica mejor diciendo que los hakkas han sido dejados de lado, su lengua no ha sido aprendida y se han tenido que unir a congregaciones que hablan minan o chino mandarín. Consecuentemente, "hacerse cristianos" para ellos ha querido decir "dejar a nuestro querido pueblo hakka" (Liao 1972, 7).

Liao hace pensar mucho cuando trata la cuestión de la veneración de los ancestros, en relación con la evangelización de los hakkas y de los chinos en general. Todavía es necesario desarrollar una teología de la veneración de los ancestros que sea cuidadosa, culturalmente apropiada, fiel a la Biblia y misiológicamente intencional. En muchas partes de Latinoamérica, de África, de Asia, de Oceanía e incluso de Norteamérica (entre los nativos americanos, especialmente), una teología de los que se fueron antes que nosotros, de los "muertos vivos," o de los ancestros (no importa cómo los llamemos) se necesita desesperantemente, si es que vamos a abordar un muy importante elemento de la proclamación del evangelio, que la Iglesia esencialmente ha dejado de lado. Es demasiado fácil etiquetar como "resistente" a un grupo, cuando en realidad su falta de respuesta puede deberse más a que la Iglesia perdió su visión misionera, su compromiso con la proclamación del evangelio o su voluntad de pagar el precio del auto-examen, de la transformación y del arrepentimiento requeridos para ser agentes apropiados de la misión de Dios en un contexto especial.

Tercero, la interrelación entre la Iglesia y un grupo de personas particular puede ser fuertemente impactada por la autenticidad del testimonio de la Iglesia, tal como es percibido por el grupo receptor. Lesslie Newbigin, escribiendo desde un contexto de la evangelización de la Iglesia del Occidente post-cristiano y post-cristiandad, llamó a esto el rol de la Iglesia de ser una "hermenéutica del evangelio" para la gente del contexto circundante.

En este cuadro, tenemos al grupo receptor mirando hacia adentro, hacia la vida de la Iglesia. Esta es una misión centrípeta, de "escaparate," tal como la fuertemente desarrollada en partes de la Escritura, por ejemplo, en Deuteronomio y en Salmos. Es la clase de misión a la que se refirió Jesús cuando dijo: "De este modo todos sabrán que son mis discípulos, si se aman los unos a los otros" (Jn 13.35).

Creo que el pecado de la Iglesia es uno de los factores más poderosos para crear resistencia entre los que todavía no son cristianos, en Norteamérica y en Europa, así como también en otras partes del mundo. La división, las maneras vergonzosas en que muy frecuentemente los cristianos se tratan unos a otros en la Iglesia y la falta de autenticidad de parte de la Iglesia y de sus líderes son factores que contribuyen para que los que están afuera sean resistentes a oír la invitación amorosa de Dios extendida en palabra y en hecho. Particularmente en el Occidente, creo que la falta de un testimonio auténtico de parte de la Iglesia puede ser demasiado fácilmente excusada o ignorada, simplemente etiquetando a los de afuera como "resistentes." Cuestiones como renovación espiritual, revitalización, reforma y conversión de miembros y líderes en la Iglesia de Cristo deben ser cuidadosamente re-examinadas, a los efectos de ver cómo están contribuyendo o no a la supuesta "resistencia" de un grupo receptor en particular.

Cuarto, y último, la propiedad cultural de la identidad de la Iglesia, de los medios y del mensaje también puede afectar la resistencia/receptividad de un grupo que queremos alcanzar. En las palabras de Pointer:

> La resistencia ética (o la receptividad) está determinada por factores introducidos por el agente evangelizador. En este caso, el grupo o los individuos son o serían responsivos al evangelio, pero los métodos usados fracasan en comunicarlo de manera efectiva, de modo que no se hacen discípulos y no se plantan iglesias. La distancia cultural entre el misionero o la iglesia y el grupo no evangelizado es frecuentemente la causa. En muchas iglesias británicas, está también el exilio auto-impuesto de la Iglesia con respecto a la gente (Pointer 1984, 159).

Lo que Pointer llamó "exilio auto-impuesto" de la Iglesia ha sido denominado "la Iglesia distante" por gente en Dinamarca, por ejemplo. En realidad, la Iglesia se ha alejado tanto de los que debiera evangelizar – culturalmente, socialmente, relacionalmente, estructuralmente, litúrgicamente distante – que el abismo creado hace que la evangelización sea imposible. En tal caso, es demasiado fácil etiquetar de "resistentes" a los que están fuera de la Iglesia, cuando en realidad la dificultad yace en el abismo que la Iglesia misma ha creado. Creo que eso es lo que Lucas procura transmitir en la historia de la conversión de Pedro en Hechos 10. En términos de la misión de Israel en esos días, era más fácil etiquetar a otros como "impuros," que aceptar la comisión de la misión de Dios de dar testimonio entre los pueblos circundantes. Aun así el Dios de Abraham, de Isaac y de Jacob, el Dios adorado por Cornelio el centurión le dice a Pedro: "Lo que Dios ha purificado, tú no lo llames impuro" (Hch 10.15).

Ante esta necesidad de la Iglesia de una conversión propia, es que creo que los movimientos de oración del día de hoy tienen mucho que ofrecernos. Movimientos como el liderado por Edgardo Silvoso y otros, que llaman a todos los pastores de una ciudad a comenzar a orar juntos de manera regular, o a los miembros de las iglesias a participar de marchas de oración son los que afectan no sólo el clima espiritual del contexto, sino también la transformación y la renovación de la Iglesia, así como también la dinámica de la interrelación de la Iglesia con los grupos de pueblo en el contexto. Tal vez los "resistentes" son así porque no hemos orado de tal manera que el Espíritu Santo pueda convertirnos para ser instrumentos aptos para la proclamación del evangelio.

Así y todo, debemos recordar lo que hemos dicho anteriormente con relación a la parábola del sembrador. Después de todo lo dicho y hecho, incluso cuando los seres humanos en un grupo de personas pueda entender completamente el mensaje presentado por un agente de la misión de Dios espiritualmente auténtico y apropiado, algunos seres humanos pueden escoger decir "no" (y probablemente lo harán) a la invitación de la gracia por parte de Dios en Jesucristo, mediante la operación del Espíritu Santo.

Conclusión

Quiero concluir con algunas buenas noticias. Hace unos meses, mi hija mayor me llamó para pedirme consejo sobre algunas cuestiones que estaba enfrentando con el mantenimiento de su casa. Mientras hablaba con ella, de repente exclamó: "¡Papá! ¡Está ocurriendo!"

"¿Qué?" le pregunté sorprendido.

"¡Realmente te estás poniendo más listo! ¡Es exactamente como lo dijiste!"

Bueno, quiero que sepan que mi problema está comenzando a encontrar un remedio. Me estoy poniendo más listo – y mis hijos se están tornando receptivos. Hace algunos años, mi hijo de entonces dieciséis años ¡tenía serias dudas sobre mi cordura! Pero sus hermanas le aseguraron que todavía había esperanza para mí y ahora él cree que me estoy poniendo más listo.

¿Reflexión teológica con respecto a los resistentes? Todo lo que sé es que necesitamos desesperadamente examinarnos a nosotros mismos y pedir al Espíritu Santo que nos transforme para hacernos agentes apropiados y útiles de la misión de Dios en medio de la invitación providencial de Dios a todos los pueblos. Dios "no quiere que nadie perezca sino que todos se arrepientan" (2 P 3.9). Que el amor del Señor Jesucristo pueda hacer que ustedes y yo seamos transformados por el Espíritu Santo, nuevas creaciones, embajadores de reconciliación diciendo a un mundo caído, amado por Dios: "En nombre de Cristo les rogamos que se reconcilien con Dios" (2 Co 5.20). Entonces veremos que ocurre un milagro: los "resistentes" se tornan "receptivos," y le dicen "sí" a la invitación de gracia por parte de Dios.

Este capítulo ha sido tomado de "Reflecting Theologically about the Resistant," en J. Dudley Woodberry, ed., Reaching the Resistant Barriers and Bridges for Mission, *Pasadena: William Carey Library, 1998, 22-75. Usado con permiso.*

CAPÍTULO 11

LA TEOLOGÍA DE LA MISIÓN DE LAS ASOCIACIONES MISIONERAS

Tesis

Dado que nuestra unicidad está afirmada sobre Jesucristo (y no se encuentra en la unidad corporativa, organizativa, administrativa, estructural o histórica), somos llamados a asociarnos en la evangelización mundial, sirviéndonos unos a otros en amor y en humildad, mientras participamos en la misión de Cristo, ofreciéndonos unos a otros los dones únicos dados por el Espíritu Santo a nuestras varias organizaciones e iglesias (regional y globalmente), hasta que juntos crezcamos a la plena estatura de Crista (Ef 4.1— 5.2).

Introducción

Hace algunos años, mi casa en California necesitaba pintura del lado de afuera. Así que, contraté a mi hijo Andrés, que entonces tenía dieciséis años, para trabajar para mí y juntos comenzamos a trabajar para pintar la casa de dos pisos con paredes revocadas. Recuerdo que después de un par de semanas, yo estaba subiéndome a la escalera para preparar unos aleros que mi hijo acababa de rasquetear, cuando él vino corriendo al pie de la escalera.

"Papá, papá," exclamó. "¡Acabo de pensar en algo en lo que nunca había pensado antes!"

"¿De qué se trata?" pregunté, tratando de no caerme de la escalera frente a este entusiasmo inesperado.

"Papá, cuando dos personas trabajan juntas, ¡pueden lograr más del doble de lo que lograrían trabajando solas!"

Ese descubrimiento de parte de mi hijo valió por todo el verano. Y ese hecho es el corazón de la cuestión que enfrentamos en la cooperación misionera.

¿Por qué deberíamos trabajar juntos en el nuevo milenio? ¿Por qué deberíamos trabajar juntos? ¿No es mucho más fácil trabajar por separado que juntos? El envío misionero desde Norteamérica durante los años de 1980, de 1990 y durante los primeros años del 2000 ha visto la proliferación de lo que llamo "negocios misioneros de papá y mamá," agencias, iniciativas misioneras y ONG cristianos de tamaño pequeño, independientes, con frecuencia pertenecientes a una familia. Hemos vivido un tiempo de descentralización, de separación y de celebración de la competencia y la diferencia. Por todo el mundo, hemos visto el fenómeno de que cuando a las personas no les gusta la clase de iglesia a la que asisten, simplemente comienzan otra más a su gusto. Si están en desacuerdo con las políticas de su agencia misionera, comienzan otra misión.

Una persona, una pareja, una familia, un grupo pequeño o una megaiglesia sienten el llamado de Dios para iniciar un avance misionero. Buscan respaldo donde lo encuentren y allí se lanzan en su "misión." No derrochan mucho tiempo en pruebas psicológicas, hacen poco esfuerzo para tener una orientación organizativa, no necesitan convencer a una gran organización misionera o a una denominación con respecto a la visión que tienen. Son llamados y van: rápidamente, con eficiencia, enfocados.

Aquéllos de nosotros que estamos asociados con agencias misioneras o con organizaciones misioneras denominacionales grandes también podemos preguntar: "¿Por qué debemos trabajar juntos?" Todos tenemos nuestra quintita que cuidar, nuestras propias necesidades de recaudar fondos para pagar nuestras propias cuentas y gastos. Tenemos nuestros propios principios y procedimientos que difieren de los de otras organizaciones. Tenemos nuestra propia identidad corporativa que definir, nuestra propia especialización en la misión, que provee la base sobre la cual nos presentamos ante los que nos sostienen. Trabajamos duro para crear nuestras propias estructuras, para definir nuestro propósito y misión, para proteger nuestros propios intereses y para direccionar nuestra visión única. Cada uno de nosotros está entrenado para enfatizar nuestra especial contribución a la misión en el mundo. Cada uno de nosotros ve a nuestra empresa misionera, a la Iglesia y al mundo, a través de las lentes coloreadas de nuestras propias agendas.

Aun más, parece que nos resulta más fácil confiar en la gente de nuestro grupo que en aquellos que pertenecen a otras organizaciones. Cuando era joven, mi madre acostumbraba a repetir un viejo proverbio holandés que reflejaba sus propias raíces pioneras en el noroeste de Iowa: "El mundo entero está loco, excepto tú y yo, y ¡algunas veces me pregunto acerca de ti!" ¿Se podría aplicar esto a las asociaciones misioneras compartidas?

Todos tenemos nuestros especiales prejuicios geográficos, continentales, confesionales, culturales, nacionales, lingüísticos, históricos y relacionales que afectan la manera en que cooperamos con otros. La historia de la Iglesia y de su misión está repleta de ejemplos de factores teológicos y no teológicos de inmensa influencia en las asociaciones misioneras y en la cooperación. Personas con buenas intenciones, profundamente comprometidas con la evangelización mundial han encontrado dificultades para trabajar juntas. Desde que Pablo y Bernabé no pudieron ponerse de acuerdo en la evaluación de Juan Marcos, dedicados discípulos de Jesús frecuentemente han tenido que ir cada cual por su camino en la evangelización mundial.

A la inversa, crear asociaciones toma tiempo y energía, es inicialmente caro, tiende a aminorar la marcha de los participantes y no siempre rinde la actividad misionera enfocada, que tienen los socios como visión. Se corre el riesgo de disipar o de re-direccionar las energías de todos y algunas veces produce menos iniciativas misioneras creativas, que las que los socios han demostrado haciendo la misión de manera independiente.

En las palabras del Evangelical Manifesto of the National Association of Evangelicals de 1996: "Confesamos que aunque valoramos la unidad y la acción evangélica unida, con demasiada frecuencia hacemos más por construir nuestro propios ministerios que por cooperar para que sea difícil que alguien en nuestro vecindario se pierda por la eternidad."[222]

La cuestión es incluso más aguda cuando consideramos que el centro de gravedad del cristianismo mundial ahora ha cambiado al este y al sur. Anteriormente, notamos que dos tercios del cristianismo mundial ahora están en el mundo de la mayoría. Actualmente, más misioneros transculturales de tiempo completo son enviados y sostenidos por iglesias en Asia, África y Latinoamérica que el total enviado desde Europa y desde Norteamérica. De modo que la asociación y la cooperación se hace todavía más compleja, al comenzar a implicar a múltiples culturas y a relaciones globales. Las sombras del paternalismo, del control de experiencias amargas y de luchas de poder levantan sus feas cabezas cuando comenzamos a buscar nuevas formas de cooperación entre los que una vez fueron los que enviaban (y ahora son los que reciben). Tanto los que enviaban como los que recibían en tiempos pasados deben trabajar como socios del mismo nivel en empresas misioneras con otras iglesias y misiones. La asociación en la misión en el siglo veintiuno implicará combinaciones como las que siguen:

- Cooperación de iglesia con iglesia;
- Asociación de misión con misión;
- Misión que envía con iglesia que recibe;
- Iglesia que envía con misión que recibe;
- Iglesia que antes recibía, ahora una misión asociada para servir a una nueva iglesia o misión que reciben;
- Equipos multi-culturales que buscan respaldo de personas, iglesias o agencias misioneras por todo el mundo y son responsables ante ellas;

---

[222] NAE 1996, 3. No es cosa fácil definir qué queremos decir con "evangélica." Algunas fuentes útiles se pueden encontrar en Van Engen 1990, 205, nota al pie 4.

- Congregaciones locales que envían sus propios misioneros, en cooperación con iglesias receptoras o agencias misioneras antiguas o nuevas; y
- Esfuerzos misioneros cooperativos multilaterales globales.

No será fácil trabajar juntos en el siglo veintiuno. Entonces, ¿por qué debemos hacerlo? En este capítulo sugeriré cuatro razones por las que necesitamos asociarnos en la evangelización mundial.

¿Por qué trabajar juntos?
- Porque juntos pertenecemos a Jesucristo.
- Porque juntos pertenecemos unos a otros como miembros del cuerpo global de Jesucristo.
- Porque juntos, cada uno ejercita en el ministerio sus dones dados por el espíritu, al participar en la misión de Cristo.
- Porque crecemos juntos al crecer juntos a la estatura plena de Jesucristo.

¿Por qué trabajar juntos? Para que el mundo crea que Jesús es el Cristo (Jn 17.21). Juntos podemos evangelizar al mundo en nuestra generación.[223] He organizado este capítulo alrededor de cuatro temas: *juntos, trabajando, diversidad* y *teología*.[224] Quiero basar mi reflexión en la lectura de Efesios 4.1-

---

[223] El "Lema" fue popularizado por John R. Mott y otros en el Student Volunteer Movement, hacia fines del siglo diecinueve. En 1900, John R. Mott publicó un libro titulado, *The Evangelization of the World in This Generation*. Gerald Anderson cita la explicación de Mott sobre su comprensión del "lema." "'El lema,' dijo Mott, 'significa dar a todas las personas una oportunidad adecuada de conocer a Jesucristo como Salvador y de llegar a ser sus reales discípulos.' Esto es lo que Cristo implicó en la Gran Comisión. Significa predicar el evangelio a los que ahora viven; no significa la conversión del mundo, de acuerdo a Mott" (Anderson 1988, 382). El "Lema" fue un fuerte elemento motivacional de la misiología de Edimburgo 1910, el trampolín de mucha asociación y cooperación entre iglesias y agencias misioneras durante el siglo veinte. Ver, Stephen Neill 1964, 332; William Richey Hogg 1952; y World Missionary conference, 1910. Neill comenta: "El slogan estaba basado sobre un principio teológico no excepcional – que cada generación de cristianos tiene responsabilidad por la generación contemporánea de no cristianos en el mundo y que es tarea de cada generación de cristianos ocuparse, en la medida de sus posibilidades, de que el evangelio sea predicado con claridad a cada no cristiano de la misma generación. Esta es una obligación universal y permanente; se aplica al testimonio cristiano tanto dentro de la comúnmente llamada cristiandad y más allá de ella. Para que el principio sea rechazado, primero debe re-escribirse el Nuevo Testamento" (1964, 332).

[224] Hay muchos significados diferentes de "unidad." La New Delhi Assembly of the World Council of Churches exploró los significados posibles de unidad. Ver Evanston to New Delhi: 1954-1961 (Ginebra: WCC, 1961); W.A. Visser't Hooft, ed., *The New Delhi*

5.2. En cada sección repasaré un tema de Efesios 4 y luego reflexionaré sobre las lecciones aprendidas durante el siglo veinte, que pudieran ayudarnos en este milenio. Trabajamos juntos mientras seguimos a Jesucristo en la misión en el mundo de Dios (y colaboramos con él), en el poder del Espíritu Santo. En las palabras del Manila Manifesto: "Cristo llama a toda la Iglesia a llevar todo el evangelio a todo el mundo."[225]

Trabajamos juntos porque juntos pertenecemos a Jesucristo: la motivación para las asociaciones misionales

¿Por qué deberíamos asociarnos? *Porque juntos pertenecemos a Jesucristo*. Esta es nuestra motivación más fundamental para las asociaciones misioneras.

A. El texto bíblico

Una fuente esencial para una teología bíblica de la misión de la Iglesia se encuentra en la carta de Pablo a los Efesios. Un estudio cuidadoso de Efesios ofrece una visión general de la naturaleza misionera de la Iglesia. Pablo veía a la Iglesia como un organismo que debía crecer continuamente en la expresión misional de su naturaleza esencial. Y aunque no tengo espacio aquí para desarrollar todos los temas misionales relevantes que se encuentran en Efesios, sí quiero resaltar cuatro de los que se encuentran en Efesios capítulo 4. Aunque Pablo usa, por lo menos, quince palabras gráficas o imágenes para retratar a la Iglesia en Efesios, el tema que sirve de base para todos los otros es que cuando Pablo habla de la iglesia, usa sólo el singular – hay sólo *una Iglesia* – ¡y nada más!

Report (Ginebra: WCC, 1961) 116-135. La preocupación del movimiento conciliar por la unidad "visible" movió la discusión en el CMI en la dirección equivocada, que sobre enfatizó la uniformidad estructural y organizativa, y eventualmente llevó a perder tanto a la Iglesia como a la misión. Ver capítulo 8, "Conciliar Mission Theology," 145-56 de Van Engen, Mission on the Way, 1996.

[225] . "Llamando a toda la Iglesia a llevar todo el evangelio a todo el mundo" fue uno de los dos temas (junto con "Proclamen a Cristo hasta que venga") de la reunión del Movimiento de Lausana de julio de 1989, en Manila, Filipinas. Tres ejemplos descollantes de afirmaciones que han alentado y le han dado forma a los enfoques evangélicos a la cooperación y a la asociación son el Pacto de Lausana de 1974, el Manifiesto de Manila de 1989 y el Manifiesto Evangélico de la NAE.

El apóstol Pablo dice: "Hay un solo cuerpo y un solo Espíritu, así como también fueron llamados a una sola esperanza; un solo Señor, una sola fe, un solo bautismo; un solo Dios y Padre de todos, que está sobre todos y por medio de todos y en todos" (Ef 4.4-6). No nos confesamos "santas iglesias católicas" o "familias de Dios"; o "pueblos de Dios" o "cuerpos de Cristo" o "nuevos Israeles." En la visión bíblica de la Iglesia, el plural sólo se refiere a la ubicación geográfica de las congregaciones locales, no al ser esencial de la Iglesia. En su esencia, hay una sola Iglesia. En Efesios *ekklesia* sólo aparece en singular.[226]

Así que debemos comenzar donde comienza Pablo: reconociendo que todos somos "prisioneros del Señor" que ruegan, imploran, animan (*parakaloo*) a las iglesias y a las misiones por igual a "vivir una vida digna del llamado recibido."[227] Entonces, el llamado de Cristo implica una vida de un ser creado para ser como Dios (Ef 4.24). Este nuevo estilo de vida misionero incluye entender que pertenecemos *juntos* a un cuerpo, bajo una Cabeza, Jesucristo.

Esto supone cultivar actitudes específicas, con las cuales nos percibimos a nosotros mismos y a los otros (*trabajando*); incluye el ejercicio de nuestros dones en la misión y el ministerio (*diversidad*) y procura crecer como un cuerpo a la estatura de su Cabeza, Jesucristo (*teología*).

Este llamado no es algo que predeterminamos o sobre lo que decidimos por nosotros mismos. Más bien, es un llamado que nos extiende nuestra Cabeza, Jesucristo. Nuestra unicidad en Jesucristo (Ef 4.5, 6, 13) no está afirmada en que somos capaces de trabajar juntos con facilidad. Tampoco en que nos agrademos unos a otros, ¡aunque es de esperar que así sea! Tampoco depende de estar de acuerdo unos con otros en todas las perspectivas, en todas las propuestas, poniendo el punto sobre la "i" y la barra de la "t" de la misma manera.

Nuestra unicidad proviene de la condición de ser uno en nuestro Salvador y Señor. Es el llamado de Cristo. No hay sustituto para esta motivación fundacional para trabajar juntos. Trabajamos juntos porque somos siervos del mismo Señor, que quieren vivir una vida digna del llamado que nuestro Señor nos ha extendido a todos. Hay una ligadura indispensable e irreemplazable entre nuestra misión y nuestro discipulado en Jesucristo. Este fue el concepto original expresado por Cipriano en la bien conocida frase: *"extra ecclesiam nulla salus."* Carl Braaten dijo:

> Todo el tema del ministerio en el Nuevo Testamento está ligado a la persona de Jesucristo como el evento escatológico decisivo de la

---

[226] Van Engen 1991, 49. Ver también Karl Barth, *Church Dogmatics*, 4.1.
[227] En las palabras de 2 Co 5.14, el amor de Cristo nos obliga a llegar a ser embajadores de reconciliación. Como personas que han sido transformadas en y a través de la misión de Jesucristo (2 Co 5.11-21), somos "colaboradores de Dios" (2 Co 6.1).

Palabra reconciliadora de Dios. Solo Cristo es la unidad en, con y bajo la pluriformidad de ministerios que surgieron en el cristianismo primitivo. El ministerio es cristocéntrico en todos los escritos del Nuevo Testamento. . . . Si es que hay autoridad alguna en la Iglesia, esa autoridad no puede ser otra que Jesucristo, dado que la autoridad es mediada a través de los que él comisionó para ser sus embajadores.[228]

"La obra de Jesús el Mesías," escribe Wilbert Shenk, "encarna la *missio Dei*. Esto es normativo para toda misión y debe determinar el carácter, la estrategia y la postura de la misión en nuestro mundo contemporáneo. Esto no permite ni triunfalismo ni derrotismo. Demanda un testimonio misionero que abrace todo el evangelio, en respuesta a los tiempos en que vivimos."[229]

Así que Pablo comienza recordándonos que el llamado es del Señor, en cuyo servicio y por quien él está dispuesto incluso a ser un prisionero. Luego, Pablo se hace eco de las cristologías de Juan 1 y de Colosenses 1, y se basa en la cristología cósmica en Efesios 1, por la cual se dice que Cristo "lo llena todo por completo" (1.19-23). Pablo afirma una perspectiva trinitaria de unicidad: "Hay un solo cuerpo y un solo Espíritu, así como también fueron llamados a una sola

---

[228] Braaten 1985, 123-24.
[229] Wilbert Shenk 1993, "Contents," Capítulo 1. Comenzando en la conferencia de Willingen (1952) de la IMC, afirmado en la conferencia de la ciudad de México de la recién formada Comisión sobre Misiones Mundiales y Evangelismo, y popularizado por el libro de Georg Vicendom del año 1965, *The Mission of God,* el concepto de la *missio Dei* ha representado una bendición mezclada. Por un lado, ha ayudado a la misiología a acentuar el hecho que "la misión no es principalmente una actividad de la Iglesia, sino un atributo de Dios. Dios es un Dios misionero" (Bosch 1991, 390). No obstante, tal como Hoedemaker señala: "En el curso de los años, la bandera de la *missio Dei* ha estado flameando sobre barcos que han llevado un amplio espectro de cargas" (Hoedemaker 1995, 64). James Scherer dice: "En la década de los años de 1960, la *missio Dei* se transformaría en el juguete de los teólogos de sillón con poco más que un interés académico en la misión práctica de la Iglesia, pero con una predilección por la especulación teológica y por hacer daño" (1993, 85). No obstante, dada estas advertencias, Bosch todavía sintió que el concepto podía ser útil. "Por otro lado, no se puede negar que la noción de la *missio Dei* ha ayudado a articular la convicción de que ni la Iglesia, ni ningún otro agente humano pueden jamás ser considerados como los autores o los portadores de la misión. La misión es, principalmente y en última instancia, la obra del Dios trino, creador, redentor y santificador, a favor del mundo. La misión tiene su origen en el corazón de Dios. Dios es la fuente del amor que envía. Esta es la fuente más profunda de la misión. Es imposible penetrar todavía más profundamente; hay misión porque Dios ama a las personas" (1991, 392). Ver Georg Vicedom 1965; D. Bosch 1980, 239-44; Arthur Glasser 1983, 90-99; D. Bosch 1991, 370; 389-93; James Scherer 1993, 82-88; L. A. Hoedemaker 1995, 162-66.

esperanza; un solo Señor, una sola fe, un solo bautismo; un solo Dios y Padre de todos, que está sobre todos y por medio de todos y en todos" (Ef 4.4-6).[230]

Estamos *juntos* porque estamos juntos *en Jesucristo*. La realidad bíblica es esta:

- El mundo de Cristo y no el nuestro (contexto de la misión);
- La Iglesia de Cristo y no la nuestra (estructuras de la misión);
- La misión de Cristo y o la nuestra (motivación para la misión);
- El yugo y la acción de Cristo y no los nuestros (medios para la misión por el Espíritu Santo);
- La dirección y el liderazgo de Cristo y no los nuestros (metas de la misión); y
- El llamado y la selección de Cristo; nosotros lo hacemos sólo en segundo lugar (agentes de la misión).

No somos agentes pasivos en todo esto, pero tampoco determinamos, controlamos o circunscribimos la misión de Cristo. Todos sabemos esto, ¿no es cierto? ¿Por qué entonces, tan frecuentemente, actuamos en nuestras iglesias y en nuestras agencias misioneras como si no fuera así?

B. Preocupaciones misiológicas

Afirmar la unicidad de la Iglesia y de la misión en Jesucristo levanta tantas preguntas como respuestas. En la segunda parte de cada una de las cuatro secciones de mi presentación, quiero basarme brevemente en un ejemplo de la historia de la misión del siglo veinte, para mostrar lo que la unicidad no implica, para luego sugerir lo que podría significar para las asociaciones misioneras en el este milenio.

Lo que la unicidad no significa

Esta unicidad no necesariamente significa una unidad estructural u organizativa. La historia de la misión demuestra que afirmar nuestra unicidad en Cristo no significa necesariamente en sí misma que tal unidad debe tomar una forma estructural u organizativa. Un ejemplo perfecto de este salto fue el movimiento en 1961 en la asamblea del Consejo Mundial de Iglesias en Nueva Delhi, cuando el Consejo Misionero Internacional se integró al CMI. Este fue un desarrollo muy controversial, con una fuerte pasión de ambos lados de la cuestión. Lo que Max Warren ha llamado una "preocupación por las estructuras" gobernó en esa ocasión y el Concilio Misionero Internacional se integró al CMI,

---

[230] Ver también Carl Braaten 1990.

porque estaban los que sentían que necesitaban demostrar la unidad de la misión y de la Iglesia de manera estructural y organizativa. Warren observa lo siguiente:

> Los cambios estructurales muy bien pueden ser necesarios porque el cambio es necesario y algunas estructuras pueden inhibir el cambio. Pero no hay nada de aumento axiomático de vitalidad espiritual simplemente porque los cambios necesarios hayan sido definidos mediante nuevas estructuras. Alguna consciencia elemental sobre este hecho podría servir para refrenar la pasión contemporánea por el cambo estructural, el cuál muy fácilmente se torna en un escape de la obediencia hacia demandas más urgentes como, por ejemplo, la real obediencia a la Comisión Misionera.[231]

Uno de los resultados de la integración de la comisión al CMI fue que un número significativo de evangélicos dejo el CMI y se hicieron activos en el movimiento evangélico luego representado por reuniones importantes como Wheaton, 1966; Berlín, 1966; Lausana, 1974; Pattaya, 1980; Manila, 1989; GCOWE en Seúl, 1994; y Ciudad del Cabo, 2010.

Un segundo resultado de la "integración" se tomó treinta años para hacerse evidente. La integración de la comisión al CMI eventualmente condujo a la pérdida de compromiso con una misión bíblica de parte del CMI y a la casi desaparición del énfasis anteriormente asociado con la comisión.[232] Lo dicho por Stephen Neill: "Cuando todo es misión, nada es misión," fue confirmado históricamente en el caso de la integración de la Comisión Misionera Internacional al CMI.[233]

Un tercer resultado del entusiasmo con respecto a la unidad cultural condujo a la euforia en el CMI y en círculos del National Council of Christian Churches, en los años de 1960, concerniente a las "Estructuras misioneras de la congregación."[234] No obstante, el entusiasmo por la unidad estructural en la

---

[231] Warren 1978, 199.

[232] Ver Van Engen, "Conciliar Mission Theology, 1930's – 1990's," en Van Engen, *Mission on the Way*, 1996, 145-56. La "integración" de la Comisión al CMI provee de un fascinante estudio de caso en cuanto a la unificación estructural, uno muy complejo, que tiene una cantidad de interpretaciones posibles. Ver, Paul Pierson 2000, 300-303; C. Henry 1967, 86; Max Warren 1974, 156-58; 1978; David Bosch 1978, 55; 1980, 187-88; O. Costas 1982, 36; D. Bosch 1991, 457-61; Van Engen, *Mission on the Way*, 1996, 132-33).

[233] Ver Stephen Neill, *Creative Tension*, Londres: Edimburgh House, 1959, 81 en Johannes Blauw, *The Missionary Nature of the Church*, Grand Rapids: Eerdmans, 1962, 109.

[234] Ver WCC 1968, 16ss, 69ss; Van Engen 1981, 300-23.

misión nunca fue trasladado a una acción misional que trajera a personas a la nueva fe en Jesucristo y nuevos miembros a la Iglesia de Cristo. Lamentablemente, el movimiento de las "Estructuras misioneras de la congregación" terminó en pos del pesimismo equivocado de J. C. Hoekendijk acerca de la Iglesia y de un optimismo sin garantías concerniente a *The Church Inside Out*, implicando una presencia eclesial secularizada en el mundo. Si el movimiento conciliar hubiera seguido el liderazgo de Johannes Blauw en *The Missionary Nature of the Church* (una obra que publicó alrededor del mismo tiempo que los escritos de Hoekendijk), los resultados hubieran sido muy diferentes. En sus primeros años, la red denominada "El evangelio y nuestra cultura" en los Estados Unidos comenzó a repetir los mismos errores inherentes a "las estructuras misioneras de la congregación," aunque Darrell Guder proveyó corrección y re-dirección sustanciales.[235]

Estas cuestiones y otras estimularon cautelas como la siguiente de parte de W. Harold Fuller:

> Una postura centrada en la Iglesia está usualmente acompañada de una fuerte actitud de unión de la Iglesia, la cual puede ensombrecer la evangelización. Todos los cristianos deberían estar preocupados por el sectarismo y las divisiones innecesarias. Algunos ven la desunión como un obstáculo para el testimonio. No obstante, si la meta de la unión organizativa se pone por delante del testimonio, puede ser autodestructiva. La unión puede demandar compromiso que obstaculice el testimonio. La falta de unión de la Iglesia puede ser usada como una excusa para no testificar. . . . La fuerza central de las misiones para (evangélicos conservadores) no es el ecumenismo sino un testimonio personal de Jesucristo como Salvador y Señor.[236]

Es necesario que estemos comprometidos a dar una expresión visible de nuestra unicidad, pero eso no implica necesariamente una unidad estructural u organizativa. Pueden ser necesarias nuevas estructuras para enfrentar los nuevos desafíos, pero ellas, en sí mismas, no traen transformación ni estimulan nuevos esfuerzos misioneros. Como Eddie Gibbs lo ha dicho: "Cuando las denominaciones (y las agencias misioneras) necesitan desesperadamente una renovación, se reestructuran."[237]

Lo que podría significar la unicidad

---

[235] Ver Darrell Guder, ed., 1998, capítulos 1. 8. 9. Es interesante comparar esto con los énfasis anteriores en Hunsberger y Van Gelder, eds., 1996.
[236] Fuller 1980, 74-75.
[237] Conversación personal con el autor. Ver Eddie Gibbs 1994, 101-9.

Nuestra unicidad en Jesucristo significa que el evangelio es para todos. Una visión cristológica de la iglesia y de la misión implica la universalidad del evangelio. Debido a que Jesucristo es Señor de todos, dado que Jesucristo dio su vida por todos, las buenas nuevas de la salvación en Jesús son para toda la tierra habitada. Como lo ha dicho Lamin Sanneh, el evangelio es "infinitamente traducible."[238] No es propiedad o derecho de un grupo, es una oferta abierta a todos. Esto no sugiere pluralismo o inclusivismo en términos de salvación. Más bien, como lo he mostrado en *Mission on the Way*, un enfoque bíblico de la misión entre las religiones del mundo supone una perspectiva que es a la vez "particularista en la fe, culturalmente pluralista y eclesiológicamente inclusiva."[239]

Significa que el evangelio debe ofrecerse a todos los que todavía no conocen a Jesucristo, a gente de toda tribu, lengua, familia, pueblo y nación. Esta es la universalidad de la Iglesia que, por definición, hace de la Iglesia el *Pueblo misionero de Dios*.[240] Así que, para Pablo, no era opcional que lo llamaran para "predicar a las naciones las incalculables riquezas de Cristo y . . . hacer entender a todos la realización del plan de Dios" (Ef 3.8-9). Cuando los cristianos y las iglesias comienzan a perder su compromiso con la misión global, están en camino a llegar a ser sólo sombras de sí mismos. Ya no son completamente la Iglesia que Jesucristo quiere que sean. La motivación para la misión deriva de nuestro discipulado en Jesucristo. Así lo dijo el apóstol Pablo en 2 Corintios 5.14: "El amor de Cristo nos obliga" para que juntos seamos sus embajadores de reconciliación.

El mayor daño contra el evangelio es decir que obedecemos al mismo Señor y creemos el mismo evangelio pero competimos, nos contradecimos y entramos en conflicto unos con otros en nuestro testimonio a los que todavía no son discípulos de Jesucristo. Esto nos lleva a nuestra segunda palabra: "Trabajando."

Trabajamos juntos porque juntos constituimos el cuerpo de Jesucristo: los medios para las asociaciones misioneras

Normalmente, pensamos en Efesios 4 como uno de los pasajes más importantes que tienen que ver con los dones del Espíritu Santo, lo cual es cierto. Vamos a considerar eso en la próxima parte. Pero un examen más exhaustivo del

---

[238] Sanneh 1989.
[239] Van Engen, *Mission on the Way*, 1996, 169-87.
[240] Van Engen, *God's Missionary People*, 1991.

capítulo nos muestra que Pablo da un énfasis aún mayor a las actitudes con las que los cristianos deben tratarse unos a otros. Las listas aquí hacen recordar el "fruto del Espíritu," tal como se encuentra el Gálatas 5. Pablo presenta otras dos listas similares de virtudes en 2 Corintios 6.6 y en Colosenses 3.12-15. Aplicadas a las asociaciones para la misión, estas actitudes son sugerencias profundamente prácticas, de parte de Pablo, sobre cómo podemos trabajar juntos. Son los medios por los cuales podemos asociarnos unos con otros en la misión. Ya las hemos oído a todas anteriormente. Pero escuchémoslas otra vez, en esta ocasión pensando cómo sería experimentarlas en un contexto de asociaciones para la misión. Todos somos "prisioneros del Señor." De modo que, vivimos una vida digna de nuestro llamado, cuando nos tratamos unos a otros de esta manera.

A. El texto bíblico

Pablo escribió la carta a los Efesios probablemente dando por sentado que la carta circularía hacia una cantidad de otras iglesias en la región. Los pronombres de segunda persona están todos en plural. En el sudoeste de los Estados Unidos usaríamos la expresión "y'all." El apóstol desafió a los creyentes con las siguientes palabras:

> . . . siempre humildes y amables, pacientes, tolerantes unos con otros en amor. Esfuércense por mantener la unidad del Espíritu mediante el vínculo de la paz. . . . Así que les digo esto y les insisto en el Señor: no vivan más con pensamientos frívolos como los paganos. . . . Con respecto a la vida que antes llevaban, se les enseñó que debían quitarse el ropaje de la vieja naturaleza, la cual está corrompida por los deseos engañosos; ser renovados en la actitud de su mente; y ponerse el ropaje de la nueva naturaleza, creada a imagen de Dios, en verdadera justicia y santidad. Por lo tanto, dejando la mentira, hable cada uno a su prójimo con la verdad, porque todos somos miembros de un mismo cuerpo. Si se enojan, no pequen. . . . Eviten toda conversación obscena. Por el contrario, que sus palabras contribuyan a la necesaria edificación y sean de bendición para quienes escuchan. No agravien al Espíritu Santo de Dios, con el cual fueron sellados para el día de la redención. Abandonen toda amargura, ira y enojo, gritos y calumnias, y toda forma de malicia. Más bien, sean bondadosos y compasivos unos con otros, y perdónense mutuamente, así como Dios los perdonó a ustedes en Cristo. Por tanto, imiten a Dios como hijos muy amados, y lleven una vida de amor, así como Cristo nos amó y se entregó por nosotros como ofrenda y sacrificio fragante para Dios (Ef 4.2-5.2).

Permítanme hacer tres observaciones breves. Primero, en realidad no somos nosotros los que trabajamos en la misión. El Espíritu Santo trabaja en la misión, y lo hace a través de nosotros. Por lo tanto, si exhibimos actitudes impropias y relaciones interpersonales destructivas, agraviamos al Espíritu Santo, que es el que lleva a cabo el trabajo de la misión. Esta instrumentalidad neumatológica de la misión fue reconocida muy pronto por la iglesia de Jerusalén, tal como lo vemos en Hechos 12 y en Hechos 15. Debido a que la misión de Cristo está envuelta en la presencia y en el poder del Espíritu Santo, nuestras relaciones interpersonales tienen un efecto profundo en nuestra espiritualidad – personal y corporativamente – y en última instancia afectan nuestra misión.

Esto es consistente con las palabras de Jesús a sus discípulos, cuando les advirtió acerca de sus relaciones interpersonales al participar en la misión. "Como ustedes saben, los gobernantes de las naciones oprimen a sus súbditos, y los altos oficiales abusan de su autoridad. Pero entre ustedes no debe ser así. Al contrario, el que quiera hacerse grande entre ustedes deberá ser su servidor, y el que quiera ser el primero deberá ser esclavo de los demás; así como el Hijo del hombre no vino para que le sirvan, sino para servir y dar su vida en rescate por muchos" (Mt 20.25-28). En otras palabras, debemos ejercitar los dones del Espíritu Santo sólo en una atmósfera permeada del fruto del Espíritu Santo.

Segundo, aunque acostumbramos a pensar en este pasaje en términos de una congregación local y de sus miembros, es instructivo aplicarlo a las culturas corporativas de nuestras organizaciones misioneras. ¿Qué tiene este pasaje para decirnos cuando le permitimos ser un rayo que alumbra dentro de nuestro trabajo y de las relaciones internas de nuestras organizaciones misioneras y de nuestras estructuras misioneras denominacionales? Creo que Pablo está señalando aquí que la vida interior de nuestras organizaciones cristianas debe ser consistente con nuestras metas misioneras. No podemos decir que somos una agencia misionera dedicada a la compasión y al amor, si internamente nuestra organización misionera no está permeada de gracia, amor, perdón y compasión a través del Espíritu Santo. No podemos llevar las buenas nuevas si nosotros mismos somos malas nuevas.

Tercero, el cuerpo de Cristo es un cuerpo global. Así que, las actitudes mencionadas por Pablo se tornan en imperativos (y en pruebas de autenticidad) para el modo en que deberíamos tratarnos unos a otros globalmente – entre Oriente y Occidente, entre el norte y el sur, entre una agencia o iglesia que envía y una agencia o iglesia que recibe. Las actitudes que Pablo enfatiza son el aroma que la gente debería percibir, el gusto que debería tener, cuando se involucran en nuestras estructuras y asociaciones misioneras. En nuestra cooperación misionera no podemos darnos el lujo de estar sólo orientados a la meta y a la producción.

Nuestras asociaciones, nuestras relaciones interpersonales e interorganizacionales deben ser consistentes con las metas propuestas para nuestra cooperación misionera. Cuando no es así, toda nuestra empresa misionera se ve comprometida tanto interna como espiritualmente, como externamente y en su proclamación.

Entonces, nuestra espiritualidad misional parece estar afectada más profundamente por lo que sale de nuestros corazones que de los corazones de las personas entre quienes llevamos a cabo nuestra misión. Al igual que un pato que no se moja en el agua, al igual que una lombriz que no se ensucia en el barro, así nuestra espiritualidad no se contamina tanto por lo que nos entra desde afuera, ni por las personas con las que estamos asociadas. Más bien, nos contaminamos por lo que sale de nuestros corazones (las obras de la carne de Gálatas 5). Así que Jesús pudo llevar a cabo su misión entre pecadores y aun así ser el Hijo de Dios sin pecado. Parece que a esto se estaba refiriendo Jesús cuando dijo: "Lo que contamina a una persona no es lo que entra en la boca sino lo que sale de ella" (Mt 15.11).

De manera similar, por lo menos en el contexto de Efesios 4, la separación, el mantener pura nuestra doctrina no parece ser una virtud tan fundacional o esencial como vivir "una vida de amor" (Ef 5.2). "[Sean] humildes y amables, pacientes, tolerantes unos con otros en amor" (Ef 4.2). "No formen yunta con los incrédulos" está usado en 2 Corintios 6.14 por Pablo para referirse a las relaciones de los cristianos con los que no lo son. El pasaje tiene poco o nada que ver con nuestras relaciones entre cristianos. Pero incluso esto no imposibilita nuestra participación en la misión de Cristo entre y para los que todavía no son cristianos. De otra forma, la proclamación del evangelio a los gentiles hubiera sido imposible para los cristianos primitivos. (Ver también Lc 6.45; Mt 12.34; Hch 10.14-15; Stg 3.6).

B. Preocupaciones misiológicas

Entonces, ¿qué implicaciones podríamos extraer del hecho de trabajar juntos en el nuevo milenio? Mencionaré brevemente lo que yo creo no significa y luego lo que podría significar.

Lo que estas actitudes no significan

Las actitudes de trabajar juntos en asociaciones misioneras, que Pablo demandó en Efesios 4, no necesariamente significan que suscribamos acuerdos de cortesía (en inglés, "comity agreements") en la misión. Una de las maneras en que la comunidad misionera intentó cooperar en la misión fue creando acuerdos de cortesía. Especialmente alrededor de comienzos del siglo pasado, las agencias misioneras americanas (mayormente de denominaciones troncales) procuraron dividir los territorios de varios países del mundo de la mayoría, para que las misiones occidentales no estuvieran interfiriendo unas con otras en sus esfuerzos misioneros. Estos literalmente "acuerdos de caballeros" (mayormente creados por hombres) estuvieron principalmente motivados por el deseo de expresar un aprecio entre ellos y un respeto por sus empresas misioneras. Muchos acuerdos de cortesía (comity agreements) parecen haber sido intentos bien intencionados para evitar la duplicación y reducir la aparición de la competencia. No obstante, a largo plazo, han tenido resultados mezclados. La reunión misionera en Panamá en 1916 es una buena ilustración de estas dinámicas. Esto se discute en otra parte de este libro.

Un caso interesante en Latinoamérica fue la situación suscitada por el Plan Cincinnati en relación a la obra misionera protestante más importante de los Estados Unidos en México. En 1914, cuando todavía la gente estaba experimentando la euforia de la gran conferencia misionera de Edimburgo en 1910, ocho denominaciones se reunieron en Cincinnati para elaborar un acuerdo de cortesía con respecto a su trabajo en México.[241] Mi impresión, a partir de la documentación acerca de esta reunión, es que no había líderes mexicanos presentes. El resultado de la reunión, el Plan Cincinnati, implicó mover casi todo el personal relacionado con las misiones de un área de México a otra dado que, por ejemplo, un área ya no sería presbiteriana, sino que se haría metodista, otra

---

[241] La Iglesia Presbiteriana (del sur), la Iglesia Presbiteriana (del norte), la Iglesia Congregacional, la Iglesia Metodista Episcopal (del sur), la Iglesia Metodista Episcopal (del norte), los Discípulos de Cristo, la Iglesia de los Amigos y la Iglesia Presbiteriana Asociada y Reformada.

ya no sería congregacional sino presbiteriana, y así sucesivamente. Habría un seminario unido y una casa publicadora unida.

Incluso hoy, los líderes de iglesias mexicanas llaman a esto el "Plan de asesinato," jugando con las palabras "Cincinnati" y "asesinato." Los resultados de este plan fueron en detrimento de la evangelización de México por parte de las misiones protestantes troncales, destruyeron las relaciones intereclesiásticas particularmente en México y hasta el día de hoy han sido de impacto negativo sobre las relaciones de iglesia-misión entre Estados Unidos y México, por lo menos en la Iglesia Nacional Presbiteriana.[242] La sombra del Plan Cincinnati era todavía muy real a fines de los años de 1970, cuando yo estuve personalmente involucrado en negociar un nuevo documento de asociación paragua entre mi denominación, la Iglesia Reformada en América y los líderes de la Iglesia Nacional Presbiteriana de México. Con base en mi experiencia, no creo que la "unicidad" necesariamente requiera de acuerdos de cortesía, tal como los que hemos conocido en el pasado.

Los acuerdos de cortesía tendieron a crear divisiones y una fragmentación del testimonio en Latinoamérica, terminaron legitimando el odio y las luchas tribales en África y atomizaron a la Iglesia por todo Asia. En África, los acuerdos de cortesía han resultado en iglesias que con demasiada frecuencia usan las lealtades denominacionales y las estructuras eclesiásticas mayormente para dividir a varios grupos entre sí, dentro de sus propios países, más que reunirlos como contribuyentes positivos a la integridad de su nación.

Por momentos, los acuerdos de cortesía han dado un paso más y han animado a las iglesias a unirse estructural y organizativamente. Este fue el caso, por ejemplo, en India y en Japón. No obstante, por todo el mundo, iglesias unidas parecen pasar más tiempo tratando de mantenerse juntas organizativa y estructuralmente en su vida interna, que testificando juntas del evangelio a los que todavía no son cristianos en su medio.

La historia no respalda la presunción de que los acuerdos de cortesía o la unificación de la Iglesia hayan aumentado la participación e innovación en la misión, de parte de los participantes. Tampoco necesariamente multiplicó el número de los que recibieron una comunicación del evangelio comprensible y contextualmente apropiada.

Y aun así, debemos afirmar otro hecho igualmente importante. La cacofonía de demandas en conflicto y en competencia de parte de las iglesias divididas y de las agencias misioneras ya no es un lujo que la Iglesia de Jesucristo se pueda dar en este milenio. Así que necesitamos seguir buscando maneras de

---

[242] Ver Saúl Tijerina González, ed., *1872-1972 Centenario: Iglesia Nacional Presbiteriana de México*. Monterrey; Comité Pro-Centenario, 1973, 154-158.

animarnos unos a otros a exhibir las actitudes que Pablo nos encomienda en nuestra vida organizativa interna y en nuestras asociaciones inter-organizativas. Esto nos lleva a una breve sugerencia de lo que "trabajar juntos" podría significar.

Lo que estas actitudes podrían significar

Al enfrentar este nuevo milenio, el desafío de Pablo en Efesios 4 nos llama a considerar en humildad, amabilidad y paciencia, que cada uno de nosotros como iglesias y como organizaciones nos pertenecemos unos a otros como parte del pueblo de Dios universal y global. Esto significa que necesitamos re-pensar cómo participar juntos en la universalidad de la Iglesia. ¿Qué significa que la Iglesia sea inherentemente "ecuménica?" Aunque algunos de nosotros podríamos desear evitar cualquier uso de la palabra "ecuménica," yo sugeriría que podríamos querer considerar hacer resucitar el sentido original de la palabra.

El significado original no tuvo que ver con que una conferencia o una reunión representó a varias tradiciones cristianas y mucho menos que representó diferentes creencias religiosas, tal como se usa la palabra hoy. Aunque hay una cantidad de usos del término "ecuménico/a," el más básico tiene que ver con "toda la tierra habitada" y con la misión de la Iglesia, que está dirigida a toda la tierra y a toda la raza humana. Así es que el Manifiesto de Manila declaró: "Afirmamos que Dios está llamando a toda la Iglesia a llevar todo el evangelio a todo el mundo" (Afirmación # 21). Este fue el significado original del término, cuando fue usado a comienzos de siglo veinte. W. Richey Hogg escribió que la primera vez que fue usado en el título oficial de una conferencia fue en la Conferencia Misionera Ecuménica llevada a cabo en Nueva York en abril-mayo de 1900. "'Ecuménica' fue [una expresión] usada . . . no porque la conferencia representaba a todas las ramas de la Iglesia cristiana, sino 'porque el plan de campaña que propone cubre toda el área de globo habitado'."[243]

> [Este uso del término ecuménico se refiere a] la noción básica de la Iglesia-en-misión en el mundo. Se refiere a algo que podría llamarse "condición mundial" del espectro de la "ecuménica" Iglesia-en misión. Es el espectro mundial de la Iglesia universal en misión el cual llama a todas las iglesias y a todos los cristianos a estar en relación y en cooperación a favor de la tarea que es mundial y demasiado grande para cualquier iglesia individual. Es la condición mundial de la única Iglesia la cual ordena la necesidad de que todas las iglesias luchen por una unidad visible y tangible. Kenneth Grubb habló de este sentido mundial del vocablo "ecuménico." "Pero la verdadera naturaleza de la Iglesia es supra-natural

---

[243] Hogg 1952, 45.

y ecuménica," dijo Grubb. Su misma existencia es un reto a las pretensiones arrogantes de un nacionalismo exagerado, ya sea en Oriente o en Occidente. Debería ser la gloria, más que la renuencia de una iglesia el entrar en relaciones de mutua ayuda con otras iglesias, sin referencia a la nacionalidad como un factor finalmente determinante.[244]

Este uso del término ecuménico está relacionado con su significado original en el pensamiento helenista y en el Nuevo Testamento. Gerard Kittel nos dice los siguiente: "La palabra es bastante común en el Nuevo Testamento . . . *oikoumé* deriva del uso helenista corriente. . . . La referencia es simplemente al mensaje alegre que es para todas las naciones y para toda la tierra (en referencia a Mr 13.10).[245] John Mackay rastreó el uso primitivo de la palabra ecuménico en relación con la misión de la Iglesia. Mackay señaló lo siguiente:

> Se originó como un término geográfico el cual, tanto en la civilización griega como en la romana, adquirió relevancia política y cultural. El sustantivo griego *oikouméne* significa literalmente la "tierra habitada." El adjetivo *oikoumenikos*, del cual deriva directamente ecumémico, significa lo que tiene que ver con la 'tierra habitada o es coextensivo con ella. . . . En la historia religiosa de la [especie humana], la única fuerza que ha creado la *oikoumene* que ha sido ecuménica en un sentido dinámico, ha sido el evangelio de Cristo.[246]

Después de comparar el uso del término en la Conferencia Misionera Ecuménica en 1900, Mackay ofreció una definición del término que fue adoptada por el Comité Central del CMI en 1951, después de que Mackay aparentemente objetara restringir el término sólo a un sentido de unidad orgánica. La definición refleja la misma perspectiva global que mencionamos anteriormente. "Prestaremos especial atención a la confusión reciente en el uso de la palabra 'ecuménico.' Es importante insistir en que la palabra, la cual viene de la palabra griega que se refiere a toda la tierra habitada, es propiamente usada para describir todo lo relacionado con toda la tarea de toda la Iglesia para llevar el evangelio a todo el mundo."[247]

Esta visión global de lo "ecuménico" fue respaldada por Hans Küng en su volumen sobre *La Iglesia*. Küng relacionó la catolicidad de la Iglesia con su sentido de ser esencialmente misionera, como "refiriéndose a todo el mundo;

---

[244] Van Engen 1981, 380. La cita de Kenneth Grubb está tomada de Roland Allen 1962, vii-viii.
[245] Kittell y Friedrich, eds., 1964, 158-59.
[246] Mackay 1963, 8.
[247] Mackay 1963, 16.

debía servir al mundo mediante la proclamación del evangelio, 'Vayan por todo el mundo y anuncien las buenas nuevas a toda criatura' (Mr 16.15), a 'todas las naciones' (Mt 28.19), como 'testigos . . . hasta los confines de la tierra' (Hch 1.8), 'hasta el fin del mundo' (Mt 28.20). . . . Podemos ver que, desde sus mismos orígenes y por su propia naturaleza la Iglesia es universal, pensando y actuando con referencia al mundo, a toda la tierra habitada, la *oikoumene*. Por lo tanto, esta universalidad puede ser expresada en la palabra 'ecuménico,' concerniente a toda la tierra habitada."[248]

El término debería ser recapturado y usado con su significado original para referirse a la visión de toda la Iglesia llevando todo el evangelio a toda la tierra habitada. Si el término es usado para referirse a "toda la tierra habitada" y a la universalidad de la Iglesia y de su misión, entonces sirve naturalmente como un adjetivo que modifica la naturaleza "ecuménica" del movimiento evangélico global, tal como David Bosch lo señaló en 1980. Bosch entonces habló acerca de una teología y de una actividad misionera evangélica que son "ecuménicas" en el sentido más amplio del término, al tener que ver con toda la tierra habitada. Se refirió a la Declaración de Wheaton (1966), a la Declaración de Frankfurt (1970), a la Declaración de Berlín sobre la ecumenicidad verdadera y falsa (1974) y al Congreso Internacional de Evangelización Mundial en Lausana, Suiza (1974) como ilustraciones de esta orientación global.[249]

Podríamos agregar, en medio de una multitud de otras, las conferencias misioneras de Urbana del Foreign Missions Fellowship de la InterVarsity Christian Fellowship; los ministerios evangelísticos y las cruzadas de Billy Graham; la Consulta sobre Evangelización en Pattaya, Tailandia en 1980; el Congreso sobre Misiones de Frontera llevado a cabo en Edimburgo en 1980; la reunión de Lausana II en Manila en 1989; el Movimiento de Lausana en sí mismo; el Movimiento AD2000; Lausana III en Ciudad del Cabo en 2010; la World Evangelical Fellowship; las Sociedades Bíblicas Unidas; los Traductores Wicliffe de la Biblia; la Overseas Missionary Fellowship; Juventud con una Misión; la Missonary Aviation Fellowship; Visión Mundial; y la Third World Mission Association que se reunió en Kyoto, Japón, en octubre de 1999. Estos y muchos otros son ejemplos de una *oikoumene* evangélica global, un movimiento ecuménico evangélico que representa el compromiso global de los cristianos en el mundo de llevar todo el evangelio a todo el mundo.

Una vez que nos vemos bajo esa luz, podemos comenzar a entender que somos la Iglesia universal de Jesucristo, comisionada a participar en la misión de

---

[248] Küng 1967, 302-3.
[249] Ver D. Bosch 1980, 181, 193; C.F. Henry y W. W. Mooneyham, eds., 1967; E. J. Verstraelen et al, eds., 1995, 6, 157; D. Bosch 1991, 457-67.

Cristo a todo el mundo.[250] Esto significa que sólo somos discípulos plenos de Jesucristo, en cuanto vivimos nuestra fe en medio de la Iglesia mundial. Hay una miopía en aumento entre los cristianos norteamericanos, con referencia al resto del mundo y un énfasis creciente sobre la misión en nuestro patio de atrás. No importa cuán recomendable sea esto, cuando estas metas se ponen por sobre el compromiso con la misión mundial, se tornan en énfasis contraproducentes que contradicen la naturaleza misma del evangelio y de la Iglesia. Todos los discípulos de Jesucristo deben vivir su fe en participación con la Iglesia alrededor del mundo. Ser "dignos de nuestro llamado" es estar totalmente dedicados a ser cristianos del mundo. El evangelicalismo americano sólo será fiel a su Señor al participar a escala global con la Iglesia de Cristo que rodea la *oecumene*, toda la tierra habitada. En este sentido, ser "norteamericanos" u "occidentales" (u holandeses, o mexicanos – para meterme con mi persona) es vender nuestra primogenitura. En este nuevo milenio, todos debemos aprender a ser, en primer lugar, cristianos del mundo, discípulos del único Señor cuyo único cuerpo da la vuelta al globo.[251]

Una manera en que podemos hacer esto es con una profunda consciencia y aprecio por los dones para el ministerio que unos y otros tenemos, percibidos globalmente. Esto nos lleva a una tercera palabra: diversidad.

Trabajamos juntos porque juntos cada uno ejercita sus dones para el ministerio dados por el Espíritu, al participar en la misión de Cristo: la agencia de las asociaciones misionales

En esta tercera sección, quiero tratar el concepto de la diversidad, no tanto en términos de una pluralidad de creencias o de una multiplicidad de interpretaciones de la fe, sino más bien en términos de una variedad de ministerios, como lo hace Pablo en Efesios 4.

---

[250] Ver Van Engen, *God's Missionary People*, 1991, 90-92.
[251] Ver Costas 1988, 162-72.

A. El texto bíblico

Jesucristo, quien llena todo el universo, ha repartido dones: apóstoles, profetas, evangelistas, pastores y maestros. La lista de dones de Pablo aquí es sólo ilustrativa y sabemos que debe ser vista en su conjunción con las listas en Romanos 12, 1 Corintios 12 y 2 Pedro 3, por lo menos.

Uno de los temas más importantes de nuestro pasaje tiene que ver con la yuxtaposición de los conceptos de "uno," "todos" y plenitud con la repetición aquí de la palabra "algunos." "De este modo, todos llegaremos a la unidad de la fe" (Ef 4.13) al ejercitar nuestros dones: algunos como apóstoles, algunos como profetas, algunos como evangelistas y así sucesivamente. El único cuerpo de Cristo se edifica mientras cada uno participa mediante el ejercicio de sus dones: "algunos" de una manera, "algunos" de otra manera.

Todo esto nos resulta familiar. Pero, por costumbre, asociamos los dones del Espíritu Santo en este pasaje con personas individuales que viven sus ministerios en el contexto de una congregación local. No obstante, dado el énfasis global en todo Efesios y en el resto de este capítulo, ¿no es legítimo también aplicar el concepto de los dones que tiene Pablo aquí a la Iglesia mundial? Es ese caso, el pasaje no estaría diciendo que, en relación con la Iglesia alrededor del globo, algunas denominaciones e iglesias tienen ciertos dones que ofrecer, algunas juntas misioneras tienen dones específicos que aportar, algunos un don, algunos otro.

Dejemos que nuestras mentes piensen en dar la vuelta al mundo. Podemos conceptualizar mil quinientos millones de cristianos esparcidos por todo el globo, representando a una multitud de lenguas, pueblos, familias, tribus y naciones. Podríamos pensar en ellos como grupos de congregaciones, denominaciones, agencias misioneras, iniciativas misioneras, ONGs y una multitud de ministerios circundando al globo. Entonces creo que comenzamos a entender lo que Pablo realmente pretende. Creo que el marco de referencia de Pablo en Efesios 4 no era solamente, tal vez no principalmente, la congregación local en una ubicación específica. Más bien, creo que estaba pensando en todos los cristianos en todas partes que son discípulos de Jesucristo.

Una hermenéutica global de este pasaje ha transformado mi manera de pensar sobre los dones del Espíritu Santo. Ahora estamos hablando acerca de cada grupo de creyentes en cualquier parte del globo ofreciendo sus dones a todos los otros creyentes en cualquier parte del globo. Ahora conceptualizamos un cuerpo de Cristo, cuyos miembros están desparramados por el mundo entero, dedicados a participar en la misión de Cristo de evangelizar a los otros cinco mil quinientos millones que todavía no conocen a Jesucristo como su Salvador y Señor personal. Cada miembro de cuerpo global tiene algo único que ofrecer al ministerio del cuerpo en el mundo. Y, a la inversa, el cuerpo está incompleto sin la contribución de cada miembro.

Entonces, aquí hay una perspectiva de asociación misionera que está afirmada espiritualmente, abarca a todo el mundo y está orientada misionalmente. Este es el cuerpo de Cristo que rodea con sus brazos a la *oikoumene*, y ama a todos los pueblos y trata de alcanzar a todos los pueblos porque "tanto amó Dios al mundo que dio a su Hijo unigénito" (Jn 3.16).

B. Preocupaciones misiológicas

Hay una cantidad de implicaciones misiológicas que podríamos extraer de tal cuadro global de los dones del único cuerpo, dados por el Espíritu Santo. Enfocaré mi atención sólo en un par de ellos. Primero, lo que la imagen del cuerpo global no significa.

Lo que la imagen del cuerpo de Cristo global no significa

No significa declarar una moratoria oficial o incluso una informal sobre la asociación misionera. Una iniciativa muy controvertida, que procuró dar forma concreta a la unicidad de la Iglesia en misión fue el movimiento funesto y mal entendido de África, Asia y Latinoamérica que demandó una "moratoria" en el envío misionero de las iglesias y las misiones occidentales. El debate sobre la "moratoria" de los años de 1970 es especialmente instructivo para nosotros, debido a llamados recientes, de parte de algunos líderes de la misión evangélica occidental, a reducir drásticamente o a detener completamente la ayuda a África, como manera de combatir la dependencia que ellos ven de parte de las iglesias africanas.[252]

A comienzo de los años de 1970, John Gatu de África y Emerito Nacpil de las Filipinas, junto con otros, querían ver que las iglesias y las misiones del mundo de la mayoría llegaran a ser completamente maduras, adultas, respetadas y participantes activas en la misión mundial de la Iglesia del mundo. Uno podría decir que estaban ansiosos por crear un espacio para que las iglesias del mundo de la mayoría pudieran ejercitar sus dones para el ministerio y para la misión. Sus más profundos deseos tenían que ver con que las iglesias y las misiones del mundo de la mayoría fueran tomadas en serio, fueran respetadas y fueran

---

[252] Para un trasfondo informativo sobre el debate concerniente a la "moratoria," ver, James Scherer 1964; Federico Pagura 1973; Emilo Castro 1973; Gerald Anderson 1974; Burgess Carr 1975; David Bosch 1978 en Daniel Rickett y Dotsey Welliver, eds., 1997, 53-64; Johannes Verkuyl 1978, 334-40; Robert T. Coote 1993, 377.

aceptadas como socios plenos por las misiones y las iglesias en el Occidente. La propuesta fue una respuesta de parte de los cristianos, particularmente de África, al paternalismo y a la dependencia que habían desarrollado, como resultado de la oferta de personal del Occidente y de fondos que las iglesias recibían. Creo que la motivación inicial fue laudatoria. Johannes Verkuyl sugirió que el impulso original detrás de las conversaciones sobre "moratoria" fue esta cuestión. "¿Cómo podemos nosotros, por medio de nuestras relaciones intereclesiales, llegar a ser un mejor instrumento para completar la obra [de la evangelización mundial] que todavía debe hacerse?"[253]

Un motivo detrás del llamado a una "moratoria" podría ser visto como un crecimiento consistente hacia afuera de las iglesias y de la misión, habiendo tomado en serio la fórmula de los "tres autos" de Henry Venn y de Rufus Anderson. Uno podría considerar una moratoria sobre recibir sostén misionero como un paso necesario para que las iglesias receptoras lleguen realmente a auto-gobernarse, a auto-sostenerse y a auto-propagarse, al igual que auto-teologizar y auto-dirigirse en la misión. Como Johannes Verkuyl lo expresa: "[El llamado a una 'moratoria' en África] también fue una indicación positiva del profundo deseo africano por una auto-expresión y una autosuficiencia."[254]

Pero la forma que el debate sobre la "moratoria" adoptó, y las consecuencias negativas que tuvo para la evangelización del mundo, fueron de lo más desafortunadas. Durante los últimos años de 1960 y los primeros de 1970, esto llevó a hablar (y en algunos casos a decisiones reales) de reducir la visión para la misión y el compromiso de enviar misioneros de parte de la iglesias tanto en el Occidente como en el mundo de la mayoría. Muchas iglesias receptoras, a quienes se les había enseñado que las iglesias autóctonas maduras debían llegar a ser iglesias de los "tres autos," simplemente se tornaron egoístas y centradas en ellas mismas.

En mi propio caso, la Iglesia Presbiteriana Nacional de México adoptó las perspectivas de la "moratoria" y en el año 1972, en celebración de su centenario, declararon una "moratoria," afirmando que ya no iban a aceptar ningún personal foráneo ni sostén financiero de ninguna parte fuera de México. La iglesia mexicana puede haber necesitado un tiempo para poner su casa en orden y determinar su propio destino como iglesia. No obstante, el resultado a

---

[253] Verkuyl 1978, 334.

[254] Verkuyl 1978, 337. Burgess Carr escribió: "que se entienda claramente que la identidad y la autosuficiencia están ligadas en una relación de identidad con la misión. En una palabra, la real medida de nuestra capacidad para contribuir significativamente a la humanización del mundo es directamente dependiente del descubrimiento y quizás de la re-definición de nuestra identidad como cristianos africanos" (citado de Anderson y Stransky 1976, 163).

largo plazo de esa "moratoria" fue una miopía en aumento y un aislamiento de parte de la iglesia mexicana, debido a su total falta de compromiso con el cristianismo del mundo. Llevó más de una década clarificar la situación y recrear un formato por el cual la iglesia mexicana pudiera otra vez participar en la misión con la Iglesia mundial, tanto recibiendo como enviando.[255]

Lo que la imagen del cuerpo global de Cristo podría significar

La imagen de un cuerpo de Cristo global implica un nuevo y renovado compromiso con asociarse, de parte de las iglesias y de las misiones alrededor del mundo. El concepto de Pablo sobre los dones del Espíritu Santo es estimulante y creativo a esta altura. Nos llaman a alentar un ambiente de mutualidad y de complementariedad entre los miembros, un clima en el que los miembros del cuerpo, en todas partes del mundo, puedan participar en la misión de Dios en la evangelización del mundo, ofreciendo a la iglesia mundial lo que el Espíritu Santo ha dado a cada uno de ellos de manera única y a todos nosotros de modo colectivo. El concepto de los dones del Espíritu Santo, visto globalmente, nos mueve a todos a querer fomentar formas saludables de interdependencia, como una manera de evitar la creación de dependencias insanas. David Bosch dijo:

> La solución, creo, sólo se puede encontrar cuando las iglesias en el Occidente y las del tercer mundo se hayan dado cuenta que cada una de ellas tiene, por lo menos, tanto para recibir de las otras como para dar. Aquí reside el nudo de la cuestión. . . . Sabemos que en situaciones humanas ordinarias, las relaciones adultas genuinas sólo se pueden desarrollar cuando ambas partes dan y reciben.[256]

El Congreso de Evangelización Mundial de Lausana en 1974 dijo: "El rol dominante de las misiones occidentales está desapareciendo rápidamente. Dios está levantando de las iglesias más jóvenes un gran recurso para la evangelización del mundo."[257]

Asociarse es asociarse en la evangelización mundial. El foco no debe ser la cooperación en sí, sino la tarea de la evangelización del mundo.[258] La cooperación debe ser para algo. La asociación no debería ser una "canasta

---

[255] Ver Bosch 1978, 56-60.
[256] Bosch 1978; citado en Daniel Rickett y Dotsey Welliver 1997, 60.
[257] Pacto de Lausana, artículo 8; ver también Costas 1982, 65.
[258] Ver Verkuyl 1978, 339.

vacía."²⁵⁹ No obstante, aunque podamos estar de acuerdo sobre la meta misional de nuestra asociación, la manera en que nos tratemos unos a otros es de suma importancia. Como Bill Taylor lo ha sugerido, una verdadera asociación global en la misión incluirá las lecciones siguientes:

- "Escuchar antes de asociarse y estar dispuestos a aprender de los errores e intentar otra vez . . ."
- "Las asociaciones funcionan mejor cuando se comparte el proyecto, incluso las finanzas. . . ."
- "Sean balanceados. No se dejen absorber por rigurosidades basadas solamente en comparaciones de costo-beneficio. Tomen el tiempo de analizar a los socios potenciales antes de anotarse. . . ."
- "Las iglesias sabias reconocen que no pueden hacer todo y se asocian con las que pueden asistirlas en sus metas a largo plazo. . ."
- "Seguramente, hay alguna relación entre la asociación en misión y la oración de nuestro Señor en Juan 17.11, 21-23. . . . El cuerpo global de Cristo está aprendiendo acerca de las asociaciones en todos los idiomas y culturas. Continuemos creciendo, expandiéndonos, para complacer el corazón de Dios sin crear estructuras artificiales. Seamos ahora verdaderos socios en el evangelio."²⁶⁰

Phillip Butler afirma correctamente que la asociación no es opcional. Por casi 200 años, la Iglesia en el Occidente ha orado e invertido en misiones para ver el nacimiento de la Iglesia en Asia, África y Latinoamérica. Ahora, la Iglesia del mundo de la mayoría está tomando su lugar junto con la Iglesia del Occidente, de modo que *juntas* puedan alcanzar el segmento final del mundo, que son los más de cinco mil millones que nunca han oído del amor de Jesús. Trabajar como socios es algo que se ha conversado por mucho tiempo, ¡pero hoy no tenemos otra opción!²⁶¹

Una razón importante por la que la asociación no es opcional es que realmente nos necesitamos unos a otros, para evangelizar al mundo en nuestra generación. Aunque el porcentaje total de cristianos con relación a la población mundial es hoy más alto que nunca antes, el número real de los que todavía no conocen a Jesucristo es mayor que nunca antes: ¡5.500.000.000! Nos necesitamos unos a otros para evangelizar al mundo por el cual Cristo murió. Ninguna iglesia, ninguna agencia misionera, ningún movimiento misionero puede evangelizar el

---

[259] Skreslet 1995.
[260] Taylor 1999, 749-52.
[261] Butler 1999, 753-58; ver también Wilbert Shenk 1988; Frances Hiebert 1997; Carlos Bennett 1998; Daniel Rickett 1998; John Robb 1999; Paul Hiebert 1991; Stan Nussbaum 1999.

mundo en nuestra generación por sí mismo y en soledad. Esto se ha hecho cada vez más obvio para aquellos de nosotros, por ejemplo, que estamos involucrados en la misión en la ciudad. En las complejas metrópolis del mundo del siglo veintiuno, la única manera en que la Iglesia de Jesucristo puede causar un impacto es mediante la asociación de todos los discípulos de Jesucristo para presentar el evangelio en palabra y en obra en cada ciudad.

¿No será tiempo de que todos nosotros tomemos seriamente lo afirmado por el movimiento de Lausana en Manila hace varios años?

- Afirmamos que nosotros, los que decimos ser miembros del cuerpo de Cristo, debemos traspasar, dentro de nuestras comunidades, las barreras de raza, género y clase.
- Afirmamos que los dones del Espíritu son distribuidos entre todo el pueblo de Dios, mujeres y hombres, y que su asociación en la evangelización debe ser bienvenida para el bien común. . . .
- Afirmamos la necesidad urgente de las iglesias, de las agencias misioneras y de otras organizaciones cristianas de cooperar en la evangelización y en la acción social, repudiando la competencia y evitando la duplicación.[262]
-

Para que las iglesias y las agencias misioneras se asocien en la evangelización del mundo, deben estar dispuestas a escucharse unas a otras, a aprender unas de otras y a apreciarse unas a otras en su comprensión teológica del evangelio. Esto nos lleva a nuestra última palabra: teológico.

Trabajamos juntos porque crecemos juntos hacia la plena estatura de Jesucristo: la meta de las asociaciones misionales

El centro cristológico de nuestro pasaje es muy obvio. Aunque el capítulo tiene que ver con la Iglesia y con su crecimiento en ministerios diaconales, así y todo es Jesucristo el que permea todo el capítulo.

A. El texto bíblico

Pablo es prisionero de Jesucristo, su Señor (Ef 4.1). Hay un solo Señor (4.5). Jesucristo es el que reparte la gracia, el que ascendió a lo alto y el que se llevó consigo a los cautivos y dio dones a los hombres (4.7-9). Este es el Cristo que llena todo el universo (4.10). Él da una variedad de dones (4.1). La iglesia es el cuerpo de Cristo (4.12). El cuerpo está edificado sobre el conocimiento de

---

[262] Afirmaciones del Manifiesto de Manila 13, 14, y 17.

Jesucristo el Hijo de Dios y llega a madurar, conforme a la plena estatura de Cristo que es la Cabeza (4.13, 15). Pablo escribe a los efesios insistiendo en el Señor (4.17). Los efesios no deben vivir como los gentiles, porque no es así como llegaron a conocer a Cristo (4.20). La verdad se encuentra en Jesús (4-17). Por lo tanto, los cristianos efesios son llamados a deponer la falsedad, a hablar la verdad en amor, a no dejar que cualquiera conversación obscena salga de sus bocas, a no agraviar al Espíritu Santo de Dios, a ser amables y compasivos para enseñar a otros, a perdonarse unos a otros de la manera como, en Cristo, Dios los ha perdonado (4.25-32). En resumen, deben vivir una vida de amor así como Cristo los amó y se dio a sí mismo por ellos, porque Jesucristo es una ofrenda y un sacrificio fragante para Dios (4.32-5.2).

Si pudiéramos quitar las referencias cristológicas en este pasaje, quedaría muy poco. El centro de la eclesiología misiológica de Pablo en Efesios 4 es, en realidad, Jesucristo el Señor. Pablo nos muestra un enfoque comprehensivo del teologizar de la misión que incluye un contenido proposicional como de la experiencia.

Primero, un comentario acerca del contenido teológico. Cuando como evangélicos pensamos en la palabra "teología," tendemos a asociarla con una serie de proposiciones, una "declaración de fe," que expresa claramente con quién estamos de acuerdo y con quién no. Esto ha sido así desde los debates fundamentalistas/modernistas de los años de 1920 y de 1930. Y en términos de las asociaciones para la misión, nuestra tendencia ha sido cooperar en una acción misionera específica, en tanto y en cuanto nuestras proposiciones teológicas no sean cuestionadas. La discusión sobre las afirmaciones teológicas de nuestra agencia misionera o de nuestra iglesia ha estado fuera de los límites. En las asociaciones para la misión, nosotros los evangélicos hemos tendido a mostrar una marcada falta de voluntad para profundizar, re-examinar y reflexionar sobre las presuposiciones teológicas que subyacen a nuestro accionar misionero. Aun así, también es cierto que durante el siglo veinte, los evangélicos han demostrado una "visión más amplia" que incluyó un grado de apertura a re-examinar la manera en que hacían su teología de la misión.[263] Esto ha incluido una voluntad

---

[263] A modo de ejemplo, en "A Broadening Vision: Forty Years of Evangelical Theology of Mission," yo examiné la teología evangélica de la misión desde los años de 1940 hasta los años de 1980 y presenté la tesis siguiente: "A medida que los norteamericanos experimentaron (1) una nueva fuerza y una nueva confianza sociocultural, (2) cambios en la teología ecuménica de la misión y (3) desarrollos en las iglesias evangélicas asociadas en el Tercer Mundo, respondieron con una visión ampliada de una teología de la misión evangélica, la cual llegó a ser menos reaccionaria y más holística, sin comprometer el *élan* evangélico inicial del la Conferencia Misionera Mundial de

de examinar su método teológico, reuniendo su razonamiento proposicional con la experiencia de encontrarse con Jesucristo. Traté este tema con más detalle en un capítulo anterior de este libro.

Stanley Grenz presenta un significado clásico del término.

> Básicamente, la teología sistemática es la reflexión sobre la fe y una articulación ordenada de la misma. . . . La palabra "teología" no aparece en los documentos bíblicos. . . . La palabra misma está formada por otros dos términos griegos, *theos* (Dios) y *logos* (palabra, enseñanza, estudio). De ahí que, etimológicamente, "teología" significa "la enseñanza concerniente a Dios" o "el estudio de Dios." . . . La teología es principalmente la articulación de un sistema de creencias religiosas específico en sí mismo (doctrina). Pero también incluye una reflexión sobre la naturaleza de creer, como también declaraciones concernientes a la integración del compromiso con la vida personal y comunitaria."[264]

Donald Bloesch enfatiza que tanto lo racional como lo experiencial, lo proposicional y lo místico son aspectos integrales de la tarea teológica. "El dogma de la revelación," escribe Bloesch, "consiste en la unidad del logos y la praxis. . . . El dogma no es simplemente una verdad externa sino también una verdad interna. Debe estar enraizada en el ser interior de uno mismo. Apela no sólo a la mente sino también a toda la persona. . . . Una dogmática evangélica está basada sobre la presuposición de que la Palabra de Dios es al mismo tiempo el acto de Dios. Esta Palabra es tanto conceptual y personal como proposicional y existencial."[265]

Hendrikus Berkhof habla de hacer teología en términos de una relación de amor que procura la santificación. Dice lo siguiente:

> La esencia del estudio de la fe se capta mejor si la consideramos como un elemento en la santificación de la iglesia. En la relación de fe, Dios nos toma para sí con su amor. Podemos responder a esto amándolo con todo nuestro ser y por lo tanto con toda nuestra mente. El estudio de la fe no es la única forma, pero ciertamente es una de las formas de nuestro amar a Dios con la mente. . . . Todo pensar correcto acerca de Dios surge del encuentro con Dios y está dirigido al encuentro con Dios. . . . La

---

Edimburgo 1910" (Joel A. Carpenter y Wilbert Shenk, eds., 1990, 204-5; reimpreso en Van Engen 1996a, 128).

[264] Grentz 1994, 2-4. H. Berkhof afirma como una definición clásica de teología lo siguiente: "La teología enseña a Dios, es enseñada por Dios y conduce a Dios." (H. Berkhof 1979, 30).

[265] Bloesch 1991, 19-20.

posibilidad de hacer verdadero y significativo este pensar depende de la relación que, desde el otro lado se establece con el Espíritu Santo.[266]

Esto conduce a un comentario sobre el método teológico. Grenz, Bloesch y Berkhof nos presentan un abordaje del teologizar que procura llevarnos relacionalmente más cerca de Jesucristo. Al hacerlo, profundiza nuestra comprensión de la verdad del evangelio.

Leslie Newbigin enfatizó esto cuando sugirió que necesitamos revertir la metodología de Descartes y "creer para saber."[267] Nuestro pasaje en Efesios 4 es tanto experiencia como objetivación, tanto relación de fe con Jesucristo como reflexión proposicional. Se basa en las "Diez bendiciones" de Efesios 1.13-14, junto con todas las varias afirmaciones proposicionales que se entretejen en Efesios. Pero también llama a una transformación radical de la espiritualidad de los discípulos, a un crecimiento hacia una reflexión más verdadera y más clara acerca de su Cabeza. Este es un crecimiento en "conocimiento," en el sentido bíblico de una relación íntima, tal como lo expresa la versión Reina Valera cuando afirmó que "Conoció Adán a su mujer Eva la cual concibió y dio luz a Caín." (Gn 4.1). Este es el sentido de "conocimiento" que tiene que ver con la sabiduría, más bien que con aferrarse a hechos empíricos.[268] Es la clase de cosa de la que el salmista estaba hablando al decir "El principio de la sabiduría es el temor del Señor" (Sal 111.10).

Para que podamos trabajar juntos en asociaciones misioneras en medio de las diferencias en nuestras perspectivas teológicas, necesitaremos aprender a teologizar de modo comprensivo, incluyendo tanto proposiciones como experiencia, como datos legítimos para nuestra tarea teológica. Tenemos que hacerlo a través de un abordaje de "grupos centrados" que pregunte acerca de nuestra creciente proximidad o distancia de Jesucristo nuestro Señor. Ya no podemos usar nuestro teologizar principalmente como una defensa de nuestras fronteras, por las que decidimos quién está dentro y quién está afuera. "Más bien, al vivir la verdad con amor" (Ef 4.15), necesitaremos recibir unos de otros, a escala global, las percepciones que nos llevan más cerca de nuestro Señor, la Cabeza de la iglesia. De esta manera, podemos aprender a cooperar sin compromiso. Estamos centrados en Jesucristo, en medio de las múltiples culturas del globo.

B. Preocupaciones misiológicas

---

[266] H. Berkhof 1979, 29-30.
[267] Newbigin 1991, 36.
[268] Ver, e.g., Lesslie Newbigin 1986 y 1989.

Nuestra reflexión bíblica y teológica concerniente a la meta de las asociaciones para la misión sugiere algunas cuestiones misiológicas.

Lo que el crecimiento teológico no significa

El crecimiento teológico y misiológico comprehensivo del cuerpo de Cristo significa que todos debemos luchar para evitar el paternalismo en las asociaciones misionales. El paternalismo fue la mayor fuente de frustración de parte de las iglesias receptoras durante el esplendor del debate sobre la "moratoria." Y no debemos subestimar el poder destructivo del paternalismo. Aunque va más de los límites de este capítulo, permítanme ilustrar lo que quiero decir al mencionar algunas de las "muchas caras" que puede incluir el paternalismo.

- El síndrome del que financia[269]
- El síndrome del que oficia de la madre que sofoca[270]
- El síndrome de la organización[271]
- El síndrome de la invasión[272]
- El síndrome del aislamiento[273]
- El síndrome del gran queso[274]

---

[269] Dar dinero sólo si podemos controlar su uso; o no dar dinero porque sentimos que no va a ser bueno para ellos; o dar dinero de manera de hacer que el recipiente dependa totalmente de nosotros.

[270] Decidir lo que los receptores realmente necesitan y fomentar el cambio de acuerdo a eso; u oír a los receptores decir que necesitan algo, pero decidir que realmente no lo necesitan.

[271] La agencia que envía diseña programas de su parte y luego pide a los receptores que los tomen sin opción; o manipula a los receptores de tal manera, que no tienen otra opción que recibir sus servicios; o no hacen nada hasta que los receptores lo pidan – y sólo si el pedido está bien planeado, de antemano y exactamente de acuerdo a sus criterios.

[272] Llevamos servicios y gente, creamos programas o hacemos presupuestos y ubicamos todos los servicios en un lugar, sin consultar a los receptores.

[273] Este es un doble pensamiento insidioso, que desea afirmar la autonomía de los receptores, pero desde un punto de vista desconectado. La agencia que envía decide, independientemente de los receptores, las áreas sobre las que va a hablar, las áreas que no va a tocar y qué áreas son un problema de los receptores y no de la agencia que envía – con poca o ninguna consulta con los receptores. La contracara de esto es el síndrome de cooptar, que invita a los receptores a reunirse con los donantes en comités unidos, pero las decisiones más básicas e influyentes ya han sido tomadas, antes de que los receptores se unan al proceso.

[274] Decidir no hacer algo porque los receptores nunca podrían hacerlo o continuarlo, sin la ayuda de la agencia que envía; o el pensamiento de la agencia que envía que su tiempo

- El síndrome del príncipe y el mendigo[275]
- El complejo del "profesional"[276]
- El síndrome del que arregla[277]
- El síndrome de "reproducirnos" o "clonarnos"[278]

Todos sabemos que el paternalismo es un peligro siempre presente en la misión y en el ministerio. Aparece mayormente cuando nos aferramos a alguna postura o idea de manera doctrinaria, o tomamos alguna decisión sin importar las circunstancias, opiniones, sabiduría o sentimientos de los receptores o socios, con los cuales hemos sido llamados a servir. ¿Podemos escaparnos completamente del paternalismo? Probablemente no. Pero quizás podemos tomar consciencia de sus trampas.

Una de las trampas más insidiosas del paternalismo es de índole teológica. Dado que estamos convencidos de las proposiciones teológicas a las que nos aferramos, y porque estamos comprometidos con la fe que experimentamos, muy fácilmente aplicamos esto, sin cambios, a las nuevas situaciones. Asumimos que nuestra comprensión del evangelio es aplicable universalmente de idéntica manera a la que hemos aprendido y experimentado. Así es que nos resulta más fácil contextualizar el envoltorio del paquete de

---

y su dinero son tan valiosos que hay muchas tareas de todos los días que los receptores deberían hacer, mientras que las realmente importantes deben ser llevadas a cabo por la agencia que envía.

[275] El personal de la agencia que envía vive tan por sobre el nivel de la gente a la que sirve, que nunca experimenta la vida tal como lo hacen los receptores; o "se hacen nativos" de tal manera que el personal vive en condiciones tan pobres que usa todo su tiempo en tratar de sobrevivir.

[276] La idea que la agencia que envía ofrece servicios a los receptores, de manera impersonal, distante, evitando "comprometerse" o desarrollar relaciones estrechas con los receptores.

[277] La agencia que envía está interesada en un arreglo rápido del problema que los receptores aparentemente tienen, y tiene poco tiempo para escuchar a los receptores, aprender de ellos y asociarse con ellos, quienes pueden no considerar a la situación como un problema. Los receptores pueden saber mejor que los enviados la profundidad, penetración y dificultad que el problema presenta, de modo que no sea posible "arreglarlo" rápidamente.

[278] La agencia o iglesia que envía está muy profundamente preocupada por crear clones de sí misma en nuevos lugares. Las únicas estructuras de misión y de iglesia realmente auténticas y aceptables son las réplicas exactas de las estructuras del grupo que envía: "como lo hacemos en casa." La contracara de esto es pensar que todas las culturas son tan únicas y diferentes que nada de la cultura que llega es aplicable o útil en el nuevo ambiente.

nuestra teología, que re-examinar nuestra comprensión de los reales contenidos del paquete.

De modo que, por siglos, los teólogos de Europa occidental han pensado que su teología era aplicable para todos los tiempos y a todas las culturas, y han impuesto una hegemonía teológica sobre la Iglesia mundial, un control de calidad teológico, del que parecen no haber estado mayormente conscientes. Por momentos, esto ha estado acompañado de un aire de triunfalismo y de arrogancia de parte de las agencias y de las iglesias que envían, las que han supuesto que ya tenían todas las respuestas teológicas necesarias para responder a todas las preguntas que enfrente la Iglesia en cualquier parte. Como Lesslie Newbigin y otros lo han señalado con fuerza en aumento, la teología occidental en sí misma representa una formulación altamente contextualizada del evangelio. Lamentablemente, algunas veces las respuestas excelentes ofrecidas por la empresa misionera implicaron respuestas a lo que los receptores han considerado ser preguntas erróneas. Así es que Dean Gilliland, por ejemplo, ha sugerido que en nuestro teologizar contextual necesitamos comenzar preguntando cuáles son las preguntas operativas de la cultura.[279]

Por otra parte, como se ve en Efesios 4, Pablo estaría categóricamente opuesto a hablar de "teologías" en plural, como la teología de la liberación latinoamericana, la teología minjung, la teología africana, la teología dalit, la teología asiática y así sucesivamente. Más bien, Pablo declara: "Hay . . . una sola esperanza; un solo Señor, una sola fe, un solo bautismo; un solo Dios y Padre de todos" (Ef 4.4-6). Entonces, ¿cómo teologizamos como Iglesia mundial, como socios en misión que dan la vuelta al globo, como miembros del único cuerpo que representa contextos de misión radicalmente diferentes?

Lo que podría significar el crecimiento teológico global

Me gustaría sugerir que nuestra tarea teológica global debe implicar crecimiento, un crecimiento para todos nosotros en nuestro acercamiento a Jesucristo, mediante la obra del Espíritu Santo. Creo que Pablo nos ofrece una manera de hacerlo en Efesios 4. Implica que estemos todos juntos en cada lugar, creciendo a la estatura de Jesucristo. Al hacerlo, vamos a crecer y debemos crecer estrechamente juntos unos con otros, como discípulos del mismo Señor.[280]

Como socios en la misión, crecemos juntos hacia la plena estatura de Jesucristo. El tamaño de la Cabeza no cambia. El señorío de Jesucristo, el gobierno de Cristo, el reino de Dios no cambian. Y mientras la Iglesia crece, es

---

[279] Gilliland, "New Testament Contextualization," 1989, 52.
[280] Ver Van Engen 1981, 438-41 y Barth 1958, 614-41.

la misma Iglesia. No era menos Iglesia antes de crecer, y tampoco es más Iglesia después de haber crecido. Pero mientras crece, refleja más completamente, más claramente y más acabadamente ante el mundo al único que es la Cabeza de la Iglesia. Crece para alcanzar "la plena estatura de Cristo." Crece debido a la obra de Cristo mediante el Espíritu Santo, mirando al día cuando Cristo se la presente "a sí mismo como una iglesia radiante, (la novia) sin mancha ni arruga ni ninguna otra imperfección, sino santa e intachable" (Ef 5.27). Este cuadro orgánico de la Iglesia implica una perspectiva de interdependencia, complementariedad y mutualidad teológicas.

Y nos necesitamos unos a otros. La complejidad de las cuestiones teológicas que enfrentamos en la misión en el siglo veintiuno demanda que nos asociemos juntos también en la tarea teológica, procurando entender de manera nueva la antigua, antigua historia de Jesús y de su amor, en nuevos contextos, enfrentando nuevas cuestiones.

Como señalé en "The New Covenant: Knowing God in Context," (Van Engen 1989), una visión orgánica del crecimiento teológico de la Iglesia en la cercanía al Señor Jesucristo ahora debe transformarse en una perspectiva global. En este milenio, será la Iglesia *mundial* la que crezca junta en su comprensión del pacto de Dios con el pueblo de Dios. Es siempre el mismo pacto, siempre el mismo evangelio, aunque siempre nuevo y siempre profundizando su impacto de transformar y santificar a la Iglesia de Cristo. Y este es ahora un fenómeno global. "A medida que el evangelio continúa enraigándose en nuevas culturas y el pueblo de Dios crece en su relación de pacto con Dios en esos contextos, una comprensión más amplia, más completa y más profunda de la revelación de Dios será dada a la Iglesia mundial."[281]

Este esfuerzo teológico demandará que todos los creyentes en Jesucristo, de todos los continentes, en medio de cada cultura y en todas ellas, se acerquen a Jesucristo al leer la Biblia para sí mismos, compartan lo que ven con todos los otros cristianos alrededor del mundo y crezcan juntos al crecer juntos a la estatura de nuestra única Cabeza, Jesucristo.

Una manera gráfica de presentar esto podría ser la siguiente:

---

[281] Van Engen, "The New Covenant: Knowing God in Context," 1989, 88-89; reimpreso en Van Engen 1996, 88-89.

La comunidad hermenéutica global/local conociendo a Dios en contexto

Figura 9: Teología glocal de la misión

Al comenzar a escucharnos unos a otros como socios teológicos en la misión vamos a profundizar nuestra relación con Jesucristo, desearemos aprender unos de los otros y desearemos crecer más cerca de nuestra Cabeza. Luego empezaremos a experimentar lo que Orlando Costas llamó "crecimiento integral (o comprehensivo)." Costas creía que la auténtica Iglesia de Jesucristo debía crecer en cuatro dimensiones simultáneamente. Yo he agregado una quinta.

"Por CRECIMIENTO ESPIRITUAL se entiende la profundidad y la amplitud de la relación de pacto del pueblo de Dios en cercanía espiritual íntima con Dios, mediante la fe en Jesucristo por medio del Espíritu Santo; i.e., la profundidad de la madurez espiritual de los líderes y de los miembros, su grado de inmersión en la Escritura, su vivir un estilo de vida y una ética del reino de Dios, su compromiso en oración, su dependencia de Dios, su procurar santidad y su vitalidad en la adoración (Van Engen).

"Por CRECIMIENTO NUMÉRICO se entiende el reclutamiento de personas para el reino de Dios, llamándolas al arrepentimiento y a la fe en Jesucristo como Señor y Salvador de sus vidas, y su incorporación a una comunidad local de personas quienes, habiendo hecho una decisión similar, adoran, obedecen y dan testimonio colectiva y personalmente al mundo, de la acción redentora de Dios en Jesucristo y de su poder liberador.

"Por CRECIMIENTO ORGÁNICO se entiende el desarrollo interno de una comunidad de fe local, i.e., el sistema de relaciones entre sus miembros – su forma de gobierno, su estructura financiera, su liderazgo, sus tipos de actividades en que invierten su tiempo y su recursos, etc.

Por CRECIMIENTO CONCEPTUAL se entiende el grado de consciencia que una comunidad de fe tiene con respecto a su naturaleza y misión en el mundo, i.e., la imagen que la comunidad ha formado de sí misma, la profundidad de su reflexión sobre el significado de su fe en Cristo (comprensión de la Escritura, etc.) y su imagen del mundo.

"Por CRECIMIENTO ENCARNACIONAL se entiende el grado de compromiso de una comunidad de fe en la vida y en los problemas de su ambiente social; i.e., su participación en las aflicciones de su mundo; su acción profética, intercesora y liberadora a favor de los débiles y de los destituidos; la intensidad de su predicación a los pobres, a los quebrantados de corazón, a los cautivos, a los ciegos y a los oprimidos (Lc 4.18-21)."[282]

Yo creo que es necesario que estemos juntos, trabajando juntos, en una asociación misionera teológica, para comenzar juntos a "comprender, junto con todos los santos, cuán ancho y largo, alto y profundo es el amor de Cristo; en fin, que conoz[camos] ese amor que sobrepasa nuestro conocimiento, para que sea[mos] llenos de la plenitud de Dios" (Ef 3.18-19). Tal es el crecimiento integral de los discípulos de Jesucristo alrededor del mundo, comprometidos a trabajar juntos en este nuevo milenio.

Conclusión

Hace algún tiempo, mi esposa Jean y yo estábamos en nuestro jardín podando los arbustos. Normalmente soy yo el que hace ese trabajo. Pero, en esta ocasión, lo estábamos haciendo juntos. Yo cortaba y serruchaba, ella quebraba las ramas y las ponía en un tacho de basura. Y estaba sorprendido de lo rápido que se estaba haciendo el trabajo. Paré por un momento y le dije a Jean: "¡Esto es más rápido si lo hacen dos!"

Creo que la evangelización del mundo en nuestra generación va a ir más rápido si trabajamos juntos. Incluso el escritor de Eclesiastés sabía esto: "Más valen dos que uno, porque obtienen más fruto de su esfuerzo" (Ec 4.9).

En este capítulo, hemos considerado las implicaciones de trabajar juntos en medio de la diversidad teológica. Nuestra asociación en la misión en este milenio debe estar centrada en Jesucristo, enfocada en congregación local, modelada por una misiología del reino de Dios, dirigida a un mundo en necesidad desesperante de Cristo, reconociendo que el evangelio es para todos,

---

[282] Con excepción del primer párrafo, este material está tomado de Orlando Costas, *The Church and its Mission: A Shattering Critique from the Third World* (Chicago: Tyndale, 1974) 90-91. Esto fue luego publicado en español en Orlando Costas, *El protestantismo en América Latina hoy: ensayos del camino (1972-1974)* (San José, Costa Rica, Indef, 1975) 68-70. Ver también Orlando Costas, *The Integrity of Mission: The Inner Life and Outreach of the Church* (NY: Harper & Row, 1979) 37-60.

comprometidos a cooperar juntos en mutualidad y en humildad, celebrando los dones dados a cada miembro de la comunidad global del Rey y creciendo juntos para llegar a ser socios maduros, alcanzando juntos la plena estatura de Jesucristo nuestro Señor.

Para poder enfrentar los desafíos que enfrentaremos en la evangelización del mundo en este nuevo milenio, debemos tomar en serio las palabras de Billy Graham que aparecen en el epílogo del Manifiesto Evangélico de la National Association of Evangelicals en 1996:

> Es mi oración ferviente que la comunidad evangélica tome seriamente el mandato de la Gran Comisión de la manera que Jesús la describió en su oración grandemente sacerdotal, ¡cooperando sin compromiso, para qué el mundo crea!
>
> El desafío que tenemos por delante demanda un esfuerzo evangelístico estratégico unido como nunca antes hemos llevado a cabo. Se dice que el mundo de nuestro tiempo se ha endurecido al discipulado. Pero también se ha hecho más fácil a la evangelización. Se dice que el mundo de hoy está multiplicando sus crisis alrededor nuestro. Pero nunca debemos olvidar que, para el evangelio, cada crisis es una oportunidad...
>
> Necesitamos re-dedicarnos a la tarea principal de ganar y de hacer discípulos de Jesucristo en nuestra generación. El mundo de hoy espera ver nuestra respuesta a preguntas y desafíos como estos.
>
> El evangelicalismo tiene futuro en la medida en que nosotros los evangélicos mismos seamos atraídos por el evangelio, seamos definidos por el evangelio y declaremos y demostremos el evangelio de nuestro Señor y Salvador Jesucristo, en palabra y en obra. . . .
>
> Nuestro testimonio fiel puede o no resultar en una nueva comprensión del nombre "evangélico," por parte de la cultura y de los medios. Nuestro testimonio fiel unido puede resultar en una adoración cristiana visible de nuestro Señor, en las celebraciones públicas del año 2000 d.C., más que meramente una glorificación de otra época de logro y existencia humana. Pero nuestro testimonio fiel unido resultará en avivamiento, en reconciliación y en renovación. Vayamos adelante juntos en fe – ¡y las puertas mismas del infierno no pueden prevalecer![283]

Este capítulo está tomado de "Working Together Theologically in the New Millenium: Opportunities and Challenges," en Gary Corwin y Kenneth Mulholland, eds., Working

---

[283] National Association of Evangelicals, "An Evangelical Manifesto: A Strategic Plan for the Dawn of the 21st Century," NAEWeb Site www.nae.net/sig_doc11.html (website inactiva) 1996.

Together With God to Shape the New Millenium, *Pasadena, WCL, 2000, 82-122. Editado y adaptado en "Toward a Theology of Mission Partnerships,"* Missiology, *39:1, enero, 2001, 11-44. Reimpreso en "Toward a Theology of Mission Partnerships," en* Intercultural Ministry: Readings on a Global Task, *Jim Lo y Body Johnson, eds., Indianápolis: Precedent Press, 2006, 103-24. Usado con permiso.*

CAPÍTULO 12

LA FE, LA ESPERANZA, EL AMOR: ESTOS TRES EN LA TEOLOGÍA DE LA MISIÓN

Tesis

En este nuevo milenio necesitamos una teología de la misión trinitaria que: (a) emane de una fe en Jesucristo profundamente personal y corporativa; (b) sea vivida en el cuerpo de Cristo como una comunidad ecuménica de amor; (c) ofrezca esperanza para la transformación total del mundo de Dios (como señal de la irrupción presente del reino de Dios que viene).

Introducción

En este tiempo entre tiempos, vivimos en la dialéctica estresante del reino de Dios, un reino que ya ha venido en Jesucristo, pero que todavía está por venir (Cullmann 1951). Esta realidad se hace todavía más estremecedora, cuando la consideramos a la luz del malestar y la ansiedad que fluyen de los conflictos alrededor del globo, en las primeras décadas de este nuevo milenio.

El carácter de ya pero todavía no del gobierno de Dios significa que la Iglesia y su misión constituyen una señal intermedia. En el poder del Espíritu Santo, la Iglesia remite a la humanidad hacia atrás, a sus orígenes en la creación de Dios y hacia adelante, al reino de Jesucristo presente y por venir.[284]

---

[284] Verkuyl 1978, 203; Arthur Glasser 1985, 12; 1990, 250; y Glasser y McGavran 1983, 30-46. David Bosch (1991, 368.93 y 1980, 75-83, 239-48) provee una excelente visión de conjunto y crítica del concepto de la *missio Dei*, especialmente al ser mal usado y moldeado de modo no bíblico en la misiología del Consejo Mundial de Iglesias desde 1965 hasta 1980. Ver, entre otros, Norman Goodall 11953, 195-97; James Scherer 1987, 126.34; Lesslie Newbigin 1977, 63-68; 1978, capítulos 4, 8 y 9; Wilhelm Anderse 1961; R. C. Bassham 1979, 33-40, 67-71, 168-69; y Verkuyl 1978, 2-4, 197-204. El reino de Dios (y una perspectiva bíblica de la *missio Dei* dentro de eso) se ha transformado en un punto mayor de consenso en la misiología global. Ver, Esther y Mortimer Árias 1970; Mortimer Árias 1984; Charles Van Engen 1981, 277-307; 1991a 101-18; William Dyrness 1983; Robert Linthicum 1991, 80-108; J. Blau 1958, 655ss.; H. N. Ridderbos 1962; G. Vicedom 1965; W. Pannenberg 1969; C. Rene Padilla 1975, 185; Orlando Costas 1979, 5-8; Orlando Costas 1989; Donald Senior y Carroll Stuhlmueller 1983, 141-160; Dempers, Klaus y Petersen 1991, 1-58; Robert Linthicum 1991; EmilioCastro 1985,

Mirando a este nuevo milenio, nos llenamos de sobrecogimiento y de no poco temor. En *Transforming Mission*, David Bosch diagramó los parámetros amplios de nuestra agenda para hacer teología de la misión en un futuro anticipable. Al hacerlo, intentó describir para nosotros lo que él consideraba ser algunos de los más importantes elementos de un paradigma misionero ecuménico emergente expresados en "Elements of an Emerging Ecumenical Missionary Paradigm" (1991, 368ss).[285] Va a tomar una cantidad de años y muchas conversaciones encontrar un camino para tratar los muchos y diversos elementos que David Bosch nos presentó e integrarlos de modo cohesivo. Aunque razonamos como niños y "vemos de manera indirecta y velada, como en un espejo" (1 Co 13.11-12), aun así podemos, por lo menos, mirar hacia el horizonte y buscar un mapa de ruta de lo que viene por delante. A riesgo de ser simplista, parcial y demasiado general, presentaré la tesis siguiente. Adentrándonos en este milenio, necesitamos una teología de la misión trinitaria que:

- Emane de una *fe* profundamente personal, bíblica y corporativa en Jesucristo (el Rey);
- Sea vivida en el cuerpo de Cristo como una comunidad ecuménica de *amor* (el lugar central del reino de Cristo);
- Y ofrezca *esperanza* para la transformación total del mundo de Dios (como señal de la irrupción presente de la venida del reino de Dios).

Al presentar esta tesis, he tomado prestado un marco organizativo del apóstol Pablo. Como si fuera una clase de firma, Pablo condimentó sus cartas con referencias a una tríada significativa de ideas misiológicas: *fe, esperanza y amor*. Mezclando el orden y entretejiendo las palabras con otras agendas contextuales, la tríada de Pablo nos da una visión de lo que podría llamarse el "habitus"[286] o la idea integradora de su teología de la misión.[287] En lo que sigue, el orden de fe, amor y esperanza da un sentido de movimiento en la ruta hacia el futuro de Dios. El primer principio en la tríada es la fe.

38-88; WCC 1980; George Peters 1981, 3747; Edward Pentecost 1982; Paul Pomerville 1985; Ken Gnanakan 1989; C. Peter Wagner 1987, 35-55, 96-112; Gailyn Van Rheenen 1983, 1-20; y William Abraham 1989.

[285] Bosch menciona a la misión como: la Iglesia-con-otros; la M*issio Dei,*la Mediadora de la salvación, la Búsqueda de la justicia, el Evangelismo, la Contextualización, la Liberación, la Inculturación, el Testimonio en común, el Ministerio por parte de todo el pueblo de Dios, el Testimonio a gente de otras creencias vivas, la Teología y como Acción en esperanza.

[286] Cf. Van Engen 1987, 524-25. Cf. D. Bosch 1991, 489.

[287] Ver, por ejemplo, Ro 5.1-5; 12.9-13; 1 Co 13.13; Gá 5.5-6; Ef 1.15; Col 1.3-6; 1 Ts 1.3, 5.8; 1 Ts 1.3 con 2.13-17; 1 Ti 4.9-12; 2 Ti 1.5, 13-14; Fil 5-6; y, aunque luchamos con su autoría, He 6.9-12.

Fe: el Espíritu Santo motiva la participación de la iglesia en la misión de Dios

Roland Allen (1962) y Harry Boer (1961), entre otros, enfatizaron que la venida del Espíritu Santo en Pentecostés trajo una relación con Jesucristo radicalmente nueva y profundamente personal, la cual es esencial para la misión. El movimiento pentecostal tradicional, desde comienzos del siglo pasado (y los wesleyanos anteriormente), el movimiento carismático de los últimos cincuenta años y las tradiciones ortodoxas en su participación en el Consejo Mundial de Iglesias han enfatizado, de manera continua el rol del Espíritu Santo, de la fe personal y de la espiritualidad profunda como fundacionales para la misión cristiana. En esta línea, hay un acuerdo sustancial entre, digamos, las expresiones protestantes de la teología de la misión, como las de la Sección I de *The San Antonio Report* (CMI 1990), las del *Manila Manifesto* (1989) y las encíclicas católicas romanas como *Evangelii Nuntiandi*, *Redemptoris Missio* y más recientemente *Evangelii Gaudium*. Siendo este el caso, la fe juega un rol crucial con referencia a algunos de los temas más críticos de nuestro tiempo. Seis consideraciones se centran en la fe, al mirar al horizonte de este nuevo milenio.

Primero, en ciertos círculos, la fe, como la confianza en la revelación de Dios en Jesucristo, con base en la Biblia y con el testimonio del Espíritu Santo, es algunas veces cuestionada e incluso a veces rechazada. Pero la misión que no está basada en la revelación bíblica, el texto que declara el carácter único de Jesucristo y que ofrece un nuevo nacimiento a través del Espíritu Santo, puede ser una expansión de la Iglesia, o una extensión colonialista o un proselitismo sectario, pero no es la misión de Dios (cf. Gnanakan 1992, 195 ff.).

La misión de Dios emana del poder de la resurrección (Ef 1), en "el poder del Espíritu."[288] Esto también significa que la misión de Dios debería ser examinada y probada. Como Juan lo sugirió, "Todo espíritu [y toda empresa de misión] que reconoce que Jesucristo ha venido en carne es de Dios, pero todo espíritu que no reconoce a Jesús no es de Dios" (1 Jn 4.2-3). Una perspectiva teocéntrica pluralista que niega el carácter único de Jesucristo puede ser una conversación amable o incluso una cooperación compasiva, pero no es el apostolado de Jesucristo. Porque cuando estamos comprometidos en la misión de Dios, entonces estamos participando de la misión de Jesús: "Como el Padre me envió a mí, así yo los envío a ustedes" (Jn 20.21; ver Glasser 1976, 3). Jesús nos llama a ser embajadores, llamando al mundo a reconciliarse con Dios mediante

---

[288] Jürgen Moltmann 1977.

la fe en Jesucristo, y esa reconciliación es imposible aparte de una fe personal y corporativa en Jesucristo (2 Co 5).

Segundo, la misión que deriva de la fe tomará seriamente los siglos de reflexión por parte del pueblo de Dios, concerniente a su fe, tal como está revelada por Dios en las Escrituras y como está entendida por la comunidad de fe desde Abraham. Esto significa que la teología sistemática e histórica necesita tener su lugar apropiado en el significado, alcance e implicaciones de la misión. Pero también significa que no puede haber un desarrollo de la teología sistemática e histórica verdaderamente bíblico, a menos que estas estén completamente saturadas de preguntas, intenciones y dimensiones misionales, tal como lo mencioné en la primera parte de este libro.

Tercero, la misión a partir de la fe significa que la conversación con gente de otras creencias ocurrirá a los más profundos niveles de convicciones compartidas. Esto implica una diferenciación radical entre religión y cultura, entre fe y cosmovisión. Confundir la religión con la fe, por un lado, y la cultura con la cosmovisión, por el otro, con frecuencia significa que una vez que uno afirma la relatividad cultural, uno inmediatamente debe dar el próximo paso y aceptar el pluralismo religioso. Tal confusión es evidente en los escritos de Wilfred Antwell Smith, de Karl Rahner, de John Hick, de John Cobb, de Paul Knitter y de Wesley Ariarajah. Una de las tareas futuras de la teología de la misión será distinguir más claramente estos dos aspectos de la experiencia humana.[289]

También será importante distinguir entre el Espíritu Santo (como una parte única del Dios trino) y los espíritus (sean estos panteístas, animistas, espiritistas, de la Nueva Era o materialistas). Esto también nos ayudará a diferenciar al Espíritu Santo de la espiritualidad humana, una cuestión crucial relacionada con la diferencia entre la misión de Dios y nuestras propias agendas expansionistas.

Cuarto, la misión a partir de la fe significará una búsqueda continua de caminos en los cuales nuestra fe pueda ser una fe pública, basada en los actos de la revelación. Especialmente en el Occidente, esto implica luchar con el chaleco de fuerza del Iluminismo, que ha querido forzar el concepto de fe dentro de un molde de gusto individual, tal como Lesslie Newbigin lo ha demostrado tan adecuadamente (Newbigin 1986, 1980).[290] La fe misionera de manera inevitable, correcta y poderosa debe ser una fe pública, interesada en la conversión espiritual interior de la persona como parte de una realidad social, económica, política y

---

[289] Ver Van Engen 1991b, 189-90.
[290] El número de *Missiology* de octubre de 1991 es una introducción excelente a algunas de estas cuestiones.

global más amplia. La conversión de cada persona en micro-escala tiene implicaciones para la transformación de la sociedad en macro-escala y viceversa. Ya no podemos mantener la dicotomía entre estas dos. La teología de la misión en este milenio debe encontrar una manera de hablar a ambos aspectos, como parte de la misma realidad. Esto significa que la misiología debe encontrar un modo de integrar la espiritualidad, la psicología, la antropología y la sociología en una comprensión holística que se aproxime más estrechamente a la realidad.

Quinto, la misión a partir de la fe significará que estamos profundamente preocupados acerca y sobre los cinco mil millones de personas y los miles de grupos de pueblos no alcanzados, que todavía no han experimentado la transformación del Espíritu por medio de la fe en Jesucristo. Nuestros corazones sienten dolor por ellos (Ro 9.1-3), nos consideramos deudores (Ro 1.14) y anhelamos profundamente verlos tocados por el Espíritu Santo y convertidos a Jesucristo (Van Engen, 1981). Esta es una teología de la misión que no puede evitar acciones y planes comprometidos, una teología de la misión que entiende que existe a favor de los que todavía no han llegado a ser parte del pueblo de Dios. Como lo dijo Johannes Verkuyl: "La misiología nunca puede llegar a ser un sustituto de la acción y de la participación. . . . Si el estudio no lleva a la participación, ya sea en casa o en el exterior, la misiología habrá perdido su humilde llamado" (Verkuyl 1978, 6).

Finalmente, la misión a partir de la fe mediante el Espíritu Santo no sólo usará los dones del Espíritu para el ministerio en el mundo. Tendrá lugar cuando el fruto del Espíritu emane a través de las vidas del pueblo de Dios (Gá 5.22-26). A lo largo de la historia de la misión, uno hubiera deseado que las motivaciones, los medios y las metas de la misión hubieran estado bañadas en amor, en gozo, en paz, en paciencia, en amabilidad, en bondad, en fidelidad, en humildad y en dominio propio. Para que la Iglesia sea creíble, es necesario que ésta conduzca su misión como una expresión del fruto del Espíritu, consciente del señorío de Cristo en medio del pueblo de Dios. Esto nos lleva a la segunda palabra importante en la tríada de Pablo: amor.

Amor: Jesucristo activa la participación de su cuerpo en la misión de Dios

"De este modo todos sabrán que son mis discípulos, si se aman los unos a los otros" (Jn 13.35). Jesús demanda amor *ágape* como la cualidad suprema de la comunidad de discípulos misioneros. Como nunca antes, la Iglesia de Jesucristo debe descubrir lo que significa ser una comunidad de amor, especialmente ahora que la Iglesia da la vuelta al mundo y su centro de gravedad se ha desplazado del norte y del oeste al sur y al este. Nunca antes en la historia de la humanidad, la fe cristiana ha sido adoptada por gente de tantas culturas.

Hoy, podemos observar empíricamente lo que sabíamos implícitamente, que el evangelio era infinitamente "traducible" a todas la culturas humanas (Lamin Sanneh 1989). Las implicaciones teológicas de este hecho están tambaleándose. Sólo se pueden resaltar unas pocas.

En primer lugar, la Iglesia mundial multicultural demanda un nuevo paradigma que se relacione más estrechamente más a la Iglesia con la unidad y con la misión. Cuando decimos "Iglesia," por ejemplo, necesitamos balancear cuidadosamente la local y la universal, tal como la tradición ortodoxa tan frecuentemente nos lo recuerda. Tampoco podemos referirnos sólo a las denominaciones más antiguas con raíces en Europa occidental, ni siquiera a sus iglesias hijas en África, Asia y Latinoamérica, como en la frase "Consejo Mundial de Iglesias." Nuevos movimientos religiosos en Asia, iglesias autóctonas independientes en África, nuevos grupos eclesiales en Latinoamérica, nuevas denominaciones por todo el mundo, meta-iglesias de cientos de miles que son denominaciones por derecho propio, todo esto se ha desarrollado a partir de los años de 1960 y le han dado todo un nuevo significado a la palabra "Iglesia" (Walls 1976).

Necesitamos un nuevo paradigma de ecumenicidad. El número de julio de 1992 de *International Review of Mission* provee un excelente punto de partida para discutir este tema.[291] La misión en amor debe primero significar que aprendemos a amar, a entender, a escuchar y a ser corregidos unos por otros en la Iglesia cristiana (cf. Van Engen 1990).[292]

Esto implica más que tolerancia como valor más alto y más que la celebración de una diversidad total con poco en común. La misión en amor es también más profunda que "Learning about Theology from the Third World" (Dyrness 1990), aunque claramente empiece con tal aprendizaje. René Padilla lo ha dicho bien.

> Desde la perspectiva de la misión integral, no hay lugar para la polarización entre un enfoque ecuménico y uno evangélico. Ser un cristiano ecuménico es ser un cristiano que concibe a toda la *oikoumene* (el mundo habitado) como el lugar de la acción transformadora de Dios. . . . Ser un cristiano evangélico es ser un cristiano que concibe al evangelio como las buenas nuevas del amor de Dios en Jesucristo, la Palabra viva de quien testifica la Biblia, la Palabra escrita de Dios. Es confesar y vivir el evangelio de Jesucristo como Señor de toda la vida en el poder del Espíritu Santo. Es trabajar juntos en la proclamación del evangelio a todos los

---

[291] Ver también Willem Saayman 1990; y Bosch 1991, 457.67.
[292] Ver también NCCC/DOM 1983, 9.

pueblos de la tierra . . . y en la formación de congregaciones cristianas locales que nutran y compartan la fe (Padilla 1992, 381-82).

La misión en amor se aferrará fuertemente a la verdad del evangelio, tal como está revelado en las Escrituras, y se aferrará levemente a las agendas provinciales de la particular tradición cristiana de cada uno, sea esta ecuménica, católica romana, ortodoxa, pentecostal o carismática.

En segundo lugar, la misión en amor afectará la manera en que hacemos teología a una escala global y de cosmovisión múltiple. La base sobre la que hacemos teología de la misión, la información que incorporamos, las metodologías que usamos, la gente a la que escuchamos y las cuestiones que abordamos probablemente sufran un cambio considerable. Las conferencias mundiales, sus pronunciamientos y los estudios y documentos que emanan de ellas probablemente lleguen de menor importancia para la teología de la misión. En cambio, necesitaremos escuchar cuidadosamente al pueblo de Dios en contextos locales y luego bregar por encontrar maneras por las que el teologizar local pueda impactar a la Iglesia mundial y viceversa.

Si la Iglesia es el cuerpo amoroso de Cristo, una comunidad de fe en amor que existe para y en la misión hacia el mundo, entonces ni las teologías locales ni una teología super-cultural monolítica son viables para una teología de la misión que va "más allá del anti-colonialismo hacia el globalismo" (Paul Hiebert 1991, 263). Más bien, debemos encontrar modos de afirmar tanto lo local como lo universal (ver Berkhof 1985, 71-73). Siguiendo a Agustín (como también al canon vicentino), se considera que la verdad yace en "lo que ha sido creído en todas partes, siempre, por todos" (cf. Van Engen 1981, 200-11).

William Dyrness observa lo siguiente:

> Si es cierto que la teología que importa será una teología de la mayoría de los cristianos, entonces la "teología en el Tercer Mundo es ahora la única teología por la que vale la pena preocuparse." Si la teología debe estar enraizada en las vidas reales de los cristianos hoy en día, cada vez más será de los pobres para los pobres en África, Latinoamérica y Asia. Y la teología que se hace en el Occidente, si no se va a tornar cada vez más provincial, nota [Walls], deberá hacerse en diálogo con los líderes teológicos en el Tercer Mundo (Dyrness 1990, 13; citando a Walls 1976, 182).

Si esta manera de teologizar tuviera su lugar en la Iglesia del mundo, se debería atribuir más peso al principio teológico de la aceptación o de la recepción, una idea articulada, por ejemplo, por Gamaliel en Hechos 5.33-39. Este principio demanda que todas las ideas teológicas nuevas sean probadas por el pueblo de

Dios, quien con el tiempo (algunas veces siglos) determinará si, en última instancia, la idea debe ser aceptada o rechazada por la Iglesia.

Una tercera implicación de la misión en amor tiene que ver con incluir dentro de nuestra teología del reino de Dios las fuertes perspectivas de pacto que se encuentran en la Escritura. El pensamiento sobre el reino tiende a respaldar conceptos de jerarquía y de orden. El pacto, por otro lado, tiende a dar poder a los débiles y a fortalecerlos mediante nuevas relaciones. La idea bíblica de pacto es imposible sin el concepto más amplio del reino de Dios en Jesucristo. Pero podemos descubrir que la perspectiva del "reino de Dios" se trabaja mejor a través de relaciones de pacto que especialmente toman las imágenes femeninas del cuidado de Dios: dar a luz, abrazar, amar, entregarse, proveer y proteger.

Así es que, una teología de la misión de pacto/reino tomará seriamente el rol de los refugiados, de las mujeres, de los pobres, de los marginados, de los débiles y de los insensatos al entender una hermenéutica bíblica de la participación de la Iglesia en la misión de Dios. Lo que se necesita es una teología misiológica que surja de la comunidad entera y le hable a ella (ver Hauerwas y Willimon 1991; Motte 1991). Esta es la sabiduría misionera de Agar, de Rut, de Ester, de Daniel y de la viuda de Sarepta (ver, Lc 4 y Mt 15.21-28). Esto es misión desde la debilidad y desde la insensatez (1 Co 1.18-31). El tercer milenio puede llevarnos a una situación reminiscente de la Iglesia primitiva, donde nuestra misión necesariamente será desde la debilidad, desde la insensatez y desde la pobreza. Esto implicaría un cambio radical de paradigma en la teología de la misión. Ninguna opción lo hace más o menos cierto. La verdad sólo puede ser juzgada en términos de "conjuntos centrados," que examinan nuestra proximidad o distancia con respecto a Jesucristo (Hiebert 1978). No obstante, el cambio alteraría dramáticamente la manera en que hacemos misión.

Este párrafo no puede ser optativo. Los drásticos cambios ecológicos, económicos, políticos, sociales, religiosos y otros que están ocurriendo en nuestro pequeño globo nos están confrontando con una nueva realidad, que demanda un nuevo paradigma de la teología de la misión. Este cambio de paradigma nos conduce a la tercera dimensión de la tríada de Pablo: esperanza.

Esperanza: la misión de Dios es crear un nuevo cielo y una nueva tierra

La primera carta de Pedro ubica a nuestra confesión evangelística en el contexto de un encuentro misional de la Iglesia con el mundo; y la esperanza es su motivo central. "Más bien, honren en su corazón a Cristo como Señor. Estén siempre preparados para responder a todo el que les pida razón de la esperanza que hay en ustedes. Pero háganlo con gentileza y respeto" (1 P 3.15-16a).

La esperanza es posiblemente el concepto más explosivo que la misiología tiene para ofrecer hoy. Oscar Cullmann lo reconoció hace treinta años.

> La primitiva esperanza cristiana genuina no paraliza la acción cristiana en el mundo. Al contrario, la proclamación del evangelio cristiano en la empresa misionera es una forma característica de tal acción, dado que expresa la creencia de que "las misiones" son un elemento esencial en el plan divino de salvación escatológico. El trabajo misionero de la Iglesia es el anticipo escatológico del reino de Dios y la esperanza bíblica del "fin" constituye el incentivo más agudo para la acción (Cullmann 1961).

Hoy estamos lejos del increíble optimismo de hace cien años concerniente a la civilización occidental, a la tecnología y al protestantismo cultural. Todo esto probó estar vacío y mal orientado, precisamente porque estaba centrado en la fe en la tecnología y en la civilización, más que en Jesucristo.

Pero tal reconocimiento no debería cegarnos a la influencia que la esperanza o la desesperanza pueden tener sobre la manera en que la gente participa en la misión de Dios. Por ejemplo, durante el exilio, los israelitas parecieron haber pasado de la desesperanza a la esperanza y viceversa, y la diferencia implicó una hermenéutica radicalmente distinta de la misión de Dios y de su parte en ella. Por otro lado, fueron proclives a la queja: "¿Cómo cantar las canciones del Señor en una tierra extraña?" (Sal 137.4). Pero otros siguieron la guía de Daniel, de Ester y de sus amigos. Este fue un enfoque lleno de esperanza, que incluso Jeremías, el profeta llorón, adoptó. "Construyan casas y habítenlas; planten huertos y coman de su fruto. Cásense, y tengan hijos e hijas; y casen a sus hijos e hijas, para que a su vez ellos les den nietos. Multiplíquense allá y no disminuyan. Además busquen el bienestar de la ciudad adonde los he deportado, y pidan al Señor por ella, porque el bienestar de ustedes depende del bienestar de la ciudad" (Jer 29.5-7).

Aquí hay una perspectiva que ofrece, precisamente en su carga de esperanza, la posibilidad de reconciliación en un profundo sentido bíblico.[293]

---

[293] Ver Robert Schreiter 1992.

Representa un paradigma de misión que Sunday Aigbe de Nigeria ha llamado el "mandato profético" (1991).

Los últimos años me han convencido de que la esperanza es probablemente el concepto individual más importante que la Iglesia de Jesucristo tiene para ofrecer al mundo de hoy. Hace algunos años, experimenté un período de unos veintiséis días en lo que pensé que, por primera vez en vida, realmente podríamos vivir en un mundo de paz. Se caía el muro de Berlín, Europa del este estaba cambiando, había negociaciones en Oriente Medio, Latinoamérica estaba comenzando a encontrar su camino política y económicamente. Sudáfrica estaba comenzando su tortuoso proceso de cambio, Asia estaba explotando económica y tecnológicamente, China estaba rumbo a nuevas cosas y las naciones africanas estaban empezando a encontrar nuevas sendas. Pero el hiato duró poco.

Hoy, al sentarme a escribir estas líneas, recuerdo ciudades en las cuales he experimentado la tragedia más terrible de todas: la pérdida casi total de la esperanza. Ya sea San Pablo, Sarajevo, la ciudad de México, el Oriente Medio, Los Ángeles después de las revueltas o Nueva Orleans después del huracán, lo que continúo oyendo es una pérdida casi completa de la esperanza. Especialmente en Latinoamérica, el deceso del marxismo como abordaje viable, junto con el fracaso de la democratización en ofrecer algo nuevo para el bienestar de las masas de pobres han traído aparejado un espíritu de resignación sin esperanza que me preocupa profundamente. Cuando yo era un niño creciendo en el sur de México, siempre había un grado de optimismo. Mañana, la semana que viene, el próximo gobernante, el próximo presidente, más educación y una mejor organización eventualmente podrían cambiar las cosas. Esa esperanza parece haber muerto.

Una misiología de esperanza[294] es central a la praxis misiológica de Pablo.[295] Esta esperanza no es ni un escapismo alegre, ni un optimismo vacío, ni un conformismo ciego, ni una utopía irreal, todo lo cual se encuentra en las misiologías de este siglo. Más bien, la misiología de esperanza de Pablo incluye, por lo menos, los tres componentes que siguen.

Primero, una misiología de esperanza significa que los cristianos se preocupan y lo hacen tan profundamente que se arriesgan a esperar algo nuevo. Se animan a esperar porque saben que en el reino de Dios, la gracia de Dios por

---

[294] Aunque Jürgen Moltman y otros desarrollaron una teología de esperanza en los años de 1960, el concepto no redundó en nuevas orientaciones misiológicas. Una misiología de esperanza es a la vez individual, social y estructural, y deriva de un profundo sentido de identidad, de propósito y de la *missio Dei*. Esto necesita más investigación. Cf. Bosch 1980, 234-238.

[295] Cf., Ef 1.18; Col 1.5, 23, 27; Ef 2.12; 1 Ts 1.3, 2.19, 4.13; 2 Ts 2.16. Ver también Pr 13.12, 29.18; He 6.18, 10.23; 1 P 1.3, 3.15.

medio de la fe produce una transformación radical y total. "Por lo tanto, si alguno está en Cristo, es una nueva creación. ¡Lo viejo ha pasado, ha llegado ya lo nuevo!" (2 Co 5.17).

Segundo, una misiología de esperanza significa que los cristianos se animan a creer que juntos pueden cambiar al mundo (cf. David Barrett 1983, 51). Esto está en el corazón de la misión. Pero debemos recordar el todavía no del reino de Dios, junto con su carácter del ya. Nosotros que pertenecemos a la generación de los "baby boomers" en los Estados Unidos creíamos que podíamos cambiar el mundo solos. Seguimos a J. C Hoekendijk en su pesimismo acerca de la Iglesia, y pensamos que podíamos cambiar el mundo por nosotros mismos, a través de la "gran sociedad" de Lyndon Johnson, de los Cuerpos de Paz y de la tecnología de la computación. Como resultado, muchos de nosotros en el día de hoy estamos marcados de manera indeleble con pesimismo y cinismo. Descubrimos que no podíamos cambiar ni siquiera las ciudades en las creamos comunidades cristianas, y mucho menos el mundo. Nos equivocamos al no darnos cuenta de nuestra condición de pecado y del verdadero alcance de la Caída, por no entender que ni podemos traer el reino, ni crear las utopías imaginadas por las ideologías. Más bien, al participar en la misión de Dios, el reino de Dios se acerca cuando la gente acepta a Jesús como el Señor, y en obediencia comienza a ver que la voluntad de Dios se hace "en la tierra como en el cielo" (Mt 6.10). Esto implica un cambio estructural y societario, así como también personal. Incluye a toda la persona no solamente los aspectos espirituales. Incluye toda la vida y no sólo lo eclesiástico.[296]

Tercero, la misiología de la esperanza significa que los cristianos profesan una certeza de lo que no ven (He 11.1). Significa participar con Jesús en ser "luz para las naciones" (Hch 13.47-49; Lc 2.32; 4.18-21). Al vivir en el tiempo entre la ascensión y la parusía, reconocemos la presencia del reino de Dios, vivimos su ética (Mt 5-8), y llamamos a la gente y a las estructuras a reconciliarse con la creación, con ellos mismos, unos con otros y con Dios (2 Co 5.18-21). Esta misiología de esperanza es profunda y creativamente transformadora, dado que procura ser una señal del reino de Dios presente y por venir. A través de ella, reconocemos nuestro profundo compromiso y nuestra transformación radical cuando oramos, "venga tu reino" (Mt 6-10).

No obstante, al mismo tiempo recordamos que el reino de Dios está presente y está por venir sólo cuando el Rey venga. Nuestra misión no apresura la venida de Cristo ni crea el reino. Más vale, el reino de Dios define nuestra

---

[296] Los documentos y la declaración de la Consultation on the Church in Response to Human Need que se llevó a cabo en Wheaton en 1983 son un buen punto de partida para comenzar nuestra reflexión sobre estas cuestiones. Ver Samuel y Sugden 1983.

misión (Orlando Costas 1979, 8-9), porque sólo Jesús el Rey puede traer el reino. Nuestra misión, como la de Jesús, es anunciar "también a los demás pueblos las buenas nuevas del reino de Dios, porque para eso [fuimos] enviado[s]" (Lc 4.43; Hch 13.46-49). Aun así, ven, Señor Jesús.

En este tiempo entre tiempos, nuestra participación en la misión de Dios en este milenio nos depara una aventura, un viaje en medio del reino de Dios presente y por venir, moviéndonos hacia él, una carrera hacia adelante para descubrir lo que ya sabemos: Jesucristo es Rey.

Este capítulo fue publicado originalmente como, "Faith, Love and Hope: A Theology of Mission On-the-Way," en Van Engen, Gilliland, y Pierson, eds., The Good News of the Kingdom: Mission Theology for the 3rd Millennium, *Maryknoll: Orbis, 1993, 253-63. Se puede obtener de Wipf and Stock Publishers, 150 West Broadway, Eugene OR 97401. Reimpreso en Van Engen* Mission on the Way. *Grand Rapids: Baker, 1996, 253-62. Usado con permiso.*

PARTE V

EJEMPLOS DE TEOLOGÍA DE LA MISIÓN

CAPÍTULO 13

LA CIUDAD: ¿LUGAR NO APTO PARA LA IGLESIA?

Tesis

Hoy necesitamos un nuevo compromiso para hacer de las iglesias antiguas en vecindades en transición (OCTNs, del inglés older churches in transitional neighborhoods) expresiones viables de la Iglesia en la ciudad. Es contraproducente para nosotros gastar tiempo y energía en multiplicar iglesias suburbanas, mientras que las anteriormente mencionadas continúan muriendo. En este capítulo ofrezco algunas sugerencias y preguntas tentativas que deben ser examinadas, si es que vamos a producir una nueva era de crecimiento de muchas de las OCTNs que están luchando por sobrevivir en las ciudades de Norteamérica: visión, investigación, compromiso, cooperación y liderazgo.

Introducción

Hace varios años, estaba hablando en una iglesia en Minnesota. Esa iglesia estaba ubicada en un área de la ciudad que algunos dirían que era "no apta para una iglesia." Antes de la llegada de Richard (nombre ficticio), la iglesia había declinado hasta tener un puñado de miembros. Luego, llegó Richard. En seis años, había dado vuelta la iglesia. Estaban completando la construcción de un nuevo santuario. Tenían una segunda congregación de cristianos camboyanos. Y la congregación angloparlante contaba con más de 200 personas en el culto del domingo por la mañana.

Después del culto de adoración, Richard me invitó a comer en su casa. Dijo que quería hablar conmigo. Richard era un hombre alto, larguirucho, que hablaba lento, que se preocupaba profundamente por la gente, por la iglesia y por su Señor. Después de comer, me reuní con Richard en su living y él tenía una pregunta para mí.

"Carlos, estoy aburrido," me dijo. "Esta iglesia está otra vez de pie, todo marcha bien, los miembros disfrutan de llevar a cabo el ministerio, la iglesia está creciendo nuevamente. Puede venir otro pastor. Carlos, me invitaron a ir a una ciudad en Iowa. Allí hay una iglesia que se está muriendo. Hay sólo unos pocos miembros. Le acaban de dar un año más antes que la denominación proceda a cerrarla. Pero ya no soy tan joven. ¿Piensas que debería ir?"

¿Qué le iba a decir? Yo no sabía, así que comencé a hacerle preguntas sobre la iglesia en Iowa.

La iglesia estaba ubicada en un vecindario en declinación. Los miembros que todavía asistían ya se habían mudado fuera del área. Estaba ubicada en una parte de la ciudad que algunos denominarían "no apta para una iglesia." Los miembros estaban desalentados. El edificio estaba viniéndose abajo. La iglesia estaba en problemas financieros.

"¿Piensas que debería ir?" preguntó Richard.

Richard sí aceptó el desafío. No hace mucho, visité esa ciudad y me sorprendí de lo que escuché. Richard no sólo había dado vuelta la iglesia en dirección al crecimiento, sino que la iglesia había más que duplicado el número de miembros, había contratado más personal y estaba en medio de un programa de construcción para más que duplicar el metraje de los edificios. La iglesia tenía más de una docena de nuevos ministerios en marcha en la ciudad, todos llevados a cabo por miembros de la iglesia.

Pero ¿cuántas historias exitosas como esta conocen? ¿Cuántos Richards tenemos en la iglesia de Norteamérica? La buena noticia es que la mayoría de las denominaciones protestantes en Norteamérica parecen tener algunos líderes como Richard. La mala noticia es que no son suficientes y rara vez reciben poder de parte de sus denominaciones para hacer lo que saben hacer mejor, es decir, dar vuelta congregaciones que están muriendo y devolverlas a una nueva vida.

Se necesitan sólo unos pocos minutos para conducir alrededor de la ciudad interior de cualquier área en los Estados Unidos y en Europa, y ver edificios de iglesias cerrados, edificios que se usan para otros propósitos y la pobre condición de otros edificios de iglesias a las que asisten un puñado de miembros, que luchan por mantener viva a la congregación. La tendencia parece no haber llegado a su fin. Durante los pasados veinte años, más o menos, se han hecho muchos intentos para reinventar a la iglesia en la ciudad. Se han sugerido varias perspectivas con los siguientes nombres: iglesia sensible al que busca, iglesia emergente, iglesia orgánica, iglesia simple, iglesia misional, iglesia líquida, iglesia saludable. Muchos de estos intentos dieron origen a movimientos de redes de nuevos esfuerzos para comenzar y multiplicar a las iglesias. Un ejemplo de publicaciones relacionadas se puede ver en la nota al pie.[297]

---

[297] Eddie Gibbs 2000; Mark Dever 2007; Michael Frost y Alan Hirsch 2003; Reggie McNeal 2003; Mark Driscoll 2004; William Easum y Dave Travis 2003; Michael Frost 2006; Alan Hirsch 2007; Bill Hybels y Mark Mittelberg 1994; Dan Kimball 2003; Robert Lewis y Wayne Cordeiro 2005; Gary McIntosh y R. Daniel Reeves 2006; Thom S. Rainer 2001; Thom Rainer 2003; Alan J. Roxburgh y Fred Romanuk 2006; Stephen Seamands 2005; Steven Sjogren 1993, 2003; Steve Sjogren ed., 2002; Steve Sjogren, Dave Ping y Doug Pollock 2004; Ed Stetzer y David Putman 2006; Leonard Sweet 2000; Leonard

Mientras muchos de estos intentos y sus publicaciones relacionadas ofrecen percepciones útiles y una visión constructiva, parecería que estos movimientos han tenido un impacto poco duradero sobre las áreas donde están ubicados, especialmente en relación con las iglesias más antiguas en vecindades en transición. La situación ha hecho que nos diéramos cuenta de la urgencia de preguntar: "¿Pueden las OCTNs crecer en la ciudad?" o "¿Es la ciudad, en realidad, 'un lugar no apto para una iglesia'?"

La urgencia

Hace algunos años, en *World-Class Cities and World Evangelization*, David Barrett nos dio un excelente resumen histórico de la vida de la Iglesia en la ciudad. "[Hasta] 1700," escribió Barrett, "las cinco ciudades más grandes del mundo eran no cristianas e incluso anti-cristianas. Ciertamente, eran hostiles a las misiones cristianas."

> Para el año 1900, las cinco ciudades más grandes del mundo habían llegado a ser fortalezas de vida cristiana, de discipulado, de evangelismo urbano, de misiones urbanas, de misiones foráneas y de misiones globales: Londres, Nueva York, París, Berlín y Chicago. Esto ha representado un logro importante en las misiones urbanas desde 1700 d.C. Pero para 1985, . . . descubrimos que 2 de las 5 ciudades más grandes del mundo son no cristianas, en realidad en un 97%. Para el año 2000, 3 de las 5 serán ciudades hostiles a las misiones cristianas, y para 2050 d.C., 4 de las 5 principales serán gigantes no cristianos e incluso anti-cristianos de alrededor de 40 millones cada una: Shanghai, Beijing, Bombay y Calcuta. Así que, las fortunas de la misión urbana se han revertido y desde 1900 han declinado sorprendentemente. . . . Los hechos simples son que los discípulos [de Jesús] están decreciendo en proporción a todos los habitantes urbanos. . . . En el año 1800, el 31% de todos los habitantes urbanos en el mundo eran cristianos. [En 1900] esto había crecido espectacularmente a 69%. Luego, la tendencia se revirtió. Hoy, la proporción ha caído a sólo 44%, y para 2050 d.C. será menor al 38%.

El cuadro promete permanecer desolado. En realidad, Barrett contó alrededor de 95.000 nuevos habitantes urbanos no cristianos que se agregan anualmente a las ciudades del mundo cada día: alrededor de 219 millones de no

---

Sweet, ed., y Andy Crouch, Michael Horton, Frederica Mathewes-Green, Brian McLaren y Erwin McManus 2003; Pete Ward 2002.

cristianos se agregan a las ciudades del mundo anualmente.[298] La situación hoy no parece diferir de manera marcada.

Harvie Conn llamó la atención a la urgencia de buscar nueva vida y nueva misión de la Iglesia en las ciudades de nuestro mundo.

> Sólo estadísticamente, la ciudad demanda atención. Hoy, el número de personas que viven en ciudades es mayor que toda la población del mundo 150 años atrás.[299] Y ese crecimiento ha sido especialmente rápido fuera del mundo anglosajón de Norteamérica y de Europa. La población urbana de África ha saltado de un 14.4% en 1950 a 35.7% en 1990. Durante el mismo período de tiempo, la comunidad urbana de Latinoamérica se ha movido de un 40.6 % a un 70.75 %, la de Asia del este de 16 a 38.6 %. . . . Una característica prominente de este cambio global ha sido el fenómeno de la megaciudad. A comienzos del siglo, sólo veinte ciudades en el mundo habían pasado la marca del millón en tamaño. Para 1980, ese número había llegado a 235, con 118 ubicadas en áreas económicamente menos desarrolladas. En el período de 35 años desde 1950 a 1985, el número de ciudades con más de 10 millones de personas ha ido de dos (gran Londres y Nueva York) a quince. Y sólo tres de estas se encontraban en Europa y en Norteamérica. . . . Y demandar la integridad cristiana que liga la justicia y la compasión y la compasión al evangelismo es la "angustia urbana" de estas ciudades –la disfunción humana en un tiempo de cambio social rápido; la dominación política por parte de los poderosos sobre los marginados; la brecha que se amplía entre los ricos y los pobres. La ciudad coloca sobre la agenda cristiana de reflexión y de acción cuestiones como justicia y misericordia, poder y falta de poder, la Iglesia y el mundo.[300]

Si la ciudad es un "lugar no apto para la Iglesia," entonces nuestras ciudades están en problemas -- ¡lo mismo la Iglesia!

En su desafiante libro, *Seek the Peace of the City*, Eldin Villafañe lo dijo de esta manera: "Al entrar al siglo veintiuno, no hay una necesidad mayor para

---

[298] David Barrett, *World-Class Cities and World Evangelization*, Birmingham, AL: New Hope, 1986, 10.
[299] Conn está citando de John J. Palen, *The Urban World,* tercera edición. Nueva York: McGraw Hill, 1987, 5.
[300] Tomado de la página 2 de Harvie Conn, "A Contextual Theology of Mission for the City," borrador pre-publicación del artículo de Conn con el mismo título en Charles Van Engen, Dean S. Gilliland y Paul Pierson eds., *The Good News of the Kingdom: Mission Theology for the Third Millenium* NY: Orbis, 1993, 96-104. Ver también Stan Guthrie, "Urban Ministry No Longer Neglected Missions Stepchild," *Evangelical Missions Quarterly* 32:1 (enero 1996), 82-83.

los [cristianos] en las ciudades que la de articular tanto en palabra como en obra una espiritualidad social. El fenómeno gemelo de urbanización y globalización, el cual define el *ethos* de nuestras grandes ciudades, demanda nada más y nada menos que una espiritualidad auténticamente bíblica [en la ciudad].[301]

En los Estados Unidos, esta cuestión demanda a gritos nuestra atención, especialmente al impactar sobre OCTNs. Las denominaciones protestantes más antiguas tienen muchas congregaciones en declinación, que ahora tienen más de veinticinco años, que adoran en edificios ubicados en barrios en transición y están al borde de pasar a un modo de existencia de supervivencia. Típicamente, estas iglesias fueron una vez florecientes, pero generalmente el fundador carismático ya no es el pastor, muchos de sus miembros fundadores ya son ancianos, hay una población de mediana edad relativamente pequeña y la asistencia es menos de la mitad de lo que era en los días de esplendor de la vida de la congregación. La mayor parte de los miembros desanimados viajan más de ocho kilómetros para asistir a los cultos. Generalmente, los miembros están fuertemente comprometidos en lograr la supervivencia de la congregación, pero no están muy interesados en las nuevas personas que se han mudado al vecindario. Se puede ver el cuadro: un edificio viejo, cercos con cadenas alrededor de la propiedad,[302] plexiglass sobre las ventanas con vitrales, barras sobre el plexiglass, portones y puertas cerradas con llave durante la mayor parte del tiempo en la semana, pintura descascarada, una congregación que viaja desde lejos para reunirse sólo los domingos por la mañana. Ray Bakke dijo lo siguiente: "La irrelevancia aparente del cristianismo para tantos en nuestras ciudades sugiere un fracaso de parte de la Iglesia. No obstante, pronto vi con claridad que en muchos casos la Iglesia no está siquiera tratando de evangelizar en esas áreas."[303]

El vecindario alrededor de las iglesias protestantes más antiguas en barrios en transición usualmente está experimentando una transición importante en términos de cambio de zonificación de residencial a comercial, o cambios en la composición étnica/lingüística de los habitantes, o cambios en el espectro económico y en el estilo cultural de los nuevos vecinos. Mayormente, el tipo de personas que puebla el vecindario ya no es como los que adoran en el edificio de la iglesia los domingos por la mañana. Así es que, esas iglesias se ven forzadas a elegir continuar siendo una comunidad en declinación, a elegir morir para renacer

---

[301] Eldin Villafañe, *Seek the Peace of the City: Reflections on Urban Ministry,* Grand Rapids: Eerdmans, 1995, 12.

[302] Kathy Mowry describe conmovedoramente esta clase de situación en Kathy Mowry, "Do Good Fences Make Good Neighbors: Toward a Theology of Welcome" en Charles Van Engen y Jude Tiersma eds., 1994/2009, 105-24.

[303] Ray Bakke, *The Urban Christian: Effective Ministry in Today's Urban World,* Downers Grove: InterVarsity, 1987, 45.

siendo algo apropiado para la nueva gente del barrio, o a morir lentamente la dolorosa muerte de la irrelevancia.[304]

Durante las últimas décadas en los Estados Unidos, hemos visto una nueva clase de transición. Esto implica a gente que se muda al centro de la ciudad desde los cordones exteriores. Con frecuencia este movimiento, particularmente de personas de la Generación X y de Mileniales, se llama "gentrificación." Implica transformar los edificios más antiguos, abandonados o dejados de lado en departamentos de alto nivel, en condominios o en lofts. Los nuevos inquilinos o dueños con frecuencia tienen altos empleos en el centro de la ciudad, se han cansado de viajar largas distancias desde la casa al trabajo y aman la ciudad. La transformación económica y cultural de los barrios antiguos que han sido "gentrificados" es sorprendente. No obstante, el lado triste de la gentrificación es que casi todos, si no todos, los que antes vivían en esos mismos edificios cuando eran viviendas para gente de bajos ingresos ya no pueden vivir allí. Con frecuencia quedan en la calle o son empujados hacia las afueras de la ciudad. ¿Cuáles podrían ser las implicaciones para las congregaciones más antiguas ubicadas en medio de segmentos de la ciudad gentrificados?

Factores que contribuyen a dejar de lado a las OCTNs

¿Qué es lo que ha producido ese abandono tan difundido de las queridas y sitiadas iglesias antiguas? Enfocándonos en los Estados Unidos, la muerte de tales iglesias podría estar relacionada con dos factores, entre muchos otros. El aumento dramático del interés por la ciudad al final de los años de 1960 y a comienzos de los años de 1970 no se tradujo en un vigor demasiado renovado en las congregaciones locales de la ciudad. En cambio, los activistas urbanos mayormente se fueron de la iglesia, llegando a ser parte de grandes redes de agencias de servicio social y de organizaciones de la "gran sociedad," que tenían la intención de cumplir con un ministerio en la ciudad llevando a cabo ministerios para la gente de la ciudad, con poca relación con las congregaciones locales en la ciudad.[305] Muchas iglesias de ciudad que sí se involucraron en ministerios urbanos, con frecuencia terminaron entregándose al servicio, reuniendo pocas

---

[304] Ray Bakke mencionó esta clase de tipología en, *Ibid.*, 87. Para una descripción más completa, ver Charles L. Chaney, *Church Planting at the End of the Twentieth Century*, Wheaton: Tyndale, 1987, 119ss. (Re-impreso, 1994).

[305] Esta perspectiva está claramente ilustrada en Donald Schriver y Karl Ostrom, *Is There Hope for the City?* Filadelfia: Westminster, 1977, donde la iglesia figura predominantemente como una institución más éticamente consciente de lo social, la cual podría producir un cambio social – y no únicamente como la iglesia. Hay poca preocupación en este volumen por la continuidad de la vida de las iglesias antiguas.

personas o recursos nuevos en el proceso y eventualmente terminando agotados.[306]

Los años de 1980 vieron el resultado de políticas económicas que tuvieron efectos desastrosos sobre las ciudades de los Estados Unidos, tal como se evidencia en el aumento dramático de gente de la calle. Durante este mismo tiempo el Movimiento de crecimiento de la Iglesia concentró sus energías en la plantación de iglesias protestantes en los suburbios, predominantemente entre blancos de clase media, y al mismo tiempo dejó de lado la cuestión de plantar iglesias en la ciudad media, tal como lo señala Charles Chaney.[307] Así que la ciudad media (donde se encuentran los vecindarios de transición más antiguos) fue dejada de lado tanto por los activistas sociales de la ciudad interior en los años de 1960 y en los primeros años de 1970, como por los plantadores de iglesias suburbanas de los años de 1970 y de 1980.[308] Claramente, estamos tratando con una de las áreas olvidadas de la misiología.[309] El protestantismo troncal, el cual

---

[306] Ver, Benton Johnson, "Is There Hope for Liberal Protestantism?" en Dorothy Bass, Benton Johnson y Wade Clark Roof, *Mainstream Protestantism in the Twentieth Century: Its Problems and Prospects,* Louisville, KY: Committee on Theological Education, Council on Theological Education, Presbyterian Church, USA, 1986, 13-26.

[307] Charles Chaney 1987, 98. Chaney presenta una excelente bibliografía sobre las OCTNs en las páginas 141-142 de este volumen. No obstante, es significativo que sólo un título apareció antes de 1980, y mayormente con anterioridad o durante los años de 1960. Ver también Clinton Stockwell, "Barriers and Bridges to Evangelization in Urban Neighborhoods," en David Frenchak, Clinton Stockwell y Helen Ujvarosy, *Signs of the Kingdom in the Secular City*, Chicago: Covenant, 1984, 97.

[308] Un caso puntual se puede encontrar en el excelente volumen de David Claerbaut sobre *Urban Ministry*, Grand Rapids: Zondervan, 1983. En el capítulo 9, "The Urban Church and the Urban Minister," Claerbaut contrasta la iglesia de la "inner city" con la de "clase media." No obstante, se podría decir que las iglesias más antiguas en vecindarios en transición no son ni de la "inner city" ni de "clase media," sino que en realidad reciben el impacto de dinámicas derivadas de ambas categorías.

[309] Es interesante que, cuando el Centro de Estudios para la Iglesia Urbana comisionó a Larry L. Rose y a C. Kirk para editar un libro con el propósito de "informar y desafiar al cuerpo de Cristo, y en particular a la parte del cuerpo llamada Bautistas de Sur, con respecto a la realidad de la urbanización en nuestro mundo y con respecto a la necesidad de estar mejor informados y equipados para ministrar en el contexto urbano," el tema de las iglesias antiguas en vecindarios en transición no se tocó. En una obra excelente para el ministerio y para la plantación de iglesias en la ciudad, no se registra la presencia ni la importancia de tales iglesias ya instaladas en la ciudad. Una excepción reciente es Raymond Bakke y Samuel Roberts, *The Expanded Mission of 'Old First' Churches*, Valley Forge: Judson Press, 1986. La investigación más completa que conozco con respecto a esas iglesias es el trabajo descollante realizado por Kathy Mowry en la investigación de su PhD en misiología, "Getting to Resurrection: Eschatological

representa una gran parte de las iglesias más antiguas, tampoco les ha prestado mucha atención. Por ejemplo, en una obra de Wade Clark Roof y William McKinney, *American Mainline Religion: Its Changing Shape and Future*, no hay un tratamiento por separado del efecto de la transición urbana sobre las congregaciones troncales. El capítulo sobre "The Social Sources of Denominationalism Revisited," menciona a la clase social, a la etnicidad, a la región y a la raza, reconociendo que "han perdido fuerza para dar forma a identidades religiosas y culturales." Pero el impacto de la urbanización y de los vecindarios en transición sobre estos factores sociales no se menciona para nada.[310] Quizás sea tiempo de llamar a un compromiso renovado para entender, transformar y hacer crecer a esas iglesias antiguas en barrios en transición en el contexto norteamericano. Si continuamos dejándolas de lado, podemos reproducir el mismo fenómeno evidente en iglesias protestantes troncales en gran parte de Europa continental – grandes catedrales con muy poca gente adorando en ellas.

Sugerencias Para Crear OCTNs Viables

Lo que necesitamos hoy es un nuevo compromiso para hacer de las OCTNs expresiones viables de la Iglesia en medio de la ciudad. No va a servir que gastemos tiempo y energía plantando iglesias suburbanas, sólo para tener OCTNs que sigan muriendo.[311] Debido a la escasez de investigación relevante concerniente a las OCTNs, permítanme ofrecer algunas sugerencias y preguntas tentativas, las cuales tienen que ser examinadas para producir una nueva era de crecimiento en las OCTNs en Norteamérica: visión, investigación, compromiso, cooperación y liderazgo.

A. Visión

David Roozen, William McKinney y Jackson Carroll llevaron a cabo un estudio poco conocido, pero igualmente muy significativo de las iglesias en

---

Imagination for Congregations Engaging Transitional Neighborhoods," disertación de PhD realizada para la Escuela de Estudios Interculturales, Fuller Theological Seminary, 2011.

[310] Cf. Wade Clark Roof y William McKinney, *American Mainline Religion: Its Changing Shape and Future*, New Brunswick: Rutgers University Press, 1987, 145.

[311] Mi denominación, la Iglesia Reformada en América, ha estado plantando de manera activa nuevas iglesias suburbanas, durante los últimos veinte años y aun así el número total de congregaciones se ha mantenido relativamente estable, debido al número de OCTNs que se han desbandado durante el mismo período de tiempo.

Hartford, Connecticut.[312] La mayor parte de las congregaciones que estudiaron eran OCTNs. Comenzaron su estudio acentuando el rol esencial de la congregación local.

> La congregación local es el futuro de la iglesia. . . . Una congregación, en virtud de su relación con una tradición de fe religiosa, tiene la capacidad, de manera limitada, de trascender el poder determinativo de su contexto y de los valores e intereses de sus miembros, de modo de ejercer influencia sobre ellos, a la vez de ser influida por ellos. . . . La iglesia local es el mejor modelo para crear un puente entre el microcosmos (personal, fe individual, compromiso y visión) y el macrocosmos (social, fe pública, ética y acción). . . . Relativamente pocas instituciones pueden "mediar" efectivamente entre las mega-estructuras de la sociedad y los individuos, pero las congregaciones están claramente entre ellas. Median en el sentido de que se cruzan tanto con el mundo "exterior" de las estructuras, las instituciones y los movimientos sociales y con el mundo "interior" del significado y el propósito de los individuos. . . . Las congregaciones locales son espiritualmente, misionalmente y socialmente responsables por el mundo, la sociedad y la gente que las rodea. . . . Un elemento esencial del ministerio en la iglesia implica el ministerio en, a través de y para el contexto sociocultural de las varias "comunidades" en las cuales la congregación local está encarnada y dirigida en la misión. . . . El significado de "misión" para la reunión local de creyentes debe derivarse de las necesidades, aspiraciones, perspectivas, sueños y futuro del mosaico socio cultural de pueblos del contexto social circundante y tiene que estar dirigido a ellos.

Mediante su investigación, Roozen, McKinney y Carroll demostraron con fuerza que las congregaciones tienden a exhibir aspectos de cuatro orientaciones misioneras principales en relación con sus contextos: activista, ciudadano, santuario y evangelista. El primer paso para dar vuelta a las OCTNs hacia el crecimiento, puede implicar descubrir su orientación misionera particular en la ciudad. Y dado el contexto, una orientación misionera puede conducir más al crecimiento que otra.

Muchos especialistas urbanos han acentuado la importancia de un sentido de visión, de una teología de la esperanza, de una comprensión firme de la escatología, de un sentido de propósito y de futuro para traer nueva vida a congregaciones antiguas. Esto es especialmente cierto para las OCTNs y necesitamos descubrir cómo permitir que tal visión surja de sus miembros.

---

[312] David Roozen, William McKinney y Jackson Carroll, *Varieties of Religious Presence: Mission in Public Life,* NY: Pilgrim Press, 1984.

B. Investigación

Tony Campolo enfatizó la "naturaleza sociológica [única] de la iglesia urbana" en *Metro-Ministry: Ways and Means for the Urban Church* (Frenchak y Keyes).[313] Es cada vez más claro que este carácter único también se debe, en parte, a la naturaleza especial de los vecindarios en transición. Aquí necesitamos más investigación. Necesitamos aprender como los Richards, en denominaciones más antiguas, hacen lo que hacen.

También hay investigación insuficiente con respecto a la historia, la naturaleza y la tipología compleja de las OCTNs. Un buen ejemplo de tal investigación es el estudio de Robert Wilson sobre *The Effect of Racially Changing Communities on Methodist Churches in Thirty-two Cities in the Southwest*.[314] No obstante, incluso este estudio se enfocó principalmente sobre la transición racial (mayormente blanco-negro, negro-blanco) más que en una transición económica, social, educacional o cultural, tal como lo vemos hoy. Necesitamos más gente que use recursos disponibles,[315] para ayudar a las OCTNs a llevar a cabo auto-estudios detallados y a comenzar a entender quiénes son y quiénes deben ser en medio de los cambios masivos que enfrentan en vecindarios en transición.

---

[313] Campolo, *Metro-Ministry: Ways and Means for the Urban Church*, Elgin, IL: David C. Cook, 1979, *26-42*.

[314] Robert Wilson, *The Effect of Racially Changing Communities on Methodist Churches in Thirty-Two Cities in the Southwest*, Nueva York: Department of Research and Survey, National Division, Board of Missions of the Methodist Church, 1986. La obra de Walter Ziegenhals, *Urban Churches in Transition*, NY: Pilgrim, 1978, también mira a la transición principalmente en categorías raciales.

[315] Cf. Jackson Carroll, Carl Dudley y William McKinney, eds., *Handbook for Congregational Studies*, Nashville, Abingdon, 1986; y E. Bruce Menning, *Shaping a Future Effectively*, Grand Rapids: RCA Synod of Michigan, 1985.

C. Compromiso

No podemos darnos el lujo de rendirnos con respecto a las miles de OCTNs en este país. Por el contrario, son una parte tan clave de la presencia del cuerpo de Cristo en la ciudad, conocen tan bien a la ciudad y tienen un sentido de supervivencia tan fuerte, que necesitamos permitir que nos inspiren y nos guíen en la misión en la ciudad.[316]

D. Cooperación

Robert Linthicum, director de avance urbano de Visión Mundial, enfatizó con fuerza la necesidad de trabajar en redes en la ciudad y llamó a mucha cooperación y unidad de todas las iglesias luchando en la ciudad.[317] Aunque somos conscientes de la increíble diversidad de unidades culturales en la ciudad, y las difíciles barreras que existen entre ellas, aun así parece que podría ser tiempo de comenzar a ayudar para que las OCTNs lleguen a ser tan étnicamente abarcadoras como las vecindades en las que ministran. Así es que necesitaremos una teología derivada de Efesios 2, que reconoce que la pared divisoria entre las personas se ha roto y todos los que están en Cristo son re-creados para ser una nueva humanidad en él.

Puede ser tiempo de tomar seriamente la unidad de la iglesia en una metrópolis. Ya no podemos ubicar las iglesias en una parte de la ciudad (como la de los suburbios, por ejemplo) y a las comunidades de creyentes en otra parte de la ciudad. Juntas son el cuerpo de Cristo, son interdependientes y mutuamente responsables unas para con otras en lo que respecta a respaldo y aliento. Tal vez sea tiempo de desafiar a las mega-iglesias de una ciudad para ser catalizadoras para que ocurran nuevas cosas en las OCTNs de su ciudad. O quizás sea necesario crear nuevas redes de OCTNs por medio de las cuales unas cuantas de ellas unidas pudieran formar una red libre, una clase de mega-iglesia descentralizada, con sus varias células y congregaciones distribuídas por toda la ciudad.

Aunque una cantidad de estudios muy significativos se han producido últimamente concernientes a la misión en la ciudad, pocos de ellos examinan cuidadosamente la Iglesia en la ciudad y la manera en que las congregaciones locales interactúan con todo el sistema metropolitano. Como Harvie Conn nos ha

---

[316] Un buen ejemplo justo de este compromiso es el trabajo de David Sheppard en Londres. Ver David Sheppard, *Built as a City: God and the Urban World Today,* Londres: Hodder and Stroughton, 1974.

[317] Robert C. Linthicum, "Doing Effective Ministry in the City," *Together* (abril-junio, 1988), 1-2.

recordado, no debemos rendirnos al "mito de la secularización" de la ciudad.[318] Más bien, necesitamos ser muy creativos para encontrar nuevas maneras de ser la Iglesia en la ciudad, de modo que sea viable, dinámica, proclamadora y creciente. El surgimiento de grupos celulares en los hogares y de iglesias en las casas demuestra la posibilidad de tal creatividad.[319]

E. Liderazgo

Además de la visión, la investigación, el compromiso y la cooperación, probablemente la necesidad más grande en este tiempo es de un liderazgo pastoral, que pueda llevar a las OCTNs de una muerte lenta a una nueva vida dinámica. Tex Sample sugirió un modelo único de liderazgo pastoral urbano, que parece ser apropiado para esta tarea.[320] Lo llamó el "Ward-heeler" (*heel*, se refiere a un taco de zapato; *ward* es un barrio dentro de la ciudad). La frase viene especialmente del contexto de Chicago. Allí, el líder y benefactor caminaba por el barrio, conocía a todos allí, proveía lo que la gente necesitaba, y, como respuesta, la gente lo seguía y él conducía al barrio. Lamentablemente, encontramos pocos seminarios y pocos programas de formación de líderes que hayan tomado con seriedad las sugerencias de Sample. Claramente necesitamos más pastores como Richard, que sepan como transformar las OCTNs que están muriendo en iglesias viables, vibrantes, en crecimiento, en medio de vecindarios en transición. Necesitamos mujeres y hombres que, como Richard:

a. Vean la ciudad con nuevos ojos;
b. Puedan ser creativos para encontrar nuevas maneras de ser la Iglesia en la ciudad de manera viables, dinámicas, proclamadoras, holísticas y transformadoras (el surgimiento de los grupos de células en los hogares y las iglesias en las casas demuestran la posibilidad de tal creatividad);
c. Están comprometidos a ser la presencia de Dios en la ciudad;
d. Que cooperen juntas para enfrentar *juntas* la ciudad; y
e. Que conduzcan a la iglesia en la ciudad en nuevas y creativas formas de ministerio.

---

[318] Cf. Harvie Conn, *A Clarified Vision for Urban Mission: Dispelling the Urban Stereotypes*, Grand Rapids: Zondervan, 1987, 93ss.
[319] Ver, C. Kirk Hadaway, Stuart A. Wright y Francis M. DuBose, *Home Cell Groups and House Churches*, Nashville: Broadman, 1987.
[320] Ver Tex Sample, *Blue-Collar Ministry: Facing Economic and Social Realities of Working People,* Valley Forge: Judson Press, 1984.

Conclusión

La Iglesia no es una agencia social, pero es de significación social en la ciudad. La Iglesia no es el gobierno de la ciudad, pero Dios la llamó a anunciar y vivir su reino en toda su relevancia política. La Iglesia no es un banco, pero Dios la llamó a educar a la gente de la ciudad en cuanto al evangelio de amor, de justicia y de transformación social. La Iglesia no es una familia, pero es la familia de Dios, llamada a ser prójimos de todos a los que Dios ama. La Iglesia no es un edificio, pero necesita edificios y es propietaria de edificios en los que lleva a cabo sus ministerios. La Iglesia no es exclusiva, no es mejor, pero Dios la llamó especialmente a ser diferente en la manera de servir a la ciudad. La Iglesia no es una institución, pero necesita estructuras institucionales para efectuar cambios en las vidas de las personas y de la sociedad. La Iglesia no es una organización de desarrollo comunitario, pero el desarrollo de una comunidad es esencial a la naturaleza de la Iglesia.[321]

Anteriormente en este libro, cité a Lesslie Newbigin. Con referencia al tópico de este capítulo, creo que amerita ser repetido. Lesslie Newbigin habló de la congregación en la ciudad como una "hermenéutica del evangelio." Esto significa que las personas y las instituciones del ambiente contextual circundante leen el evangelio a través de la mediación de la iglesia local. En *The Gospel in a Pluralist Society,* Newbigin escribió:

> Confieso que he llegado a sentir que la realidad principal que tengo que tener en cuenta al procurar un impacto cristiano en la vida pública es la congregación cristiana. . . . La única hermenéutica del evangelio es una congregación de hombres y de mujeres que creen en él y viven por él. . . . Creo que esta comunidad tendrá las seis características siguientes:
>> Será una comunidad de alabanza. . . .
>> Será una comunidad de verdad. . . .
>> Será una comunidad que no vive para sí. . . .
>> Será una comunidad . . . sostenida en el ejercicio del sacerdocio en el mundo. . . .
>> Será una comunidad de responsabilidad mutua. . . .
>> Será una comunidad de esperanza.[322]

---

[321] Charles Van Engen, "Constructing a Theology of Mission for the City," en Charles Van Engen y Jude Tiersma, eds., *God So Loves the City: Seeking a Theology for Urban Mission,* Monrovia, CA: MARC, World Vision 1994, 247-248.

[322] Lesslie Newbigin, *The Gospel in a Pluralist Society*, Grand Rapids: Eeerdmans, 1989, 222-33.

Estoy convencido de que la ciudad es un lugar apto para la Iglesia. Encontremos más Richards que puedan ayudarnos a aprender cómo la Iglesia puede ser apta contextualmente, eclesiológicamente, misionalmente y transformacionalmente en las ciudades que explotan en nuestro mundo.

En *The Once and Future Church*, Loren Mead lo expresó de la manera siguiente:

> Las congregaciones, al igual que el clero, los laicos y los ejecutivos, están viviendo en un tiempo en el cual los mojones han sido borrados y las viejas usanzas han dejado de funcionar. También vivimos en un tiempo cuando las respuestas todavía no han llegado a ser claras. Es un tiempo que demanda firmeza y perseverancia en la incertidumbre. Un tiempo así genera energía para el cambio, pero también genera una ansiedad intensa que hace que las respuestas rápidas sean atractivas, en tanto sean rápidas. La Iglesia (sus clérigos, sus laicos, sus congregaciones, sus ejecutivos y sus obispos) se ha organizado y se ha estructurado para una misión. Hemos despertado a un mundo en el cual la frontera de la misión ha cambiado. La organización y las estructuras de la vida de la Iglesia, formadas para esa misión, ahora necesitan ser reorientadas para enfrentar a la nueva frontera. La tarea por delante es la re-invención de la Iglesia.[323]

Invitemos a los Richards de nuestras denominaciones protestantes a mostrarnos cómo se puede transformar la Iglesia (re-inventarla, por así decirlo), de tal manera que la Iglesia sea otra vez apta para la ciudad. ¿Es la ciudad un lugar apto para la Iglesia? Por bien de la ciudad, espero que sí. Para el bien de la Iglesia de Cristo en la ciudad, ruego que así sea.

Una versión de este capítulo fue publicada originalmente en forma abreviada como, "Can Older Churches Grow in the City?" en Global Church *26:1 (enero-marzo 1989) 15-16. Usado con permiso.*

---

[323] Loren Mead, *The Once and Future Church: Reinventing the Congregation for a New Mission Frontier.* NY: Alban Institute, 1991, 42.

CAPÍTULO 14

TEOLOGÍA DE LA MISIÓN CON RESPECTO A LOS MIGRANTES

Tesis

En la Biblia existe un claro énfasis sobre la compasión y el cuidado para con el inmigrante y el extranjero, como receptor del trato justo y compasivo de parte del pueblo de Dios, por parte de otras personas y por parte de los gobiernos. No obstante, la Biblia también nos ofrece otras perspectivas diferentes sobre los inmigrantes y los extranjeros como socios, co-trabajadores y co-participantes en la misión de Dios a las naciones. En este capítulo me enfocaré sobre la combinación de puntos de vistas que ven a los inmigrantes como agentes activos de la misión de Dios: instrumentos de Dios que contribuyen a la creación de la historia humana y participan en la mediación de la gracia de Dios a las naciones. Voy a ofrecer un panorama amplio siguiendo un hilo del tapiz de la Biblia, que servirá como una especie de bosquejo, señalando el camino en el cual Dios usa a migrantes en la misión de Dios a las naciones.

Introducción

Hace algunos años, las Naciones Unidas estimaron que había alrededor de veintiún millones de refugiados y de personas desplazadas alrededor del mundo en ese tiempo.[324] Claramente, esta cantidad ahora es anacrónica y está eclipsada por la enorme migración de personas desde el Oriente Medio hacia Europa y hacia otros lugares durante 2015-2016. Y esta cantidad tampoco incluía a los que migraron desde áreas rurales hacia las ciudades en el mundo, ni los que voluntariamente se fueron de una nación o región a otra en busca de mejores condiciones de vida en el día de hoy. Sumando todas esas categorías, estimaría que, en cualquier momento dado en el día de hoy, hay por lo menos cincuenta millones de personas que dejan un lugar de residencia para migrar a otro. Así que es justo suponer que en este nuevo siglo y nuevo milenio, estamos siendo testigos del más grande movimiento de la humanidad alrededor del globo que jamás se haya visto en la historia humana. Dios está llamando a la Iglesia de Jesucristo (y le está dando a la Iglesia una oportunidad maravillosa) de unirse en solidaridad

---

[324] "2005 Global Refugee Trends," http://www.unher.org/statistics, 2006.

con los inmigrantes, los extraños, los nuevos que llegan y los extranjeros de todas las naciones que rodean a la Iglesia en todas partes del mundo.

Sabemos que a lo largo de la historia hemos visto grandes movimientos de personas y de grupos de un lugar a otro. Esto incluye el continente latinoamericano, donde la historia de muchos pueblos, antiguos y modernos, relatan historias de migraciones periódicas de personas del norte al sur, del este al oeste, de áreas rurales a las ciudades, de pueblos pequeños a grandes ciudades y así sucesivamente. Hay migrantes que se han escapado de situaciones económicas y políticas muy negativas. Hay cientos de miles de personas que han huido de dictaduras, de guerras civiles y de conflictos internacionales. Hay migrantes que han sido transportados de un lugar a otro como esclavos. Muchos migrantes dejaron sus hogares voluntariamente en procura de mejores condiciones de vida. Algunos migrantes que se han visto obligados a salir debido a desastres naturales. Y muchos de esos migrantes han contribuido de manera sorprendente con las nuevas naciones a las que se fueron en términos, por ejemplo, de tecnología, ciencia, industria, nuevas formas culturales, artes, educación y agricultura. Las misiones establecidas por las órdenes misioneras de la Iglesia Católica Romana en California, durante el siglo diecinueve, son un ejemplo del impacto que los migrantes pueden tener en sus nuevos ambientes.

Al pensar acerca del tema de los migrantes y de los extranjeros (M/E),[325] deberíamos recordar que en muchos casos nos estamos hablando a nosotros mismos. Por ejemplo, en Los Ángeles donde viví por veintisiete años, todos somos migrantes y/o descendientes de migrantes. Yo soy un ejemplo de este fenómeno. Mis abuelos emigraron como jóvenes desde Holanda hacia la parte central de los Estados Unidos, a los estados de Nebraska y Iowa. Mis padres emigraron desde los Estados Unidos a Chiapas, México. Y yo emigré desde México a Los Ángeles. Soy un migrante y descendiente de migrantes, quienes en nuestra historia representan por lo menos tres culturas y cuatro lenguas.

---

[325] En el resto de este capítulo, para ahorrar espacio, usaré las iniciales M/E para referirme a migrantes y extranjeros de varios tipos, categorías y circunstancias, incluyendo mujeres y niños. La feminización de la pobreza es uno de los aspectos críticos de la nueva realidad de nuestro mundo en el siglo veintiuno.

Una variedad de perspectivas bíblicas concernientes al extrajero y al extraño

La Biblia presenta varias perspectivas concernientes al extranjero y al extraño.

A. El extranjero como enemigo

Hay ocasiones cuando la Biblia presenta al extranjero como un enemigo del pueblo de Dios. Ver, por ejemplo, Isaías 1.7; 2.6; Mateo 17.25, 26; y Hebreos 11.39. Más dominante es la perspectiva del extranjero y "las naciones" (refiriéndose a todos esos pueblos y culturas que no son parte del pueblo de Dios), que por su impureza, pecado y falta de santidad harán que el pueblo de Dios pierda la fe en YHWH. Por momentos, "las naciones" están representadas como los que se apropian de la tierra y de las posesiones de Israel como castigo de parte de Dios por la infidelidad de su pueblo. Ver, por ejemplo, Génesis 31.15; Levítico 22.12, 13, 25; Números 1.51; 3.10, 38, 16.40, 18.4, 7; Deuteronomio 17.15; 31.16; 25.5; Jueces 19.12; Nehemías 9.12; Job 15.19; Salmos 69.8; Proverbios 2.16; 5.10, 17, 20; 6.1; 7.7; 14.10; 20.16; 27.2, 13; Eclesiastés 6.2; Isaías 1.7; 2.6; Isaías 1.7; 2.6; 5.17; 61.5; 62.8; Jeremías 2.25; 3.13; 5.19; 51.51; Lamentaciones 5.2; Ezequiel 7.21; 11.9; 16.32; 28.10; 30.12; 31.12; 44.7, 9; Oseas 7.9; 8.7; Joel 3.17; Abdías 11.12; Mateo 27.7; y Juan 10.5. En Juan 10.5 el extranjero es el pastor extraño cuya voz no es reconocida por las ovejas y no le prestan atención (Ver también Hch 17.21; He 11.39). Parecería que esta perspectiva se afirma por un período largo de tiempo.

B. El extranjero debe obedecer la ley de Dios

Junto con la perspectiva mencionada más arriba, otro punto de vista se afirma fuertemente por parte de Dios: que el extraño que vive en medio del pueblo de Israel debe obedecer las mismas normas y guardar los mismos mandamientos que los israelitas. Ver, por ejemplo, Génesis 17.12, 27; Éxodo 12.19-49; 20.10, 20; 23.12; 30.33; Levítico 16.29; 17; 18.26; 19.33; 20.2; 22.10, 18; 24.16, 21-22; 25.6; Números 9.14; 15.15; 16, 26, 30; 19.10; 35.13; Deuteronomio 1.16; 5.14; 14.14-18, 21, 29; 16.11, 14; 24.14, 17, 18.43; 19.11, 22; 26.11; 27.29; 29.11, 22; 31.12; Josué 8.33, 35; 20.9 (con referencia a las ciudades de refugio); 1 Reyes 8 (la oración de Salomón); 2 Crónicas 15.9; 30.25 (la oración de Salomón); Salmos 18.44, 45; Ezequiel 14.7; Hechos 2.10. Por ejemplo, Levítico 24.21-22 dice: "Todo el que mate un animal reparará el daño, pero el que mate a un hombre será condenado a muerte. Una sola ley regirá, tanto para el nativo como para el extranjero. Yo soy el Señor su Dios."

C. El cuidado del extranjero que vive en medio del pueblo de Dios

Dios no sólo requiere que el extranjero que vive en medio del pueblo de Israel sea tratado con justicia y equidad, sino que también ordena que debe recibir el cuidado y la compasión del pueblo de Dios. En muchos textos, la Biblia liga la idea del M/E con referencia al huérfano y a la viuda. Se requiere una compasión y un cuidado intencionales, especialmente por el huérfano, la viuda y el extranjero que viven en medio del pueblo de Dios. Ver, por ejemplo, Levítico 19.18; 19.33; 25; Deuteronomio 10.18 (junto con el huérfano y la viuda); 14.21; 16.14; 26.12, 13 (junto con el huérfano y la viuda); 19.11; 27.19 (junto con el huérfano y la viuda); Salmos 94.6 (junto con el huérfano y la viuda); 146.9 (junto con el huérfano y la viuda); Proverbios 3.19; Jeremías 7.6; 22.3; Ezequiel 22.7, 29; 47.22, 23; Zacarías 7.10; y Malaquías 3.5. El Nuevo Testamento enfatiza el amor por el prójimo y por el enemigo. Ver, por ejemplo, "Ama a tu prójimo" en Mateo 5.43; 19.19; 22.39; Marcos 12.31; Lucas 10.27; Romanos 12.20 (cf. Pr 25.21-22; Éx 23.4; Mt 5.44; Lc 6.27); Romanos 13.9; Gálatas 5.14; 1 Timoteo 5.10; Hebreos 13.2; Santiago 2.8; 3 Juan 5.

D. Perspectivas bíblicas del rol instrumental del inmigrante en la misión de Dios

Hablando en general, cuando pensamos en el M/E consideramos a los marginados, a los necesitados, a los grupos minoritarios y a los que están poco representados en el área social, política y económica. En la Biblia existe un claro énfasis sobre la compasión y cuidado por los M/Es como receptores de un tratamiento justo y compasivo de parte del pueblo de Dios, de parte de otras personas en general y de parte de los gobiernos. Estas perspectivas bíblicas concernientes a los M/Es son bien conocidas e importantes.

No obstante, en ambos Testamentos uno encuentra un énfasis todavía más fuerte sobre el rol del pueblo de Dios como instrumentos especiales de la misión de Dios para impactar y bendecir a las naciones. La Biblia nos ofrece otras perspectivas diferentes sobre los M/Es como socios, co-trabajadores, co-participantes en la misión de Dios a las naciones. En este capítulo, me enfocaré sobre la combinación de puntos de vistas que ven a los M/Es como agentes activos de la misión de Dios, como instrumentos que contribuyen a la creación de la historia humana y que participan en la mediación de la gracia de Dios a las naciones.[326] No es mi intención presentar una teología bíblica exhaustiva de los M/Es como se encuentra en la Biblia, ni tampoco intento presentar un estudio detallado o un examen minucioso de todos los relatos o de todos los pasajes bíblicos que tienen que ver con este tema. Más bien, quiero ofrecer un panorama amplio siguiendo un hilo del tapiz de la Biblia,[327] que servirá como una especie de bosquejo que señala la manera en que Dios usa a los M/Es en su misión a las naciones.

Este énfasis ya comienza con Abraham, cuya historia es la historia de todos los M/Es, incluyendo nuestras propias historias. "Mi padre fue un arameo errante, y descendió a Egipto con poca gente. Vivió allí hasta llegar a ser una gran nación, fuerte y numerosa. Pero los egipcios nos maltrataron, nos hicieron sufrir y nos sometieron a trabajos forzados. Nosotros clamamos al Señor, el Dios de nuestros padres, y él escuchó nuestro ruego y vio la miseria, el trabajo y la opresión que nos habían impuesto. Por eso el señor nos sacó de Egipto con actos portentosos y gran despliegue de poder, con señales, prodigios y milagros que provocaron gran terror. Nos trajo a este lugar, y nos dio esta tierra, donde abundan la leche y la miel. Por eso ahora traigo las primicias de la tierra que el Señor tu Dios me ha dado" (Dt 26.5-10).

Cuando la Biblia nos presenta a Abraham por primera vez, es presentado como un M/E. "Ésta es la historia de Téraj, el padre de Abram, Najor y Jarán. Jarán fue el padre de Lot, y murió en Ur de los caldeos, su tierra natal, cuando su padre Téraj aún vivía. . . . Téraj salió de Ur de los caldeos rumbo a Canaán. Se fue con su hijo Abram, su nieto Lot y su nuera Saray, la esposa de Abram. Sin embargo, al llegar a la ciudad de Jarán, se quedaron a vivir en aquel lugar, y allí mismo murió Téraj a los doscientos años de edad. El Señor le dijo a Abram: 'Deja tu tierra, tus parientes y la casa de tu padre, y vete a la tierra que te mostraré. Haré de ti una nación grande, y te bendeciré; haré famoso tu nombre, y serás una bendición. Bendeciré a los que te bendigan y maldeciré a los que te maldigan; ¡por medio de ti serán bendecidas todas la familias de la tierra!' Abram partió, tal como el Señor se lo había ordenado, y Lot se fue con él. Abram tenía setenta y cinco años cuando salió de Jarán. Al encaminarse hacia la tierra e Canaán,

---

[326] Aquí sigo el espíritu de Paulo Freire, quien nos enseñó la importancia del dinamismo transformador de la concientización del pueblo, de modo que los pobres y los marginados comiencen a tener una visión rápida de la posibilidad de ser ellos mismos agentes activos de su propia historia y creadores de su propio destino. Ver, por ejemplo, entre otras obras relacionadas, Paulo Freire, *Pedagogy of the Oppressed* (Nueva York: Herder y Herder, 1970).

[327] En relación con la lectura de la Biblia como un tapiz que presenta la *missio Dei* en forma de narración, ver Charles Van Engen, *Mission on the Way: Issues in Mission Theology,* Grand Rapids: Baker 1996, 17-43.

Abram se llevó a su esposa Saray, y a su sobrino Lot, a toda la gente que habían adquirido en Jarán, y todos los bienes que habían acumulado" (Gn 11.27-12.5).

El pueblo de Israel reconocía que un aspecto importante de su autocomprensión, de su identidad como pueblo especial, derivaba de ser extranjeros, advenedizos, extraños, migrantes. (Ver, por ejemplo, Job 19.15; Salmos 69.8; Efesios 2.12; y Colosenses 1.21.) Dios le dice a Abram: "Debes saber que tus descendientes vivirán como extranjeros en tierra extraña, donde serán esclavizados y maltratados durante cuatrocientos años. Pero yo castigaré a la nación que los esclavizará, y luego tus descendientes saldrán en libertad y con grandes riquezas. Tú, en cambio, te reunirás en paz con tus antepasados, y te enterrarán cuando ya seas muy anciano. Cuatro generaciones después tus descendientes volverán a este lugar, porque antes de eso no habrá llegado al colmo la iniquidad de los amorreos" (Gn 15.13-16; ver también Gn 23.4; 28.4; Éx 3.13-15; 6.2-4).

Así es que, un aspecto integral del llamado misionero de Abraham para ser un instrumento de la misión de Dios a las naciones, implicó que su familiares serían extranjeros, extraños, advenedizos y migrantes. Ver, por ejemplo, Génesis 12.10; 15.13; 17.8; 21.23, 34; 23.4; 28.4; 36.7; 37.1; Éxodo 6.4; 1 Crónicas 29.15; 37.1; Job 19.18; Salmos 39.12; 69.8; 119.19; Abdías 11; Hechos 13.17; Ef 2.12, 19; Colosenses 1.21; Hebreos 11.13; y 1 Pedro 1.1. Compartiendo esta visión, Lucas presenta a Jesús como un "peregrino" en su encuentro con los dos que iban caminando a Emaús, después de la semana de la pasión (Lc 24.18).

Perspectivas bíblicas del extranjero/extraño como un instrumento de la misión de Dios

En esta segunda sección del capítulo, vamos a examinar el lugar de los M/Es en relación con las motivaciones, agentes, medios y metas de la misión de Dios a las naciones.

A. Las motivaciones de los M/Es en la misión de Dios a las naciones

Hay numerosas indicaciones en la Biblia que demuestran cómo Dios usó la historia misma del pueblo de Israel como un pueblo peregrino, migrante, para motivarlos a participar en la misión de Dios a las naciones. Por ejemplo, en Éxodo 22.21, Dios dice: "No maltrates ni oprimas a los extranjeros, pues también tú y tu pueblo fueron extranjeros en Egipto." En Éxodo 23.9, Dios repite: "No opriman al extranjero, pues ya lo han experimentado en carne propia: ustedes mismos fueron extranjeros en Egipto." En 1 Pedro 2.9-12, el escritor ofrece un eco de esta misma motivación de ser instrumentos de la misión de Dios a las naciones, extrayendo su visión de Deuteronomio. "Pero ustedes son linaje escogido, real sacerdocio, nación santa, pueblo que pertenece a Dios, para que proclamen las obras maravillosas de aquel que los llamó de las tinieblas a su luz admirable. Ustedes antes ni siquiera eran pueblo, pero ahora son pueblo de Dios; antes no habían recibido misericordia, pero ahora ya la han recibido. Queridos hermanos, les ruego como a extranjeros y peregrinos en este mundo, que se aparten de los deseos pecaminosos que combaten contra la vida. Mantengan entre los incrédulos una conducta tan ejemplar que, aunque los acusen de hacer el mal, ellos observen las buenas obras de ustedes y glorifiquen a Dios en el día de la salvación."

Además de participar en la misión de Dios a las naciones, el pueblo de Dios debía tratar el extranjero que vivía entre ellos con compasión y justicia precisamente porque ellos mismos una vez habían sido extranjeros y extraños en Egipto. Así es que, en Levítico 19.33-34 es precisamente porque los hijos de Israel mismos habían sido M/Es que debían ser motivados a tratar al extranjero que vivía en medio de ellos con cuidado y compasión. "Cuando algún extranjero se establezca en el país de ustedes, no lo traten mal. Al contrario, trátenlo como si fuera uno de ustedes. Ámenlo como a ustedes mismos, porque también ustedes fueron extranjeros en Egipto. Yo soy el Señor y Dios de Israel" (Lv 19.33-34).

Habiendo experimentado la vida del peregrino y del advenedizo, el pueblo de Israel también debía cuidar la tierra con un sentido especial de mayordomía, porque la tierra pertenecía a Dios y no a Israel. "La tierra no se venderá a perpetuidad, porque la tierra es mía y ustedes no son aquí más que forasteros y huéspedes" (Lv 25.22-23).

Los jueces debían juzgar al extranjero sobre la misma base que al israelita (Dt 1.16) e Israel debía amar al M/E por dos razones: (1) porque Dios ama al extranjero y al extraño; y (2) porque Israel también fue un forastero y extranjero en Egipto. "Porque el Señor tu Dios es Dios de dioses y Señor de señores; él es el gran Dios, poderoso y terrible, que no actúa con parcialidad ni acepta sobornos. Él defiende la causa del huérfano y de la viuda, y muestra su amor por el extranjero, proveyéndole ropa y alimentos. Así mismo debes tú mostrar amor por los extranjeros, porque también tú fuiste extranjero en Egipto. Teme al Señor tu Dios y sírvele. Aférrate a él y jura sólo por su nombre. Él es el motivo de tu alabanza; él es tu Dios, el que hizo en tu favor las grandes y maravillosas hazañas que tú mismo presenciaste. Setenta eran los antepasados tuyos que bajaron a Egipto, y ahora el Señor tu Dios te ha hecho un pueblo tan numeroso como las estrellas del cielo" (Dt 10.17-22). En Deuteronomio 23.7, se le ordena a Israel: "No aborrecerás al edomita, pues es tu hermano. Tampoco aborrecerás al egipcio, porque viviste en su país como extranjero."

Este aspecto de la auto-comprensión de Israel como pueblo peregrino tuvo profundas implicaciones espirituales y existenciales. En su oración por el templo que construiría su hijo Salomón, David reconoce que el pueblo de Dios era migrante y extranjero. "Pero, ¿quién soy yo, y quién es mi pueblo, para que podamos darte estas ofrendas voluntarias? En verdad, tú eres el dueño de todo, lo que te hemos dado, de ti lo hemos recibido. Ante ti, somos extranjeros y peregrinos, como lo fueron nuestros antepasados. Nuestros días sobre la tierra son sólo una sombra sin esperanza" (1 Cr 29.14-15). El salmista también enfatiza que precisamente porque son inmigrantes y extranjeros, Dios oirá su clamor (Sal 39.12; 119.19; ver también Jer 35.7; 1 P 1.1 y 2.11).

¡Cuán poderosa podría ser esta motivación para mover a nuestras iglesias a participar en la misión de Dios local y globalmente, participando en el movimiento del Espíritu Santo en misión, porque nosotros también fuimos M/Es! Me parece que es una gran lástima –y yo lo considero un pecado de omisión – que muchos migrantes y descendientes de migrantes en el sur de California han olvidado quiénes son, que ellos mismos son también M/Es, un olvido que parece producir una actitud tal que los que somos M/Es y descendientes de M/Es demostramos poca o ninguna compasión o receptividad y mucha menos hospitalidad para los nuevos M/Es que han llegado recientemente a nuestro vecindario y a nuestras comunidades.

B. Los M/Es como agentes de la misión de Dios a las naciones

Un segundo aspecto de esta perspectiva misiológica e instrumental del rol de los M/Es en la misión de Dios tiene que ver con la forma en que las varias personalidades son presentadas en la Biblia como agentes de la misión de Dios, precisamente porque son M/Es. Permítanme resaltar unos pocos ejemplos.

El primer ejemplo ya lo hemos mencionado. Integrado a su llamado de dejar su tierra y su clan familiar extendido para comenzar un peregrinaje a una nueva tierra que Dios le mostraría, y particularmente como extranjero, peregrino, forastero e inmigrante, Abraham participaría en la misión de Dios a las naciones. Ser un extranjero y un extraño era un aspecto tan fundamental de la auto-comprensión de la familia de Abraham, que Isaac también entendió esta cualidad como parte integral de la visión de Dios para él, un autorretrato que Isaac ve como fundamental para ser instrumento en la misión de Dios a las naciones. Así es que Dios le dice a Isaac:

> En ese tiempo hubo mucha hambre en aquella región, además de la que hubo en tiempos de Abraham. Por eso Isaac se fue a Guerar, donde se encontraba Abimélec, rey de los filisteos. Allí el Señor se le apareció y le dijo: "No vayas a Egipto. Quédate en la región de la que te he hablado.

Vive en ese lugar por un tiempo. Yo estaré contigo y te bendeciré, porque a ti y a tu descendencia les daré todas esas tierras. Así confirmaré el juramento que le hice a tu padre Abraham. Multiplicaré a tus descendientes como las estrellas del cielo, y les daré todas esas tierras. Por medio de tu descendencia todas las naciones de la tierra serán bendecidas, porque Abraham me obedeció y cumplió mis preceptos y mis mandamientos, mis normas y mis enseñanzas." Isaac se quedó en Guerar (Gn 26.1-6).

Esta perspectiva bíblica del M/E como un agente de la misión de Dios adquiere raíces más profundas y una relevancia más amplia a través de la historia de Israel. Podemos ver cómo la historia de José arroja luz sobre este punto de vista misional. Vendido como esclavo y enviado a Egipto, José es forzado a transformarse en un extraño, un extranjero, un migrante. José sufre por el engaño, el mal trato, las acusaciones falsas, el encarcelamiento inmerecido y la absoluta soledad al ser olvidado en prisión, una situación que pueden haber experimentado muchos de los M/Es del día de hoy. Pero precisamente como un M/E, José salva a su familia de la hambruna, salva a todos en Egipto y alimenta a todos los pueblos alrededor de Egipto. Egipto crece en su influencia internacional y en su poder, debido al trabajo de este migrante en los espacios de poder en Egipto. José se adapta a la cultura egipcia de tal manera que cuando sus propios hermanos vienen a pedir comida, no lo reconocen. Al final, José mismo reconoce su rol especial como un M/E cuando les dice a sus hermanos:

No obstante, José insistió: "¡Acérquense!" Cuando ellos se acercaron, él añadió: "Yo soy José, el hermano de ustedes, a quien vendieron a Egipto. Pero ahora, por favor no se aflijan más ni se reprochen el haberme vendido, pues en realidad fue Dios quien me mandó delante de ustedes para salvar vidas. Desde hace dos años la región está sufriendo hambre, y todavía faltan cinco años más en que no habrá siembras ni cosechas. Por eso Dios me envió delante de ustedes: para salvarles la vida de manera extraordinaria y de ese modo asegurarles descendencia sobre la tierra. Fue Dios quien me envió aquí, y no ustedes. . . . No tengan miedo," les contestó José. "¿Puedo acaso tomar el lugar de Dios? Es verdad que ustedes pensaron hacerme mal, pero Dios transformó ese mal en bien para lograr lo que hoy estamos viendo: salvar la vida de mucha gente. Así que ¡no tengan miedo! Yo cuidaré de ustedes y de sus hijos." Y así, con el corazón en la mano, José los reconfortó (Gn 45.4-8; 50.19-21).

La Biblia desarrolla esta perspectiva misiológica en un número significativo de relatos acerca de personas a quienes Dios usa precisamente como M/Es. Podríamos mencionar a Daniel y a su rol misional en Babilonia. Siendo un misionero transcultural enviado contra su voluntad a una tierra extraña, Daniel como administrador fue un agente especial de la misión de Dios, aun cuando inicialmente era un prisionero exiliado. Daniel dedicó su vida a servir como consejero y amigo de los reyes de Babilonia y de Persia, por más de 50 años, aun cuando era un extranjero.

También podríamos mencionar a las dos mujeres a quienes Jesús resalta en Lucas 4 como agentes especiales de la misión de Dios. Ambas son M/Es. Una fue la viuda de Sarepta (1 R 1.8-16). La otra, fue la joven israelita que fue tomada cautiva como esclava en la casa de Naamán el Sirio. Como agente de la misión de Dios, el testimonio simple de la jovencita produce la sanación de la lepra de Naamán (2 R 5.1-4). Precisamente como mujeres extranjeras, Dios las usó en la misión de Dios a las naciones.

Durante el exilio en Babilonia, el pueblo de Israel se encontró con que tenía que elegir entre dos perspectivas diferentes. Por un lado, podían verse como víctimas, tal como se expresa en Salmos 137.4, donde los israelitas –como cautivos en Babilonia – gimen diciendo: "¿Cómo cantar las canciones del Señor en una tierra extraña (como forasteros en esta tierra)?" Por otro, podían elegir una auto-comprensión como agentes activos de la misión de Dios, aun cuando eran extranjeros en una nueva nación. Es fascinante que exactamente en el mismo momento de la historia, con referencia a las mismas personas que experimentaban el exilio, en el mismo contexto, Dios les habla a través de Jeremías:

> "Construyan casas y habítenlas; planten huertos y coman de su fruto. Cásense, y tengan hijos e hijas; y casen a sus hijos e hijas, para que a su vez ellos les den nietos. Multiplíquense allá, y no disminuyan. Además, busquen el bienestar de la ciudad a dónde los he deportado, y pidan al Señor por ella, porque el bienestar de ustedes depende del bienestar de la ciudad" (Jer 29.5-7).

Esta segunda perspectiva implica que los israelitas se veían como enviados por Dios a Babilonia con un propósito misional, como agentes de la misión de Dios, para el bienestar de la tierra a la cual habían sido enviados.

Podríamos mencionar a Ester, una mujer quien, como descendiente de M/Es, se adapta tan bien a su nueva cultura, que es elegida como reina de Persia. Incluso como una M/E, Ester permite que Dios la use tanto para salvar a su pueblo de ser destruido, como para ser el catalizador a través de quien toda Persia llega a conocer acerca del Dios de Israel. Mardoqueo, el judío, también un migrante, termina ejerciendo gran influencia en Persia.

Si tuviéramos espacio, podríamos mencionar a David, exiliado entre los filisteos, un M/E a quien Dios usa entre ellos. David llega a ser compañero de armas y consejero de Aquis, rey de Gat (1 S 27). Tal vez, esta es la razón por la que los escritores del Nuevo Testamento con tanta facilidad y tan naturalmente parecen tomar nota de que Jesús mismo era un M/E, exiliado como niño en Egipto.

Esta perspectiva del M/E como un agente de la misión de Dios parece ser tan irresistible, que Ezequiel habla de Dios usando a los extranjeros mismos en la misión de Dios de juicio contra Israel, cuando Israel se rehúsa a ser un instrumento de la misión de Dios a las naciones (Ez 28.7). Esta visión se replica en Habacuc 1.5-6, donde Dios dice que va a usar a los caldeos en su misión. Es sorprendente que Pablo hace referencia a este mismo pasaje de Habacuc en su primer sermón importante, en el que desarrolla su teología de la misión (Hch 13.41). Isaías replica estos sentimientos cuando afirma que, debido a la infidelidad de Israel, Dios usará a otras naciones en su misión (Is 61.5).

¿Podemos imaginar lo que a Dios le gustaría hacer a través de pueblos hispanos/latinos como agentes de su misión en la evangelización de Norteamérica y en Europa?

C. Los M/Es como medios de la misión de Dios a las naciones

Un tercer aspecto de esta perspectiva misionera e instrumental de los M/Es en la misión de Dios tiene que ver con la manera en que la inmigración misma es presentada como un método fundamental de la misión de Dios a las naciones. Hay indicaciones en la Biblia de que, en ciertas ocasiones, Dios usó a la inmigración para cumplir ciertos aspectos importantes de la misión de Dios. Claramente, hay una relación íntima entre los agentes que Dios usa en su misión y los medios por los cuales Dios elige llevar a cabo esa misión. No obstante, en este capítulo, haré una distinción (aunque al comienzo puede parecer algo artificial) entre estos dos aspectos de la misión de Dios, a los efectos de poder leer con nuevos ojos misiológicos la historia de la misión de Dios, tal como está retratada en la Biblia.

Cuando uno piensa en la migración, es decir, el fenómeno mismo de ser un extranjero/extraño/forastero como uno de los métodos que Dios usa en su misión, vienen a la mente una cantidad de relatos bíblicos. El primero que podríamos mencionar es la historia de Moisés. Criado en un ambiente bicultural y bilingüe (arameo y egipcio), Moisés todavía no era un instrumento útil para la misión de Dios. Fue necesario que Moisés pasara cuarenta años como un M/E entre los madianitas, aprendiendo cómo sobrevivir en el desierto, aprendiendo cómo pastorear a las ovejas (Dios lo estaba preparando para poder ser el pastor de una gran manada humana en el desierto) y siendo formado personal, emocional, espiritual y físicamente para el rol del liderazgo que tendría. Moisés se describe a sí mismo como un M/E. El relato en Éxodo 18.1-3 dice lo siguiente:

> Todo lo que Dios había hecho por Moisés y por su pueblo Israel, y la manera como el Señor había sacado a Israel de Egipto, llegó a oídos de Jetro, sacerdote de Madián y suegro de Moisés. Cuando Moisés despidió a Séfora, su esposa, Jetro la recibió a ella y a sus dos hijos. Uno de ellos se llamaba Guersón, porque dijo Moisés: "Soy un extranjero en tierra extraña" (Éx 18.1-3; ver también Éx 2.22; Hch 7.29).

El tema del desierto como la matriz de la cual nace la misión representa un énfasis fuerte y consistente en la Biblia. Juan el Bautista vino del desierto para comenzar su ministerio. Como otro ejemplo, en Lucas 4, Jesús comienza su ministerio sobreviviendo a las tentaciones en el desierto. Y en el caso de Saulo de Tarso, después del encuentro con Jesús en el camino a Damasco, Saulo – conocido más tarde como Pablo – pasa unos cuantos años en el desierto re-leyendo el Antiguo Testamento. En el desierto, todos son extranjeros. En el desierto, son formados, moldeados y renacen para participar en la misión de Dios. Parece que Dios coloca a las personas en situaciones de ser M/Es con el propósito de formarlas en preparación para su participación en la misión de Dios.

Una segunda figura que podríamos mencionar es una mujer, una viuda, una moabita, quien precisamente debido a ser una M/E fue usada por Dios para sanar la amargura de Noemí, su suegra, ilustrando en su persona lo que Dios quería hacer por Israel. En la historia de Rut, la agencia de la misión de Dios se combina con los medios de la misión de Dios. Aquí quiero enfatizar un aspecto del relato de Rut que tiene que ver con la migración misma como un medio de la misión de Dios.

La historia entera deriva de la manera en que Booz trata a Rut. Claramente, la narración tiene el propósito de ser una historia de amor en medio de la cual la amargura de Noemí (que representa a Israel) es sanada por y mediante el amor que Rut y Booz tienen el uno por el otro. Pero la relación de Rut y de Booz fluye a partir de la fidelidad de Booz como un israelita justo. Conoce las Escrituras. Sabe que en Levítico 19.10 y otra vez en Levítico 23.22, Dios señala la manera en que el pueblo de Dios debía tratar a los M/Es en su medio. Rut se describe a sí misma como "extranjera" (Rut 2.10): "Rut se inclinó hacia la tierra, se postró sobre su rostro y exclamó: '¿Cómo es que le he caído tan bien a usted, hasta el punto de fijarse en mí, siendo sólo una extranjera?'"

La manera en que Booz la recibe y la compasión que Booz demuestra por Rut son evidencia de que Booz era un israelita justo y correcto, que seguía las normas levíticas. "No rebusquen hasta el último racimo de sus viñas, ni recojan las uvas que se hayan caído. Déjenlas para los pobres y los extranjeros.

Yo soy el Señor su Dios" (Lv 19.10). "Cuando llegue el tiempo de la cosecha, no sieguen hasta el último rincón del campo ni recojan todas las espigas que queden de la mies. Déjenlas para los pobres y los extranjeros. Yo soy el Señor su Dios" (Lv 23.22; ve también Dt 24.19-21; 26.12, 13).

Recordemos lo que ya hemos notado: el cuidado especial de Dios así como su compasión y su amor por el extranjero, la viuda y el huérfano (ver, por ejemplo, Salmos 94.6; 146.9). Es precisamente porque Rut es extranjera, viuda y extraña que Dios pudo usarla en el ambiente de la fidelidad, la compasión y el amor de Booz para traer sanidad a la amargura de Noemí. La mujer, la viuda, la extranjera son los medios y el ejemplo de la compasión de Dios.

El Nuevo Testamento nos ofrece un eco de esto. En Lucas 17, cuando Jesús sana a los diez leprosos, sólo uno regresa para dar gracias a Jesús y alabar a Dios por su curación. Y ese uno era un samaritano, considerado un extranjero y un extraño por los judíos en tiempos de Jesús. Es precisamente porque era un extranjero y un extraño (a los ojos de los judíos), que Jesús lo señala como ejemplo.

> Un día, siguiendo su viaje a Jerusalén, Jesús pasaba por Samaria y Galilea. Cuando estaba por entrar en un pueblo, salieron a su encuentro diez hombres enfermos de lepra. Como se habían quedado a cierta distancia, gritaron: "¡Jesús, Maestro, ten compasión de nosotros!" Al verlos, les dijo: "Vayan a presentarse a los sacerdotes." Resultó que, mientras iban de camino, quedaron limpios. Uno de ellos, al verse ya sano, regresó alabando a Dios a grandes voces. Cayó rostro en tierra a los pies de Jesús y le dio las gracias, no obstante que era samaritano. "¿Acaso no quedaron limpios los diez? – preguntó Jesús –. ¿Dónde están los otros nueve? ¿No hubo ninguno que regresara a dar gloria a Dios, excepto este extranjero? Levántate y vete." Le dijo al hombre, "tu fe te ha sanado" (Lc 17.11-19).

Hay muchos otros ejemplos de este tercer aspecto de la migración como medio de la misión de Dios a las naciones. El exilio mismo fue un medio por el cual Dios creó una gran *diáspora*, de la que resultó la Septuaginta, las sinagogas, el continuo proselitismo de gentiles por parte de judíos y una red de relaciones humanas que se desparramaron por todo el Imperio Romano, contactos que Pablo usaría más tarde como senderos para sus viajes misioneros.

Más tarde en este capítulo, voy a resaltar la parábola del Buen Samaritano como una ilustración más de la manera en que el extranjero y el extraño son presentados como ejemplos de los medios de la misión de Dios a las naciones.

¿Podría esta perspectiva bíblica de la inmigración como un medio de la misión de Dios ofrecernos una lente a través de la cual nos fuera posible entender mejor lo que está pasando en este siglo? ¿Es posible que Dios esté usando la migración misma como un medio para proclamar en palabra y en obra la venida del reino de Dios entre las naciones?

D. Los M/Es como metas de la misión de Dios a las naciones

Un cuarto y último aspecto de la perspectiva misiológica e instrumental del rol de los M/Es en la misión de Dios ve a la migración en relación a las metas de la misión de Dios entre las naciones. La migración parece jugar un rol escatológico que impulsa la misión de Dios y la participación del pueblo de Dios en esa misión hacia el futuro. Esta visión futurista aparece temprano en la Biblia, en el llamado de Abraham en Génesis 17.8.

> Al oír que Dios le hablaba, Abram cayó rostro en tierra, y Dios continuó: "Este es el pacto que establezco contigo: Tú serás el padre de una multitud de naciones. Ya no te llamarás Abram, sino que de ahora en adelante tu nombre será Abraham, porque te he confirmado como padre de una multitud de naciones. Te haré tan fecundo que de ti saldrás reyes y naciones. Estableceré mi pacto contigo y con tu descendencia, como pacto perpetuo, por todas las generaciones. Yo seré tu Dios y el Dios de tus descendientes. A ti y a tu descendencia les daré, en posesión perpetua, toda la tierra de Canaán, donde ahora andan peregrinando. Y yo seré su Dios" (Gn 17.3-8).

Todos los migrantes piensan y sueñan con ir a una tierra prometida que les ofrezca mejores condiciones de vida. Esta esperanza en el futuro, como un aspecto fundamental de la migración, puede verse en numerosos relatos bíblicos. Por ejemplo, cuando Dios ordena a Moisés sacar al pueblo de Israel de Egipto, Moisés habla de ir a una nueva tierra. En Éxodo 6.1-8 leemos lo siguiente:

> El Señor respondió: "Ahora verás lo que voy a hacer con el faraón. Realmente sólo por mi mano poderosa va a dejar que se vayan; sólo por mi mano poderosa va a echarlos de su país." En otra ocasión, Dios habló con Moisés y le dijo: "Yo soy el Señor. Me aparecí a Abraham, a Isaac y a Jacob bajo el nombre de Dios Todopoderoso, pero no les revelé mi verdadero nombre, que es el Señor. También con ellos confirmé mi pacto de darles la tierra de Canaán, donde residieron como forasteros. He oído además el gemir de los israelitas, a quienes los egipcios han esclavizado, y he recordado mi pacto. Así que ve y diles a los israelitas: 'Yo soy el Señor, y voy a quitarles de encima la opresión de los egipcios.

Voy a librarlos de su esclavitud; voy a liberarlos con gran despliegue de poder y con grandes actos de justicia. Haré de ustedes mi pueblo; y yo seré su Dios. Así sabrán que yo soy el Señor su Dios, que los libró de la opresión de los egipcios. Y los llevaré a la tierra que bajo juramento prometí darles a Abraham, Isaac y Jacob. Yo, el Señor, les daré a ustedes posesión de ella" (Éx 6.1-8).

La misión de Dios hacia el futuro está estrechamente conectada con su amor por Israel como un pueblo peregrino e inmigrante. En uno de sus salmos David exclama:

Él se acuerda siempre de su pacto, de la palabra que dio a mil generaciones; del pacto que hizo con Abraham, y del juramento que le hizo a Isaac, que confirmó como estatuto para Jacob, como pacto eterno para Israel: "A ti te daré la tierra de Canaán como herencia que te corresponde." Cuando apenas eran un puñado de vivientes, unos cuantos extranjeros en la tierra, cuando iban de nación en nación y pasaban de reino en reino, Dios no permitió que los oprimieran; por amor a ellos advirtió a los reyes: "¡No toquen a mis ungidos! ¡No maltraten a mis profetas!" ¡Que toda la tierra cante al Señor! ¡Proclamen su salvación cada día! Anuncien su gloria entre las naciones, y sus maravillas a todos los pueblos. Porque el Señor es grande, y digno de toda alabanza; ¡más temible que todos los dioses! Nada son los dioses de los pueblos, pero el Señor fue quien hizo los cielos (1 Cr 16.15-26).

Esta perspectiva escatológica de migración incluye la esperanza de que las naciones un día vendrán a adorar al Dios de Abraham, de Isaac y de Jacob, creador del cielo y de la tierra. Esta es la visión de Isaías. Por ejemplo, en Isaías 56.3-7, leemos lo siguiente: "El extranjero que por su propia voluntad se ha unido al Señor, no debe decir: 'El Señor me excluirá de su pueblo.' Tampoco debe decir el eunuco: 'No soy más que un árbol seco.' Porque así dice el Señor: 'A los eunucos que observen mis sábados, que elijan lo que me agrada, y sean fieles a mi pacto, les concederé ver grabado su nombre dentro de mi templo y de mi ciudad; ¡eso les será mejor que tener hijos e hijas! También les daré un nombre eterno que jamás será borrado. Y a los extranjeros que se han unido al Señor para servirle, para amar el nombre del Señor y adorarlo, a todos los que observan el sábado sin profanarlo y se mantienen firmes en mi pacto, los llevaré a mi monte santo; ¡los llenaré de alegría en mi casa de oración! Aceptaré los holocaustos y sacrificios que ofrezcan sobre mi altar, porque mi casa será llamada casa de oración para todos los pueblos.'"

La visión que la Biblia nos ofrece es que todos los M/Es están invitados al gran banquete del Cordero (Mt 22.1-14; Lc 14.15-24). Todos los extranjeros están invitados a la mesa del Señor. Esta perspectiva escatológica del M/E también está enfatizada en Apocalipsis. Repetidamente, el autor de Apocalipsis anuncia que una gran multitud de toda lengua, familia, tribu y nación se reunirá alrededor del trono del Cordero. (Ver, por ejemplo, Ap 1.7; 5-8, 13; 6.12; 10.6; 11.15; 14.6; 15.1; 19.6, 21.) Esta gran reunión ocurrirá como resultado de la gran migración a la ciudad santa. En Apocalipsis 21.1-2, 23-26, Juan describe el evento:

> Después vi un cielo nuevo y una tierra nueva, porque el primer cielo y la primera tierra habían dejado de existir, lo mismo que el mar. Vi además la ciudad santa, la nueva Jerusalén, que bajaba del cielo, procedente de Dios, preparada como una novia hermosamente vestida para su prometido. . . . La ciudad no necesita ni sol ni luna que la alumbren, porque la gloria de Dios la ilumina, y el Cordero es su lumbrera. Las naciones caminarán a la luz de la ciudad y los reyes de la tierra le entregarán sus espléndidas riquezas. Sus puertas estarán abiertas todo el día, pues allí no habrá noche. Y llevarán a ella todas las riquezas y el honor de las naciones.

¿Qué impacto – y qué cambios podrían haber – en nuestras iglesias cristianas y en nuestras instituciones eclesiásticas, si realmente creyéramos que en el análisis final, al final de la historia, los M/Es serán invitados especialmente al gran banquete del Cordero? (Ver Lc 14.15ss; Mt 22.1ss.) ¿Cuáles son las implicaciones para nuestras naciones y para nuestras iglesias cristianas si pensamos que la esperanza del mundo reside con los migrantes, los extraños, los extranjeros y los forasteros en medio nuestro? ¿Qué pasa si en su futuro encontramos nuestro propio futuro global?

Conclusión

Los cuatro aspectos de esta perspectiva instrumental y misiológica del rol de los M/Es en la misión de Dios a las naciones converge en la parábola del Buen Samaritano. Lucas ubica la parábola dentro del relato en el que Jesús envía a los 70 en misión. Son enviados como ministros plenipotenciarios de la misión de Jesús, la cual es, por lo tanto su misión. Y el ejemplo principal de tal misión es el samaritano.

En la parábola, encontramos la motivación para la misión en la respuesta de Jesús a la pregunta formulada por el experto en la ley con respecto a qué debía hacer para heredar la vida eterna. Como lo cuenta Jesús, el "prójimo" en esta historia no es el que está al lado del experto en la ley. Más bien, es el que actúa como tal. El "prójimo" es el que vive conforme a las normas del Antiguo

Testamento actuando como tal para con los demás. En la parábola, el que demuestra tal estilo de vida es, en realidad, el samaritano. El samaritano es el "prójimo."

Claramente, la parábola presenta al samaritano extranjero/extraño como el agente de la misión de Dios. Y la manera en que Jesús narra la parábola muestra que Jesús quiere resaltar al samaritano extraño como un medio por el cual Jesús puede ofrecer al experto en la ley un nuevo modo de participar en la misión de Dios.

La parábola también se enfoca en el futuro. Con las palabras, "Haz eso y vivirás," Jesús señala hacia el futuro en el cual el experto en la ley puede recibir la misericordia de Dios de manera completa. El experto en la ley mismo ya no será un extraño. Y debido a la misericordia de Dios el experto en la ley también puede comenzar a crear una nueva realidad en la cual los M/Es ya no están excluidos de su cuidado, de su compasión y de su amor.

Creo que cuando comenzamos a entender de manera completa las perspectivas misiológicas e instrumentales de la Biblia con respecto al migrante y al extraño, posiblemente podamos captar mejor y vivir más plenamente la visión misionera expresada en 1 Pedro 2. Si la iglesia de Jesucristo verdaderamente se viera a sí misma como una comunidad peregrina cuya tierra y nación no son de esta tierra, entonces la Iglesia cristiana comenzaría a entender que ella misma es una comunidad de migrantes (embajadores, sí según 2 Co 5, pero también, migrantes).

De todas las naciones de la tierra, Dios ha elegido a la Iglesia cristiana para ser "real sacerdocio, nación santa, pueblo que pertenece a Dios." Siendo esta nuestra realidad, no es posible rechazar el llamado de Dios a participar en la misión de Dios en este mundo (especialmente la misión de Dios a favor de los migrantes y de los extraños, por medio de ellos, con su participación y orientada hacia ellos). ¿Será posible, en este siglo, expresar el cántico que da expresión concreta en la vida real la visión del salmista en Salmos 146.1, 5-10?

> ¡Aleluya! ¡Alabado sea el Señor! . . . Dichoso aquel cuya ayuda es el Dios de Jacob, cuya esperanza está en el Señor su Dios, creador del cielo y de la tierra, del mar y de todo cuanto hay en ellos, y que siempre mantiene la verdad. El Señor hace justicia a los oprimidos, da de comer a los hambrientos y pone en libertad a los cautivos. El Señor da vista a los ciegos, el Señor sostiene a los agobiados, el Señor ama a los justos. El Señor protege al extranjero y sostiene al huérfano y a la viuda, pero frustra los planes de los impíos. ¡Oh Sión, que el Señor reine para siempre! ¡Que tu Dios reine por todas las generaciones! ¡Aleluya! ¡Alabado sea el Señor!

Publicado por primera vez como "Perspectivas Bíblicas del Inmigrante en la Misión de Dios," en Jorge E. Maldonado y Juan F. Martínez, eds. Vivir y Servir en el Exilio, Buenos Aires: Ediciones Kairós, 2008, 17-34. *La traducción al inglés salió primero como, "Biblical Perspectives on the Role of Immigrants in God's Mission,"* Journal of Latin American Theology: Christian Reflections fron the Latino South, *vol. 02 (2008), 15-38. Una forma adaptada de este capítulo también fue publicada en Ekron Chan, Jeffrey Lu y Chloe Sun, eds.,* Logos for Life: Essays Commemorating Logos Evangelical Seminary 20th Anniversary. *Logos Evangelical Seminary, El Monte, CA, 2009, 285-318; y en* Evangelical Review of Theology, *34:1 (enero 2010), 29-43. Adaptado y usado con premiso.*

CAPÍTULO 15

¿POR QUÉ MULTIPLICAR IGLESIAS SALUDABLES?

Tesis

*La motivación bíblica para la multiplicación de iglesias saludables reside en la misión amorosa y compasiva del Dios trino (*missio Dei*), quien desea que todos los hombres y mujeres sean discípulos de Jesucristo, miembros activamente involucrados en una iglesia local, y agentes comprometidos de la transformación de su realidad. Como tales, estas congregaciones son testigos del reino de Dios que viene para el honor y la gloria de Dios.*

Introducción

Hace unos años, una iglesia grande en Monterrey, México, me invitó a dar una serie de charlas sobre la naturaleza de Dios. Hacia el final de la serie, una mujer de edad, vestida muy sencillamente se acercó a mí.

"Señor, señor," me dijo, "Tengo una pregunta para hacerle."

"Sí, por supuesto," respondí. "¿Cuál es su pregunta? ¿Tiene que ver con algo de la presentación que no estuvo claro?"

A juzgar por su manera de hablar, me pareció que esta mujer no era miembro de ninguna iglesia evangélica y no estaba acostumbrada al modo cómo los evangélicos mexicanos se refieren unos a otros como "hermano" o "hermana." También me pareció que no tenía mucho conocimiento bíblico.

"No señor, no es eso," comentó la mujer, "no hubo nada malo en lo que acaba de enseñar. En realidad, usted habló muy bien, con claridad, y nos enseñó lo que usted piensa que la Biblia dice acerca de Dios. Todo eso estuvo muy bien."

"Pero, señor," continuó la mujer, "allí está mi problema. Hace unos años, aquí en Monterrey, todos éramos católicos romanos. Todos creíamos lo que la Iglesia Católica nos enseñaba y estábamos todos de acuerdo. Pero ahora no es para nada así. ¡Hay tantas iglesias diferentes, tantos predicadores diferentes en la radio y tantos centros religiosos! Y todos tienen opiniones distintas – todos enseñan y dicen cosas diferentes acerca de Dios. Y ese es mi problema. Yo me pregunto: De todos estas personas que hablan acerca de Dios, de todas estas opiniones que oímos, ¿cuál es la verdadera?"

Esta mujer de edad de Monterrey dio en el clavo. Su pregunta fue directa y profunda. Este es un problema importante que estamos enfrentando en todas partes del mundo. Hay miles de opiniones con respecto a Dios. ¿Cuál será la verdad? ¿Cómo podemos estar seguros? ¿Sobre qué fundamentos vamos a construir nuestra teología y nuestra misiología hoy? Esta situación impacta más con respecto al tópico de multiplicar las iglesias, especialmente en Latinoamérica.

Hace más de una década, en el prefacio del libro de David Martin, *Tongues of Fire: The Explosion of Protestantism in Latin America*, Peter Berger, un sociólogo de la religión muy conocido, comentó sobre la situación en América Latina en el día de hoy.

> Este libro trata uno de los desarrollos más extraordinarios en el mundo de hoy – la rápida extensión del protestantismo evangélico en vastas áreas de sociedades sub-desarrolladas, notablemente en América Latina. . . . Si uno mira la escena religiosa de hoy con una perspectiva internacional, hay dos movimientos verdaderamente globales de una vitalidad enorme. Uno es el islamismo conservador, el otro el protestantismo conservador. . . . El impacto potencial del (crecimiento del protestantismo conservador) puede ser realmente muy poderoso. . . . El crecimiento del protestantismo evangélico en América Latina . . . es el caso más dramático (Martin 1990, vii).

En el siglo veintiuno, en América Latina, es esencial que nuestro pensamiento sobre la multiplicación de iglesias nuevas provenga de motivos claros. Hoy somos confrontados por una realidad complicada y casi contradictoria con respecto a este tópico. La religiosidad de la gente latinoamericana es una moneda de dos caras. Por un lado, el 90 por ciento de la población en América Latina se considera "cristiana" de alguna manera. No obstante, dentro de esta gran mayoría, hay una diferencia radical entre la religión de la gente y la de las iglesias oficiales y formales. Un pequeño porcentaje de la población asiste regularmente a la iglesia y la secularización y el nominalismo crecen todos los días. Y aunque hay una marcada diferencia de un país a otro, de todos modos, en casi todas las repúblicas hay entre la gente un sentimiento general de desilusión con la iglesia institucional.

Hay otro lado de esta moneda. En este nuevo siglo en Latinoamérica, encontramos una atmósfera de profundo hambre espiritual, en la cual todos están abiertos a cualquier tema religioso, abiertos a probar casi cualquier cosa religiosa y a creer todo. Vivimos en un tiempo de cambios fenomenales con respecto a la lealtad religiosa. Nos enfrentamos a cambios tan grandes y profundos que, en comparación, la Reforma del siglo dieciséis en Europa parece palidecer, aun cuando esos reformadores como Lutero, Calvino, Zwinglio, Bucer y otros permanecen prominentes en nuestras mentes. Como Peter Berger lo mencionó anteriormente, estamos navegando un tiempo de gran revolución religiosa en la creación de nuevas formas religiosas, de nuevas estructuras de iglesia y de nuevas expresiones espirituales.

Las dos caras de esta realidad religiosa contribuyen a la creación de una atmósfera de competencia y de sospecha, lo cual tiene un profundo impacto sobre la multiplicación de nuevas iglesias. En un lugar donde ha habido sólo una iglesia reconocida por siglos, una iglesia que todavía domina la realidad religiosa de muchas repúblicas, ¿qué significa multiplicar nuevas iglesias? En una atmósfera de cambio religioso tan radical y de competir por nuevos seguidores, es de una importancia muy grande examinar nuestros motivos. ¿Cuáles son nuestros motivos para multiplicar nuevas iglesias saludables?

Este capítulo se enfoca primordialmente en el contexto latinoamericano. Tiene que ver con las bases y los valores bíblicos que nos motivan a usar nuestro tiempo y nuestra energía en multiplicar nuevas iglesias saludables, a buscar maneras creativas para hacerlo y a pagar el precio necesario. No sólo queremos que nuestras acciones glorifiquen a Dios, sino también nuestros motivos. La razón que está detrás de la multiplicación de iglesias es tan importante como los métodos usados para multiplicarlas. Esto es especialmente cierto en la atmósfera religiosa que encontramos hoy en Latinoamérica. Al final, como veremos luego, la tarea de multiplicar las iglesias no es nuestra, sino de Dios. Es por esto que nuestros motivos deben dar gloria a nuestro Dios.

Sabiendo esto, es quizás importante examinarnos y resaltar algunos de nuestros motivos, que podrían no estar en línea con el corazón de Dios. A los efectos de ahorrar espacio, estos motivos se presentan en forma de lista. El lector está invitado a reflexionar sobre los motivos siguientes, que no sean consistentes con el amor de Cristo. ¿Por qué multiplicar iglesias saludables?

- NO para extender el pequeño reino, dominio o influencia de nuestra denominación, organización misionera, iglesia o pastor. En todos estos casos, sólo estamos estableciendo nuevas sucursales de una corporación religiosa y no multiplicando la Iglesia de Jesucristo.
- NO porque todas las otras iglesias en nuestra ciudad o nación no son verdaderas iglesias de Cristo. En este caso, nos vemos forzados a probar que sólo nosotros tenemos la verdad y todos los demás están equivocados delante de Dios. Esta clase de pensamiento significa que nuestra motivación negativa se enfoca en otras iglesias en lugar de señalar positivamente a Cristo, la Cabeza de la Iglesia. Al contrario, Jesús nos invita a examinar la viga en nuestro propio ojo, antes de tratar de remover la astilla del ojo ajeno (Mt 7.3-5).
- NO porque queremos imponer a la fuerza una forma de religiosidad sobre toda la gente. Este tipo de "multiplicación" de iglesias ya ha

sido probado en América Latina en la era colonial, con resultados desastrosos. Por el contrario, la Biblia nos llama a extender una invitación abierta, amorosa y amable a todos los que, por el poder el Espíritu Santo, confiesan su fe en Jesucristo y, con base en su fe, llegan a ser miembros de la Iglesia de Cristo.[328]

- NO porque estamos en competencia por más conversos con respecto a otras iglesias, como si multiplicar iglesias fuera un campeonato de fútbol. Si nuestra motivación es la competencia, lo que estaríamos haciendo es "reciclar a los santos" o "robar ovejas." Esta no es la misión de Dios.
- NO porque queremos manipular al pueblo de Dios de tal manera que nos sigan para que podamos ganar mucho dinero y prestigio en nuestra comunidad y nación.
- NO porque multiplicar iglesias nos ofrece orgullo o reconocimiento, haciéndonos grandes y famosos. Aunque sabemos que algunos líderes tienen inclinaciones psicológicas en esta dirección, es imperativo que reconozcamos esta predisposición y que cada uno "ofrezca su cuerpo como sacrificio vivo, santo y agradable a Dios,"

---

[328] Con respecto a este motivo equivocado, estoy comenzando a ver que en Latinoamérica, deberíamos evitar usar la palabra "plantar" para referirnos a comenzar nuevas iglesias. Los evangélicos en América Latina han tomado prestada esta palabra del uso que se le da en la lengua inglesa, donde ha sido usada, por lo últimos cuarenta años, con referencia a comenzar nuevas congregaciones e iglesias en Norteamérica. No obstante, en el contexto latinoamericano, la palabra "plantar" tiene ciertas raíces históricas que nos hacen pensar en la conquista española y portuguesa, durante la cual fueron "plantadas" iglesias de una manera de lo más brusca, forzada, conquistadora y destructiva. Yo nací en la ciudad de México y fui criado en San Cristóbal de las Casas en el estado de Chiapas, en el sur de México. En ambos lugares, la historia de la conquista española incluye la matanza de miles y miles de personas de culturas pre-colombinas, todo en nombre de la "plantación" de iglesias. Esta es la historia triste y desalentadora de la imposición de formas de "cristianismo," de maneras no consistentes con una comprensión bíblica de la misión. Esta misma historia se repitió en muchas partes de América Latina y del Caribe. También han habido situaciones en algunos aspectos del trabajo misionero protestante de los siglos diecinueve y veinte, donde la imposición de prácticas religiosas extranjeras era alarmantemente similar a la conquista europea del siglo dieciséis. Tal vez, con referencia a nuestra evangelización y misión en Latinoamérica, deberíamos usar la palabra "multiplicar" más con un sentido de humildad y de esperanza. O, si usamos la palabra "plantar," quizás necesitamos conceptualizarla como plantar una pequeña semilla en la tierra y esperar que la semilla muera y que Dios la devuelva a la vida de modo que, con el tiempo, pueda rendir una cosecha. (Por ejemplo, ver Mr 4.26-29; Jn 4.36-37; 1 Co 3.6; 15.36-37).

de modo que nuestras acciones para multiplicar iglesias nuevas y saludables, puedan ser nuestra verdadera "adoración espiritual," nuestra ofrenda a Dios (Ro 12.1).

Si rechazamos estos motivos que no honran ni a nuestro salvador Jesucristo ni al Espíritu Santo, entonces debemos enfocarnos en encontrar motivos verdaderos y bíblicos que nos guíen para multiplicar iglesias nuevas y saludables. Las motivaciones bíblicas para multiplicar iglesias nuevas y saludables deben estar basadas sobre una misiología trinitaria (ver Ajith Fernando 2000). Y debido a esto, sugiero que la Biblia nos presenta, por lo menos, las siguientes cinco razones por las que deberíamos multiplicar nuevas iglesias:

- Porque Dios el Padre busca y encuentra a los perdidos;
- Porque el amor de Cristo nos obliga;
- Porque el Espíritu Santo ha sido enviado a todos los seres humanos (toda carne);
- Porque la congregación local es el lugar primario del reino de Dios, el gobierno del Rey;
- Porque multiplicar iglesias es para la alabanza de la gloria de Dios.

En este capítulo sólo hay lugar suficiente para presentar el fundamento bíblico en forma de bosquejo muy amplio. Se presenta aquí con la esperanza de que este repaso desafíe al lector a estudiar su Biblia de manera nueva, permitiendo que ésta responda la pregunta: ¿Por qué Dios quiere que multipliquemos iglesias nuevas y saludables alrededor del mundo de hoy? La primera razón se encuentra en la naturaleza y en la voluntad de Dios.

Porque Dios el Padre busca y encuentra a los perdidos

El primer fundamento bíblico para multiplicar iglesias nuevas y saludables es el más básico de todos. Surge de la naturaleza de Dios. Todo esfuerzo dentro de la misión, incluyendo la multiplicación de nuevas iglesias, viene y fluye de la voluntad de Dios (*missio Dei*), quien amó al mundo de tal manera "que dio a su Hijo unigénito, para que todo el que crea en él no se pierda, sino que tenga vida eterna" (Jn 3.16).

Hendrikus Berkhof afirmó que el atributo más básico de Dios es que es un Dios que se nos revela (Ver H. Berkhof 1979, 41-65). En 1 Juan 4.8, leemos que Dios es *ágape*, un amor que se entrega a sí mismo. Dios es siempre el que inicia la búsqueda para alcanzar a los seres humanos, procurando atraerlos y recibirlos dentro de una relación de pacto. "Yo seré su Dios, ustedes serán mi pueblo y yo moraré entre ustedes" es la afirmación bíblica fundamental de la voluntad de Dios (Ver Van Engen 1996, 71-89).

El Dios de la Biblia no es ni el que se mueve de modo inmovible, ni la causa original del Iluminismo europeo de los siglos quince, dieciséis y diecisiete. El Dios de la Biblia no es el dios de los deístas, un dios que supuestamente puso en su lugar "las leyes de la naturaleza" y luego se replegó para permitir que "la naturaleza" gobierne el mundo. El Dios de la Biblia no es meramente el Dios de los "omnis" (omnipresente, omnisciente, omnipotente, etc.) como por ejemplo, es descripto en la Confesión de Westminster, aunque estas características estén incluidas en las de Dios. El Dios de la Biblia no es sólo la creación de nuestra propia experiencia subjetiva, como Schliermacher lo presentó. Tampoco es Dios sólo parte de las categorías de la mente, tal como lo expresó Emmanuel Kant. El Dios de la Biblia no es ni un Dios inmanente, ni un producto de visiones culturales del mundo y de la vida, ni el producto de un hambre psicológica de significado. Y tampoco es el objeto puro de la búsqueda religiosa humana.

Por el contrario, el Dios de la Biblia es amoroso, compasivo, lento para la ira, benevolente, lleno de misericordia, que desea constantemente siempre compartir su gracia y amor con los seres humanos y entrar en pacto con ellos. La Biblia nos presenta a un Dios que está activamente involucrado en la creación, que revela su ser a la humanidad, que responde incluso emocionalmente al rechazo humano del amor de Dios, y que – en Jesucristo—preserva y sostiene la creación de Dios, como Pablo lo dice en su cristología de Colosenses 1. Lo que sigue es un bosquejo de los textos bíblicos que hablan de la naturaleza misionera del Dios de la Biblia.

A. Dios creó a los seres humanos y cuida de ellos, incluso a pesar de que la humanidad rechaza a Dios

- Todos los seres humanos comparten el mismo origen al ser creados por el Dios del universo (Gn 1-3; Job 38-42; Is 41-46; Jonás; Jn. 1; Hch 17.16-31; Ro 1; Sal 64.9; 65; 66.1, 4. 8; 67.3-5; 2 P 3.8-13; Ap 21.1). Como tales, todas las personas tienen en común a sus ancestros Adán y Eva (Gn 1-5).
- Toda la humanidad es juzgada en el diluvio. Noé y su familia son los ancestros de todas las personas y Dios estableció un pacto con toda la gente, como lo evidencia el arco iris (Gn 6.10).
- La lista de las naciones presenta la idea de que todas las personas son descendientes de la misma raza (Gn 10.5, 6, 20, 31, 32).
- La torre de Babel afirma que todos los seres humanos tienen ancestros en común, en términos de lenguaje (Gn 11.1-9). Aquí vemos diferentes grupos de personas dentro del amor universal de Dios, un concepto que se reafirma en la genealogía de Sem y de Taré.

- Dios es el Rey de toda la tierra, el creador, el gobernante, el "rey de gloria" (2 S 15.10; 2 R 9.13; Is 52.7; Sal 32; 47.8; ver. Por ejemplo, Jer 17.12 y la cristología de Ef 1; Col 1; Fil 2; Ap 4.9, 10; 5.1, 7, 13; 6.16; 7.10, 15; 19.4).

El Dios de la Biblia siempre da el primer paso. Inicia la búsqueda e invita a la humanidad a una nueva relación con Dios mediante la reconciliación. Este Dios ha creado y continúa creando seres humanos, con la intención de que ellos estén en comunión constante con Dios. Con las propias manos de Dios, el Dios de la creación formó a los seres humanos a partir del barro. Después de soplar vida en el bloque de arcilla (Gn 2.7), Dios lo tomó y de manera amorosa, gozosa y cuidadosa formó a la humanidad a imagen de Dios – *imago Dei* (Gn 2.20-25). Este es el Dios de la Biblia quien, después que Adán y Eva pecaron contra Dios y se escondieron de la presencia de Dios, gritó en angustia "¿Dónde estás?" Y este Dios de la Biblia es el Dios que salvó a Noé y a su familia y prometió nunca más destruir a toda la gente (Gn 6-9).

Como hijos de este Dios creador y sostenedor, también debemos aprender a cuidar de la creación sobre la cual nos ha sido dado dominio. Debemos hacer el esfuerzo de valorar la vida humana y de salvaguardarla. Con respecto a la multiplicación de iglesias saludables, esta primera verdad sugiere que trabajemos para que todos los seres humanos puedan llegar a conocer a su Creador. Invitamos a todos los seres humanos, mediante la fe en Jesucristo, a unirse a nosotros en la alabanza y la glorificación de nuestro Creador. De esta manera, los miembros de nuestras congregaciones pueden participar en la obra de Dios de cuidar la creación y la vida de cada ser humano, transformando así la realidad en la cual viven (ver Bakke 2000 y Padilla y Yamamori, eds., 2003).

B. Dios es un Dios de amor y misericordia

Una y otra vez, la Biblia afirma que Dios es amoroso y misericordioso. Este Dios trino de la Biblia, como ha sido mencionado anteriormente, es amor (*agape*), quien revela la persona de Dios al pueblo de Dios. Moisés se encontró en la presencia de Dios después de salir de Egipto. Acerca de ese encuentro, la Biblia dice lo siguiente: "Pasando [el Señor] delante de él, proclamó: 'El Señor, el Señor, Dios clemente y compasivo, lento para la ira y grande en amor y fidelidad, que mantiene su amor hasta mil generaciones después, y que perdona la iniquidad, la rebelión y el pecado; pero que no deja sin castigo al culpable, sino que castiga la maldad de los padres en los hijos y en los nietos'" (Éx 34.6-7). Esta descripción del ser de Dios se repite en innumerables ocasiones en la Biblia. Ver, por ejemplo, Éx 22.27; Nm 14.18; Dt 5.9-10; 7.9-10; 2 Cr 30.9; Neh 9.17; Sal 51.1; 86.5, 15; 103.8; 112.4; 116.5; 145.8; Jl 2.13; Jon 4.2; Mi 7.18; Stg 5.11.

El Dios de la Biblia es el Dios de amor del que hablan los Salmos. Hay una multitud de Salmos que hablan del amor, la misericordia y el cuidado de Dios. Por ejemplo, el Salmo 23 dice: "El Señor es mi pastor, nada me falta."

En Isaías 6, se encuentra el llamado del profeta Isaías. Él está en el templo y se encuentra con el Dios misionero, el Dios de Abraham, de Isaac y de Jacob. En este encuentro, con la presencia de Dios intervienen los cinco sentidos de Isaías: vio al Dios excelso y sublime; oyó a los serafines que alababan a Dios; sintió que el edificio se estremeció; olió el humo que llenó el templo; y probó la brasa del perdón de Dios, con la cual el serafín le tocó los labios. La importancia primordial de este encuentro no se limita a la relación entre Isaías y su Dios. Además, hay un elemento misionero. El Dios de amor y misericordia dice: "¿A quién enviaré? ¿Quién irá por nosotros?" (Is 6.8). La vocación de Isaías está centrada en este deseo misionero de Dios de enviarlo como su mensajero a Israel y a todas las naciones. Llegará el momento en que Isaías declarará lo siguiente acerca de Israel y de la venida del Mesías. Esas palabras serán usadas mucho más tarde por Jesús de Nazaret, en el Evangelio de Juan, con respecto a su misión.

> "Sí," dice Dios, el Señor, el que creó y desplegó los cielos. . . .
> "Yo, el Señor, te he llamado en justicia; te he tomado de la mano. Yo te formé, yo te construí como pacto para el pueblo, como luz para las naciones, para abrir los ojos de los ciegos, para librar de la cárcel a los presos, y del calabozo a los que habitan en tinieblas" (Is 42.5-7, comparar con Is 49.6; 61.1-3; Lc 2.32; 4.18-19).

Las profecías mesiánicas y misionales en Isaías forman parte del trasfondo de las palabras de María, la madre de Jesús. El énfasis principal del *Magnificat* de María en Lucas 1.46-55 es la naturaleza amorosa y misericordiosa de Dios hacia Israel y hacia todas las otras naciones.

Jesús remarca que este amor es también un atributo de su Padre celestial, quien debido a su amor, procura estar en relación con su pueblo. Jesús le dijo a Nicodemo el fariseo, un miembro del Sanedrín (un consejo de 70 personas que gobernaban al pueblo de Israel en el tiempo de Jesús) y un líder de los judíos: "Porque tanto amó Dios al mundo, que dio a su Hijo unigénito, para que todo el que cree en él no se pierda, sino que tenga vida eterna." En su enseñanza, Jesús volvió a enfatizar la naturaleza amorosa de Dios. Otro ejemplo de esto está en la parábola de los labradores en Lucas 20.9-17. Dios, representado como el dueño del viñedo, trata constantemente de entrar en relación con sus trabajadores (comparar con Isaías 5). Además, en la parábola del gran banquete, Dios, caracterizado como el anfitrión del evento, envía a su siervo: "Sal de prisa por las plazas y los callejones del pueblo, y trae acá a los pobres, a los inválidos, a los cojos y a los ciegos. . . . Ve por los caminos y las veredas, y oblígalos a entrar para que se llene mi casa" (Lc 14.15-24; Mt 22.1-10). En el capítulo 15 de su libro, Lucas combina tres parábolas que nos muestran cómo este Dios ama, busca y encuentra al perdido. Este Dios, como pastor, busca y encuentra a su oveja perdida. Es como una mujer que busca y encuentra su moneda perdida. También es como un padre que espera ansiosamente el día en que su hijo perdido vuelva al hogar. Al encontrar al perdido, el Dios de la Biblia da una fiesta con sus ángeles y celebra con gozo que el perdido ha sido encontrado. Con respecto a este punto, el lector debería notar que en estas parábolas la idea de estar "perdidos" tiene que ver con un quiebre en una relación estrecha con Dios: con el pastor que vela por sus ovejas, con la mujer que busca su moneda, con el padre que espera a su hijo pródigo.

Con respecto a este Dios de amor, Pablo pregunta: "El que no escatimó ni a su propio Hijo, sino que lo entregó por todos nosotros, ¿cómo no habrá de darnos, junto con él, todas las cosas?" (Ro 8.32). Pedro también afirma que Dios es un Dios de amor y misericordia y que "él tiene paciencia con ustedes, porque no quiere que nadie perezca sino que todos se arrepientan" (2 P 3.9). En su primera carta, Juan también afirma esta característica de lo más básica de Dios: "Dios es amor" (1 Jn 4.8). Además, en Apocalipsis vemos que este Dios de amor reunirá a gente de toda raza, lengua, pueblo y nación alrededor del Cordero, en la Nueva Jerusalén (Ap 5.9; 7.9; 15.4; 21.24; 22.2).

En Cristo hemos llegado a ser hijos de este padre amoroso y misericordioso (Jn 1.12). Por lo tanto, como sus hijos, debemos involucrarnos y debemos responder al desafío de participar con nuestro padre amoroso en la búsqueda y el rescate de los perdidos. No es posible ser hijos e hijas de este Dios amoroso y rehusarnos a participar en la búsqueda de los perdidos. Además, cuando como hijos e hijas de Dios, nos reunimos para adorar a este Dios de amor, estamos incompletos porque nos faltan los que todavía no han llegado a conocer a nuestro Padre amoroso y misericordioso. Cada vez que nos reunimos para adorar a Dios, tenemos el desafío y el llamado a invitar a otros a unirse con nosotros en la alabanza a nuestro Dios, que ama a toda la humanidad.

C. Dios elige a su pueblo para ser instrumentos de amor en la búsqueda entre las naciones

Dios es el Dios de un pueblo particular y al mismo tiempo es el Dios de todas las naciones. En la Biblia, la palabra "naciones" no se refiere a una entidad política moderna como México, por ejemplo. Se refiere a un grupo particular de personas, conectadas mediante el lenguaje, la cultura, los ancestros y la historia. En el Antiguo Testamento, el término "naciones" habla a las entidades étnicas, al pueblo y a los grupos culturales que conformaban el ambiente inmediato alrededor de Israel. Israel es el *am*, el pueblo de Dios, y "las naciones" son el *goyim*, todos los otros grupos de personas que no son parte del *am* de Dios. Comenzando con el llamamiento de Abraham, la Biblia es clara en que Abraham y los descendientes de Sara, el pueblo de Dios, existen para ser instrumentos de amor entre las naciones.

El Dios de Abraham, de Isaac y de Jacob oyó el clamor de su pueblo en Egipto y usó a Moisés y a su creación para traer liberación de la esclavitud en Egipto. Esta liberación tuvo dos propósitos interrelacionados. El primer propósito fue que el pueblo de Israel llegara a conocer a Dios de manera nueva y adorara al Dios de Abraham, de Isaac y de Jacob en el monte Sinaí (Éx 6.2-7; 7.16; 8.1, 20; 9.1, 13; 10.3, 8; 14.31; 20.2). No obstante, esto fue sólo parte de lo que Dios quería enseñar a su pueblo mediante la liberación de Egipto. Su plan era mucho más grande, más profundo y más intenso. A través del éxodo, Dios quiso que todo Egipto y las "naciones" de alrededor llegaran a saber que el Dios de Abraham, de Isaac y de Jacob es el único Dios verdadero y que ha creado y sostiene toda la vida sobre la tierra (Éx 5.2; 7.5, 17; 8.10; 9.14, 16; 10.2; 14.4, 18, 31). El uso que Dios hizo de su pueblo como instrumentos entre las naciones es tan importante que, siglos más tarde, Pablo cita uno de estos pasajes en su propia descripción de la misión del amor de Dios. Durante el éxodo, Dios usó a Moisés para decirle al faraón: "Pero te he dejado con vida precisamente para mostrar mi poder, y para que mi nombre sea proclamado por toda la tierra" (Éx 9.16; Ro 9.17).

Lo que sigue, es un bosquejo de algunos de los textos que muestran el amor de Dios y su deseo de llevar su amor a "las naciones."

- Dios da mandamientos específicos concernientes al cuidado especial que Israel debe ofrecer "al extranjero entre ustedes" (Gn 12.10; 20.1; 21.34; 47.4; Éx 20.10; 22.21; Lv 18.26; 20.2; 25.40: Nm 15.14-16; Dt 10.18-19; 26.5-11: 1 R 8.27, 41-43; 2 Cr 6-18, 32, la dedicación del templo de Salomón).
- Las "naciones" juegan un papel importante en la actividad de Dios (Dt 26.19; 1 Cr 16.8, 31; Sal 9.1, 19-20: 47. 1, 7-9; 64.9; 65; 66:1, 4, 8; 67.1-5; 72.17-18; 96.1-3, 7, 10, 13; 97.5-6; 98.2-3; 9; 102.13-15; 108.3; 113.4; Is 2.2-4; 40.5, 17; 49.5-6; 52.15; 55.4-5; 56.6-7; 60.3, 11; 62.2; 66.19-20; Jer 4.2; Sof 2.11-13; Amós; Jonás; Mi 1.1-7; 4.1-5).
- En el Antiguo Testamento y en las palabras de Jesús, "casa de oración para todas las 'naciones.'" El templo de Salomón fue un lugar especial de oración para el "extranjero" (2 Cr 6.32-33; Mi 4.1-2; Is 56.7; Jer 7.11; Mt 21.13; Mr 11.17; Lc 19.46; Mt 25.32; comparar con Hch 14.15-17).

- Dios eligió a Israel para estar entre las naciones como sus instrumentos de amor por todas las personas (Éx 6.6-8; 19.5-6; Dt 4.20; 7.6; 14.2; 26.1; Tit 2.14; 1 P 2.9-10). En su conversación con Nicodemo (Jn 3) y en la declaración de su misión mesiánica (Lc 4.18-19), Jesús menciona la intención de Dios para con su pueblo. Ver también los siguientes pasajes relacionados: Is 35.4-8; 61.1; He 1.9; Sal 45.7; Mt 11.1-6, Juan el Bautista; Sal 145.14-21; Lc 1.46-55; 1 S 2.1-10; Mt 25:31-46, Hch 2.42-47.
- Pablo entendió la misión universal de Dios de tal manera que se consideraba como deudor de todos (Ro 1.14) y fue comprometido a participar en el "misterio de Cristo" (Ef 2.11-3.21).
- El pueblo de Dios es una señal del amor universal de Dios que tiene por todas las naciones (Is 11.12; 49.22; 62.10; Mt 5; Jn 3:14, 15; 12.32; Ro 1.14).

El pacto que Dios hace con su pueblo tiene dentro de si mismo el propósito de alcanzar a las naciones que todavía no conocen a su Creador. Emilio Núnez, enfocándose en el pacto con Noé, nos ayuda a entender este elemento misionero en el pacto de Dios. Núnez explica lo siguiente:

> Con el propósito de nuestra reflexión misiológica, lo que más queremos enfatizar del pacto de Dios con Noé y de otros pactos incondicionales que Yahweh establece con los seres humanos es el interés divino en la salvación de todos los seres humanos. Esta salvación no está limitada al perdón de los pecados y al don de la vida eterna. También tenía que ver con el bienestar espiritual (*shalom*) y físico de los seres humanos. La promesa cubre todo, desde el reino animal (Gn 9.8-17) hasta el mundo vegetal (Gn 8.22-9.3). Dios ha hecho un pacto con "la tierra" (Gn 9.13). Esta bendición es también ecológica. "Mientras la tierra exista habrá siembra y cosecha, frío y calor, verano e invierno, y días y noches" (Gn 8.22). Los efectos del pacto son cósmicos, como una bendición para toda la humanidad. . . . El arco iris se menciona en Ezequiel 1.28 y en Apocalipsis 4.3 como un símbolo de la majestad de Dios. El arco iris se torna en una señal y en un símbolo apocalíptico para la humanidad. El día del juicio viene. . . . Dios no quiere "que nadie perezca sino que todos se arrepientan" (2 P 3.9). Dios "quiere que todos sean salvos y lleguen a conocer la verdad" (1 Ti 2.4). Quiere que las historias bíblicas del diluvio y del arco iris en las nubes sean un incentivo poderoso para todos los seres humanos para arrepentirse y creer en Cristo para su salvación. . . . Cada vez que participamos de la Cena del Señor, en comunión con otros hermanos y hermanas en Cristo, recordamos la sangre que fue vertida como sello de este nuevo pacto (Mt 26.26-29), llevando los pecados del mundo (1 Jn 2.2), como rescate de muchos (Mt 20.28; 1 P 1.18-19) y con

el propósito de reconciliar al mundo con Dios (2 Co 5.18-21; Ef 2.16; Col 1.20-21). Deberíamos recordar que la sangre del Cordero fue derramada para "quitar el pecado del mundo" (Jn 1.29). También debemos recordar que en obediencia a Dios, la iglesia debe continuar reuniéndose alrededor de la mesa de comunión "hasta que él venga." En otras palabras, hasta que el Hijo de David regrese a reinar sobre toda la tierra. . . . El pacto de Dios con Noé y los establecidos con el pueblo de Israel, dan prueba del interés divino en la salvación de todas las personas. Los pactos en el Antiguo Testamento proveen una base sólida para la misión cristiana universal. También sirven como fundamento para el concepto de misiones holísticas porque las promesas de los pactos incluyen tanto lo espiritual como lo material. Ofrecen bendiciones para todos los seres humanos (Núñez 1997, 181-82, 214).

La realidad del amor de Dios por todas las personas, como se ha escrito anteriormente, nos muestra que todos los creyentes en Cristo, por definición, deben estar comprometidos en la búsqueda de los perdidos debido a la naturaleza de Dios. En otras palabras, ser hijos de Dios significa que debemos multiplicar nuevas iglesias saludables. Nuestro Padre celestial busca a los perdidos y, como sus hijos, debemos hacer lo mismo.

Los que hemos conocido a Cristo por algún tiempo y somos miembros de una iglesia evangélica probablemente conozcamos las verdades mencionadas, pero con demasiada frecuencia fracasamos en vivirlas. La base fundamental para multiplicar nuevas iglesias saludables yace en la naturaleza de Dios, un Dios amoroso y misericordioso que revela el ser de Dios a los seres humanos y procura estar en una relación de pacto con ellos. Debido a esto, multiplicar iglesias no es opcional. Al contrario, es parte de la naturaleza esencial de nuestra fe. Si somos hijos de este Dios, debemos hacer todo lo posible por buscar, encontrar, recibir e incorporar a todos los seres humanos a la comunidad de fe, de modo que se reconcilien con Dios (2 Co 5). Una misiología bíblica reconoce que, en última instancia, nuestra motivación para multiplicar nuevas iglesias saludables no surge meramente de la naturaleza de la iglesia, sino que fluye de la voluntad de Dios.

En la nota al pie, el lector encontrará una corta lista de obras que enfatizan una perspectiva similar de un Dios que, debido a su amor y misericordia, busca y encuentra a los perdidos.[329]

---

[329] Karl Barth 1961; Johannes Blauw 1962; Richard de Ridder 1975; John Fuellenback 1995; Arthur Glasser, con Charles Van Engen, Dean Gilliland y Shawn B. Redford 2003; Ken R. Gnanakan 1993; Roger Hedlund 1985; Walter C. Kaiser, 2000; Gerhard Kittel y Gerhard Friedrich, eds. 1985; George E. Ladd 1959; Helen Barrett Montgomery 1920; Johannes Nissen 1999; Emilio A. Nuñez 1997; C. René Padilla 1998; Donald Senior y

Porque el amor de Cristo nos obliga

La manera en que Dios muestra su amor y misericordia mediante la búsqueda y la salvación de los perdidos es el fundamento para la misión de Jesucristo, para el envío del Espíritu Santo y para el llamamiento de la Iglesia a anunciar las Buenas Nuevas del reino de Dios a todo el mundo, dando honor y gloria a Dios. Por lo tanto, en esta segunda parte, examinaremos brevemente la misión de Jesucristo como una de las principales motivaciones para multiplicar nuevas iglesias saludables.

A. La encarnación

"Porque tanto amó Dios al mundo, que dio a su Hijo unigénito, para que todo el que cree en él no se pierda, sino que tenga vida eterna" (Jn 3.16). "Y el Verbo se hizo hombre y habitó entre nosotros. Y hemos contemplado su gloria, la gloria que corresponde al Hijo unigénito del Padre, lleno de gracia y de verdad" (Jn 1.14). El amor de Dios no queda en teoría o en especulación. Al contrario, Dios, por su gran amor, se hizo hombre. "Vino a lo que era suyo" (Jn 1.11). En Jesús, el Cristo (el Mesías) Dios se hizo humano, carne y hueso, culturalmente un judío, un hombre que vivió en Palestina durante el primer siglo d.C., bajo el gobierno de César Augusto, mientras que "Cirenio gobernaba en Siria" (Lc 2.2). Dios no vino en forma abstracta o puramente mística. Vino para estar en relación con los seres humanos en situaciones concretas, en una realidad visible e identificable.

Como en el caso de Jesús y de sus discípulos, "el amor de Cristo nos obliga" a hacer visible el amor de Dios a través de nuestras interacciones con todas las personas. Porque "si alguno está en Cristo, es una nueva creación. ¡Lo viejo ha pasado, ha llegado ya lo nuevo! Todo esto proviene de Dios, quien por medio de Cristo nos reconcilió consigo mismo y nos dio el ministerio de la reconciliación: esto es, que en Cristo, Dios estaba reconciliando al mundo consigo mismo, no tomándole en cuenta sus pecados y encargándonos a nosotros el mensaje de la reconciliación." Por lo tanto, como una nueva creación, clamamos a todos por todo el mundo: "En nombre de Cristo les rogamos que se reconcilien con Dios" (2 Co 5.14-20).

Carroll Stuhlmueller 1983; Norman Snaith 1944; John Stott 1981; Valdir R. Steuernagel 1991; Mark Strom 1990; Charles Van Engen, Dean Gilliland y Paul Piersen, eds. 1993; Gailyn Van Rheenen 1983; Gerhard von Rad 1962; y George Ernest Wright 1955, 1961.

Así como Dios se hizo hombre para habitar en medio de la humanidad, los discípulos de Cristo son parte de comunidades, de ciudades y de pueblos. Debido a esto, multiplicar iglesias nuevas y saludables garantiza que las Buenas Nuevas nacen y crecen en lugares concretos, culturas particulares y en medio de gente específica. En realidad, estas congregaciones nuevas y saludables son las embajadoras de la presencia y de la gracia de Dios. Mediante estos grupos de seguidores de Cristo, Dios invita a todos los que se acercan a ellos a reconciliarse con Dios.

Durante su ministerio, Jesús tuvo un número de seguidores (quizás incluso hasta 120), quienes caminaron con él durante los tres años de su ministerio. Caminaron juntos, comieron juntos, oraron juntos, se rieron juntos, lloraron juntos. Ese grupo de discípulos fue la primera congregación del Nuevo Testamento. Así como el primer grupo de seguidores de Jesús fue la primera congregación del Nuevo Testamento, los seguidores de Jesús en el día de hoy conforman una nueva congregación. A medida que las personas se hacen discípulos de Jesucristo, nacen nuevas congregaciones. La gente que conforma estos grupos está hecha de carne y hueso, influida por su cultura y su contexto.

Multiplicar iglesias nuevas y saludables es el fruto de la actividad misionera, que fluye de la naturaleza de la iglesia. El amor de Cristo nos obliga a proclamar la salvación que él ofrece. Y cuando la gente decide seguir a Cristo y reunirse en su nombre, nace una nueva congregación. Más aun, Jesús promete que "donde dos o tres se reúnen en mi nombre, allí estoy yo en medio de ellos" (Mt 18.20). Jesús promete estar presente (a través del Espíritu) en esos momentos y lugares dondequiera que sus seguidores se reúnan en su nombre. Incluso más: "El que me ama obedecerá mi palabra, y mi Padre lo amará, y haremos vivienda en él" (Jn 14.23). En otras palabras, cuando los discípulos de Jesús se reúnen en su nombre y cuando se aman unos a otros, Jesús y Dios el Padre están presentes mediante la presencia del Espíritu Santo.

¿Por qué debemos multiplicar iglesias nuevas y saludables? Porque el amor de Cristo siempre se muestra de manera concreta cuando sus discípulos se reúnen en su nombre, en una atmósfera de amor. Esto ocurre en lugares específicos, el campo, un pueblo, entre personas de carne y hueso que tienen su lengua y cultura particulares. En estos lugares "el amor de Cristo nos obliga" a invitar a los que nos rodean a llegar a ser discípulos del Rey de reyes y Señor de señores.

B. Contextualización

Cuando los discípulos de Jesús se reúnen, lo hacen en una atmósfera donde él está presente. En esta atmósfera, el evangelio de Jesucristo se hace natural al contexto cultural de la Iglesia. El ingenio detrás de la multiplicación de iglesias nuevas y saludables es que éstas vienen de las personas, en cuando a que reflejan la cultura en la que se han multiplicado. En su ministerio, Jesús respondió de manera diferente a cada persona con la que interactuó. Ofreció agua viva a la mujer samaritana. Dio comida a las multitudes hambrientas. En el caso de María y de Marta, les dio vida al devolverle la vida a Lázaro, su hermano que había muerto. En el ministerio de Jesús, sus dones se ajustaban a los que los recibían. De igual manera, cada congregación no debería simplemente reflejar su denominación, organización misionera o iglesia madre. También deben reflejar la cultura en la que se han multiplicado, en términos de economía, de lenguaje y de la visión sobre el mundo y la vida. Las congregaciones saludables deben reflejar la cultura de sus contextos circundantes. En otras palabras, no deben ser como un arbusto importado, plantado entre plantas nativas. En cambio, deben ser plantadas en su suelo nativo donde pueden crecer bien. Por más de cien años, los misiólogos han seguido este concepto, a partir del pensamiento de Roland Allen, John Nevius, Mel Dodges, John A. Mackay, Orlando Costas, Rubén Tito Paredes y otros. La congregación local es donde el evangelio se contextualiza.

C. El llamado a la misión

Una congregación saludable no sólo está constituida por seguidores de Cristo que se reúnen sólo para pensar en sí mismos. Una congregación no será saludable y madura si no alcanza a los que están en la cultura circundante. Los verdaderos seguidores de Jesús tratan de hacer nuevos seguidores de Cristo. Uno puede ver claramente este llamado en los capítulos 9 y 10 de Lucas, además de las cinco grandes comisiones (Mt 28.19-20 – comparar con Mt 10.5-15; Mr 16.15-16; Lc 24.46-49; Hch 1.8; Jn 15.12-17 con 21.15-17).[330]

Bíblicamente hablando, hacer nuevos discípulos nunca ha sido un emprendimiento meramente individual, sino más bien una actividad colectiva. Desde el nacimiento de la Iglesia en Hechos, uno puede ver que los discípulos de Cristo, por el hecho de ser sus seguidores, se unieron a otros discípulos en congregaciones colectivas. Como vimos antes, Jesús dice que donde hayan dos

---

[330] La mayor parte de los misiólogos escriben acerca de un fundamento bíblico para comenzar nuevas iglesias basándose en la Gran Comisión. En muchos de estos casos, los autores prestan poca atención o ponen poco esfuerzo en examinar la hermenéutica que está detrás de la Gran Comisión y la relevancia de la misma, en cuanto ésta se relaciona con la misión de Dios a lo largo de toda la Biblia. Ver, por ejemplo, Robert Logan 1989, 190-92; Robert Logan 2002, 15, 9; Aubrey Malphur 1992, 119-23; Martin Nelson 2001, 39-47: Elmer Towns y Douglas Porter 2003, 11-25; C. Peter Wagner 1990, 19; y C. Peter Wagner 1980, 44-46.

o tres reunidos en su nombre. . . . El ejercicio de la fe cristiana siempre ocurre colectivamente.

Una cristología misionera no separa la persona de Cristo de sus acciones, su humanidad de su divinidad. Tampoco separa el "Jesús de la historia" del "Cristo de la fe." Por el contrario, enfatiza el ministerio misionero de Jesús, como enviado del Padre para salvar al mundo. Este ministerio holístico incluye sus oficios (profeta, sacerdote, rey) y su ministerio como Salvador, Libertador y sabio. Jesús transfiere su misión a sus discípulos: "Como el Padre me envió a mí, así yo los envío a ustedes" (Jn 20.21). La misión y ministerio de Jesús son la base para el llamamiento y el compromiso de los seguidores de Cristo.

En el primer sermón en Hechos, Pablo dice: "Así nos lo ha mandado el Señor: 'Te he puesto por luz para las naciones, a fin de que lleves mi salvación hasta los confines de la tierra'" (Hch 13.47; comparar con Lc 2.32, con referencia a Jesús). Jesús transfiere sus oficios, su ministerio y su misión a sus discípulos quienes, juntos, constituyen el cuerpo de Cristo, la presencia física de Cristo en el mundo. Es de esta manera que nosotros, como discípulos de Cristo, llegamos a ser profetas, sacerdotes, reyes, sanadores, libertadores y sabios en misión. La congregación local como el cuerpo de Cristo existe para poner en acción la misión y ministerio de Jesús en el mundo. Hablando fundamentalmente, la congregación local existe para invitar a otras personas –todos los seres humanos – a ser discípulos de Jesucristo, así como se puede ver en el mensaje de libro de Hechos (Van Engen 1991, 119-130).

Los misiólogos con una mente misionera reconocen que la salvación no se encuentra en la participación en las actividades de la Iglesia ni en simplemente ser un miembro de una iglesia. En este sentido, nuestro llamamiento no es simplemente "multiplicar" iglesias. Básicamente, nuestro llamado es hacer discípulos de Jesucristo. En otras palabras, multiplicar iglesias nuevas y saludables es constituir nuevos grupos de personas que participan en la misión de Cristo siendo sus discípulos.

Nuestro mensaje no es la superioridad de nuestra iglesia o de nuestros credos y confesiones. Además, no existimos simplemente para ser instrumentos de cambio socioeconómico o político. Nuestro mensaje es simplemente y sólo Jesucristo, quien vivió, fue crucificado, se levantó otra vez de los muertos y está sentado a la diestra de Dios el Padre todopoderoso, desde donde vendrá para juzgar a los vivos y a los muertos, tal como lo expresa el Credo de los Apóstoles.

En Apocalipsis, Juan ve el futuro: "Después de esto miré, y apareció una multitud tomada de todas las naciones, tribus, pueblos y lenguas; era tan grande que nadie podía contarla. Estaban de pie delante del trono y del Cordero, vestidos de túnicas blancas y con ramas de palma en la mano. Gritaban a gran voz: '¡La salvación viene de nuestro Dios, que está sentado en el trono y del Cordero!'"

(Ap 7.9-10; ver también 5.9; 10.11; 13.7 14.6; 17.15). Esta visión cumple la promesa de la que Juan había oído anteriormente de Jesús cuando dijo: "Pero yo, cuando sea levantado de la tierra, atraeré a todos a mí mismo" (Jn 12.32). La congregación local es una señal y un símbolo, una representación de esa multitud alrededor del trono de Dios y del Cordero. Mientras esperamos el cumplimiento de este tiempo, durante este tiempo entre tiempos de su primera y de su segunda venida, Jesús y nuestro Padre celestial nos han enviado al Espíritu Santo para edificar su Iglesia.

Porque el Espíritu Santo fue enviado para todas las personas y para edificar la iglesia

La tercera razón fundamental para multiplicar iglesias nuevas y saludables es porque esta acción es la obra del Espíritu Santo. En última instancia, no somos nosotros lo que multiplicamos las iglesias. Usted y yo no hacemos crecer la Iglesia. La Iglesia existe sólo debido a la obra del Espíritu Santo. Hay tres aspectos de esta verdad.

A. El Espíritu Santo fue dado para todas las personas

Dios el Padre y su hijo Jesucristo enviaron al Espíritu Santo a partir del deseo de que nadie se pierda y que todos puedan ser salvos. En Hechos 2, Lucas narra los eventos del primer Pentecostés, cuando el Espíritu Santo vino a los discípulos de Jesús: "Estaban todos juntos en el mismo lugar" (Hch 2.1). Formaron una nueva congregación local. El Espíritu Santo fue enviado en forma de fuego y de viento y los discípulos "comenzaron a hablar en diferentes lenguas" (Hch 2.4). Lucas explica, a través de las palabras de Pedro, que "sucederá que en los últimos días – dice Dios --, derramaré mi Espíritu sobre todo el género humano" (Hch 2.17). Lucas nos ofrece una lista de los lugares donde la gente pudo escuchar, en su propia lengua, el sermón de Pedro, a los efectos de enfatizar que el Espíritu Santo fue enviado para todas las personas (Hch 2.8). En la Figura 10, el lector puede apreciar el genio de Lucas para proveernos una lista de las principales culturas y naciones que circundaban a Jerusalén durante ese tiempo. La gente de estos lugares oyó el evangelio de Jesucristo en su propia lengua. Esto fue un milagro de audición y ocurrió mediante la obra especial del Espíritu Santo.

En Hechos 2.9-11, Lucas menciona 15 lugares de origen de los que oyeron el sermón de Pedro en Pentecostés. Esta "tabla de naciones" en Hechos replica a la de Génesis 10. En el capítulo 2, Lucas parece indicar que la confusión de las lenguas en Babel ha sido transformada y sanada en Pentecostés. La gente presente en Pentecostés vino principalmente de las provincias de Asia (del Imperio Romano) y del imperio de Media y de Persia, así como también de Creta y de Roma (ver Figura 10). Todas estas personas oyeron el evangelio en sus propias lenguas nativas.

Figura 10: La "tabla de naciones" en el Nuevo Testamento en Pentecostés

(Cortesía de Shawn Redford, usada con permiso)

Hay 15 lugares mencionados en Hechos 2.9-11. Esta "lista de Naciones" es una réplica de la que se encuentra en 10. Génesis

En Hechos 2, Lucas parece sugerir una reversión de la confusión de las lenguas en la Torre de Babel. La gente en Pentecostés provenía principalmente de provincias de Asia (el Imperio Romano) y de Media (el Imperio Parto) así como también de Creta y de Roma.

Provincias del Imperio Romano		Ciudades del Imperio Romano	Provincias del Imperio Parto
5. Judea	10. Panfilia	Jerusalén	1. Partos
6. Capadocia	11. Egipto	13. Roma	2. Media
7. Ponto	12. Cirene		3. Elam
8. Asia	14. Creta		4. Mesopotamia
9. Frigia	15. Arabia		

¿Por qué multiplicar iglesias nuevas y saludables? Porque a través de nuevas congregaciones el Espíritu Santo quiere continuar transformando las vidas de todas las personas. En Hechos, Lucas nos lo dice otras cuatro veces, en cuatro lugares diferentes, representado a cuatro culturas diferentes, a las cuales el Espíritu Santo viene de forma idéntica a la de Pentecostés en Hechos 2. Ver capítulo 4 (Judea), capítulo 8 (Samaria), capítulo 10 (Cornelio, un gentil convertido al judaísmo, quien tenía temor de Dios), y capítulo 19 (los gentiles de Éfeso, (hasta lo último de la tierra). El Espíritu quiere multiplicar congregaciones locales nuevas y saludables, formadas por mujeres y hombres que representan a "todas las personas." Es claro a partir de Hechos que, para alcanzar esta meta, el

Espíritu Santo usa a los seguidores de Cristo e iglesias locales para multiplicar iglesias nuevas y saludables. Este proceso es la norma del Nuevo Testamento.

B. El Espíritu Santo edifica congregaciones nuevas y saludables

Al final, necesitamos reconocer que como seres humanos, no somos los que edificamos la Iglesia. En realidad, tampoco somos los que multiplicamos congregaciones nuevas y saludables. Esta es la obra del Espíritu Santo. El libro de Hechos claramente enseña que el Espíritu Santo es responsable por el crecimiento, la salud y el desarrollo de una iglesia. En Hechos vemos que el Espíritu Santo hace lo siguiente:

- Edifica la Iglesia.
- Reforma y transforma la Iglesia.
- Da poder a la Iglesia.
- Unifica la Iglesia.
- Da nueva luz y conocimiento a las palabras de Jesús.
- Envía a la Iglesia.
- Crea dentro de la Iglesia un deseo de crecer.
- Acompaña a la Iglesia en su misión.
- Guía a la Iglesia.
- Ora a través de la Iglesia e intercede por ella.
- Da a la Iglesia las palabras para el testimonio y la proclamación.
- Facilita la comunicación.
- Desarrolla y facilita la receptividad de los que escuchan.
- Convence a la gente de pecado, de justicia y de juicio.
- Convierte a la gente a la fe en Jesucristo.
- Reúne y unifica a los cristianos, de modo que juntos puedan ser la Iglesia.
- Recibe a los nuevos creyentes.
- Envía a la Iglesia al mundo que tanto ama Dios.

Uno de los deseos más profundos del Espíritu Santo es hacer crecer la Iglesia. Incluso las mejores estrategias no pueden hacer crecer la Iglesia. La Iglesia es "la misteriosa creación de Dios" (en las palabras de Karl Barth) y existe mediante la obra del Espíritu Santo. Sabemos esta verdad, pero frecuentemente la olvidamos. Quizás olvidamos el rol del Espíritu Santo porque el Espíritu Santo rara vez trabaja solo. El Espíritu Santo disfruta de usar instrumentos humanos, los discípulos de Jesús, para cumplir la tarea de crear iglesias nuevas y saludables.

Este deseo del Espíritu Santo es evidente a lo largo de Hechos en el Nuevo Testamento. Se enfatiza notablemente en Hechos 13. Después de darnos una lista de los líderes de la iglesia de Antioquía, Lucas nos dice que fue el Espíritu Santo el que dijo: "Apártenme ahora a Bernabé y a Saulo para el trabajo al que los he llamado" (Hch 13.2). El resto del libro es la historia de cómo el Espíritu Santo usó a Pablo, a Bernabé y a muchos otros en multiplicar iglesias nuevas y saludables en los diferentes lugares que Lucas menciona en el segundo capítulo. De acuerdo a esto, todas las congregaciones por todo el mundo deben escuchar el llamado del Espíritu Santo para ser agentes del Dios trino en la multiplicación de iglesias nuevas y saludables. Todas las iglesias saludables deberían estar preocupadas por multiplicar iglesias nuevas y saludables y comprometidas en esa tarea, mediante el poder del Espíritu Santo.

C. El Espíritu Santo da dones a los miembros de la Iglesia y los envía para que multipliquen nuevas congregaciones.

Para llevar a cabo esta multiplicación, el Espíritu Santo da dones a los creyentes en Cristo, como medios especiales de gracia. Seguramente, el lector está familiarizado con los pasajes del Nuevo Testamento que mencionan los diferentes dones que el Espíritu Santo da a los miembros del cuerpo de Cristo (ver Ro 12; 1 Co 12; Ef 4; 1 P 4.10-11). Uno podría decir que el Espíritu Santo es como el sistema nervioso central del cuerpo. Así como los nervios en el cuerpo humano llevan impulsos eléctricos desde el cerebro a los músculos, así también el Espíritu Santo lleva los mandatos de la Cabeza de la Iglesia (Cristo) a los miembros del cuerpo y mueve los músculos a la acción. Es decir, el Espíritu Santo mueve a los miembros del cuerpo de Cristo en su misión en el mundo. No es posible multiplicar iglesias nuevas y saludables sin el uso cuidadoso y eficiente de los dones del Espíritu Santo.

Un estudio cuidadoso de Efesios 4, muestra que los dones del Espíritu son dados con dos propósitos complementarios. Por un lado, los dones se usan para el desarrollo y la madurez de los miembros de la Iglesia. Pero la obra del Espíritu Santo no para aquí. El desarrollo y la madurez de los miembros tienen un propósito que va más allá de los confines de la Iglesia. Les son dados para la misión en el mundo. En Efesios 4.12, Pablo dice que los dones han sido dados para "capacitar al pueblo de Dios para la obra de servicio, para edificar el cuerpo de Cristo." La palabra que Pablo usa aquí, traducida como "servicio," es *diakonia*. Esta palabra, de la que tomamos la palabra "diácono," es una palabra clave que Pablo frecuentemente usa como sinónimo de "la misión de Dios." Por ejemplo, ver Ef 3.1-7, donde Pablo dice que se hizo siervo [diácono] del "misterio" (Ef 3.6), que "los gentiles son, junto Israel, beneficiarios de la misma herencia, miembros de un mismo cuerpo y participantes igual en la promesa en Cristo Jesús." Los dones son actividades del ministerio, practicados tanto fuera como dentro de la Iglesia, para llevar a Cristo a los que todavía no lo conocen como salvador. Cuando los dones se ejercen de esta manera, la Iglesia se "edifica," es decir, crece de manera holística: orgánicamente, espiritualmente, socialmente y numéricamente (ver Costas 1975; 1974; 1979). Los dones del Espíritu son dones misioneros, que el Espíritu quiere usar para tocar las vidas de los que todavía no son discípulos de Cristo, a los efectos de transformarlos y llevarlos a la Iglesia de Cristo, creando congregaciones nuevas y saludables.

En razón de que los dones son dados directamente por el Espíritu Santo, sólo deben ser usados en una atmósfera imbuida del fruto del Espíritu: amor, alegría, paz, paciencia, amabilidad, bondad, fidelidad, humildad y dominio propio (Gá 5.22-23; Ef 4.1-6). Cuando estos dones son usados bíblicamente, el resultado que se anticipa es que nuevas personas lleguen a Cristo y que se desarrollen iglesias nuevas y saludables. El Espíritu Santo no da estos dones simplemente para hacer crecer iglesias ya establecidas. El crecimiento bíblico resulta en la multiplicación de creyentes y de congregaciones nuevas y saludables. El crecimiento bíblico también debería resultar en la transformación de la sociedad y la cultura, de los vecindarios circundantes de estas nuevas congregaciones.

En este momento, hay demasiadas mega-iglesias alrededor del mundo, que no han dado origen a suficientes congregaciones nuevas. Pareciera como si quisieran conservar la gracia de Dios toda para ellos y no compartirla con "todas las personas." Una Iglesia saludable procura reproducirse, multiplicando nuevas congregaciones – local, regional y globalmente. Una Iglesia sana participa en la misión de Jesucristo, mediante el poder del Espíritu Santo como "testigos tanto en Jerusalén como en toda Judea y Samaria, y hasta los confines de la tierra" (Hch 1.8). En esta actividad misionera, por la obra del Espíritu Santo, una iglesia sana se multiplicará en otras iglesias nuevas y saludables.

Porque la congregación local es el agente primario del reino de Dios

La exposición sobre la obra del Espíritu Santo que antecede nos lleva a considerar la cuarta razón fundamental por la que debieran multiplicarse iglesias nuevas y saludables. Esta cuarta razón tiene mucho que ver con la naturaleza de la Iglesia y su relación con el reino de Dios. Quiero sugerir aquí que es un aspecto natural y esencial de la naturaleza misma de la Iglesia el reproducirse en nuevas congregaciones.[331] Esto es algo que se puede esperar de toda congregación sana. También podríamos decirlo negativamente: algo le pasa a una congregación local que no se reproduce. Podemos pensar en esto desde tres puntos de vista.

Debemos considerar lo que la Biblia nos enseña acerca de la naturaleza de una congregación sana. Cuando multiplicamos iglesias nuevas y saludables, ¿que estamos multiplicando? La respuesta se puede encontrar en Hechos 2 y en 1 Tesalonicenses 1. En cada pasaje, encontramos una descripción de una congregación nueva de menos de un año. Lucas explica las características de la congregación en Hechos 2.43-47, con el propósito de probar que está constituida por judíos mesiánicos, quienes siguen fielmente los mandamientos del Nuevo Testamento y que también son fieles seguidores del Mesías, Jesús de Nazaret. En el caso de los creyentes de Tesalónica, Pablo menciona las características de esa iglesia, para probar que Dios "los ha escogido" (1 Ts 1.4). ¿Cómo puede uno saber que los creyentes de Tesalónica son elegidos? Se sabe porque manifiestan las siguientes características.

Dado el contexto bíblico en el cual aparecen estas características, creo que Lucas, al igual que Pablo, nos ofrece no sólo una descripción de un grupo particular de creyentes (escrita sólo de forma descriptiva), sino que también está dando un resumen de lo que él cree constituye una auténtica y verdadera iglesia local (escrito en forma normativa). En otras palabras, nuestras congregaciones y nuestras iglesias nuevas y sanas deberían demostrar las características siguientes:

- Hay milagros y señales extraordinarias.
- La congregación tiene un impacto en su contexto circundante.
- Los miembros de la congregación tienen todo en común. Se preocupan unos por otros.
- Comen juntos y celebran la Comunión y la unidad especial.
- Alaban y adoran a Dios.
- El Señor cada día agrega al grupo los que van siendo salvos (Hch 2.43-47).
- Confiesan a Jesús como su Salvador.
- El evangelio llega con poder. Hay milagros y señales especiales.
- Se predica la Palabra.
- Experimentan una comunión de amor.
- Expresan una forma de vida ejemplar.

---

[331] Uno de los mejores recursos que he encontrado concerniente al desarrollo de la base bíblica para multiplicar iglesias nuevas y saludables es la obra de Fernando Mora, un pastor e ingeniero bioquímico en Caracas, Venezuela. Ver Fernando Mora 2000, capítulo 3. Este libro ha sido auto-publicado y se puede encontrar contactando a Fernando en: fmorac@cantv.net. También considerar la obra de Stuart Murray 1998, 36-65.

- Sufren por el evangelio.
- Muestran un espíritu de gozo.
- Muestran una conversión radical.
- Su testimonio es conocido en todo el mundo.
- Demuestran una nueva esperanza (1 Ts 1.2-10).

Hay mucho que podría decirse concerniente a estas dos descripciones de iglesias sanas. No obstante, aquí sólo quiero mencionar una cuestión. Estas dos iglesias nuevas están comprometidas con la evangelización, con la misión y con el crecimiento numérico de creyentes y de congregaciones. Hay ocasiones cuando deseamos enfatizar una o dos de estas características mencionadas en los dos pasajes. No obstante, estas características describen una realidad que toma forma cuando se consideran todas juntas. No es posible aceptar o enfatizar una o dos de estas características y pasar por alto el resto. Hacerlo sería ignorar la forma en que Lucas y Pablo describen a estas dos congregaciones. La descripción de cada una es un paquete completo: orgánica y holística. Enfatizar la unidad, o la adoración, o las señales y milagros significa que uno también debe acentuar la obra misionera de estas congregaciones al predicar el evangelio, la manera en que logran el crecimiento numérico de creyentes y sus intentos de multiplicar iglesias nuevas y saludables (ver Van Engen 1981, 178-90).

Multiplicar nuevas iglesias es la penúltima meta de la misión de Dios. Como cuerpo de Cristo, la Iglesia es la presencia física de Dios en este mundo, para la bendición y la transformación del mundo (Ro 12; 1 Co 12; Ef 4: 1 P 2 y 4). Esta verdad nos obliga a enfatizar la importancia última de la Iglesia. La Iglesia universal, la Iglesia en el mundo —de todos los tiempos y culturas – es una idea y nada más. En realidad, esta Iglesia no existe de manera concreta y visible. Lo que existe es una multitud de congregaciones locales, de iglesias locales, cada una de las cuales es una manifestación local de la Iglesia universal. Usted y yo y todos los creyentes en Jesucristo nunca experimentaremos la Iglesia universal. La base desde la cual somos enviados al mundo es la congregación local, en la cual experimentamos la comunión de los santos y crecemos espiritualmente. Siendo así, es imposible sobreestimar la importancia de la congregación local de hombres y mujeres que aman a Cristo y adoran a Dios, mediante el poder del Espíritu Santo.

No obstante, la meta final de nuestra misión no puede ser sólo la congregación local. Multiplicar, hacer crecer y vigilar el desarrollo de la iglesia local es la penúltima meta de nuestra misión, tal como Orlando Costas nos ayuda a ver (Costas 1974, 90; 1979, 37-59; 1982, 46-48). La meta última de nuestra labor misionera es la gloria de Dios, tal como lo veremos en la parte final de este capítulo.

La penúltima meta de multiplicar iglesias saludables es esencial. Dios ha elegido a la congregación local como su principal instrumento para su misión en el mundo. Siendo así, para alcanzar la meta final, es de suprema importancia edificar miles de nuevas congregaciones misioneras alrededor del mundo. Dios es glorificado cuando las vidas de las personas son cambiadas y la familia y las estructuras socioeconómicas y políticas de una ciudad o nación experimentan una transformación radical. Todo esto se debe a que el Espíritu Santo usó a las congregaciones locales para anunciar la venida del reino de Dios en Jesucristo, de manera holística, a través de la palabra y de la obra, y de manera contextualmente apropiada y bíblicamente sana.

Porque multiplicar nuevas iglesias le da la gloria a Dios

¿Por qué multiplicar iglesias nuevas y saludables? La quinta razón está por sobre todas las demás. Multiplicar nuevas iglesias le da gloria a Dios. Al final del camino, edificar iglesias nuevas y sanas no es para la gloria de una denominación o de una organización misionera. No es para la gloria de un pastor o de un evangelista. No es para la gloria de la iglesia madre. Nuestra motivación fundamental para multiplicar iglesias nuevas y sanas siempre debe ser un profundo deseo de dar gloria a Dios.

A. "Las diez bendiciones" de Efesios 1

Todo lo dicho anteriormente en este capítulo puede resumirse en las palabras de Pablo en el primer capítulo de Efesios. Al comenzar su carta a los efesios, su epístola principal concerniente a la Iglesia y su misión, Pablo usa las palabras de uno de los himnos más antiguos de la Iglesia primitiva. Aunque no se conoce la música, las palabras han sido preservadas porque Pablo las usó al comenzar su carta. El himno contiene diez palabras que son verbos. Estas diez acciones se dividen en tres versos, uno para cada una de las tres personas de la Trinidad. Debido a esto, he llamado a este pasaje: "Las diez bendiciones." Cada verso enfatiza la obra y el rol especial de cada persona de la Trinidad. Esta revisión de lo que Dios ha hecho por nosotros es hermosa, profunda y conmovedora. No obstante, la parte más sobresaliente del himno es una frase que se repite tres veces y sirve como un coro entretejido a lo largo del himno. La frase es: "para alabanza de su gloria." (La primera vez a que aparece dice: "para alabanza de su gloriosa gracia."). Ver las palabras del himno a continuación.

Efesios 1.1-14: "Las diez bendiciones"

A través del Padre
1. Escogidos
2. Hechos santos
3. Predestinados
4. Adoptados

Coro: para alabanza de su gloriosa gracia

A través del Hijo
5. Redimidos
6. Perdonados
7. Hechos participantes del misterio
8. Unidos con Cristo
9. Coherederos con él

Coro: para alabanza de su gloria

A través del Espíritu Santo
10. Marcados con el sello de la promesa mediante el Espíritu Santo que es el depósito (primer pago) de nuestra herencia hasta la redención de la posesión de Dios.

Coro: para alabanza de su gloria

Siglos más tarde, encontramos un eco del énfasis de Pablo en Efesios en los escritos de Gisbertus Voetius (1589-1676). Un profesor de teología holandés, Voetius fue uno de los primeros misiólogos protestantes. Escribiendo a principios del siglo diecisiete, Voetius afirmó que, bíblicamente, la misión de la Iglesia tiene una meta que consta de tres partes. Declaró que la meta de la misión de Dios en la Biblia era *conversio gentili; plantatio ecclesiae; gloria Dei*: (a) la conversión de personas a la fe en Jesucristo; (b) la multiplicación de iglesias; y (c) la gloria de Dios (ver Bavinck 1960, 155ss). Durante los últimos cinco siglos, esta perspectiva ha sido la base más fundamental para la obra misionera entre iglesias evangélicas, descendientes de la Reforma Protestante. En lo más básico, la motivación de estas iglesias evangélicas para la expansión de la Iglesia se derivó de su meta visionaria: Dios quiere hombres y mujeres que lleguen a ser seguidores de Cristo, miembros responsables de la Iglesia y agentes de la transformación de sus contextos, para la gloria de Dios.[332] Noten que las tres

---

[332] Esta frase es una adaptación de la definición de misión de Donald McGavran 1970, 35.

partes de la articulación de Mateo de la Gran Comisión (Mt 28.18-20) se encuentran aquí (discipular, bautizar y enseñar).

B. La visión en Apocalipsis

La iglesia nueva y sana que más sobresale en la Biblia es la congregación que se reúne alrededor del trono de Jesucristo, el Pastor de Dios en la Nueva Jerusalén. ¡Qué visión sorprendente es la que Juan describe en los últimos pocos capítulos de Apocalipsis! El ángel le dice a Juan que le va a mostrar "a la novia, la esposa del Cordero" (Ap 21.9). Esta figura retórica, este cuadro verbal es una de las principales representaciones de la Iglesia de Jesucristo, a la cual Pablo también describe como la novia preparada para presentarse delante de Jesús, su esposo (Ef 5.23-27). ¡Qué maravilloso! El ángel está presentando a la Iglesia como la Nueva Jerusalén. La Iglesia ha llegado a ser una ciudad con doce puertas que nunca se van a cerrar, hecha de las doce piedras de las vestiduras de Aarón en el tabernáculo del desierto. El ángel también le hace ver que los "reyes de la tierra le entregarán sus espléndidas riquezas." La visión es verdaderamente grandiosa. Los "reyes de la tierra" traen el esplendor de su lengua, de su cultura, de su historia, de su civilización, trayendo todo esto a la Nueva Jerusalén, la cual es la Iglesia, cuyo templo es Jesucristo, cuyo sol y luz es Cristo, cuyas puertas nunca se cierran, de modo que constante y eternamente las personas sean invitadas a lavarse en la sangre de Cristo. Entonces pueden reunirse con todos los santos alrededor del trono del Pastor. Juntos, todos los miembros de esta Iglesia nueva y sana cantan en miles de lenguas, como respondiendo al milagro de Pentecostés en Hechos 2. Todas las naciones, familias, lenguas, tribus del mundo alaban a Dios con el himno de la eternidad:

> "Digno eres, Señor y Dios nuestro, de recibir la gloria, la honra y el poder, porque tú creaste todas las cosas; por tu voluntad existen y fueron creadas. . . . ¡Al que está sentado en el trono y al Cordero, sean la alabanza y la honra, la gloria y el poder, por los siglos de los siglos! . . . ¡La salvación viene de nuestro Dios, que está sentado en el trono, y del Cordero! . . . ¡Amén! La alabanza, la gloria, la sabiduría, la acción de gracias, la honra, el poder y la fortaleza son de nuestro Dios por los siglos de los siglos. . . . Grandes y maravillosas son tus obras, Señor, Dios Todopoderoso. Justos y verdaderos son tus caminos, Rey de las naciones. . . . ¡Alegrémonos y regocijémonos y démosle gloria! Ya ha llegado el día de las bodas del Cordero. Su novia se ha preparado" (Ap 4.11; 5.13b; 7.10b, 12; 15.3b; 19.7).

En esta ciudad que representa a la Iglesia, hay un árbol muy especial: el árbol de la vida, cuyas hojas "son para la salud de las naciones" (Ap 22.2). Multiplicar iglesias saludables es participar en esta visión, ser conductores, mediante el poder del Espíritu Santo, para moverse hacia esta nueva realidad, el nuevo cielo y la nueva tierra, para la alabanza de la gloria de nuestro Dios. Una de las maneras en que representamos, señalamos, preparamos el camino, invitamos a otros a unirse y participamos de esta visión es multiplicando iglesias nuevas y saludables para la gloria de Dios. La Biblia nos enseña que el pueblo de Dios, la Iglesia, peregrina desde un jardín a una nueva ciudad, la Nueva Jerusalén.

C. La meta final: para alabanza de la gloria de Dios

¿Por qué deberíamos dedicar todo el dinero, tiempo, energía y recursos personales para multiplicar iglesias sanas? En este capítulo he sugerido que más fundamentalmente, tal empresa fluye de la naturaleza y misión de Dios: "Porque tanto amó Dios al mundo." El amor, la iniciativa de Dios, su acción misionera, forma el fundamento, la base para todos los esfuerzos en multiplicar iglesias nuevas y saludables. Entonces, el amor de Dios constituye la fuente de la que fluyen las cinco razones que hemos examinado concernientes a por qué deberíamos multiplicar nuevas congregaciones:
- Porque Dios el Padre busca y encuentra a los perdidos;
- Porque el amor de Cristo nos obliga;
- Porque el Espíritu Santo ha sido enviado a todos los seres humanos (toda carne);
- Porque la congregación local es el agente primario del reino de Dios;
- Porque multiplicar iglesias es para la alabanza de la gloria de Dios.

Luego, podríamos expresar la misión de la Iglesia de la siguiente manera: es la voluntad de Dios que mujeres y hombres de todos los pueblos de la tierra sean invitados a llegar a ser seguidores de Jesucristo, miembros responsables de la Iglesia de Cristo, reunidos en comunidades de fe, en el poder del Espíritu Santo. Estos grupos de creyentes, como agentes del reino de Dios, procuran transformar la realidad de sus contextos, para dar alabanza a Dios.

De ahí que, la Iglesia de Jesucristo está llamada a una acción misionera creativa en el mundo, mientras procura proclamar las buenas nuevas del reino de Dios de maneras bíblicamente fieles, contextualmente apropiadas y globalmente transformadoras. La Cabeza de la Iglesia es Jesucristo, el Señor. Desde este punto de vista, la existencia de la Iglesia tiene un solo propósito: existe para alabanza de la gloria de Dios.

¿Cuáles serán nuestros motivos para multiplicar iglesias nuevas y sanas? ¿Elegiremos los motivos humanos, pecadores, egoístas y opresivos? ¿O elegiremos los motivos y las metas que la Biblia nos da? ¿Multiplicaremos iglesias para nuestra propia gloria, o nos comprometeremos a participar en la misión de Dios para alabanza de la gloria de Dios?

Conclusión

La ancianita de Monterrey, México, que formuló su pregunta tan penetrante, merece una cuidadosa respuesta. En la confusa multiplicidad de diversas opiniones religiosas, necesitamos dar una cuidadosa consideración a nuestros motivos, para multiplicar iglesias. En última instancia, nuestro deseo es que mujeres y hombres lleguen a ser seguidores de Jesús y sólo en segundo lugar que lleguen a ser miembros de nuevas iglesias. Pero, los nuevos seguidores de Jesús necesitan reunirse en comunidades de fe. El resultado de lo cual es la expansión de iglesias nuevas o ya existentes. La esperanza del mundo y la posibilidad de transformar la realidad que enfrentamos hoy reside en multiplicar miles de iglesias nuevas y saludables en todas las ciudades, pueblos y villas por todo el mundo. Estas congregaciones deben estar constituidas por hijos e hijas de Dios, seguidores de Jesucristo, bendecidos con la presencia y los dones del Espíritu Santo, quienes intencionalmente y de manera cuidadosa procuren ser señales de la venida del reino de Dios, para alabanza de la gloria de Dios.

¿Por qué multiplicar iglesias nuevas y sanas?
1. Porque Dios es un Dios de amor: la misión es de Dios; el propósito es de Dios. Nuestro Dios, el Dios de la Biblia, "no quiere que nadie perezca sino que todos se arrepientan" (2 P 3.9).
2. Porque somos escogidos para servir: somos instrumentos en las manos de Dios. Somos el cuerpo de Cristo, la presencia física de Jesucristo en el mundo, en orden a ser una bendición para las naciones. Como cuerpo de Cristo, un aspecto de nuestra naturaleza es levantar nuevas congregaciones, como criamos a nuestros hijos e hijas. Todas las congregaciones maduras deben ser madres de otras congregaciones.
3. Porque nos encontramos a nosotros mismos en la medida que participamos siendo instrumentos del amor de Dios por todas las naciones y por todos los seres humanos (Mt 10.39). La Iglesia no existe para servir a sus miembros. Al contrario, la Iglesia está formada por miembros quienes, juntos como el pueblo de Dios, existen para ser instrumentos del amor de Dios hacia los que todavía no conocen a Jesucristo.

4. Porque somos llamados especialmente para participar en la misión de Dios. Una de las maneras más apropiadas y eficientes para expresar concretamente esta elección consiste en multiplicar iglesias nuevas y sanas.
5. Porque siempre, en todo lugar, somos el pueblo de Dios, el Dios que "tanto amó al mundo, que dio a su Hijo unigénito, para que todo el que cree en él no se pierda, sino que tenga vida eterna" (Jn 3.16). Como tal, somos una comunidad de amor, la comunidad del fruto del Espíritu y no descansamos mientras haya personas que no conozcan a Jesucristo, mediante la obra del Espíritu Santo, para alabanza de la gloria de nuestro Dios.

Este capítulo fue originalmente publicado en español como, "¿Por qué sembrar iglesias saludables? Bases bíblicas y misiológicas," en John Wagenveld, Sembremos iglesias saludables: un acercamiento bíblico y práctico al estudio de la multiplicación de las iglesias. *Miami: FLET 2005, 43-94. Traducción al inglés: Gary Teja y John Wagenveld, eds.,* Planting Healthy Churches, *Sauk Village, IL: Multiplication Network Ministries 2015, 23-60. Usado con permiso.*

CONCLUSIÓN

En este libro, hemos examinado lo que implica la teología de la misión transformadora, como una actividad de reflexión misiológica y de auto-examen de parte de creyentes, de la Iglesia cristiana, de las agencias misioneras y de los practicantes de la misión por todo el mundo. He ofrecido los ejemplos que se encuentran en este volumen, con la esperanza de que puedan estimular e inspirar a otros a explorar maneras en las cuales también puedan participar en la teología de la misión transformadora. El título de este libro incluye tres significados relacionados.

Primero, la teología de la misión tiene un rol transformador con respecto al pensamiento cristiano y a la acción misional de iglesias y de agencias misioneras. A medida que los cristianos hacen teología de la misión en sus contextos y en sus momentos históricos, la teología de la misión los llama a examinar cuidadosamente su proximidad a Jesucristo o su distancia de él, en cuya misión ellos participan. Es vital que todos nosotros como seguidores de Jesús examinemos la viga en nuestro propio ojo (Mt 7.3-5) antes de procurar erradicar la astilla que tienen los demás. Necesitamos reflejar la luz de la Biblia en nuestras motivaciones, perspectivas y prácticas de la misión, mientras nos inspiramos unos a otros a hacer la misión de Cristo.

Esta función transformadora interna debe cambiar la manera en que leemos la Biblia (nuestra hermenéutica misional), la manera en que hacemos teología histórica y cómo hacemos teología sistemática. La teología de la misión tiene que transformarnos en relación con la información, las agendas y los filtros paradigmáticos (las estructuras de plausibilidad) que usamos en nuestra reflexión concerniente a la misión de la Iglesia. Como Andrew Kirk y otros nos han recordado, el tema no es que la misiología tiene que ser más teológica. La cuestión es que todo pensamiento cristiano debe estar más misiológicamente informado en su proximidad a la revelación de la Biblia sobre la misión de Dios.

Un segundo significado de la teología de la misión transformadora implica la manera en que hacemos la teología de la misión misma. Como señalé en varios de los capítulos de este libro, ya no podemos darnos el lujo de hacer teología de la misión meramente como una auto-justificación para sostener nuestra agenda particular en la misión. Con demasiada frecuencia, hemos usado la teología de la misión para respaldar nuestra propia promoción misionera. Hemos creado nuestra propia versión de la teología de la misión meramente para proveer un fundamento, una base, una justificación de por qué nuestra acción misionera particular es legítima, importante y debiera ser respaldada por gente y con dinero. Pero sabemos que la misión no es nuestra misión: es la misión de Cristo.

Esto significa que todos los cristianos en todas partes están llamados a re-pensar y a re-evaluar nuestra misma teología de la misión. La Iglesia cristiana necesita ser intencional y cuidadosa al transformar lo que entendemos debe ser nuestra teología de la misión. Este es un proceso constante de re-examinar la manera en que entendemos la misión de Cristo. Somos desafiados a re-escribir nuestra definición de misión, por lo menos una vez por año. Y debemos escucharnos unos a otros local y globalmente, intercultural e intercontinentalmente, de modo que juntos podamos continuamente reformular y expresar de nuevo la manera cómo entendemos nuestra teología de la misión. Juntos, somos llamados a transformar continuamente nuestra teología de la misión, para crecer más cerca de Jesucristo, nuestro Señor, la Cabeza de la Iglesia, en cuya misión participamos como diáconos y mensajeros.

Un tercer significado del título de este libro implica mirar hacia afuera, hacia el mundo. Un aspecto esencial e integral de la teología de la misión es que su motivación, su propósito y su meta es transformar al mundo en el que vivimos. Como embajadores de reconciliación (2 Co 5.20), somos enviados a llamar a todos los seres humanos en todas partes a reconciliarse con Dios con ellos mismos, unos con otros y con la creación. El propósito fundamental de la teología de la misión es activista. Existe para ser una presencia transformadora en un mundo en conflicto, que sufre, tan amado por Dios. La teología de la misión cumple su propósito cuando el pueblo de Dios se compromete a proclamar, en palabra y en hechos, el evangelio del reino de Dios, invitando a hombres y a mujeres a llegar a ser seguidores de Jesucristo, el Señor.

Dicho de otra manera, cuando la teología de la misión se reduce a ser meramente estudio sobre la misión, una reflexión meramente filosófica, meramente una crítica desmoralizadora que desanima la acción misional, entonces la teología de la misión ha perdido su rumbo. En ese caso, necesita desesperadamente la inspiración del Espíritu Santo para ser "transformados mediante la renovación de su mente... [y así] comprobar cuál es la voluntad de Dios, buena, agradable y perfecta" (Ro 12.2). La razón de ser de la teología de la misión es ser un agente misional de la misión de Cristo para transformar al mundo en el que vivimos. He ofrecido los ejemplos presentados en los capítulos de este libro, con la esperanza de que inspiren al lector para estar activamente involucrado en hacer la misión de Cristo en el mundo.

Es mi oración que los pensamientos presentados en este libro animen al lector y a la lectora unirse conmigo en la teología de la misión transformadora, para la salvación del mundo y para la gloria de Dios.

APÉNDICE

CONCORDANCIA TEMÁTICA DE *DIAKONEO, DIAKONIA* Y *DIÁKONOS*

Los traductores y editores de nuestras Biblias publicadas en inglés, español, portugués, y otros idiomas occidentales, suelen usar palabras como "servir" o "ministerio" o "ayuda" para traducir las palabras "diakoneo" (la acción), "diakonia" (el concepto) y "diakonos" (la persona) del griego. Sin embargo, en el griego del Nuevo Testamento se usan las tres palabras en forma cuidadosa, consistente y coherente para presentar la idea de misión. En la concordancia que sigue, he colocado la letra "D" en toda ocasión del uso de la idea, sea en forma de acción, de concepto, o de persona. El lector o la lectora deberá leer los textos señalados insertando la forma apropiada.

Mateo
    4.11   unos ángeles acudieron a D (Mr 1.13)
    8.15   luego ella se levantó y comenzó a D (Mr 10.43; Lc 22.26)
    20.26   el que quiera ser grande entre ustedes deberá ser su D (Mr 10.43; Lc 22.26)
    22.13   el rey dijo a los D
    23.11   el más importante entre ustedes será D de los demás
    25.44   Señor, ¿cuándo . . . y no te D?
    27.55   muchas mujeres que habían seguido a Jesús . . . para D (Mr 15.41; Lc 23.49)

Lucas
    8.3   Juana, esposa de Cuza y muchas más que los D con sus propios recursos
    10.40   Marta se sentía abrumada porque tenía mucho que D (Jn 12.2)
    10.40   ¿no te importa que mi hermana me haya dejado D sola?
    12.37   su señor . . . él mismo se pondrá a D
    17.8   ¿No se le diría más bien: "Prepárame la comida y cámbiate la ropa para D"?
    22.26   el que manda como el que D
    22.27   ¿quién es más importante, el que está a la mesa o el que D?
    22.27   Yo estoy entre ustedes como uno que D.

Juan
    12.26   Quien quiera D, debe seguirme
    12.26   y donde yo esté, allí también estará mi D.
    12.26   A quien me D, mi Padre lo honrará

Hechos
- 1.17   y participaba en nuestro D
- 1.25   para que se haga cargo del D apostólico
- 6.1   sus viudas eran desatendidas en la D diaria
- 6.2   No está bien que descuidemos el ministerio de la palabra de Dios para D las mesas
- 6.4   Nosotros nos dedicaremos de lleno ... al D de la palabra
- 11.29   decidieron que cada uno enviaría D a los hermanos
- 12.25   Cuando Bernabé y Saulo cumplieron su D, regresaron a Jerusalén
- 19.22   Envió a dos de sus D, Timoteo y Erasto
- 20.24   con tal que termine mi carrera y lleve a cabo el D que me ha encomendado el Señor Jesús
- 21.19   Pablo les relató detalladamente lo que Dios había hecho ... por medio de su D.

Romanos
- 11.13   le hago honor a mi D
- 12.7   si es el de prestar un D, que lo preste
- 13.4   pues está el D de Dios para tu bien
- 15.8   Cristo se hizo D de los judíos
- 15.25   Voy a Jerusalén a llevar D a los hermanos
- 15.31   que los hermanos de Jerusalén reciban bien la D que les llevo
- 16.1   Febe, D de la iglesia de Cencreas

1 Corintios
- 3.5   ¿Qué es Apolos? ¿Y qué es Pablo? Nada más que D
- 12.5   Hay diversas maneras de Dr
- 16.15   se han dedicado a D a los creyentes

2 Corintios
- 3.3   Ustedes son una carta de Cristo, D por nosotros.
- 3.6   Él nos ha capacitado para ser D de un nuevo pacto
- 3.7   El Do que causaba muerte
- 3.8   ¿no será todavía más glorioso el D del Espíritu?
- 3.9   Si es glorioso el D que trae condenación
- 3.9   ¡cuánto más glorioso será el D que trae la justicia!
- 4.1   por la misericordia de Dios tenemos este D
- 5.18   nos dio el D de la reconciliación

	6.3	para que no se desacredite nuestro D
	6.4	nos acreditamos como D de Dios
	8.4	el privilegio de tomar parte en esta D para los santos
	8.19	demostrar nuestro ardiente deseo de D
	8.20	Queremos evitar cualquier crítica sobre la forma en que D este generoso donativo
	9.1	esta D para los santos
	9.12	D que es un servicio sagrado
	9.13	al recibir esta demostración de D
	11.8	al recibir ayuda de ellas para D a ustedes
	11.15	sus D se disfrazan de D de la justicia
	11.23	¿Son D de Cristo?

Gálatas
    2.17   ¿Cristo está al D del pecado?

Efesios
    3.7   De este evangelio llegué a ser D como regalo de Dios
    4.12   a fin de capacitar al pueblo de Dios para la obra de D
    6.21   Tíquico, fiel D en el Señor

Colosenses
    1.7   Epafras, nuestro querido colaborador y fiel D de Cristo
    1.23   yo Pablo, he llegado a ser D
    1.25   De ésta llegue a ser D según el plan de Dios
    4.17   Díganle a Arquipo que se ocupe de la D que recibió en el Señor

1 Tesalonicenses
    3.2   Timoteo, hermano nuestro y D de Dios

1 Timoteo
    1.12   Cristo Jesús ... me consideró digno de confianza al ponerme a su D
    3.8   Los D, igualmente, deben ser honorables
    3.10   que sirvan como D
    3.12   El D debe ser esposo de una sola mujer
    3.13   Los que ejercen bien el D
    4.6   serás un buen D de Cristo Jesús

2 Timoteo
- 1.18 Tú conoces muy bien los muchos D que me prestó
- 4.5 cumple con los deberes de tu D
- 4.11 Marcos... me es de ayuda en mi D

Filemón
- 13 Yo hubiera querido tenerlo para que me D en tu lugar

Hebreos
- 1.14 espíritus dedicados al servicio divino, enviados para D
- 6.10 las D... que... ustedes han mostrado D a los santos

1 Pedro
- 1.12 A ellos se les reveló que no se estaban D a sí mismos
- 4.10 Cada uno ponga al D de los demás el don que haya recibido
- 4.11 el que presta algún D, hágalo como quien tiene el poder de Dios

Apocalipsis
- 2.19 Conozco tus obras, tu amor y tu fe, tu D y tu perseverancia

Obras Citadas

Abraham, William J. 1989. *The Logic of Evangelism*. G.R.: Eerdmans.
AD 2000 and Beyond. 1999. "The PAD (Presidents and Academic Deans) Declaration," *EMQ* XXXV:3 (July) 321.
Aigbe, Sunday. 1991. "Cultural Mandate, Evangelistic Mandate, Prophetic Mandate: of These Three the Greatest Is . . ." *Missiology* XIX: no. 1 (January) 31–43.
Allen, Roland. 1962. *The Spontaneous Expansion of the Church*. G.R.: Eerdmans.
—. 1962. *Missionary Methods St. Paul's or Ours?* G.R.: Eerdmans.
Andersen, Wilhelm. 1961. "Further Toward a Theology of Mission," in: G.H. Anderson, editor, 300–13.
Anderson, Gerald H. 1974. "A Moratorium on Missionaries?" *Christian Century* (January 16); reprinted in Gerald H. Anderson, and Thomas F. Stransky, editors: 1974, 133–41.
—. 1988. "American Protestants in Pursuit of Mission: 1886–986" *IBMR* XII:3 (July), 98–118; reprinted in F. J. Verstraelen, et al 1995, 374–420.
Anderson, Gerald H., editor, 1961. *The Theology of Christian Mission*. Nashville and N.Y.: Abingdon.
—. editor, 1998. *Biographical Dictionary of World Mission*. G.R.: Eerdmans.
Anderson, Gerald H. and Thomas F. Stransky, edits. 1974. *Mission Trends No. 1*. G.R.: Eerdmans.
—. 1976. *Mission Trends No. 3*. G.R.: Eerdmans.
Anderson, Gerald H., James Phillips and Robert Coote editors, 1991. *Mission in the 1990's*. G. R.: Eerdmans.
Anderson, Justice, 1998, "An Overview of Missiology", in John Mark Terry, Ebbie Smith, and Justice Anderson, edits. 1998, 1-17.
Arias, Esther and Mortimer Arias. 1980. *The Cry of My People: Out of Captivity in Latin America*. New York: Friendship.
Arias, Mortimer. 1980. *Venga tu Reino: La memoria subversiva de Jesús*. México: Casa Unida—subsequently published in English as *Announcing the Reign of God: Evangelization and the Subversive Memory of Jesus*. Phil.: Fortress, 1984.
—. 1998. *Anunciando el Reino de Dios, Evangelización integral desde la memoria de Jesús*. San José, Costa Rica: Visión Mundial.
—. 2001. "Global and Local: A Critical View of Mission Models," in Howard Snyder, editor, 2001, 55–64.
—. 2003. *El Ultimo Mandato, la Gran Comisión, Relectura desde América Latina*. Bogotá: Visión Mundial.
Armerding, Carl, editor, 1977. *Evangelism and Liberation*. Nutley, N.J.: Presbyterian and Reformed
Armstrong, H., M. McClellan, and D. Sills, editors, 2011 (Third Edition). *Introducción a la Misiología*. Louisville: Reaching and Teaching International Ministries.
Eddie Arthur. 2013. "Missio Dei and the Mission of the Church," *The World* [posted 06–2013]. at http://www.wycliffe.net/missiology?id=3960; downloaded June 30, 2016.

Baillie, John, editor, 1946. *Natural Theology*. London: Geofrrey Bles.
Bakke, Ray. 1987. *The Urban Christian: Effective Ministry in Today's Urban World*. Downers Grove: IVP.
—. 2002. *Misión Integral en la Ciudad*. Buenos Aires: Kairós.
Bakke, Ray and Samuel Roberts. 1986. *The Expanded Mission of "Old First' Churches*. Valley Forge: Judson Press.
Barrett, David B. 1983. "Silver and Gold Have I None: Church of the Poor or Church of the Rich?" *IBMR* VII:4 (Oct.), 146–51.
—. 1986. *World Class Cities and World Evangelization*. Birmingham, AL, New Hope Publ.
Barrett, David, editor, 1982. *World Christian Encyclopedia*. Oxford: Oxford U. Press. This was updated and reprinted in David Barrett, George Kurian and Todd Johnson, *World Christian Encyclopedia* 2nd ed. Oxford: Oxford U. Press, 2001.
Barrett, Lois, editor, Dale A. Ziemer, Darrell L. Guder, George R. Hunsberger, Walter Hobbs, Lynn Stutzman, Jeff Van Cooten. 2003. *Treasure in Clay Jars: Patterns in Missional Faithfulness*. G.R.: Eerdmans.
Barrett Montgomery, Helen. 2000. *The Bible and Missions*. (1st Edition, The Central Committee on the United Study of Foreign Missions, 1920) Revised Edition published by Shawn B. Redford, editor, Pasadena, CA: Fuller Theological Seminary.
Barth, Karl. 1933. *Theologische Existenz Heute!* Munich: Chr. Kaiser (quoted in Bosch, 1991: 424).
—. 1936. *Credo: A Presentation of the Chief Problems of Dogmatics with Reference to the Apostles' Creed,* J. S. McNab, trans. N.Y.: Scribners.
—. 1958. *Church Dogmatics*. vol. 4, G.T. Thomson, trans. Edinburgh: T and T Clark.
Bass, Dorothy, Benton Johnson and Wade Clark Roof. 1986. *Mainstream Protestantism in the Twentieth Century: Its Problems and Prospects*. Louisville, KY: Committee on Theological Education, Council on Theological Education, Presbyterian Church, USA.
Bassham, Rodger C. 1979. *Mission Theology: 1948–1975 Years of Worldwide Creative Tension, Ecumenical, Evangelical and Roman Catholic*. Pasadena: WCL.
Bauckham, Richard. 2003. *Bible and Mission: Christian Witness in a Postmodern World*. G.R.: Baker.
Bavinck, Herman. 1956. *Our Reasonable Faith: A Survey of Christian Doctrine*. G.R.: Baker.
Bavinck, J. H. 1960. *An Introduction to the Science of Missions*. Phillipsburg: Presbyterian and Reformed.
—. 1977. An Introduction to the Science of Missions. N.J.: Presbyterian and Reformed.
Bediako, Kwame. 1995. *Christianity in Africa: The Renewal of the Non-Western Religion*. Maryknoll: Orbis.
Bennett, Chuck. 1998. "Is There a Spin Doctor in the House?" *EMQ* XXXIV:4 (Oct.), 420–25.
Bennett, John C. 1999. "Working Together to Shape the New Millennium: Dreams, Hopes, Concerns, Fears" (COSIM) *EMQ* XXXV:3 (July), 314–17.

Berger, Peter. 1990. "Foreword" in David Martin, 1990, vii–x.
—. 1961. "An Exegetical Study of Matt 28:16–20," in G.H. Anderson 1961: 55–71.
Berkhof, Hendrikus. 1979. *Christian Faith: An Introduction to the Study of the Faith.* G.R.: Eerdmans.
—. 1985. *Introduction to the Study of Dogmatics.* G.R.: Eerdmans.
Berkhof, Louis. 1932. *Reformed Dogmatics.* G.R.: Eerdmans.
Berkouwer, G.C. 1955. *General Revelation.* G.R.: Eerdmans.
—. 1976. *The Church.* G.R.: Eerdmans.
Berney, James E., editor, 1979. *You Can Tell the World.* Downers Grove: InterVarsity.
Best, Ernest. 1955. *One Body in Christ.* London: SPCK.
Bettenson, Henry. 1956. *The Early Christian Fathers.* London: Oxford U. Press.
—. 1947, 1963. *Documents of the Christian Church.* N.Y.: Oxford U. Press.
—. 1970. *The Late Christian Fathers.* N.Y. Oxford U. Press.
Bevans, Stephen. 1992. *Models of Contextual Theology* (Faith and Cultures Series). Maryknoll: Orbis; reprinted in *Models of Contextual Theology: Revised and Expanded Edition.* Maryknoll: Orbis, 2002.
—.1993. "The Biblical Basis of the Mission of the Church in *Redemptoris Mission*" in C. Van Engen, et al, editors, 37–44.
Bevans, Stephen and Roger P. Schroeder. 2004. *Constants in Context: A Theology of Mission for Today.* Maryknoll: Orbis.
—. 2009. *Teología para la Misión Hoy: Constantes en Contexto.* Estella, Spain: Verbo Divino. (Spanish Translation of 2004 *Constants in Context.*)
Blauw, Johannes. 1962. *The Missionary Nature of the Church.* G.R.: Eerdmans.
—. 1974. *The Missionary Nature of the Church.* G.R.: Eerdmans; London: Lutterworth.
Bloesch, Donald G. 1992. *A Theology of Word & Spirit: Authority & Method in Theology.* Downers Grove: IVP.
Boer, Harry. 1961. *Pentecost and Missions.* G.R.: Eerdmans.
Boff, Clodovis. 1987. *Theology and Praxis: Epistemological Foundations.* Maryknoll: Orbis.
Boff, Clodovis and Leonardo Boff. 1987. *Introducing Liberation Theology.* Maryknoll: Orbis.
Boff, Leonardo. 1979. *Liberating Grace.* Maryknoll: Orbis.
Bosch, David J. 1978. "The Why and How of a True Biblical Foundation of Mission," in Jerald D. Gort, editor, 35–45. Reprinted as "Hermeneutical Principles in the Biblical Foundation for Mission," *Evangelical Review of Theology* 17 (4) Oct. 1993. 437–451.
—. 1978. "Toward True Mutuality: Exchanging the Same Commodities or Supplementing Each Others' Needs?" *Missiology* VI:3 (July); reprinted in Daniel Rickett and Dotsey Welliver, editors, *Supporting Indigenous Ministries: With Selected Readings.* Wheaton: Billy Graham Center, 1997, 53–64.
—. 1980, 2006. *Witness to the World: The Christian Mission in Theological Perspective.* London: Marshall, Morgan & Scott.
—. 1991. *Transforming Mission: Paradigm Shifts in Theology of Mission.* Maryknoll: Orbis.

—. 1993. "Reflections on Biblical Models of Mission," in J. Phillips and R. Coote, editors, 175–92.
—. 1995. *Believing in the Future: Toward a Missiology of Western Culture.* Valley Forge, PA: Trinity Press.
Braaten, Carl. 1985. *The Nature and Aim of the Church's Mission and Ministry.* Minn.: Augsburg.
—. 1990. "The Triune God; The Source and Model of Christian Unity and Mission," *Missiology* XVIII:4 (Oct.), 415–28.
Branson, Mark and René Padilla, edits. 1984. *Conflict and Context: Hermeneutics in the Americas.* Grand Rapids: Eerdmans.
Brauer, Jerald C. 1971. *The Westminster Dictionary of Church History.* Phil.: Westminster.
Bria, Ion. 1991. *The Sense of Ecumenical Tradition: the Ecumenical Witness and Vision of the Orthodox.* Geneva: WCC.
Bright, John. 1953. *The Kingdom of God.* Nashville: Abingdon.
Bright, W. 1892. *The Canons of the First Four General Councils.* Oxford: Clarendon Press.
Bromiley, Geoffrey. 1978. *Historical Theology, an Introduction.* G.R.: Eerdmans.
Brown, Robert McAfee. 1978. *Theology in a New Key: Responding to Liberation Themes.* Phil.: Westminster.
—. 1984. *Unexpected News: Reading the Bible with Third World Eyes.* Phil.: Westminster.
Brunner, Emil. 1946. "Nature and Grace," in John Baillie, editor,
—, 1949, *The Christian Doctrine of God.* Phil.: Westminster.
Burkhalter, William. 1984, *A Comparative Analysis of the Roland Allen and Donald Anderson McGavran.* Ph.D dissertation; Southern Baptist Theological Seminary, Louisville, KY.
Butler, Phillip. 1999. "The Power of Partnership," in Ralph Winter and Steven Hawthorne, editors, 753–758.
Calvin, John. 1851. *Calvin's Commentaries,* Calvin Trans. Soc.
—. 1949. *The Christian Doctrine of God.* Phil: Westminster.
—. 1960. *Institutes of the Christian Religion.* (Ford Lewis Battles, trans.). Phil.: Westminster Press.
—. 1975. *Institutes of the Christian Religion.* H. Beveridge, trans., G.R.: Eerdmans.
Campbell, Evvy. 1999. "Working Together to Shape the New Millennium: Dreams, Hopes, Concerns, Fears" (AERDO) *EMQ* XXXV:3 (July), 311–14.
Camps, A., L.A.Hoedemaker, M.R.Spindler, and F.J.Verstraelen. editors, 1988. *Oecumenische inleiding in de missiologie. Teksten en konteksten van het wereldchristendom.* Kampen: Kok.
Cardenal, Ernesto. 1985. *Flights of Victory.* Maryknoll: Orbis.
Carpenter, Joel A. and Wilbert R. Shenk, editor, 1990. *Earthen Vessels: American Evangelicals and Foreign Missions, 1880–1980* G.R.: Eerdmans.
Carr, Burgess. 1975. "The Relation of Union to Mission," *Mid-Stream: An Ecumenical Journal.* XIV:4 (Oct.); reprinted in Gerald H. Anderson and Thomas Stransky,

edits: 1976, 158–168.
Carriker, Timóteo. 1992a. *Missão Integral: Uma Teologia Bíblica*. São Paulo: Editorial Sepal.
—. 1992b, Missões na Bíblia. Princípios gerais. São Paulo: Vida Nova.
—. 2000. *O Caminho Missionário de Deus: Uma Teologia Bíblica de Missões*. São Paulo: SEPAL. (Third edition; Brasília: Palabra: 2000,1992.
—. 2005. *A Visão Missionária na Biblia: Uma história de amor*. São Paulo: Editora Ultimato. (Spanish translation: *La visión misionera en la Bíblia. Una historia de amor.* Série: Campañerismo em la misión de Dios. São Leopoldo and Quito: CLAI Ediciones and Editora Sinodal, 2011.
—. 2007. A missão apocalíptica de Paulo. (Paul's Apocalyptic Mission). São Paulo: Abba Press.
—. 2008, Proclamando Boas-Novas. Bases sólidas para o evangelismo. (Proclaiming Good News. Solid Foundations for Evangelism). Brasília: Palavra.
—. 2014. Teologia bíblica de criação. Passado, Presente e futuro. Série: Um livro, uma causa. (Biblical Theology of Creation. Past, Present and Future. One book, one cause) Viçosa: Ultimato.
Carroll, Jackson, Carl Dudley, and William McKinney, edits.1986. *Handbook for Congregational Studies*. Nashville: Abingdon.
Castro, Emilio. 1973. "Editorial" *International Review of Mission* LXII: 248 (Oct.), 393–398. (This entire issue of the 1985 *Freedom in Mission: The Perspective of the Kingdom of God, an Ecumenical Inquiry*. Geneva: WCC. *IRM* was devoted to discussion of matters related to the "moratorium" debate.)
Chaney, Charles. 1987, 1991. *Church Planting at the End of the Twentieth Century*. Wheaton: Tyndale.
Chrispal, Ashish. 1995. "Contextualization," in Sunand Sumithra and F. Hrangkuma, editors, 1–15.
Chopp, Rebecca S. 1986. *The Praxis of Suffering: An Interpretation of Liberation and Political Theologies*. Maryknoll: Orbis.
Claerbaut, David. 1983. *Urban Ministry*. G.R.: Zondervan.
Coe, Shoki. 1976. "Contextualizing Theology" in *Mission Trends No. 3*. Gerald Anderson and Thomas Stransky, editors, G.R.: Eerdmans, 19–24.
Coggins, Wade. 1980. "COWE: An Assessment of Progress and Work Left Undone," *Evangelical Missions Quarterly* 16 (October), 225–32.
Cole, Neil. 2005. *Organic Church: Growing Faith Where Life Happens*. San Francisco: Jossey-Bass.
Conn, Harvie M. 1977. "Contextualization: Where Do We Begin?" in Carl Armerding, editor, 90–119.
—. 1978. "Contextualization: A New Dimension for Cross-Cultural Hermeneutic" *Evangelical Missions Quarterly* XIV: 1 (January) 39–46.
—. 1982. *Evangelism: Doing Justice and Preaching Grace*. G.R.: Zondervan.
—. 1984. *Eternal Word and Changing World: Theology, Anthropology, and Mission in Trialogue*. G.R.: Zondervan.
—, 1987. *A Clarified Vision for Urban Mission: Dispelling the Urban Stereotypes*. G.R.:

Zondervan.
—. 1993a. "A Contextual Theology of Mission for the City," in Charles Van Engen, Dean Gilliland and Paul Pierson, editors, 96–106.
—. 1993b. "Urban Mission," in James Phillips and Robert Coote, editors, 318–37.
Conn, Harvie M., editor, 1977. *Theological Perspectives on Church Growth.* Nutley, N.J.: Presbyterian and Reformed.
—. 1984. *Reaching the Unreached: The Old-New Challenge.* Phillipsburg, N.J.: Presbyterian and Reformed.
—. 1997. Multiplying and Growing Urban Churches: From Dream to Reality. G.R.: Baker.
Cook, Guillermo. 1985. *The Expectation of the Poor: Latin American Base Ecclesial Communities in Protestant Perspective.* Maryknoll: Orbis.
Coote, Robert T. 1993. "Gerald H. Anderson: A Career Dedicated to Mission," in James M. Phillips and Robert T. Coote, edits.: 1993, 375–379.
Coote, Robert and John Stott, edits. 1980. *Down to Earth: Studies in Christianity and Culture.* G.R.: Eerdmans.
Coote, Robert T., and James M. Phillips, editors, 1993. *Toward the 21st Century in Christian Mission.* G.R.: Eerdmans.
Corrie, John, editor, 2007. *Dictionary of Mission Theology: Evangelical Foundations.* Downers Grove: InterVarsity Press.
Corrie, John and Cathy Ross, editors, 2012. *Mission in Context: Explorations Inspired by J. Andrew Kirk.* Farnham, UK: Ashgate.
Corwin, Gary and Kenneth Mulholland, editors, 2000. *Working Together With God to Shape the New Millennium.* Pasadena: WCL
Costas, Orlando. 1974. *The Church and its Mission: A Shattering Critique from the Third World,* Wheaton: Tyndale.
—. 1975. El Protestantismo en América Latina Hoy. San Jose: IDEF.
—. 1976. *Theology of the Crossroads in Contemporary Latin America: Missiology in Mainline Protestantism, 1969–1974.* Amsterdam: Rodopi.
—. 1979. *The Integrity of Mission: The Inner Life and Outreach of the Church.* N.Y.: Harper & Row.
—. 1980. "The whole world for the whole gospel," *Missiology* 8 (Oct., 1980), 395–504.
—. 1982. *Christ Outside the Gate: Mission Beyond Christendom.* Maryknoll: Orbis.
—. 1989. *Liberating News: A Theology of Contextual Evangelization.* G.R.: Eerdmans.
Crane, William H. 1969. "Editorial," *International Review of Mission.* 58: 141–44.
Cullmann, Oscar. 1951. *Christ and Time.* London: SCM; Phil.: Westminster.
—. 1961. "Eschatology and Missions in the New Testament" in Gerald Anderson, editor, 42–54.
Daneel, Inus, Charles Van Engen, and Hendrik Vroom, edits. 2003. *Fullness of Life for All: Challenges for Mission in the Early 21st Century.* Amsterdam: Rodopi.
Davies, J.G. 1965. *The Early Christian Church.* London: Weidenfeld and Nicolson.
Dawson, David. 1997. "A Recurring Issue in Mission Administration" *Missiology* XXV:4 (Oct.), 457–65.
Dayton, Edward R. 1980. *That Everyone May Hear,* 2nd ed. Monrovia: MARC

Publications.
Dayton, Edward R. and David A. Fraser. 1990. *Planning Strategies for World Evangelization.* Monrovia: MARC; G.R.: Eerdmans.
Deferrari, Roy, editor, 1958. *The Fathers of the Church:* Saint Cyprian, Treatises. N.Y.: Fathers of the Church, Inc.
De Groot, A. 1966. *The Bible on the Salvation of Nations.* De Pere, Wisc.: St. Norbert Abbey.
De Gruchy, John W. 1994. "The Nature, Necessity and Task of Theology," in John De Gruchy and Charles Villa-Vicencio, edits, 2–14.
De Gruchy, John W. and Charles Villa-Vicencio, edits. 1994. *Doing Theology in Context.* Maryknoll: Orbis.
Demarest, Bruce A. 1982. *General Revelation.* G.R.: Zondervan.
De Mesa, José M. 2000. *Inculturation as Pilgrimage.* Chicago: Catholic Theological Union.
Dempster, Murray, Byron Klaus and Douglas Petersen. 1991. *Called & Empowered: Global Mission in Pentecostal Perspective.* Peabody, MA: Hendrickson.
De Ridder, Richard. 1975. *Discipling the Nations.* G.R.: Baker.
Dever, Mark. 2007. *What is a Healthy Church?* Wheaton, IL: Crossway Books.
Dollar, Harold. 2000. "Holy Spirit" in A. Scott Moreau, Harold Netland, and Charles Van Engen, editors, 2000, 450–452.
Douglas, J.D., editor, 1975. *Let the Earth Hear His Voice.* Minneapolis: World Wide Publications.
—. 1980. "Lausanne's Extended Shadow Gauges Evangelism Progress," *Christianity Today* 8 (August) 43–44.
—. 1990. *Proclaim Christ Until He Comes: Calling the Whole Church to Take the Whole Gospel to the Whole World.* Minneapolis: World Wide Publ.
Driscoll, Mark. 2004. *The Radical Reformission.* G.R.: Zondervan.
Driver, Juan. 1998. *Imágenes de una iglesia en misión: Hacia una eclesiología transformadora.* Guatemala: Clara Semilla.
Drucker, Peter. 1993. *Post-Capitalist Society.* N.Y.: Harper Business.
Duerr, J. 1947. *Sendende und Werdende Kirche in der Missions-theologie Gustav Warneck.* Basel: Basler Missionbuchhandlung.
Dulles, Avery. 1992, 1995. *The Craft of Theology: From Symbol to System.* New York: Crossroad.
Dyrness, William A. 1983. *Let the Earth Rejoice: A Biblical Theology of Holistic Mission.* Pasadena: Fuller Seminary Press.
—. 1990. *Learning About Theology from the Third World.* G.R.: Zondervan.
Easum, William and Dave Travis. 2003. *Beyond the Box: Innovative Churches that Work.* Loveland, CO: Group.
Eastman, Theodore. 1971. *Chosen and Sent, Calling the Church to Mission.* G.R.: Eerdmans.
Eastwood, Cyril C. 1958. "Luther's Conception of the Church," *Scottish Journal of Theology.* (XI:1), 22–36.
Elliston, Edgar, editor, 2011. with Pablo Deiros, Viggo Søgaard and Charles Van Engen;

Introducing Missiological Research Design; Pasadena: WCL, 113–18.
Escobar, Samuel. 1987. *La Fe Evangélica y las Teorías de la Liberación.* El Paso: Casa Bautista.
—. 1998a. "Pablo y la misión a los gentiles," in C. René Padilla, ed., 307–50.
—. 1998b. *De la Misión a la Teología.* Buenos Aires: Kairos.
—. 1999. *Tiempo de Misión: América Latina y la misión cristiana hoy.* Guatemala: Semilla.
—. 2002. *Changing Tides: Latin America and World Mission Today.* Maryknoll: Orbis.
—. 2003. *The New Global Mission: The Gospel from Everywhere to Everyone.* Downers Grove: IVP.
Featherstone, Mike, Scott Lash, and Roland Robertson, editors, 1995. *Global Modernities.* Thousand Oaks, CA: Sage.
Ferm, Deane W. 1986. *Third World Liberation Theologies: An Introductory Survey.* Maryknoll: Orbis.
Fernando, Ajith. 2000. "Grounding our Reflections in Scripture: Biblical Trinitarianism and Mission," in William Taylor, ed., 189–256.
Flannery, Austin P., editor, 1975. *Documents of Vatican II.* G.R.: Eerdmans.
Fleming, Bruce. 1980. *The Contextualization of Theology: An Evangelical Assessment.* Pasadena: WCL.
Freire, Paulo. 1970. *Pedagogy of the Oppressed.* New York: Herder and Herder; London: Penguin 1972.
Frenchak, David, Clinton Stockwell and Helen Ujvarosy. 1984. *Signs of the Kingdom in the Secular City.* Chicago: Covenant.
Frost, Michael. 2006. *Exiles: Living Missionally in a Post-Christian Culture.* Peabody, MA: Hendrickson.
Frost, Michael and Alan Hirsch. 2003. *The Shaping of Things to Come: Innovation and Mission for the 21st Century Church.* Peabody, MA: Hendrickson.
Fuellenback, John. 1995. *The Kingdom of God: The Message of Jesus Today.* Orbis: Maryknoll.
Fuller, W. Harold. 1980. *Mission-Church Dynamics: How to Change Bicultural Tensions in Dynamic Missionary Outreach.* Pasadena: WCL.
Gallagher, Robert. 1999. *Footprints of God: A Narrative Theology of Mission.* With Charles E. Van Engen and Nancy Thomas. Monrovia, CA: MARC/World Vision.
—. 2004. *Mission in Acts: Ancient Narratives in Contemporary Context.* With Paul Hertig. American Society of Missiology Series, No. 34. Maryknoll, NY: Orbis Books.
—. 2009. *Landmark Essays in Mission and World Christianity.* With Paul Hertig. American Society of Missiology Series, No. 43. Maryknoll, NY: Orbis Books.
— with Charles E. Van Engen and Nancy Thomas, editors, 1999. *Footprints of God: A Narrative Theology of Mission.* . Monrovia, CA: MARC/World Vision.
Gallagher, Sarita. 2014. *Abrahamic Blessing: A Missiological Narrative of Revival in Papua New Guinea,* Eugene, OR: Wipf and Stock. Garden Valley Community Church. 2005. *Home Page,* Kelowna, British Columbia, Canada.

Gensichen, Hans-Werner. 1971. *Glaube für die Welt: Theologische Aspekte der Mission.* Gütersloh: Gerd Mohn.
Gibbs, Eddie. 1981. *I Believe in Church Growth.* G.R.: Eerdmans.
—. 1986. "The Power Behind the Principles," in: C. Peter Wagner, Win Arn and Elmer Towns, editors, 189–205.
—. 1994. *In Name Only: Tackling the Problem of Nominal Christianity.* Kent, England: Monarch Publications.
—. 1999. *Transforming Transitions.* Pasadena: self-published. (Subsequently published as *ChurchNext: Quantum Changes in How We Do Ministry.* Downers Grove: IVP, 2000.)
Gibellini, Rosino, editor, 1979. *Frontiers of Theology in Latin America.* Maryknoll: Orbis.
Gilliland, Dean S. 1983. *Pauline Theology and Mission Practice.* G.R.: Baker.
—, 1989a *The Word Among Us: Contextualizing Theology for Mission Today.* Waco: Word.
—. 1989b. "Contextual Theology as Incarnational Mission," in Gilliland, editor, *1989a*, 9–31.
—. 1989c. "New Testament Contextualization: Continuity and Particularity in Paul's Theology, in Gilliland, editor, 1989a, 52–73.
—. 2000. "Contextualization," in A. Scott Moreau, Harold Netland and Charles Van Engen, editors, 225–227.
Gilliland, Dean S. editor, 1989. *The Word Among Us: Contextualizing Theology for Mission Today.* Waco: Word,
Glasser, Arthur. 1972. "Salvation Today and the Kingdom," in Donald McGavran, ed., 33–53.
—. 1973. "Church Growth and Theology," in Alan Tippett, 52–65.
—. 1976. "The Missionary Task: An Introduction," in Glasser, Hiebert, Wagner and Winter, editors, 3–10.
—. 1979. "Help from an Unexpected Quarter or, The Old Testament and Contextualization," *Missiology* VII: 4 (Oct.) 401–9.
—. 1985. "The Evolution of Evangelical Mission Theology since World War II," *International Bulletin of Missionary Research* 9:1 January, 9–13.
—. 1989. "Old Testament Contextualization: Revelation and Its Environment," in Gilliland, editor, 32–51.
—. *1992. Kingdom and Mission: A Biblical Study of the Kingdom of God and the World Mission of His People.* unpublished syllabus, Pasadena: Fuller Theological Seminary.
Glasser, Arthur F, Paul Hiebert, Peter Wagner, and Ralph Winter, editors, 1976. *Crucial Dimensions in World Evangelization.* Pasadena: WCL.
Glasser, Arthur with Charles E. Van Engen, Dean S. Gilliland y Shawn B. Redford. 2003. *Announcing the Kingdom: The Story of God's Mission in the Bible.* G.R.: Baker.
Glasser, Arthur F. and Donald A. McGavran, editors, 1983. *Contemporary Theologies of Mission.* G.R.: Baker.
Glover, Robert H. 1946. *The Bible Basis of Missions.* L.A.: Bible House of Los Angeles.

Gnanakan, Ken R. 1989. *Kingdom Concerns: A Biblical Exploration Towards a Theology of Mission.* Bangalore: Theological Book Trust.
—. 1992. *The Pluralist Predicament.* Bangalore: Theological Book Trust.
Gnanakan, Ken R., editor, 1992. *Salvation: Some Asian Perspectives.* Bangalore: Theological Book Trust.
Goheen, Michael W. 2000. *As the Father Has Sent me, I am Sending You: J.E. Lesslie Newbigin's Missionary Ecclesiology.* Zoetermeer, Netherlands: Boekencentrum, 2000 (dissertation done under Jan Jongeneel). Available in digital form at http://igitur-archive.library.uu.nl /dissertations /1947080/inhoud.htm.
—. 2011. *A Light to the Nations: The Missional Church and the Biblical Story.* G.R.: Baker.
Goodall, Norman, editor, 1953. *Missions Under the Cross.* London: Edinburgh House and N.Y.: Friendship.
Gort, Jerald D., editor, 1978. *Zending Op Weg Naar de Toekomst.* Kampen: Kok.
Grenz. Stanley J. 1993. *Revisioning Evangelical Theology: A Fresh Agenda for the 21st Century.* Downers Grove: IVP.
—. 1994. *Theology for the Community of God.* Nashville: Broadman & Holman.
Grudem, Wayne. 1994. *Systematic Theology.* G.R.: Zondervan.
Guder, Darrell L. 2000a. *Ser Testigos de Jesucristo: La misión de la Iglesia, su mensaje y sus mensajeros.* Buenos Aires: Kairós; published in English as *Be My Witnesses.* G.R.: Eerdmans, 1985 with English preface to the edition by Charles Van Engen.
—. 2000b. The Continuing Conversion of the Church. G.R.: Eerdmans.
Guder, Darrell, editor, 1998. *Missional Church: A Vision for the Sending of the Church in North America.* G.R.: Eerdmans.
Guthrie, Stan. 1996. "Úrban Ministry No Longer Neglected Missions Stepchild,´*EMQ* XXXII:1 (Jan) 82–83.
Gutierrez, Gustavo. 1974. *A Theology of Liberation* (fifteenth anniversary edition with a new introduction by the author). Maryknoll: Orbis.
—. 1984a. *We Drink from our own Wells.* Maryknoll: Orbis.
—. 1984b. *The Power of the Poor in History.* Maryknoll: Orbis.
Hadaway, C. Kirk, Stuart A. Wright and Francis M. DuBose. 1987, *Home Cell Groups and House Churches. Nashville: Broadman.*
Haight, Roger. 1985. *An Alternative Vision: An Interpretation of Liberation Theology.* N. Y.: Paulist.
Haleblian, Krikor. 1982. *Contextualization and French Structuralism: A Method to Delineate the Deep Structure of the Gospel.* (unpublished doctoral thesis). Pasadena: Fuller Theological Seminary.
—. 1983. "The Problem of Contextualization," *Missiology* XI:1 (Jan), 100–5.
Harr, Wilbur C., editor, 1962. *Frontiers of the Christian World Mission Since 1938.* N.Y.: Harper.
Hauerwas, Stanley and William Willimon. 1991. "Why Resident Aliens Struck a Chord," *Missiology* XIX: no. 4 (October) 419–429.

Hedlund, Roger. 1985. *The Mission of the Church in the World: A Biblical Theology.* G.R.: Baker.
—. 1997. *God and the Nations: A Biblical Theology of Mission in the Asian Context.* New Delhi: ISPCK.
Henry, Carl. 1947. *The Uneasy Conscience of Modern Fundamentalism.* G.R.: Eerdmans.
—. 1967. *Evangelicals at the Brink of Crisis.* Waco: Word.
Henry, Carl and W.W. Mooneyham, editors, 1967. *One Race, One Gospel, One Task.* Minn.: World Wide Publ.
Herron, Fred. 2003. *Expanding God's Kingdom through Church Multiplying.* N.Y.: Writer's Showcase.
Hertig, Paul. 1998. *Matthew's Narrative Use of Galilee in the Multicultural and Missiological Journeys of Jesus.* Lewiston, NY:Edwin Mellon Press.
Hesselgrave, David J. 1978. Communicating Christ Cross-Culturally: An Introduction to Missionary Communication. G.R.: Zondervan.
—. 1999. "Redefining Holism," *EMQ* (XXXV:3 (July), 278–84.
—. 2000. "Great Commission." Scott Moreau, Harold Netland and Charles Van Engen, editors, 412–14.
Hesselgrave, David and Edward Romen, editors, 1989. *Contextualization: Meanings, Methods, and Models.* G.R.: Baker.
Hiebert, Frances F. 1997. "Beyond the Post-Modern Critique of Modern Mission: The Nineteenth Century Revisited," *Missiology* XXV:3 (July), 259–77.
Hiebert, Paul. 1978. "Conversion, Culture and Cognitive Categories," *Gospel in Context* I:3 (July), 24–29.
—. 1979. "The Gospel and Culture," in: Don McCurry, editor, 58–70.
—. 1982. "The Flaw of the Excluded Middle," *Missiology* X:1 (Jan.), 35–47.
—. 1983. "Missions and the Renewal of the Church," in Wilbert R. Shenk, editor, 157–167.
—. 1984. "Critical Contextualization," *Missiology* XI:3 (July 1), 287–296; reprinted in *International Bulletin of Missionary Research* XI:3 (July 1), 1987, 104–11; reprinted also in J. I. Packer, editor, *The Best in Theology.* Vol. Two. Carol Stream: CTI, 1989, 387–400; and in Paul Hiebert. *Anthropological Reflections on Missiological Issues.* G.R.: Baker, 1994, 75–92. Chapter 7 of Paul Hiebert. *Anthropological Insights for Missionaries* contains what I believe to be the earliest articulation of Hiebert's concept of "Critical Contextualization" (the title of the chapter) and includes a number of day-to-day examples of Gospel communication in context that Hiebert draws from India.
—. 1985. *Anthropological Insights for Missionaries.* G.R.: Baker.
—. 1987. "Critical Contextualization," *International Bulletin of Missionary Research* XI/3 (July), 104–111. (Reprinted in J.I. Packer and Paul Fromer, editors, *The Best in Theology,* vol. 2. Carol Stream: Christianity Today, 1989, 396–99.)
—. 1989. "Form and Meaning in the Contextualization of the Gospel," in Dean Gilliland, editor, 101–120.
—. 1991. "Beyond Anti-Colonialism to Globalism," *Missiology.* XIX: 3 (July), 263–81.

—. 1993. "Evangelism, Church, and Kingdom," in Charles Van Engen, Dean Gilliland and Paul Pierson, editors, 153–61.
—. 1994. *Anthropological Reflections on Missiological Issues.* G.R.: Baker.
Hirsch, Alan. 2007. *The Forgotten Ways: Reactivating the Missional Church.* G.R.: Brazos Press.
Hodges, Melvin. 1953. *The Indigenous Church.* Springfield, MO: Gospel Publ.
—. 1977. *A Theology of the Church and Its Mission: A Pentecostal Perspective.* Springfield, MO: Gospel Pub.
—. 1978. *The Indigenous Church and the Missionary.* Pasadena: WCL.
Hoedemaker, L. A. 1995. "The People of God and the Ends of the Earth," in F. J. Verstraelen, A. Camps, L.A. Hoedemaker, and M.R. Spindler, editors, 157–71.
Hoekendijk, Johannes C. 1938. *The World Mission of the Church.* London: IMC.
—. 1952. *The Missionary Obligation of the Church.* London: Edinburgh House.
—. 1966. *The Church Inside Out.* Philadelphia, Westminster.
Hoge, Dean and David Roozen, editor, 1979. *Understanding Church Growth and Decline 1950–1978.* N.Y.: Pilgrim Press.
Hogg, William Richey. 1952. *Ecumenical Foundations: A History of the International Missionary Council and its Nineteenth-Century Background.* N.Y: Harper & Bros.
Howell, Richard. 1999. "An Overview and Plea: Christian Persecution in India," (AD2000 and Beyond Movement: email from Luis Bush, 7/19/99).
Hunsberger, George R. and Craig Van Gelder, editors, 1996. *Church Between Gospel & Culture: The Emerging Mission in North America.* G.R.: Eerdmans.
Hunter, George G., III. 1979. *The Contagious Congregation.* Nashville: Abingdon.
Hybels, Bill and Mark Mittelberg. 1994. *Becoming a Contagious Christian.* G.R.: Zondervan.
info@glocalforum.org. 2005. Web site of the Global Metro City-The Glocal Forum.
Jacobs, Donald. 1993. "Contextualization in Mission," in James Phillips and Robert Coote, editors, 235–44.
Jeganathan, W. S. Milton, editor, 2000. *Mission Paradigm in the New Millennium.* Delhi: ISPCK.
Jenkins, Philip. 2002. *The Next Christendom: The Coming of Global Christianity.* Oxford: Oxford U. Press.
Jewett, Paul. 1991. *God, Creation & Revelation.* G.R.: Eerdmans.
Johnson, Benton. 1986, Is There Hope for Liberal Protestantism?" in Dorothy Bass, Benton Johnson and Wade Clark Roof. 1986, 13–26.
Johnson, Todd M. 1987. "Contextualization: A New-Old Idea," *The International Journal of Frontier Mission.* IV:1–4; available also from GEM World Christianity Collection, www.gem-werc.org/papers/papers005.htm.
Johnston, Robert K. 2014. *God's Wider Presence: Reconsidering General Revelation.* G.R.: Baker.
Jongeneel, Jan A.B. 1997. *Philosophy, Science and Theology of Mission in the 19th and 20th Centuries: A Missiological Encyclopedia, Part II: Missionary Theology.* N.Y.: Peter Lang.

Jongeneel, Jan A.B., editor, 1992. *Pentecost, Mission and Ecumenism: Essays on Intercultural Theology.* Berlin: Peter Lang.
Jongeneel, Jan A. B. and Jan M. van Engelen, edits. 1995. "Contemporary Currents in Missiology," in F.J. Verstraelen et al, 1995, 438–57.
Kaiser, Walter C., Jr. 2000. *Mission in the Old Testament: Israel as a Light to the Nations.* G.R.: Baker.
Kelly, J. N. D. 1960. *Early Christian Doctrines.* N.Y.: Harper & Row.
Kimball, Dan. 2003. *The Emerging Church: Vintage Christianity for New Generations.* G.R.: Zondervan.
Kirk, J. Andrew. 1997. *The Mission of Theology and Theology as Mission.* Valley Forge: Trinity Press, Intl.
—. 1999 *What is Mission? Theological Explorations.* London: Darton, Longman & Todd.
Kittel, Gerhard and Gerhard Friedrich, editors, 1964–1976. *Theological Dictionary of the New Testament,* 10 vols. G.R.: Eerdmans.
Köstenberger, Andreas J and Peter T. O'Brien. edits. 2001. *Salvation to the Ends of the Earth: A biblical theology of mission.* Downers Grove: IVP.
Kraft, Charles. 1979. *Christianity in Culture: A Study in Dynamic Biblical Theologizing in Cross-Cultural Perspective.* Maryknoll: Orbis.
—. 1983. *Communication Theory for Christian Witness.* Nashville: Abingdon; reprinted by N.Y.: Orbis, 1991.
—. 1992. "Allegiance, Truth and Power Encounters in Christian Witness," in Jan Jongeneel, editor, 215–30.
—. 1999a. "Contextualization in Three Dimensions," (Sun Hee Kwak Professor of Anthropology & Intercultural Communication, Inauguration Lecture). Pasadena: School of World Mission, Fuller Theological Seminary.
—. 1999b. *Communicating Jesus' Way.* Pasadena: WCL
Kraft, Charles, editor, 2005. *Appropriate Christianity.* Pasadena: WCL.
Kraft, Charles and Tom Wisely, edits. 1979. *Readings in Dynamic Indigeneity.* Pasadena: WCL.
—. 1988. *The Church and Cultures.* Maryknoll: Orbis.
Küng, Hans. 1963. *The Living Church.* London and N.Y.: Sheed and Ward.
—. 1967. *The Church.* R. Ockenden, trans. N.Y.: Sheed & Ward.
—. 1971. *The Church.* London: Search Press.
Ladd, George E. 1959. *The Gospel of the Kingdom.* G.R.: Eerdmans.
—. 1974. *The Presence of the Future: The Eschatology of Biblical Realism.* G.R.: Eerdmans.
Latourette, Kenneth Scott. 1953. *A History of Christianity.* London: Harper & Row.
—. 1967. *A History of the Expansion of Christianity.* G.R.: Zondervan.
Lausanne Committee for World Evangelization. 1974. "The Lausanne Covenant."
—. 1983. "Hindrances to Cooperation: The Suspicion about Finances," Pasadena: LCWE (Lausanne Occasional Papers 24); reprinted in Daniel Rickett and Dotsey Welliver, editors, 1987. 84–107.
—. Lausanne Committee for World Evangelization. 2016.

www.lausanne.org/content/manifesto/the-manila-manifesto; downloaded Oct 3, 2016.
—. 1989. *The Manila Manifesto: An Elaboration of the Lausanne Covenant Fifteen Years Later.* Pasadena: LCWE.
Lewis, Robert and Wayne Cordeiro. 2005. *Culture Shift: Transforming Your Church from the Inside Out.* San Francisco: Jossey-Bass.
Liao, David C. 1972. *The Unresponsive: Resistant or Neglected?* Chicago: Moody.
Lightfoot, J.B. 1970. *The Apostolic Fathers.* G.R.: Baker.
Lindsell, Harold. 1962. "Faith Missions since 1938" in Wilbur C. Harr, editor, : 189–230.
Linthicum, Robert C. 1988. "Doing Effective Ministry in the City, *Together* (April–June), 1–2.
—. 1991 *City of God, City of Satan: A Biblical Theology of the Urban Church.* G.R.: Zondervan.
Loewen, Jacob A. 2000. The Bible in Cross-Cultural Perspective. Pasadena: WCL.
Logan, Robert. 1989. *Beyond Church Growth: Action Plans for Developing Dynamic Church.* G.R.: Baker.
—. 2002. "Church Reproduction: New Congregations Beyond Church Walls," in Steve Sjogren, ed., 159–73.
Love, R. 2000. "10/40 Window" in H. N. A. Scott Moreau, and Charles Van Engen. 938.
Luther, Martin. 1955. *Luther's Works.* Phil.: Fortress.
Luzbetak, Louis. 1989. *The Church and Cultures: New Perspectives in Missiological Anthropology.* Maryknoll: Orbis.
Mackay, John A. 1963. *The Latin American Church and the Ecumenical Movement.* N.Y.: NCC.
—. 1964. *Ecumenics: The Science of the Church Universal.* N.J.: Prentice-Hall.
—. 1998. *Choosing a Future for U.S. Mission.* Monrovia: MARC/World Vision.
—. 1999 "Working Together to Shape the New Millennium: Dreams, Hopes, Concerns, Fears" (EFMA) *EMQ* XXXV:3 (July), 306–8.
Malphurs, Aubrey. 1992, 1998, 2000. *Multiplying Growing Churches for the 21st Century.* G.R.: Baker.
Martin, David. 1990. *Tongues of Fire: The Explosion of Protestantism in Latin America.* Oxford: Blackwell.
Mbiti, John. 1970. "Christianity and Traditional Religions in Africa," *International Review of Mission* LIX:236 (Oct.), 430–40.
—. 1979. "Response to the Article of John Kinney," *Occasional Bulletin of Missionary Research.* III:2 (April), 68.
—. 2003. "Dialogue Between EATWOT and Western Theologians: A Comment on the 6th EATWOT Conference in Geneva 1983," in Inus Daneel, Charles Van Engen and Hendrik Vroom, editors, 91–104.
McCurry, Don., editor, 1979. *The Gospel and Islam.* Monrovia: MARC.
McGavran, Donald A. 1955. *The Bridges of God.* New York/London, Friendship/World Dominion.
—. 1959. *How Churches Grow.* N.Y.: Friendship.

—. 1965. "Homogeneous Populations and Church Growth," in Donald McGavran, editor, 69–85.
—. 1970. *Understanding Church Growth*. G.R.: Eerdmans.
—. 1972. "Yes, Uppsala Has Betrayed the Two Billion, Now What?" *Christianity Today*. 16, No. 19 (23 June 1972) 16–18.
—. 1974. *The Clash Between Christianity and Culture*. Washington D.C.: Canon Press.
—. 1977a. *Ten Steps for Church Growth*. N.Y.: Harper & Row.
—. 1977b. "Wrong Strategy, the Real Crisis in Mission," in: Donald McGavran, editor, 97–107. This is reprinted from D. McGavran, "Wrong Strategy, the Real Crisis in Mission," *IRM*, 54, October, 1965, 451–61.
—. 1977c. *The Conciliar-Evangelical Debate: The Crucial Documents, 1964–1978*. Pasadena: WCL.
—. 1980. *Understanding Church Growth* (revised) G.R.: Eerdmans.
—. 1981a. "Why Some American Churches are Growing and Some are Not," in Elmer Towns, John N. Vaughan and David J. Seifert, editors, 285–94.
—. 1981b. *Back to Basics in Church Growth*. Wheaton: Tyndale.
—. 1984a. "Ten Emphases in the Church Growth Movement," in Doug Priest Jr., editor, 1984, 248–259.
—. 1984b. *Momentous Decisions in Missions Today*. G.R.: Baker.
—. 1990. *Understanding Church Growth* (3rd edition). G.R.: Eerdmans.
McGavran, Donald, editor, 1965. *Church Growth and Christian Mission*. N.Y.: Harper and Row.
—. 1972. *Crucial Issues in Missions Tomorrow*. Chicago, Moody Press.
—. 1977. *The Conciliar-Evangelical Debate: The Crucial Documents, 1964–1976*. So. Pas.: WCL.
McGavran, Donald A. and Win Arn. 1973. *How to Grow a Church: Conversations about Church Growth*. Glendale: ReGal
—. 1977. *Ten Steps for Church Growth*. N.Y.: Harper & Row.
—. 1981. *Back to Basics in Church Growth*. Wheaton: Tyndale.
McGavran, Donald A. and George G. Hunter III. 1980. *Church Growth Strategies that Work*. Nashville: Abingdon.
McGee, Gary B. 1986a, 1989, *This Gospel Shall Be Preached: a History of the Assemblies of God Foreign Missions*. (2 volumes). Springfield, Mo: Gospel Publishing House.
—. 1986b, "Assemblies of God Mission Theology: A Historical Perspective," *IBMR*. X, 166–170.
—. 2010. *Miracles, Missions, & American Pentecostalism*. Maryknoll: Orbis.
McGrath, Alister E. 1994. *Christian Theology: An Introduction*. Oxford: Blackwell.
McIntosh, Gary and R. Daniel Reeves. *Thriving Churches in the Twenty-First Century: 10 Life-Giving Systems for Vibrant Ministry*. G.R.: Kregel, 2006.
McIntosh, Gary L. 2015. *Donald A. McGavran: A Biography of the Twentieth Century's Premier Missiologist*. Boca Raton, FL: ChurchLeaderInsights.
McIntosh, Gary L. 2916. "Donald A. McGavran, Life, Influence and Legacy in Mission," in Charles Van Engen, editor, 2016, 19–37.

McIntosh, John A. 2000. "Missio Dei," in A. Scott Moreau, Harold Netland and Charles Van Engen, editors, 631–33.
McKim, Donald K., editor, 1992. *Major Themes in the Reformed Tradition*. G.R.: Eerdmans.
McNeal, Reggie. 2003. *The Present Future Six Tough Questions for the Church*. San Francisco: Jossey-Bass
McQuilkin, J. Robertson. 1973. *How Biblical is the Church Growth Movement?* Chicago: Moody.
Mead, Loren. 1991. *The Once and Future Church: Reinventing the Congregation for a New Mission Frontier*. N.Y.: Alban Institute.
Menning, Bruce. 1985. *Shaping a Future Effectively*. G.R.: RCA Synod of Michigan.
Middleton, Vernon J. 1990. *The Development of a Missiologist: The Life and Thought of Donald Anderson McGavran, 1897–1965*. Pasadena: School of World Mission Ph.D. Dissertation, 1990; published as *Donald McGavran, His Early Life and Ministry: An Apostolic Vision for Reaching the Nations*. Pasadena: WCL, 2011.
Miguez-Bonino, José. 1971. "New Theological Perspectives," *Religious Education* LXVI:6, 405–7.
—. 1975, 1984. *Doing Theology in a Revolutionary Situation* Phil: Fortress.
—. 1976. *Christians and Marxists: The Mutual Challenge of Revolution*. G.R.: Eerdmans.
Miles, Delos. 1981. *Church Growth: A Mighty River*. Nashville: Broadman.
Miley, George. 1999. "The Awesome Potential of Mission Found in Local Churches," in Ralph Winter and Steven Hawthorne, editors, 729–32.
Miller, M. Rex. 2004. *The Millennium Matrix: Reclaiming the Past, Reframing the Future of the Church*. San Francisco: Jossey-Bass.
Minear, Paul. 1960. *Images of the Church in the New Testament*. Phil.: Westminster.
Moltmann, Jürgen. 1977. *The Church in the Power of the Spirit*. N.Y.: Harper & Row.
Montgomery, Helen Barrett. 1920. *The Bible and Mission*. Brattleboro, Vermont: The Central Committee on the Study of Foreign Missions; edited and republished in 2002 in Pasadena by Shawn Redford.
Mora C., Fernando A. 2000. *Manual de líderes de células*. Los Teques, Caracas, Venezuela: self-published.
Moreau, A. Scott, Gary R. Corwin, and Gary B. McGee, editors, 2004. *Introducing World Missions: A Biblical, Historical, and Practical Survey*. G.R.: Baker.
Moreau, A. Scott, Harold Netland and Charles Van Engen, edits. 2000. *Evangelical Dictionary of World Missions*. G.R.: Baker.
Motte, Mary. 1991. "The Poor: Starting Point for Mission," in Gerald Anderson, James Phillips and Robert Coote editors, 50–54.
Mulholland, Kenneth B. 1999. "Working Together to Shape the New Millennium: Dreams, Hopes, Concerns, Fears" (EMS) *EMQ* XXXV:3 (July), 317–20.
Murray, Stuart. 1998. *Church Multiplying: Laying Foundations*. London: Paternoster Press.
Myers, Bryant. 1992. "A Funny Thing Happened on the Way to Evangelical-Ecumenical Cooperation," *IRM* LXXXI: no. 323 (July) 397–407.

—. 1993. *The Changing Shape of World Mission.* Monrovia: MARC/World Vision. (Updated 1998).
—. 1999. "Another Look at Holistic Mission," *EMQ* XXXV:3 (July), 285–87.
National Association of Evangelicals. 1996. "An Evangelical Manifesto: A Strategic Plan for the Dawn of the 21st Century," NAE Web Site (www.nae.net/sig_doc11.html).
NCCC/DOM. 1983. *Mission and Evangelism: An Ecumenical Affirmation.* New York: NCCC.
Neill, Stephen. 1959. *Creative Tension.* London: Ediburgh House.
—. 1964. *A History of Christian Missions.* Harmondsworth/Baltimore, Penguin Books.
—. 1984. "How My Mind Has Changed about Mission," Three-part video series taped at the Overseas Ministries Study Center, Atlanta: Southern Baptist Convention.
Neill, Stephen, Gerald H. Anderson, and John Goodwin, editors, 1971. A *Concise Dictionary of the Christian World Mission.* London: Lutterworth.
Nelson, Marlin. 1995, 2001. *Principles of Church Growth.* Bangalore: Theological Book Trust.
Newbigin, Lesslie. 1953. *The Household of God.* N.Y.: Friendship.
—. 1963. *The Relevance of a Trinitarian Doctrine for Today's Mission.* London: Edinburgh House.
—. 1977. *The Good Shepherd: Meditations on Christian Ministry in Today's World.* G.R.: Eerdmans.
—. 1978. *The Open Secret.* G.R.: Eerdmans.
—. 1986. *Foolishness to the Greeks: The Gospel and Western Culture.* G.R.: Eerdmans.
—. 1989. *The Gospel in a Pluralist Society.* G.R.: Eerdmans.
—. 1991. *Truth to Tell: The Gospel as Public Truth.* Geneva: WCC.
Nicholls, Bruce J. 1979. *Contextualization: A Theology of Gospel and Culture.* Downers Grove: IVP.
Nicholls, Bruce J., editor, 1985. *In Word and Deed: Evangelism and Social Responsibility.* G.R.: Eerdmans.
Nida, Eugene. 1960. *Message and Mission.* N.Y.: Harper.
Niles, Daniel T. 1962. *Upon the Earth: The Mission of God and the Missionary Enterprise of the Churches.* N.Y. and London: McGraw-Hill/Lutterworth.
Nishioka, Yoshiyuki Billy. 1998. "Worldview Methodologies in Mission Theology: A Comparison between Kraft's and Hiebert's Approaches," *Missiology* XXVI: 4 (Oct.), 457–476.
Nissen, Johannes. 1999. *New Testament and Mission: Historical and Hermeneutical Perspectives.* N.Y.: Peter Lang.
Nuñez, Emilio A. 1997. *Hacia Una Misionología Evangélica Latinoamericana.* Miami: Unilit.
Nussbaum, Stan. 1999. "The Five Frontiers of Mission," *Global Mapping International Newsletter* (Winter/Spring), 1,5.
Oborji, Francis Anekwe. 2006. *Concepts of Mission: The Evolution of Contemporary Missiology.* Maryknoll: Orbis.
Okoye, James Chukwuma. 2006. *Israel and the Nations: A Mission Theology of the Old*

Testament. Maryknoll: Orbis.
Orchard, Ronald K., editor, 1964. *Witness in Six Continents: Records of the Meeting of the Commission on World Mission and Evangelism of the World Council of Churches held in Mexico City, December 8th to 19th, 1963.* London: Edinburgh.
Orme, John. 2000. "Working Together to Shape the New Millennium: Dreams, Hopes, Concerns, Fears" (IFMA) *EMQ* XXXV:3 (July), 308–310.
Orr, J. Edwin. 1965 *The Light of the Nations.* G.R.: Eerdmans, 1965.
—. 1975. *Evangelical awakenings in Eastern Asia.* Minneapolis: Bethany Fellowship.
—. 1975. *Evangelical Awakenings in Africa.* Minneapolis: Bethany Fellowship.
—. 1978. *Evangelical Awakenings in Latin America.* Minneapolis: Bethany Fellowship.
Osborne, Grant R. 1991. *The Hermeneutical Spiral: A Comprehensive Introduction to Biblical Interpretation.* Downers Grove: InterVarsity.
Ott, Craig, Stephen J. Strauss with Timothy C. Tennent, editors, 2010. *Encountering Theology of Mission: Biblical Foundations, Historical Developments and Contemporary Issues.* G.R.: Baker.
Packer, J.I. and Paul Fromer, editors, 1989. *The Best in Theology,* vol. 2. Carol Stream: Christianity Today.
Padilla, C. René. 1985. *Mission Between the Times: Essays on the Kingdom of God.* G.R.: Eerdmans. Published in Spanish as *Misión Integral: Ensayos Sobre el Reino y la Iglesia.* G.R.: Nueva Creación, 1986.
—. 1992. "Wholistic Mission: Evangelical and Ecumenical," *IRM* LXXXI: no. 323 (July) 381–82.
Padilla, C. René, editor, 1998. *Bases bíblicas de la misión: Perspectivas latinoamericanas.* Buenos Aires: Nueva Creación and G.R.: Eerdmans
Padilla, C. René, et al, editors, 1975. *El Reino de Dios y America Latina.* El Paso: Casa Bautista de Publ.
Padilla, C. René y Tetsunao Yamamori, editors, 2003a. *La iglesia local como agente de transformación: una eclesiología para la misión integral.* Buenos Aires: Kairós.
—. 2003b. "Introduccíon: Una eclesiología para la misión integral." In Padilla y Yamamori, edits 2003:13–45.
Palen, John. J. 1987. *The Urban World,* erd Edition. NY: McGraw Hill.
Pannenberg, Wolfhart. 1969. *Theology and the Kingdom of God.* Phil.: Westminster.
Pagura, Federico. 1973. "Missionary, Go Home . . . Or Stay," *Christian Century* (April 11); reprinted in Gerald H. Anderson and Thomas F. Stransky, edits.: 1974, 115–116.
Pate, Larry D. 1987. *Misionología: nuestro cometido transcultural.* Miami: Editorial Vida.
Pelikan, Jaroslav. 1971. *The Christian Tradition: A History of the Development of Doctrine, vol. 1.* Chicago and London: U. of Chicago Press.
—. 1978. *The Christian Tradition: A History of the Development of Doctrine, vol. 3.* Chicago and London: U. of Chicago Press.
Pentecost, Edward C. 1982. *Issues in Missiology: An Introduction.* G.R.: Baker.
Peters, George W. 1972. *A Biblical Theology of Missions.* Chicago: Moody.
—. 1973. "Pauline Patterns of Church-Mission Relationships," *EMQ* IX (Winter),

reprinted in Daniel Rickett and Dotsey Welliver, editors, 1997. 46–52.
—. 1981. *A Theology of Church Growth.* G.R.: Zondervan.
Pierson, Paul E. 2000. "The Ecumenical Movement," in Scott Moreau, Charles Van Engen and Harold Netland, editors, 300–303.
Piet, John. 1970. *The Road Ahead: A Theology for the Church in Mission.* G.R.: Eerdmans.
Phan, Peter C. 2003. *Christianity with an Asian Face: Asian American Theology in the Making.* Maryknoll: Orbis.
Phillips, James M. and Robert T. Coote, edits. 1993. *Toward the 21st Century in Christian Mission.* G.R.: Eerdmans.
Piper, John. 1993. *Let the Nations be Glad! The Supremacy of God in Missions.* G.R.: Baker.
Plantinga, Alvin C. 1992. "The Reformed Objection to Natural Theology" in Donald K. McKim, editor, 66–75.
Pobee, J.S., editor, 1976. *Religion in a Pluralist Society.* Leiden: Brill
Pointer, Roy. 1984. *How do Churches Grow? A Guide to the Growth of Your Church.* London: Marshall Morgan & Scott.
Pomerville, Paul A. 1985. *The Third Force in Mission: A Pentecostal Contribution to Contemporary MIssion Theology.* Peabody, MA: Hendrickson.
Priest, Douglas Jr., editor, 1984. *Unto the Uttermost: Missions in the Christian Churches/Churches of Christ.* Pasadena: William Carey.
Rainer, Thom. 1993. *The Book of Church Growth: History, Theology and Principles.* Nashville: Broadman.
Rainer, Thom S. 2001. *Surprising Insights from the Unchurched and Proven Ways to Reach Them.* G.R.: Zondervan.
Rainer, Thom S. 2003. *The Unchurched Next Door: Understanding Faith Stages as Keys to Sharing your Faith.* G.R.: Zondervan, 2003
Reapsome, J. 2000. "Carey, William." In H. N. A. Scott Moreau, Harold Netland and Charles Van Engen. editors, 162–63.
Redford, Shawn. 1999. "Facing the Faceless Frontier," in Charles Van Engen, Nancy Thomas and Rob Gallagher, editors, 215–24.
—. 2012. *Missiological Hermeneutics: Biblical Interpretation for the Global Church.* Eugene: Pickwick.
Reeves, R. Daniel and Ronald Jenson. 1984. *Always Advancing: Modern Strategies for Church Growth.* San Bernardino, CA: Here's Life Publishers.
Richardson, Don. 2000. "Redemptive Analogies," in Moreau, Netland and Van Engen, editors, 812–13.
Rickett, Daniel. 1998. "Developmental Partnering: Preventing Dependency," *EMQ* XXXIV:4 (Oct), 438–45.
Rickett, Daniel and Dotsey Welliver, editors, 1997. *Supporting Indigenous Ministries: With Selected Readings.* Wheaton: Billy Graham Center.
Ridderbos, Herman. 1962. *The Coming of the Kingdom.* Phil.: Presbyterian and Reformed.
Ro, Bong Rin and Ruth Eshenaur, editors, 1984, *The Bible and Theology in Asian*

Contexts: An Evangelical Perspective on Asian Theology. Taichung: Asia Theological Association.
Robb, John. 1999. "Mission Leaders Propose New Framework." *MARC Newsletter* 99-2 (May), 1, 6.
Roxburgh, Alan J. 1997. *The Missionary Congregation, Leadership & Liminality.* Harrisburg, PA: Trinity Press, Int.
Roxburgh, Alan J. and Fred Romanuk. 2006. *The Missional Leader: Equipping your Church to Reach a Changing World.* San Francisco: Jossey-Bass.
Robertson, Roland. 1995. "Glocalization: Time-Space and Homogeneity-Heterogeneity," in Mike Featherstone, Scott Lash, and Roland Robertson, editors, 25–44.
Roof, Wade Clark and William McKinney. 1987. *American Mainline Religion: Its Changing Shape and Future.* New Brunswick: Rutgers U. Press.
Rooy, S. 1998. "La búsqueda histórica de las bases bíblicas de la misión." In C. R. Padilla, editor, 3–33.
Roozen, David, William McKinney and Jackson Carroll. 1984. *Varieties of Religious Presence: Mission in Public Life.* N.Y.: Pilgrim Press.
Rosenau, James N. 2003. *Distant Proximities: Dynamics Beyond Globalization.* Princeton: Princeton U. Press.
Rosin, H. H. 1972. *"Missio Dei:" An Examination of the Origin, Contents and Function of the Term in Protestant Missiological Discussion.* Leiden: Interuniversity Institute for Missiological and Ecumenical Research.
Rowley, H.H. 1955. The Missionary Message of the Old Testament London: Carey Kingsgate.
Saayman, Willem. 1990. "Bridging the Gulf: David Bosch and the Ecumenical/Evangelical Polarisation," *Missionalia* XVIII: no. 1 (April) 99–108.
—. 2000. "Mission by its Very Nature," in. *Missionalia.* http://wwwgeocities.com/missionalia/ssayman00.htm?200521.
Sample, Tex. 1984. *Blue-Collar Ministry: Facing Economic and Social Realities of Working People.* Valley Forge: Judson Press.
Samuel, Vinay and Christopher Sugden, editors, 1983. *The Church in Response to Human Need.* G.R.: Eerdmans.
—. 1991. *A.D. 2000 and Beyond: A Mission Agenda.* Oxford: Regnum Books.
—. 1999. *Mission as Transformation: A Theology of the Whole Gospel.* Oxford: Regnum.
Sanchez, Daniel R. with Ebbie C. Smith and Curtis E. Watke. 2001. *Starting Reproducing Congregations: A Guidebook for Contextual New Church Development.* Cumming, GA: Church Starting Network.
Sanneh, Lamin. 1989. *Translating the Message: The Missionary Impact on Culture.* Marykoll: Orbis.
Santos, Angel. 1991. *Teología Sistemática de la Misión.* España: Editorial Verbo Divino.
Saracco, Norberto. 2000. "Mission and Missiology from Latin America," in William Taylor, editor, 357–66.
Sassen, Saskia. 2002. *Global Networks: Linked Cities.* London:Routledge.

Schaff, Phillip. 1950. *History of the Christian Church.* G.R.: Eerdmans.
—. 1977. *The Creeds of Christendom.* N.Y.: Harper & Bros.
Schaff, Philip and H. Wace, edits. 1974. *Nicene and Post-Nicene Fathers.* G.R.: Eerdmans.
Schaller, Lyle E. 1984. *Looking in the Mirror: Self-Appraisal in the Local Church.* Nashville: Abingdon.
Scherer, James A. 1964. *Mission, Go Home! A Reappraisal of the Christian World Mission Today—its Basis, Philosophy, Program, Problems, and Outlook for the Future.* Englewood Cliffs, N.J.: Prentice-Hall.
—. 1987. *Gospel, Church and Kingdom: Comparative Studies in World Mission Theology.* Minneapolis: Augsburg.
—. 1993a. "Church, Kingdom, and *Missio Dei:* Lutheran and Orthodox Correctives to Recent Ecumenical Mission Theology," in C. Van Engen, et al, editors, 1993, 82–88.
—. 1993b. "Mission Theology" in James Phillips and Robert Coote, editors, 193–202.
Schmemann, Alexander. 1961. "The Missionary Imperative in the Orthodox Tradition," in: G.H. Anderson, editor, 250–57.
—. 1979. *Church, World, Mission: Reflections on Orthodoxy in the West.* Crestwood, N.J.: St. Vladimir's Sem. Press.
Schreiter, Robert. 1985. *Constructing Local Theologies.* Maryknoll: Orbis.
—. 1992. "Reconciliation as a Missionary Task," *Missiology* XX: no. 1 (January) 3–10.
Schriver, Donald and Karl OstRom 1977. *Is There Hope for the City?* Phil.: Westminster.
Schwarz, Christian A. 1996. *Natural Church Development: A Guide to Eight Essential Qualities of Healthy Churches.* Carol Stream, IL: Church Smart Resources.
—. 1999. *Paradigm Shift in the Church.* Carol Stream, IL: Church Smart Resources.
Scott, Allen J., editor, 2001. *Global City-Regions: Trends, Theory, Policy.* Oxford: Oxford U. Press.
Scott, Waldron. 1980. *Bring Forth Justice: A Contemporary Perspective on Mission.* G.R.: Eerdmans.
—. 1981. "The Significance of Pattaya," *Missiology* 9 (January), 57–75.
Seamands, Stephen. 2005. *Ministry in the Image of God: The Trinitarian Shape of Christian Service.* Downers Grove: IVP, 2005
Sedmak, Clemens. 2002. *Doing Local Theology: A Guide for Artisans of a New Humanity.* Maryknoll: Orbis.
Segundo, Juan Luis. 1975. *The Community Called Church.* Maryknoll: Orbis.
—. 1976. *The Liberation of Theology.* Maryknoll: Orbis.
Senior, Donald and Carroll Stuhlmueller. 1983. *The Biblical Foundations for Mission.* Maryknoll: Orbis.
Shaw, Daniel. 1988. *Transculturation: The Cultural Factor in Translation and Other Communication Tasks.* Pasadena: WCL.
—. 1989. "The Context of Text: Transculturation and Bible Translation" in D. Gilliland, editor, 141–59.
Shaw, Daniel and Charles Van Engen. 2003. *Communicating God's Word in a Complex World: God's Truth or Hocus-Pocus?* Lanham, MD: Rowman & Littlefield

Pub.
Shenk, Wilbert R. 1999. *Changing Frontiers of Mission.* Maryknoll: Orbis.
Shenk, Wilbert R., editor, 1980. *Mission Focus: Current Issues.* Elkhart, IN: Overseas Ministries, Mennonite Board of Missions.
—. 1983. *Exploring Church Growth.* G.R.: Eerdmans.
—. 1988. *God's New Economy: Interdependence and Mission.* (A MISSION FOCUSu pamphlet) Elkhart, IN: Overseas Ministries, Mennonite Board of Missions.
—. 1993. *The Transfiguration of Mission: Biblical, Theological & Historical Foundations.* Scottdale: Herald.
—. 1995. *Write the Vision: The Church Renewed.* Valley Forge, PA: Trinity Press, Int.
—. 1999. *Changing Frontiers of Mission.* Maryknoll: Orbis.
—. 2002. *Enlarging the Story: Perspectives on Writing World Christian History.* Maryknoll: Orbis.
Sheppard, David. 1974. *Built as a City: God and the Urban World Today.* London: Hodder and Stoughton.
Silvoso, Ed. 1994. *That None Should Perish: How to Reach Entire Cities for Christ Through Prayer Evangelism.* Ventura: ReGal
Sjogren, Steven. 1993, 2003. *Conspiracy of Kindness: A Refreshing New Approach to Sharing the Love of Jesus.* Ann Arbor: Servant.
Sjogren, Steve, ed. 2002. *Seeing Beyond Church Walls: Action Plans for Touching Your Community.* Loveland, CO: Group Publishing.
Sjogren, Steven, Dave Ping and Doug Pollock. 2004. *The Irresistible Evangelism: Natural Ways to Open Others to Jesus.* Loveland, CO: Group.
Skreslet, Stanley H. 1995. "The Empty Basket of Presbyterian Mission: Limits and Possibilities of Partnership," *IBMR.* XIX:3 (July), 98–106.
Smit, Dirkie. 1994. "The Self-Disclosure of God," in John De Gruchy and C. Villa-Vicencio, editors, 42–54.
Snoidderly, Beth and A. Scott Moreau, editors, 2011. *Evangelical and Frontier Mission: Perspectives on the Global Progress of the Gospel.* Oxford: Regnum Books.
Snaith, Norman. 1944. *The Distinctive Ideas of the Old Testament.* London: Epworth Press.
Snyder, Howard A., editor, 2001. *Global Good News: Mission in a New Context.* Nashville: Abingdon.
Snyder, Howard A. with Daniel V. Runyon. 2002. *Decoding the Church: Mapping the DNA of Christ's Body.* G.R.: Baker.
Sobrino, Jon. 1984. *The True Church and the Poor.* Maryknoll: Orbis.
Spindler, Marc R. 1995. "The Biblical Grounding and Orientation of Mission," in Verstraelen, Camps, Hoedemaker and Spindler, editors, 123–56.
Spindler, Marc R. 1988. "Bijbelse fundering en oriëntatie van zending," in A.Camps, L.A.Hoedemaker, M.R.Spindler, and F.J.Verstraelen. editors, 132–54.
Spykman, Gordon and Cook, Dodson, Grahn, Rooy and Stam. 1988. *Let My People Live: Faith and Struggle in Central America.* G.R.: Eerdmans.
Stackhouse, Max. 1988. *Apologia: Contextualization, Globalization, and Mission in Theological Education.* G.R.: Eerdmans.

Stamoolis, James. 1986, 2001. *Eastern Orthodox Mission Theology Today.* Maryknoll: Orbis, Eugene, OR: Wipf and Stock.
Starling, Allan, editor, 1981. *Seeds of Promise.* Pasadena: William Carey Library.
Stetzer, E. a. D. P. 2006. *Breaking the Missional Code: Your Church Can Become a Missionary in Your Community.* Nashville: Broadman & Holman.
Steuernagel, Valdir R. 1991. "An Evangelical Assessment of Mission: A Two-Thirds World Perspective," in Vinay Samuel and Chris Sugden, editors, 1991, 1–13.
Stearns, Bill and Amy. 1991. *Al Servicio del Reino en América Latina.* Monrovia: Visión Mundial.
—. 1996. *Obediencia Misionera y Práctica Histórica.* G.R.: Eerdmans—Nueva Creación.
—. 1999. "The Power of Integrated Vision," in Ralph Winter and Steven Hawthorne, editors, 724–28.
Stockwell, Clinton. 1984. "Barriers and Bridges to Evangelization in Urban Neighborhoods, in David Frenchak et al 1984, 13–26.
Stott, John. 1979. "The Living God is a Missionary God," in James E. Berney, editor, 20–32.
—. 1981. The Living God is a Missionary God," in: Ralph D. Winter and Steve Hawthorne, eds., 10–18; reprinted in Ralph D. Winter and Steve Hawthorne, edits, 4rth edition, 2009, 3–9.
Stott, John R.W. and Robert T. Coote, editors, 1979. *Gospel and Culture.* Pasadena: William Carey Library.
Strom, Mark. 1990. *The Symphony of the Scripture: Making Sense of the Bible's Many Themes.* Downers Grove, IL: Inter Varsity Press.
Stults, Donald L. 1989. *Developing an Asian Evangelical Theology.* Metro Manila: OMF Literature.
Sumithra, Sunand and F. Hrangkuma, editors, 1995. *Doing Mission in Context.* Bangalore: Theological Book Trust.
Sunquist, Scott W. 2013. *Understanding Christian Mission: Participation in Suffering and Glory.* G.R.: Baker.
Sweet, Leonard. 1999. *SoulTsumani: Sink or Swim in the New Millennium Culture.* G.R.: Zondervan.
Sweet, Leonard. 2000. *Post-Modern Pilgrims: First Century Passion for the 21st Century World.* Nashville: Broadman & Holman.
Sweet, Leonard, editor, and Andy Crouch, Michael Horton, Frederica Mathewes-Green, Brian McLaren and Erwin McManus. 2003. *The Emerging Culture: Five Perspectives.* G.R.: Zondervan.
Taber, Charles R. 1979a. "Hermeneutics and Culture: An Anthropological Perspective," in John Stott and Robert Coote, editors, 129–130.
—. 1979b. "Contextualization: Indigenization and/or Transformation" in Don McCurry, editor, 1979, 143–54.
—. 1979c. "The Limits of Indigenization in Theology," in Charles Kraft and Tom Wisley, edits: 1979, 372–99.
—. 1983 "Contextualization," in Wilbert Shenk, editor, 117–31.

—. 1980. "Structures and Strategies for Interdependence in World Mission," in Wilbert Shenk, editor, ; reprinted in Daniel Rickett and Dotsey Welliver, editors, 65–83.
Tai, Susan H. C. and Y.H. Wong. 1998. "Advertising Decision Making in Asia: 'Glocal' versus 'Regcal' Approach," *Journal of Managerial Issues,* Vo. 10 (Fall), 318–319.
Taylor, John V. 1972. *The Go-Between God: The Holy Spirit and the Christian Mission.* London: Student Christian Movement.
Taylor, William D. 1999. "Lessons of Partnership" in Ralph Winter and Steven Hawthorne, editors, 748–52.
—. 2001. *Missiología Global para o século XXI: A consulta de Foz de Iguaçu.* Londrina: Descoberta Editora.
Taylor, William D., editor, 2000. *Global Missiology for the 21st Century: The Iguassu Dialogue.* G.R.: Baker. Translated into Portuguese and published 2001 *Missiologia Glogal para o século XXI: A consulta de Foz de Iguaçu.* Londrina: Descoberta Editora Ltda.
Teja, Gary and John Wagenveld, editors, 2015. *Planting Healthy Churches,* Sauk Village, IL: Multiplication Network Ministries.
Tennekes, J. and H. M. Vroom. 1989. *Contextualiteit en christelijk geloof.* Kampen: J. H. Kok.
Terry, John Mark. 2000. "Indigenous Churches," in Moreau, Netland and Van Engen, editors, 483–85.
Terry, John Mark, Ebbie Smith and Justice Anderson, editors, 1998. *Missiology, An Introduction to the Foundations, History, and Strategies of World Mission.* Nashville: Broadman & Holman.
Thiselton, A. C. 1980. *The Two Horizons: New Testament Hermeneutics and Philosophical Description with Special Reference to Heidegger, Bultmann, Gadamer, and Wittgenstein.* Grand Rapids: Eerdmans
Thomas, Norman E., editor, 1995. *Classic Texts in Mission & World Christianity.* Maryknoll: Orbis.
Tiénou, Tite. 1993. "Forming Indigenous Theologies," in James M. Phillips and Robert T. Coote, editors, 245–52.
Tiplady, Richard, editor, 2003. *One World or Many? The Impact of Globalisation on Mission.* Pasadena: WCL.
Tippett, Alan R. 1969. *Verdict Theology in Missionary Theory.* Lincoln, IL: Lincoln Christian College Press; reprinted So. Pasadena: WCL, 1973.
—. 1970. *Church Growth and the Word of God.* G.R.: Eerdmans.
—. 1972. "The Holy Spirit and Responsive Populations," in D. McGavran, ed., 77–101.
—. 1973. *God, Man and Church Growth.* G.R.: Eerdmans.
—. 1987. *Introduction to Missiology.* Pasadena: WCL.
Torres, S. and V. Fabella, editors, 1978. *The Emergent Gospel: Theology from the Developing World.* London: Geoffrey Chapman.
Towns, Elmer, editor, 1995. *Evangelism and Church Growth: A Practical Encyclopedia.* Ventura: ReGal
Towns, Elmer and Douglas Porter. 2003. *Churches that Multiply: A Bible Study on*

Church Multiplying. Kansas City: Beacon Hill Press.
Towns, Elmer, John N. Vaughan and David J. Seifert, editors, 1981. *The Complete Book of Church Growth.* Wheaton: Tyndale House.
Towns, Elmer, C. Peter Wagner and Thom S. Rainer, editors, 1998. *The Everychurch Guide to Growth: How Any Plateaued Church Can Grow.* Nashville: Broadman & Holman.
Van Dusen, Henry. 1961. *One Great Ground of Hope: Christian Missions and Christian Unity.* Phil.: Westminster.
Van Engen, Charles. 1981. *The Growth of the True Church: An Analysis of the Ecclesiology of the Church Growth Movement.* Amsterdam: Rodopi. Reprinted in 1995 by University Microfilms, Inc, Ann Arbor, MI.
—. 1987. "Responses to James Scherer's Paper From Different Disciplinary Perspectives: Systematic Theology," *Missiology* XV: no. 4 (October) 524–525.
—. 1989a. "The New Covenant: Knowing God in Context," in Dean Gilliland, editor, 74–100; reprinted in Charles Van Engen. 1996a, 71–89.
—. 1989b. "Can Older Churches Grow in the City?" in *Global Church Growth* XXVI:1 (Jan–Mar), 15–16.
—. 1990. "A Broadening Vision: Forty Years of Evangelical Theology of Mission, 1946–1986," in Joel Carpenter and Wilbert Shenk, editors, 203–34.
—. 1991a. *God's Missionary People.* G.R.: Baker.
—. 1991b. "The Effect of Universalism on Mission Effort," in William Crockett and James Sigountos, editors, 183–94. (This was reprinted in Van Engen: 1996a, 159–68.)
—. 1993. "The Relation of Bible and Mission in Mission Theology" in Van Engen, Gilliland, and Pierson, editors, 27–36.
—. 1994. "Constructing a Theology of Mission for the City," in Charles Van Engen and Jude Tiersma, editors, 1994, 247–48.
—. 1996a. *Mission on the Way: Issues in Mission Theology.* G.R.: Baker.
—. 1996b. "The Gospel Story: Mission of, in, and on the Way" (Installation address in the Arthur F. Glasser Chair of Biblical Theology of Mission), Pasadena: FTS; adapted and reprinted in *Theology, News and Notes* June, 1998, 3–6,22–23; reprinted in C. Van Engen, Nancy Thomas and Robert Gallagher, editors, 1999. Introduction, xvii–xxviii.
—. 1998. "Reflecting Theologically About the Resistant" in J. Dudley Woodberry, editor, 22–78.
—. 2000. "Working Together Theologically in the New Millennium: Opportunities and Challenges," in Gary Corwin and Kenneth Mulholland, editors, 82–122.
—. 2001. "Toward a Theology of Mission Partnerships," *Missiology,* XXIX: 1 January, 2001, 11–44.
—. 2004c "¿Por qué sembrar iglesias saludables? Bases bíblicas y misiológicas," in John Wagenveld, 2004/2005, 43–94. English publication: C. Van Engen, "Why Multiply Healthy Churches?" *Great Commission Research Journal.* Summer, 2014 (Vol. 6, Issue 1), 57–90 and Gary Teja and John Wagenveld, editors, Planting Healthy Churches, Sauk Village, IL: Multiplication Network

Ministries, 2015, 23–60.
—. 2005a. "Five Perspectives of Contextually Appropriate Mission Theology," in Charles Kraft, editor,
—. 2005b. "Toward a Contextually Appropriate Methodology in Mission Theology, in Charles Kraft, editor,
—. 2008. "Mission, Theology of," in William Dyrness and Veli-Matt i Kärkkäinen, editors, Global Dictionary of Theology. Downers Grove: IVP.
—. 2010. "'Mission' Defined and Described" one of three lead chapters in a discussion symposium book edited by David Hesselgrave and Ed Stetzer. Missionshift: Global Mission Issues in the Third Millennium. Nashville: B & H Publishing, 7–29.
—. 2011. "Biblical Theology of Mission's Research Method," in Edgar Elliston, editor, with Pablo Deiros, Viggo Søgaard and Charles Van Engen; *Introducing Missiological Research Design;* Pasadena: WCL, 2011, 113–18.
Van Engen, Charles, Dean Gilliland and Paul Pierson, edits. 1993. *The Good News of the Kingdom: Mission Theology for the Third Millennium.* Maryknoll: Orbis.
Van Engen, C. and Jude Tiersma, editors, 1994. *God So Loves the City: Seeking a Theology for Urban Mission.* Monrovia: MARC; reprinted by Eugene, OR: Wipf and Stock, 2009.
Van Engen, C., Nancy Thomas and Robert Gallagher, editors, 1999. *Footprints of God: A Narrative Theology of Mission.* Monrovia: MARC, World Vision.
Van Engen, C., editor, 2016. *The State of Missiology Today: Global Innovations in Christian Witness.* Downers Grove: IVP.
Van Rheenen, Gailyn. 1983. *Biblical Anchored Mission: Perspectives on Church Growth.* Austin, TX: Firm Foundation Pub.
—. 2003. "The Missional Helix: Example of Church Planting" *Monthly Missiological Reflection # 26* Rhenen@Bible.acu.edu; see also www.missiology.org.
Verkuyl, Johannes. 1978. *Contemporary Missiology: An Introduction.* G.R.: Eerdmans.
Verstraelen, F. J., A. Camps, L. A. Hoedemaker, and M. R. Spindler, editors, 1995. *Missiology: An Ecumenical Introduction: Texts and Contexts of Global Christianity.* G.R.: Eerdmans. English translation of *Oecumenische Inleiding in de Missiologie: Teksten en Konteksten van het Wereld-Christendom.* Kampen: Kok, 1988.
Vicedom, Georg F. 1965. *The Mission of God: An Introduction to a Theology of Mission* (Trans. by A.A. Thiele and D. Higendorf from the German original, *Missio Dei,* 1957) St. Louis, MO: Concordia.
Vidales, Raul. 1979. "Methodological Issues in Liberation Theology," in Rosino Gibellini, editor, 34–57.
Villafañe, Eldin. 1995. *Seek the Peace of the City: Reflections on Urban Ministry.* G.R.: Eerdmans.
Visser 't Hooft, W.A. editor, 1961. *The New Delhi Report.* Geneva: WCC.
Ward, Pete. 2002. *Liquid Church: A bold vision of how to the God's people in worship and mission—a flexible, fluid way of being church.* Peabody: Henderson.
Warren, Max. 1974. *Crowded Canvas.* London: Hodder & Stoughton.

—. 1978. "The Fusion of the I.M.C. and the W.C.C. at New Delhi: Retrospective Thoughts After a Decade and a Half," in J.D. Gort, editor, 1978, 190–202.
von Rad, Gerhard. 1962. *Old Testament Theology.* New York: Harper. (Vol.1.)
Wagenveld, John, editor, 2004, 2005. *Sembremos Iglesias saludables: un acercamiento bíblico y práctico al estudio de la multiplicación de iglesias.* Quito, Ecuador: FLET, 2004/Miami: FLET, 2005. English translation: Gary Teja and John Wagenveld, editors, *Planting Healthy Churches,* Sauk Village, IL: Multiplication Network Ministries, 2015.
Wagner, C. Peter. 1963. *Where in the World.* N.Y.: NCCC.
—. 1964. *What in the World.* N.Y.: NCCC. World Council of Churches
—. 1968. *The Church for Others and the Church for the World.* Geneva: WCC.
—. 1971. *Frontiers in Mission Strategy.* Chicago: Moody.
—. 1976. *Your Church Can Grow: Seven Vital Signs of a Healthy Church.* Ventura: ReGal
—. 1979. *Our Kind of People: The Ethical Dimensions of Church Growth in America.* Atlanta: John Knox.
—. 1981. *Church Growth and the Whole Gospel: A Biblical Mandate.* N.Y.: Harper & Row.
—. 1984. *Leading Your Church to Growth: The Secret of Pastor/People Partnership in Dynamic Church Growth.* Ventura: ReGal
—. 1984. *Your Church Can Grow.* Ventura: ReGal
—. 1986. "A Vision for Evangelizing the Real America," *IBMR;* X:2, April, 1986, 59–64.
—. 1987. *Strategies for Church Growth: Tools for Effective Mission and Evangelism.* Ventura: ReGal
—. 1989a. "Donald McGavran: A Tribute to the Founder," in C. Peter Wagner, editor, 16–18.
—. 1989b. *Church Growth: State of the Art.* Wheaton: Tyndale.
—. 1990. *Church Planting for a Greater Harvest.* Ventura: ReGal
—. 1996. *The Healthy Church.* Ventura: ReGal This is an update and reprint of C. Peter Wagner. *Your Church Can Be Healthy.* Nashville: Abingdon, 1969.
Wagner, C. Peter, Win Arn and Elmer Towns, editors, 1986. *Church Growth: State of the Art.* Wheaton: Tyndale.
Walls, Andrew F. 1976. "Toward an Understanding of Africa's Place in Christian History," in J. S. Pobee, editor, 180–189.
—. 1981. "The Gospel as Prisoner and Liberator of Culture," *Faith and Thought,* 108: 1–2) 39–52; also in *Missionalia* X:3 (Nov.), 93–105.
—. 1985. "Christian Tradition in Today's World," in F. D. Whaling, editor, 76–109.
—. 1996. *The Missionary Movement in Christian History: Studies in the Transmission of Faith.* Maryknoll: Orbis.
—. 2002. *The Cross-Cultural Process in Christian History.* Maryknoll: Orbis and Edinburgh: T&T Clark.
Warneck, Gustav. 1901. *Outline of a History of Protestant Missions.* N.Y.: Fleming H. Revell.

Whaling, F.D. editor, 1985. *Religion in Today's World,* Edinburgh: T & T Clark
Whiteman, Darrell L. 1997. "Contextualization: The Theory, the Gap, the Challenge," *IBMR.* (Jan.) 2–7.
—. 2003. *Anthropology and Mission: The Incarnational Connection,* Third Annual Louis J. Luzbetack Lecture on Mission and Culture, Chicago: Catholic Theological Union.
Wiles, Maurice and Mark Santer, editors, 1975. *Documents in Early Christian Thought.* London: Cambridge U. Press.
Williams, Colin. 1963. *Where in the World.* N.Y.: NCCC.
—. 1964. *What in the World.* N.Y.: NCCC/Geneva: WCC.
—. 1968. *The Church for Others and the Church for the World.* Geneva: WCC.
Wilson, Frederick, editor, 1990. *The San Antonio Report—Your Will Be Done: Mission in Christ's Way.* Geneva: WCC.
Winter, Ralph. 1971. "The Soils: A Church Growth Principle," *Church Growth Bulletin* VII:5, (May) 145–47.
—. 1980. "1980: Year of Three Missions Congresses," *Evangelical Missions Quarterly* 16 (April), 79–85.
—. 1984. "Unreached Peoples: The Development of the Concept," in Charles Kraft and Tom Wisely, editors, 17–43.
Winter, Ralph and Steven C. Hawthorne, editors, 1981, 1999. *Perspectives on the World Christian Movement: A Reader* (Third Edition). Pasadena: WCL.
Woodberry, J. Dudley, editor, 1998. *Reaching the Resistant: Barriers and Bridges for Mission.* Pasadena: WCL.
World Council of Churches. 1961. *Evanston to New Delhi: 1954–1961.* Geneva: WCC.
—. 1968. *The Church for Others and the Church for the World.* Geneva: WCC.
World Missionary Conference, 1910 (9 vols.) N.Y.: Revell.
Wright, Christopher. 2006. *The Mission of God: Unlocking the Bible's Grand Narrative.* Downers Grove: InterVarsity Press.
—. 2010. *The Mission of God's People: A Biblical Theology of the Church's Mission.* G.R.: Zondervan.
Wright, George Ernest. 1955. *The Old Testament Against Its Environment.* Chicago: Alec Allenson.
—. 1961. "The Old Testament Basis for the Christian Mission," in G.H. Anderson, editor, 17–30.
www.vbmb.org/glocalmissions/default.cfm. 2005. Web site.
Yesurathnam, R. 2000. "Contextualization in Mission," in W. S. Milton Jeganathan, editor, 44–57.
Zabatiero, Julio Paulo Tavares. 2000. Liberdade e Paixão. Londrina: Descoberta.
Ziegenhals, Walter. 1978. *Urban Churches in Transition.* N.Y.: Pilgrim.
Zunkel, C. Wayne. 1987. *Church Growth Under Fire.* Scottdale, PA: Herald Press.
Zwemer, Samuel. 1950. "Calvinism and the Missionary Enterprise," *Theology Today.* (VIII), 206–16.

Teología de la misión transformadora es una exploración de la praxis (teoría y práctica) de la misión y del campo más amplio de la misiología como una disciplina integradora. El volumen trata sobre la tarea de hacer una teología de la misión en un mundo que se está globalizando. Cada una de sus cinco partes desarrolla un aspecto de la misiología, dividiendo los asuntos en capítulos que tratan cada elemento. Este libro representa el esfuerzo de uno de los teólogos de la misión más importantes de esta generación. -- Tomado del Prólogo

En este volumen tenemos la cosecha del fruto de la carrera de Carlos Van Engen, de enseñar y escribir acerca de la teología de la misión. Esta obra debe ser un libro de texto, requisito de cursos en misión global y misiología.
Gerald Anderson, Ph.D.
Director emérito del Overseas Ministry Study Center, New Haven, Connecticut
Pasado editor de *International Bulletin of Mission Research.*

Carlos Van Engen escribe con su acostumbrada pasión, creatividad y claridad. Estas páginas toman vida con su fe profunda y amplia sabiduría teológica.
Stephen Bevans, SVD, Ph.D.
Profesor Louis J. Luzbetak, SVD Profesor emérito de Misión y Cultura
Catholic Theological Union, Chicago, Illinois

Teología de la misión transformadora es el libro que por mucho tiempo he esperado: obra clásica de Van Engen. Este volumen integra mucho de lo que Carlos ha venido enseñando a través de muchos años, pero que aquí ofrece pensamiento más profundo.
Jude Tiersma Watson, Ph.D.
InnerChange, a Christian Order Among the Poor
Profesora asociada de la misión urbana, Seminario Teológico Fuller, Pasadena CA

Charles (Carlos) Van Engen es misiólogo y teólogo latinoamericano, nacido en México. Sirvió en Chiapas, México, con la Iglesia Nacional Presbiteriana de México en evangelización, educación teológica, y cuidado de refugiados guatemaltecos. Carlos es doctor en teología y misiología por la Universidad Libre de Amsterdam, Holanda. Es autor de numerosos escritos. Sus publicaciones en castellano incluyen: Hijos del pacto; Pueblo misionero de Dios; Misión en el camino; El anuncio del reino; La Iglesia latinoamericana: su vida y su misión (editado con Alberto Roldán y Nancy Thomas); Principios de compañerismo en misión y Misión y comisión: Historias de mi tierra. Carlos es el fundador y rector del Programa Doctoral en Teología PRODOLA que busca formar una nueva generación de pensadores, escritores, teólogos y profesores en América Latina. Carlos ha ofrecido charlas y enseñado cursos en Canadá, Dinamarca, Alemania, India, Israel, Japón, Kenia, Korea, Sud África, EE.UU.A., y en naciones de América Latina, incluyendo Argentina, Brasil, Bolivia, Colombia, Costa Rica, Ecuador, Guatemala, Honduras, México, Panamá, Perú y Venezuela.

www.ingramcontent.com/pod-product-compliance
Lightning Source LLC
Chambersburg PA
CBHW071140300426
44113CB00009B/1038